리영희 평전

권태선 지음

진실에

복무하다

창비

책머리에

　한 인간의 삶을 정리하고 평가하는 평전을 쓰는 일은 결코 쉽게 도전할 일이 아니다. 그 대상이 리영희 선생처럼 논쟁적 인물이라면 더욱 그렇다. 더군다나 선생 스스로 청년시대까지를 정리한『역정』과 대담 형식의 자서전『대화』가 있고 다양한 각도에서 선생의 삶과 사상을 조명한 책도 이미 여럿 나와 있는 터다. 무엇을 보태고 무엇을 덜어내 선생의 진면목을 드러낼 수 있단 말인가?

　그럼에도 선생의 평전 작업에 대한 꿈을 버리지 못했던 것은 선생이 타계한 2010년 겨울, 빈소 한켠에서 진행됐던 추모 대담에서 당시 백낙청『창작과비평』편집인이 선생의 삶을 규정한 '천진난만'이란 표현 때문이었다. 그것은 필자가 곁에서 보았던 또다른 선생의 모습에 대한 적확한 표현이었다. 4번의 해직과 5번의 투옥을 감내하면서까지 시대의 우상에 정면으로 맞선 강직하고 자기희생적인 투사라는 이미지 너머의, 그리고 '사상의 은사'니 '의식화의 원흉'이니 하는 이념적으로 규정된 상투적인 이미지 너머의, '천진난만'하고 '다정다감했던 인간' 리영희를 찾아 전해주고 싶었다.

이 글은 그런 희망으로 시작한 탐구의 결과물이다. 그 과정을 통해 필자가 발견한 선생은 그런 천진함과 따뜻함을 바탕에 두고 끊임없이 성찰하며 새로운 지경을 열어간, 결코 어디에도 정박하지 않는 자유로운 경계인이었다. 자유에 따른 책임을 다하고자 자신의 앎을 삶 속에서 실천해낸 지성인이었다. 일찍이 『우상과 이성』의 서문을 통해 자신이 글을 쓰는 유일한 목적은 "진실을 추구하는 오직 그것에서 시작하고 그것에서 그친다"고 밝혔듯이 그가 평생에 걸쳐 실천한 것은 '진실의 추구'였다. 그에게 진실의 추구는 "우상에 도전하는 이성의 행위"였다.

선생의 시대에 진실을 가리는 가장 큰 우상은 다름 아닌 냉전체제였다. 냉전의 핵심 현장인 한반도에서는 한반도판 냉전체제인 분단체제가 민주주의의 파괴나 기본권 유린을 정당화하는 핑계로 이용됐다. 그는 남과 북의 주민들의 삶을 옥죄는 냉전체제에 정면으로 맞서 그 근저의 작동원리를 규명하고 한반도 다수 주민의 이익에 반하는 분단체제를 유지해 자신들의 이익을 취하고자 하는 이들을 고발했다. 그것은 고통과 희생을 감수해야 하는 일이었지만 그는 물러서지 않았다.

이렇듯 자신의 시대의 우상과 맞서 싸우며 한평생 진실에 복무해온 그의 삶이 지금 우리에게 각별한 의미로 다가오는 것은 우리가 사는 이 시대가 '신냉전의 시대'이자, 증거나 사실보다 '사실로 느껴지는 것'이 더 중요하다며 감정과 믿음에 호소하는 미디어들의 세례로 무엇이 진실인지 알 수 없게 된 '탈진실의 시대'이기 때문이다. 진실을 세우기 위한 싸움의 방식은 달라져야 할지 몰라도, 끝까지 물러서지 않고 진실에 복무한 그의 삶은 이 시대에도 여전히 유효한 나침반이다.

선생의 삶을 정리함에 있어 각별히 신경을 쓴 것은 앞에 언급한 그의 인간적 면모를 드러내는 것과 더불어 그가 살아온 시대적 맥락을 설명하는 일이었다. 그의 삶의 배경이 되는 현대사를 이해하지 않고는 자신의 시대와 정면으로 승부한 그의 삶을 이해하기가 쉽지 않다. 그가 돌파해온 시대를 규정하는 사건들에 대한 설명을 가능한 한 많이 삽입한 까닭이다.

투사 리영희가 아닌 인간 리영희를 확인하는 데는 선생의 가족과 지인들의 인터뷰가 많은 도움이 됐다. 여기에 더해 가족의 도움으로 선생이 만들어두신, 자신의 글과 자신에 관한 글을 모아놓은 스크랩과 일정 시점의 일기 등 아직 쓰인 적이 없는 미공개 자료를 활용할 수 있었던 것도 선생의 삶을 조금이나마 더 충실히 복원하는 데 큰 힘이 됐다.

10주기를 맞는 선생의 영전에 이 책을 바칠 수 있게 된 것은 많은 분들의 도움 덕분이다. 윤영자 여사와 이건일·이미정 님 등 가족들은 귀중한 자료를 아낌없이 내주시고 몇차례 인터뷰에까지 응해 선생과 얽힌 내밀한 이야기를 제공해주셨다. 또 김정남·김영주·김영희·남재희·백낙청·신홍범·염무웅·오세훈·와다 하루끼·윤창빈·임재경·정병호 님은 귀중한 시간을 내어 선생과의 오래된 기억을 꺼내서 나눠주셨다.

동지이자 인생의 반려인 백영서 교수와 이미정 리영희재단 이사는 초고를 읽고 부족한 부분을 채워주는 수고를 아끼지 않았다. 한양대의 정병호 선생과 연합뉴스의 장문혁 기자는 선생의 사진을 챙겨주었고, 손석희 JTBC 사장과 최승호 피디(전 문화방송 사장)는 부족한 글에 추천사를 써주심으로써 책을 빛나게 해주셨다. 이 책을 편집한 정편집실의 유용민 대표, 창비의 황혜숙 국장, 이지영 부장, 박주용 팀장은 글을 잘

다듬고, 미처 챙기지 못했던 자그마한 오류까지 바로잡아주었다. 이분들이 있었기에 책이 이 정도의 모습으로 나올 수 있게 됐다. 리영희 선생의 유지를 받드는 리영희재단 임직원 여러분의 지지와 성원도 작업을 진행하는 과정에 큰 힘이 됐다.

다시 한번 도움을 주시고 격려해주신 모든 분들에게 깊이 머리 숙여 감사드린다.

마지막으로 이 글이 이미 선생을 알고 있는 분들은 물론 선생을 잘 모르는 젊은 세대들에게도 다가갈 수 있기를 소망해본다. 끊임없이 경쟁에 내몰리며 어디로 가야 하는지도 모른 채 달리고 있는 젊은이들이 잠시 멈춰 서서 한 시대를 분투하며 살아온 선생의 삶 속에서 오늘을 살아낼 지혜를 찾을 수 있다면 그것이야말로 이 책을 쓴 보람이 아닐 수 없다.

2020년 10월

권태선

제4장 | 실천시대 II :
‘사상의 은사’ 또는 ‘의식화의 원흉’

일러두기
외국의 인명, 지명 등 외래어 표기는 국립국어원 표기에 따르되, 일부의 경우는 경음 및 일본
어 장음 표기 등을 허용하는 창비 표기법에 따랐다.

'벌거벗은 임금님'을 폭로한 소년

내가 대학에 들어간 것은 1974년이었다. 3월 초 눈이 녹아 질척거리던 운동장에서 열린 입학식은 무척이나 지루했지만, 적어도 제복과 틀에 박힌 교과서의 굴레에서 벗어나 좀더 자유롭게 공부할 수 있으리란 기대만큼은 주었던 것 같다.

하지만 그 기대는 한달 만에 여지없이 무너져버렸다. 긴급조치 4호 발령 소식을 1면에 대문짝만하게 실은 4월 4일자 아침 신문 때문이었다. 불순단체의 조종을 받는 '전국민주청년학생총연맹(민청학련)'이란 단체가 국가전복을 위한 내란모의를 하고 있다며, 이 단체에 동조하는 행위는 물론이고 학생들의 수업거부와 집단행동도 일절 금지한다는 내용이었다. 고교시절 수업 중에 갑자기 교실 스피커를 통해 10월유신 소식이 흘러나왔을 때만큼이나 충격적이었다. 구국의 결단이라고 내세운 10월유신 이후 학교에는 제식훈련과 붕대감기 등 전쟁연습용 교련수업이 대폭 강화됐다. 제식훈련을 할 때마다 뭔가 잘못됐다고 느꼈을 뿐,

고등학생이었던 나로선 무엇이 잘못된 것인지 알 수 없었고 그 누구에게 물을 수도 없었다. 당시에는 그런 질문 자체가 금기의 대상이었기 때문이다. 그래서 그저 빨리 대학에 가서 이런 억압적 상황에서 벗어나고 싶었다.

그런데 그날 신문을 장식한 '민청학련 사건' '긴급조치 4호'라는 굵은 활자는 새내기 대학생에게 대학도 억압적 상황에서 벗어나 있지 않다는 엄연한 사실을 전하고 있었다. 청춘의 낭만이나 자유 같은 것을 대학생활에서 구가하겠다는 생각은 사치라고 말하고 있었다. 그리고 얼마 지나지 않은 4월 25일, 민청학련을 조종하는 불순단체가 밝혀졌다는 보도가 나왔다. 북한의 지령을 받는 '인민혁명당 재건위원회'라는 단체가 민청학련의 배후에서 학생시위를 조종해 정부를 전복하고 노동자·농민이 주도하는 정권을 세우려 했다는 것이었다. 기사를 읽어가던 나는 내 눈을 의심했다. 사건의 주요인물 가운데 고교 은사인 김용원(金鏞元) 선생님이 포함돼 있었기 때문이다. 워낙 물리를 못했던 나에게 몇번이고 전기의 움직임을 설명해주셨던 선생님이 북한의 지령에 따라 국가를 전복할 계획을 세운 '무서운 공산주의자'였다는 이야기는 도저히 믿어지지 않았다.

이 무렵 한 선배로부터 『창작과비평』이란 계간지를 소개받았다. 잡지에는 처음 듣는 낯선 이야기들이 많았다. 특히 새롭게 느껴졌던 것은 시사문제나 국제관계를 다룬 글들이었다. 예를 들어 임재경의 「아랍과 이스라엘」(1974년 봄호)은 민족 이산과 유대인 대학살 등 온갖 시련을 극복하고 마침내 고향에 돌아와 척박한 불모의 땅을 옥토로 가꾼 유대인들의 나라라는 신화 속의 이스라엘이 주변 아랍국과의 관계 속에서는 완전히 다른 모습의 나라가 되는 것을 보여주었다. 이스라엘에 대한 기존

관념을 무너뜨린 이 글에 충격받았다고 했더니 선배는 또다른 책을 소개했다. 바로 그 창작과비평사에서 막 나온 『전환시대의 논리』(1974년 6월 간행)였다.

교내시위로 학교가 오랫동안 문을 닫았던 1974년 가을, 집에 틀어박혀 이 책을 읽었다. 책의 서문부터 심상치 않았다. 저자 리영희는 지동설을 밝혀낸 코페르니쿠스의 『천체의 회전에 관하여』가 가설로 출판됐던 이야기로 서문을 시작했다. 그 책의 출판을 위임받은 독일의 신학자 오지안더(Andreas Osiander)[1]가 덧붙인 '가설'이란 말은, 리영희가 보기에 중세의 "교회 권력과 신학 도그마와 그에 사로잡혀 있는 민중의 박해"를 피하기 위한 '궤변'이었다. 그런데 "코페르니쿠스의 지동설이 발표된 때부터 531년 2개월이 지난 지금"[2] 1974년, 리영희가 그 가설 이야기를 하는 것은 그 역시 『전환시대의 논리』에 묶인 일부 글들을 '가설'로 남겨놓기 위함이었다. 도대체 무슨 글이기에 이렇게 요란한(?) 또는 비장한 서문이 필요했는가 하는 의문은 그의 글을 하나씩 읽어가면서 점차 풀려갔다.

그의 글들은 우리가 기존에 진실이라고 알고 있던 것들을 바탕에서부터 뒤흔들고 있었다. 무엇보다 베트남전쟁에 관한 글이 그랬다. 『뉴욕타임즈』와 『워싱턴포스트』가 폭로했다는 미국 국방부 기밀문서의 내용은, 우리의 용맹한 국군이 "자유통일 위해서 조국을 지키시다" "붉은 무리 무찔러 자유 지키려" "정의의 십자군 깃발을 높이 들고" 달려간 베트남 전장이 '정의'와 아무런 관계가 없음을 여지없이 폭로하고 있었다. 식민지배에서 벗어나기 위해 베트남 민중이 벌인 투쟁의 역사에서부터 전쟁의 연원을 추적한 그의 글에 따르면 '자유월남'은 우리의 친일파처럼 민족을 배신한 부패한 집단이 지배하는 나라였고, 우리가 베트콩이라고 폄하해 불렀던 베트남민족해방전선은 자유베트남 내부에서 그런 부패한 정권에 맞서 싸우는 집단이었다.

하지만 1974년 6월의 대한민국에서 이런 내용을 진실이라고 주장하는 것은 그의 말대로 '권력과 권력이 심어준 도그마를 신봉하는 민중의 박해'를 부를 수 있는 위험천만한 일이었다. 당시 대한민국은 박정희 대통령이 이른바 한국적 민주주의를 내세우며 사회 각 부문에 대한 통제와 억압의 수위를 강화해가던 '유신체제' 치하였다. 대통령 직선제가 폐지되고 대통령에게 각종 긴급조치권과 국회해산권을 허용하는 등 권력을 대통령 1인에게 집중시킨 강고한 독재체제가 구축돼 있었다. 그럼에도 사회 각 부문에서 민주화에 대한 요구가 터져나오자, 1974년 초부터는 정치·경제·사회 각 부문에 대한 통제의 고삐를 더욱 죄기 위해 연달아 긴급조치를 발표하며 억압의 수준을 높여나갔다. 민청학련 사건과 인혁당 재건위 사건을 통해 온 나라를 얼음 공화국으로 변모시킨 것도 『전환시대의 논리』가 출간되기 겨우 두달 전의 일이었다. 이것이 그가 자신의 글에 스스로 궤변이라고 인정한 '가설'을 덧붙일 수밖에 없는 상황이었겠지만, 바로 그렇기 때문에 '가설'의 딱지를 붙인 그의 글은 오히려 더 강력한 진실의 울림을 갖고 다가왔다. 머릿속에서 지진이 일어나는 것 같았다. 이를 계기로 현실에 대한 비판적 안목이 조금씩 싹터갔고, 언론에 대한 관심도 늘어갔다.

이듬해인 1975년 민청학련 관련자들이 형집행정지로 풀려났다. 그중한명은 동향의 선배였다. 어느날 등굣길에서 동기생의 소개로 그를 알게 된 후, 그의 지도로 친구 몇명과 독서모임을 하게 됐다. 그와의 만남은 리영희 선생을 좀더 잘 아는 계기가 됐다. 감옥에서 만난 김지하가 중국사를 전공했던 그에게 중국을 제대로 알려면 꼭 리선생을 만나보라고 권했단다. 복학이 안 됐던 그는 김지하의 말대로 석방된 후 곧바로 리선생을 찾아 학교 밖 사제관계를 맺고 중국 현대사를 공부하고 있다고 했다. 독서모임 등을 하면서 그와 나는 점점 더 가까워졌다. 1978년 나는 한 신문사에 기자로 입사했고, 그와 나는 함께하는 삶을 꿈꾸는 단계로 발전했다. 결혼을 하기로 하면서 우리 두 사람은 반드시 리선생을 주례로 모셔야 한다는 데 합의했다. 내가 기자직을 선택한 이유이자 그의 제도 밖 스승이었기 때문이었다. 그러나 리선생은 1977년 『우상과 이성』과 『8억인과의 대화』를 출간한 뒤 반공법으로 구속돼 있는 상태였다. 그렇다면 결혼식은 그가 감옥에서 나온 이후여야 했다.

1980년 리선생이 만기 출소한 뒤인 4월경, 우리는 주례를 부탁드리기 위해 화양동에 있던 그의 2층집을 찾았다. 글을 통해 머릿속 지진을 일으킨 인물을 만난다는 기대에 들뜬 마음으로 그 댁 마루에 올라섰을 때, 리선생은 우리를 마중하기 위해 방을 막 나오고 있었다. 책 표지에서 익히 보았던 날카로운 눈빛은 마치 나를 스캔하는 것 같았다. 하지만 방으로 들어가 대화를 시작하니 날카로운 면모는 어디론가 사라지고, 30년 가까운 나이차를 잊게 만들 정도로 격의 없고 소탈한 또다른 리영희가 거기에 있었다. 그렇게 우리는 유홍준·서중석·유인태·김세균 등으로 이어지는 리영희의 주례 제자군에 합류했다.

한쪽은 언론인이고 다른 한쪽은 학자인 우리 부부는 언론인 60퍼센트, 학자 40퍼센트라고 스스로를 규정한 그의 평전을 함께 써보자는 꿈을 가졌다. 하지만 각자의 일에 매몰돼 살다보니 오랫동안 그 꿈을 실현하지 못했다. 신문사에서 은퇴한 뒤 더이상 미룰 수 없다는 생각에 공동 작업을 포기한 채 혼자 시작했다. 공동 집필은 이뤄지지 않았지만, 중국에 관한 글에 대한 평가를 비롯해 많은 부분 그의 도움이 있었기에 이 글을 완성할 수 있었다.

리영희란 인물에 대한 관심의 출발점 역시 『전환시대의 논리』였다. 『전환시대의 논리』는 그 엄혹한 시절에 박정희 정권에 던진 도전장이었다. 그 책에 실린 첫번째 글 「강요된 권위와 언론자유」의 서두에서 인용한 '벌거벗은 임금님' 우화 속 어린 소년이 임금의 벌거벗음을 폭로했듯이, 그 역시 박정희 정권이 민주주의와 기본권을 유린하는 핑계로 활용하는 냉전의 도그마라는 거짓을 폭로하기 위한 싸움에 나섰다.

스스로 소년의 역을 자임했음에도 그는 "'임금은 알몸이다'라고 폭로한 소년의 용기에 열중하는 나머지 힘없는 소년에게 그런 엄청난 임무를 떠맡기게 된 그 사회의 실태에 대해서는 눈이 미치질 않는다"[3]라며 그 소년의 용기에 주목하기보다 그 사회의 구조적 문제점에 주목하라고 요청했다.

상인들이 보이지 않는 비단옷이라는 허무맹랑한 거짓말로 온 나라를 속일 수 있다고 감히 생각할 수 있었던 것은, 입지도 않은 옷을 입었다고 여기며 오도된 권위로 밀어붙인 임금과, 그 임금의 비위를 맞추느라 있지도 않은 옷을 아름답다고 아첨을 해댄 신하들, 그리고 그 거짓에 눈 감고 순응해온 그 사회의 구성원들이 있었기에 가능했다. 상인들은 바로 그러한 사회구조를 꿰뚫어보고 그 속에서 제 잇속을 챙기고자 했던 것이다.

그렇다면 거짓의 꺼풀을 벗기고 진실이 지배하는 사회를 만드는 일은 그 사회가 그토록 타락하게 된 과정을 직시하고 그 과정에 연루된 각자의 책임을 깨닫는 것에서 출발해야 한다. 리영희가 『전환시대의 논리』를 통해 보여주고자 했던 것은 바로 그 힘없는 소년에게 엄청난 짐을 떠맡긴 우리 사회의 타락한 실태였다. 그는 단순히 임금이 벌거벗었다는 사실을 밝히는 것을 넘어 그런 허무맹랑한 거짓이 판칠 수 있게 된 우리 사회의 구조를 파헤치고, 그 구조 속에 연루된 우리들의 책임을 환기하고자 했다.

　구조에 주목해야 한다는 그의 주장에 수긍하지만, 모든 이들이 침묵할 때 용기 있게 진실을 말한 소년은 누구이며 그 용기의 근원이 무엇인지를 규명하는 것 역시 필요하다. 모두가 침묵할 때 진실을 이야기한 소년이 없었더라면 거짓은 더 오래도록 그 사회를 병들게 했을 것이기 때문이다. 소년이 임금이 벌거벗었다고 외쳤기에, 임금이 벌거벗었음을 알고 있었거나 벌거벗었을지 모른다고 의심했던 사람들의 상당수가 진실의 편으로 돌아설 수 있었다.

　냉전 도그마의 실체를 파헤친 그의 글은 이승만에서 박정희로 이어져온 독재정권이 주입한 냉전의식에 중독돼 있던 젊은이들을 흔들어 깨웠다. 그들은 『전환시대의 논리』를 통해 새롭게 눈을 뜨고 "지식을 쌓는 것과는 다른, 지식이 밝아지는 체험"[4]을 하게 됐다고 고백했다.

　그럴수록 『전환시대의 논리』와 그 저자는 냉전체제를 유지하고자 하는 분단세력인 대한민국의 주류사회에 큰 위협이 되었다. 그들은 우화에서와 달리, '임금이 벌거벗었음'을 폭로한 소년의 용기를 칭송하기는커녕 그 소년의 입에 재갈을 물리기 위해 온갖 방법을 동원했다. 책의 판매를 금지하고 생업의 터전에서 몰아내는 일은 물론이고 감옥에 가두는 것도 서슴지 않았다. 스스로 거짓의 성채를 쌓아온 그들로서는 진실을 대면하는 것이 그토록 무서웠던 것이다.

　그리하여 『전환시대의 논리』의 저자 리영희는 1970~80년대 젊은이들에게 '사상의 은사'로, 냉전세력에겐 '의식화의 원흉'으로 호명되면서 오늘날에 이르기까지 여전히 우리 사회에 가장 논쟁적인 인물로 남아 있다.

그러나 필자를 비롯해 그와 개인적인 관계를 가져온 이들은 진영논리에 따라 색칠된 이미지보다 훨씬 인간적이고 자유로운 리영희의 이미지를 간직하고 있다. 고문에 맞서 물러서지 않았지만 주삿바늘은 무서워 기절하는 사람, 어려운 이들의 처지 앞에 쉬이 눈물 흘리는 사람, 스스로는 잘 놀 줄 모르지만 시인·소설가 등의 자유로운 영혼을 부러워했던 사람, 권력자들 앞에선 머리 숙이지 않아도 억눌리고 약한 이들 앞에선 예의를 차리고자 했던 사람, 자식들에겐 엄격했고 후학들에겐 추상같았지만 누구와도 권위를 내려놓고 인간 대 인간으로 격의 없이 대화했던 사람, 그리고 권력에 의해 7번 강제 연행돼 5번 투옥되고, 언론계와 대학에서 각각 2번씩 4차례 해직되는 굴곡진 삶을 살았으면서도 술자리에선 "우리 인생의 이런 아름다운 순간순간을 축하하며"라고 잔을 들어 올렸던 사람, 그런 리영희가 있었다. 그의 후배 신홍범의 말처럼 그는 '뜨거운 얼음'이었다.

리영희가 세상을 뜬 지도 벌써 10년이 되었다. 지금쯤이면 이제 진영논리를 넘어 '뜨거운 얼음'이란 형용모순의 언어로 규정되는 그의 참모습을 찾아나가기 시작해야 하지 않을까? 그 조그마한 출발점이 되기를 바라며 그를 찾아가는 여정을 시작한다.

제1장

수업시대

1. 평등과 민족을 일깨운 변방

인간 리영희를 상징하는 중요한 열쇳말 가운데 하나는 '변방'이다. 그는 한번도 우리 사회의 중심 또는 주류에 속한 적이 없다. 태어나고 자란 곳은 한반도 최북단 변방인 평안북도 운산(雲山)과 삭주(朔州)였다. 소월(素月)이 '물로 사흘 배 사흘, 먼 삼천리, 삭주 구성 산 넘어 먼 육천리'(「삭주구성」)라고 했을 정도로 한반도의 중앙에서 멀리 떨어진 곳이다. 그의 변방성은 태어난 곳 때문만은 아니다. 분단은 그를 평생 고향에 돌아갈 수 없는 실향민으로 만들었다. 인맥도 학맥도 없는 그였기에 남한사회의 주류에 속할 수 없었다. 군대에서도 결코 중심이 될 수 없는 주변적 존재인 통역장교에 머물렀고, 언론사에서도 외신부를 비롯해 대외관계를 다루는 부서에서 주로 근무했다. 또 중국과 베트남 등 국제문제와 남북관계 등 대외관계에 대한 글로 우리 사회에 큰 영향을 끼쳤음에도 그런 경력엔 낯선 공업고등학교와 해양대학 졸업이 그의 학력의 전부였다. 대학이란 제도 안에서 국제정치나 국제관계라는 학문을 공부한 적이 전혀 없는 것이다. 하지만 그는 학술제도권 바깥의 언론사 기자로서 국제정치의 현장을 관찰하고 독학을 통해 그것을 분석해 펼쳐 보임으로써 제도 안의 어느 국제정치학자보다도 우리 사회에 더 큰 영향력을 발휘할 수 있었다. 그의 오랜 벗 임재경(任在慶)은 이런 그의 변방성이야말로 그가 기득계층의 이해관계를 떠나 독립적이고 독자적인 목소리를 견지할 수 있었던 힘이었다고 풀이한다.[1]

그렇다고 흔히 생각하는 것처럼 변방이 반드시 낙후를 의미하는 것은 아니다. 오히려 중심에서 멀리 벗어나 있기에 주류적 타성에 물들지 않고, 접경지의 이점을 통해 새로운 문물, 새로운 사고를 받아들일 수 있는 진취를 의미할 수도 있다. 리영희가 태어난 평안북도 운산군이나 어린 시절의 대부분을 보낸 삭주군은 바로 그런 곳이었다. 압록강 인근으로, 한반도의 중심에서 가장 멀리 떨어진 변방지역이었음에도 당시에는 한반도 남쪽의 여느 지방보다 오히려 더 문명의 이기를 누리던 곳이었다. 평야지대인 남쪽은 농업을 위주로, 광물자원과 삼림이 풍부했던 북한지역은 공업을 위주로 개발한 일본의 식민정책의 영향이었다.

운산에는 당시 세계 1, 2위를 다투는 금광이 있었고 삭주에도 도처에 금광이 있었다. 대한제국으로부터 운산금광 채굴권을 확보한 미국은 1930년대 중반까지 금을 캐다가 중일전쟁이 시작된 1937년 이후 일본 쪽에 채굴권을 넘겼다. 한때 이곳은 채광·쇄금·수송 등과 그에 필요한 부대시설을 운영하기 위해 수천명의 광원이 일할 정도로 흥청거렸다. 당연히 운산이나 삭주 사람들은 금광 덕에 대체로 살 만했다. 특히 1930년대 후반 일본이 만주 진출을 위해 수풍댐을 건설하고 정주에서 수풍까지 철도를 이으면서 이 지역의 모습은 일신됐다. 집집마다 전기가 들어오고 돈 있는 집에는 전화도 가설됐다. 남한에서는 1960년대에 이르러서야 비로소 집집마다 전기가 들어오고 전화도 본격적으로 보급되기 시작했다.

이 지역의 또다른 특색은 다른 곳에 비해 평등주의적 기풍이 강했다는 점이다. 이런 기풍은 일차적으로 이 지역이 조선시대 주류정치의 중심에서 벗어나 있었던 것과 무관하지 않을 것이다. 조선시대의 주류를 이룬 것은 기호와 영남의 사람들이었고, 이들은 유교적 신분질서를 신주처럼 모셨다. 하지만 변방을 지키는 무관들이 중심이었던 이곳은 유교의 영향이 남쪽에서만큼 크지 않았다. 덕분에 구한말 이래 이 지역에 들어온 기독교가 비교적 쉽게 그 세력을 넓힐 수 있었다. 기독교 선교사들은 곳곳에 교육시설을 설립하고 교회와 학교를 통해 평등의 가치를 전파했다.

의협심 많은 아버지와 고집 센 어머니

리영희는 이런 배경을 지닌 평안북도 운산군 북진면(北鎭面)에서 1929년 12월 2일 아버지 이근국(李根國)과 어머니 최희저(崔晞姐)의 3남 2녀 중 넷째로 태어났다. 3·1운동 이후 10년 만에 다시 대한독립을 요구하는 광주학생의거가 일어난 직후였다. 나라의 주권을 빼앗긴 지 20년 가까이 되었지만, 조선 민중들의 독립에 대한 열망은 수그러들지 않은 상태였다. 반면 일제는 중국 침략을 위한 준비에 박차를 가하면서 조선에 대한 수탈을 점점 더 본격화하던 시점이기도 했다.

평안북도 의주의 농림학교를 나온 아버지는 그가 태어날 당시 운산군 영림서(營林署)에 근무하고 있었다. 서양학문을 공부했지만 어린 시절부터 중국 고전을 기본으로 익혀 한학에도 조예가 깊은 선비 같은 사람이었다. 온유하고 학식이 높았던 아버지는 마을 사람들에게 신망이 두터웠다. 해방 후 공산주의자들이 북한을 접수했을 때 일제시대 관리들은 거의 다 쫓겨났지만, 그는 오히려 면민들의 요청으로 인민위원회가 임명한 신입 직원들이 업무에 익숙해질 때까지 2년 가까이 공무를 돌봐줘야 할 정도였다.[2] 이처럼 마을 사람들에게 신망을 받았던 것은 아버지의 온유한 성품과 높은 학식 때문만은 아니었다.

리영희가 열살쯤이던 어느 여름날이었다. 한 소년이 마을 앞을 흐르는 대령강에서 수영을 하다 센 물살에 휩쓸려 떠내려가기 시작했다. 며칠 동안 내린 비로 불어난 물속에서 소년은 필사적으로 허우적거리며 살려달라고 외쳤지만, 주위에 몰려 있던 사람들은 발만 동동 구를 뿐 누구 하나 구해줄 엄두를 내지 못했다. 그때 40대 초반의 한 남자가 강물로 뛰어들었는데, 바로 리영희의 아버지였다. 그는 거센 물살 속에서 필사적으로 매달리는 아이를 혼신의 힘을 다해 구출해내고는 탈진해서 강기슭에 쓰러졌다. 인공호흡과 의사의 치료를 거쳐 의식이 회복됐으나 그가 건강을 회복하기까지는 오랜 시간이 필요했다. 평소에는 법 없이 살 정도로 착했지만, 위기에 빠진 사람을 보면 이처럼 자신의 안위를 돌보지 않고 도와주었기에 마을 사람들이 그토록 신뢰했던 것이다.

어머니 최희저는 이웃 벽동군(碧潼郡)에서 손꼽히는 부잣집 딸이었다. 외할아버지 최봉학(崔鳳鶴)은 소작농에서 자수성가해 천석꾼이 된 사람으로 '일자무식에 자린고비'였다. 그렇게 부자가 된 뒤에도 논밭을 살피러 집을 나설 때에는 동네 안에서만 짚신을 신고, 동구 밖에 나가면 짚신을 벗어 허리춤에 차고 맨발로 다녔다고 전해질 정도였다.[3] 외할아버지는 외삼촌은 일본에 유학을 보내면서도, 어머니는 학교 근처에도 보내지 않았다. 당시에는 여자를 공부시키면 팔자가 드세진다고 해 아무리 부잣집이라도 여자들은 교육에서 제외하는 게 일반적이었다. 부잣집 딸인데다가 제대로 교육받지 못한 어머니는 성격이 강하고 고집이 세서 누구에게도 굽힐 줄 몰랐다.

리영희가 1964년 「남북한 유엔 동시가입 제안 준비」라는 기사로 인해 검찰의 수사를 받고 있을 때의 일화는 어머니가 얼마나 대단한 성격의 소유자였는지 잘 보여준다. 아들이 잡혀갔다는 소식을 들은 어머니는 즉시 며느리를 앞세우고 검찰청으로 달려갔다. 올곧게만 살아 답답할 지경인 아들이 죄를 지었다는 것은 사실일 리 없었다. 담당 검사를 만나자마자 다짜고짜 "내 아들이 뭘 잘못했냐"며 따귀부터 올려붙였다. 수사관들이 지켜보는 가운데 얼결에 뺨을 얻어맞은 검사는 화도 내지 못한 채 당황해 쩔쩔매다가, 곧 풀려날 테니 걱정 마시라며 노인을 달래 돌려보낼 수밖에 없었다.[4] 피의자의 부모가 검사의 뺨을 때리며 항의하는 것은 여간한 배짱 없인 할 수 없는 일이다.

민족과 평등을 일깨운 머슴과 외삼촌

그는 부모님 외에 어린 시절 영향을 받은 사람을 두 사람 더 든다. 외삼촌 최린모(崔麟模)와 독립군이 된 머슴 문학빈(文學彬)이다. 두 사람은 모두 외갓집에 큰 타격을 주어 어머니가 평생 원수처럼 여긴 사람들이었지만 그는 여러차례 그의 정신적 원형으로 이야기하곤 했다.

문학빈은 부지런하고 충직해, 외할아버지를 천석꾼의 부자로 만들어준 일등공신이었다. 집안 살림을 알뜰히 챙기는 것은 물론이고 어렸을 적의 어머니를 업어 키울 정도로 가족들에게도 헌신적이었다. 그러던 그가 3·1운동 직후 홀연히 사라졌다가 얼마 후 독립군이 되어 나타났다. 총검을 든 동지와 함께 외할아버지 댁에 들이닥쳐 군자금을 요구했다.

　외할아버지는 문학빈 일행에게 다시는 오지 않는다는 조건으로 얼마간의 돈을 건넸다. 하지만 문학빈은 이후 두차례 더 외갓집을 찾았다. 두번째까지는 자린고비 할아버지도 약간이나마 돈을 내놓았다. 그런데 세번째가 문제였다. 문학빈이 동지 두 사람과 함께 다시 외갓집에 들이닥친 것은 마침 리영희의 어머니가 친정에 머물고 있던 1925년 초겨울 어느날이었다. 리영희는 『대화: 한 지식인의 삶과 사상』에서 "나는 어머니의 뱃속에서 이미 조선의 한 가난한 머슴이 번신(飜身)하여 그 사상적 혁명을 이룩하고 독립군으로 탈바꿈하는 과정을 목격한 셈이라고 할까! 독일의 심리학자 융(C. G. Jung)의 이론으로 말하면, 이것이 나의 생애에서 내가 의식하지 못한 '의식의 역사'가 됐다고도 말할 수 있지 않을까"[5]라고 하면서, 당시 자신이 어머니의 태중에 있었던 것처럼 말하지만, 그보다 먼저 쓴 『역정(歷程)』이나 다른 저작에는 이 사건을 1929년이 아니라 1925년에 일어난 일로 기록했다. 그가 태어나기 4년 전의 일을 두고 융까지 거론하며 이것이 그의 '의식의 역사'가 됐다고 한 것은 그만큼 문학빈의 삶이 그에게 큰 영향을 끼쳤다는 의미로 해석해야 할 것이다.

　안방으로 들어간 문학빈이 또다시 군자금을 요구하자 외할아버지는 완강히 저항했다. 두번이나 줬으면 됐지, 어떻게 번 돈인데 세번씩이나 내놓으라고 하느냐면서. 문학빈 일행이 어르고 달래도 외할아버지는 요지부동이었다. 날은 밝아오고 돈을 받아낼 가능성은 없다고 여긴 그들은 할아버지를 겨누고 있던 총의 방아쇠를 당겼다. 옆방에서 숨을 죽이고 안방의 실랑이를 듣고 있던 어머니가 총소리에 놀라 안방으로 달려갔을 때는 이미 그들이 자취를 감춘 뒤였다. 외할아버지가 피를 흘리며 숨져가는 모습을 지켜보아야 했던 어머니에게 문학빈은 철천지원수가 되었다.

외할아버지가 돌아가시자 일본에서 유학하던 외삼촌 최린모가 공부를 중단하고 귀국했다. 그가 유학생활을 한 1920년대 초의 일본은 이른바 '타이쇼오(大正, 1912~26) 민주주의' 덕에 서양의 여러 개혁사조가 물밀듯이 밀려들어오고 있었다. 특히 1917년 러시아혁명의 영향으로 노동자와 농민을 중심에 두는 사회변혁에 대한 논의도 활발하게 전개됐다. 외삼촌이 유학했던 아이찌현(愛知縣)의 안조오(安城)농업학교도 이런 혁신적 사상의 요람 가운데 하나였다. 이 학교에서 새로운 사상의 세례를 듬뿍 받은 최린모는 돌아오자마자 상속받은 농토의 소작료를 인하하는 등 자신의 혁신사상을 실천으로 옮겼다. 통상적으로 지주와 소작인이 7대 3의 비율로 수확물을 나눠 가지던 것을 그는 5대 5로 조정해 소작인들의 몫을 대폭 올려주었고, 농토를 사고자 하는 소작인들에게는 헐값으로 땅을 팔았다. 이런 행동으로 그는 이웃 지주들의 비난을 한몸에 받았을 뿐 아니라 가족들에게도 외면당했다. 리영희의 어머니 역시 동생이 집안을 망쳤다며 평생 그를 원망했다. 하지만 소년 리영희에게 외삼촌은 오히려 동경의 대상으로 자리잡았다. 어려운 이들의 처지를 이해하고 자신의 것을 아낌없이 나누며 정의를 추구하는 새로운 지식인의 모습을 그에게서 발견한 것이다.

"우리 친척을 통틀어 존경할 만한 인물이 별로 없는데, 나는 오직 이 외삼촌만을 평생 존경해왔어. 어머니를 통해 어려서부터 누차 들었던 외삼촌의 삶이 어쩌면 나의 사상의 원초적 잠재의식으로 자리잡았는지도 모르겠어요."[6]

고향의 평등하고 진취적인 기풍, 문학빈과 외삼촌의 행위에 대한 공감과 외경은 이후 리영희의 행위와 사상을 배태할 씨앗으로 자리잡았다. 그리고 곤경에 처한 사람을 보면 자신의 안위를 돌보지 않고 뛰어들었던 아버지로부터 물려받은 의협심과 어느 누구에게도 굽힐 줄 몰랐던 어머니를 닮은 강인한 성격은 그가 일생 동안 겪어야 했던 혹심한 고난 앞에서 물러서지 않고 자신의 길을 갈 수 있었던 힘의 바탕이었다.

전쟁을 배운 식민지 교육

그가 본격적인 교육을 받기 시작한 것은 다섯살 되던 해 삭주군 영림서로 발령이 난 아버지를 따라 그곳 외남면(外南面) 대관리(大館里)로 이사 가면서였다. 그는 그곳에서 유치원과 보통학교(지금의 초등학교)를 모두 마쳤고 그런 까닭에 태어난 운산군이 아니라 어린 시절의 추억이 가득한 바로 이곳, 삭주군 외남면 대관리를 고향으로 기억했다.

"물놀이에 지치면 그 덤불 속에 숨어서 종달새 잡이를 하는 것이 봄·여름철 방과 후의 일이었다. 종달새라는 놈은 몇백미터 높이의 하늘을 날면서도 밭에 기어다니는 들벌레를 발견하는 놀라운 시력을 가지고 있다. 아직 곡식의 싹이 피어나지 않아 밭이 흙으로만 덮여 있는 늦은 봄철, 꿈틀거리는 들벌레만이 땅 위에 드러나게 덫을 파묻어놓고 풀덤불 속으로 몸을 숨기고 지키고 있노라면, 까마득한 높이를 날던 종달새가 곤두박질을 해 내려와 들벌레를 물어챈다. 환성을 지르며 덤불 속에서 뛰어나가, 아직도 심장이 뛰고 있는 푸드득거리는 살찐 종달새 한마리를 두 손으로 움켜쥔 순간의 희열이란!"[7]

이렇게 아름다운 추억을 남긴 그의 보통학교 시절은 일본의 대륙 침략이 본격화하던 때이기도 했다. 1937년 여름 일본이 중국을 침략해 '중일전쟁'이 시작되고, 곧이어 전선이 태평양 전 지역으로 확대되었다. 이에 따라 식민지에 대한 통제정책도 한층 강화되었다. 학교도 전시체제에 맞춰 변화하기 시작했다. 처음에는 전장의 일본 군인에게 위문문을 쓰는 정도였지만, 머지않아 체육시간이 수류탄 던지기, 모래주머니 메고 뛰기 같은 전쟁훈련 시간으로 바뀌었다. 5학년이던 1940년에는 조선어 수업이 폐지됐다. 이듬해에는 총독부가 '조선어 교육 폐지령'을 내려 조선어 교육을 전면 금지했다. 뒤이어 일본은 '창씨개명령'을 내려 조선 사람의 이름을 모두 일본식으로 바꾸도록 했다. 리영희도 어느날 갑자기 '평강호강(平江豪康, 히라에 히데야스)'이 되었다. 일본 이름을 지어준 아버지는 "평강이라는 성의 평(平)자는 본관이 강원도 평창(平昌) 이씨라서 일족의 근원을 유지하려는 뜻에서고, 강(江)자는 중시조(中始祖)가 평안북도 초산군(楚山郡)에 와서 정착한 이래로 수백 년을 자리잡고 살아온 강면(江面)의 지명을 따서 가문의 뿌리를 지키려는 뜻에서였다. 이름 '호강(豪康)'은 아들의 성미가 급하고 심사가 잘고 좁아서, 크고 너그럽고 호탕하고 담대하기를 바라는 아버지의 기원을 담은 것"[8]이라고 설명했다.

아버지가 걱정한 대로 그의 성격은 꽤나 까다롭고 모난 편이었던 듯하다. "대관소학교가 생긴 이래 가장 뛰어난 몇몇 수재 가운데 하나"[9]라는 평을 들었음에도 소학교 시절 한번도 반장을 하지 못했다는 것이 그 방증이다. 모나고 까칠하며 굽힐 줄 모르는 성격은 이후 그의 삶에서 때로는 그를 밀고 가는 힘이 되기도 했지만, 때로는 겪지 않아도 될 고난을 자초하는 화근이 되기도 했다.

소학교를 마친 그는 선생님들의 권유에 따라 신의주사범학교 입학시험을 쳐 합격했다. 삭주 같은 변방에서 공부 잘하는 학생들은 일반적으로 이웃 신의주나 평양의 상급학교로 진학했다. 하지만 아버지는 서울의 경성공립공업학교(경공) 입학시험을 한번 더 보길 희망했다. 지금의 중고등학교를 합친 5년제 중학교였던 '경공'은 경성제국대학 이공학부로 진학할 수 있는 최고의 실업중등학교였다. 주로 일본인 학생들이 진학했고, 조선인 학생의 비중은 5분의 1에 불과해 조선인 학생 사이의 입학 경쟁률은 10대 1 가까이 됐다. 삭주 같은 시골 출신이 웬만큼 공부해선 들어가기 어려운 학교였다.

열네살 소년은 입학시험을 보기 위해 단신으로 경성 여행길에 올랐다. 삭주 대관에서 경성까지 가는 데는 하루 온종일이 걸렸다. 초행길이라 찾아가기 쉽지 않았을 터인데 어려운 경쟁의 관문을 통과해 경공에 당당히 합격했다. 그의 합격 소식에 학교를 넘어 온 마을이 들썩였다. 마을에서 그런 명문 중학교에 합격한 학생은 그가 처음이었다. 이제 신의주사범학교와 경공 두 학교 가운데 어디를 선택할 것인가 하는 행복한 고민이 남았다. 그러나 그 결정은 아버지의 몫이었다. 어린 아들에게 늘 "월급쟁이는 할 일이 아니다. 무엇이라도 좋으니 자신의 기술로 살아가도록 해라"[10]라고 말해왔던 아버지의 선택은 당연히 경공이었다.

1942년 봄 정든 고향을 떠나 본격적인 경성 유학생활을 시작했다. 학교 인근 흑석동에 하숙집을 마련했다. 처음으로 가족과 헤어져 혼자 생활을 책임지게 된 소년은 가져온 짐을 가지런히 정리한 뒤 책상 앞에 단정히 앉아 먹을 갈았다. 잠시 후 붓을 든 소년은 이렇게 한문으로 써내려갔다.

少年立志出鄕關
學若不成死不歸
埋骨豈期墳墓地
人間到處有靑山

어려서 뜻을 품고 고향을 나왔으니
학문을 이루지 않고는 결코 돌아가지 않으리라
뼈를 묻을 곳이 어찌 선조의 묘소뿐이리오
뜻있는 이에게는 세상 어디나 청산이다!11

　책상 위에 써 붙인 면학의 글처럼 그는 공부에만 매진했다. 한달 90원 (현재 화폐가치로 약 160만원)가량의 월급에서 절반에 가까운 40원(약 70만원) 을 그의 학비와 생활비로 보내주는 부모님을 생각하면 한시도 허비할 수 없는 일이었다.

　실업학교였던 경공의 수업 내용은 3학년까지는 인문중학교와 거의 비슷했지만, 4~5학년으로 올라가면 전기·제도 등 전공과목 수업이 대폭 늘어났다. 모든 수업은 일본어로 진행됐다. 그가 일본어를 막힘없이 구사할 수 있게 된 것은 당시의 교육 덕분이었다. 교사는 전부 60명 정도였고 그 가운데 조선인은 3분의 1에 지나지 않았다.

　학교 수업은 그런대로 재미있었지만 생활은 쉽지 않았다. 흑석동에 있던 하숙집에서 대방동에 있던 경공까지 4킬로미터 정도를 걸어다니는 일은 그나마 나은 편이었다. 무엇보다 힘든 것은 먹을 것의 부족이었다. 태평양전쟁이 막바지를 향해 달려가고 있던 1943년부터 식량은 완전히 배급제가 됐다. 아침이라곤 밥 반공기가 고작이었는데, 그마저도 콩깻묵이나 옥수수를 반이나 섞은 것이었다. 밤마다 출몰하는 빈대와 이의 공격 역시 배고픔에 못지않은 고통이었다.

이런 고통 속에서도 세월은 흘러갔다. 일본의 전황은 갈수록 나빠지는 듯했다. 매일 아침 일본 대본영은 '무적의 일본군이 적의 함정과 항공기를 격추했다'고 발표했지만, 식민지 조선의 생활조건은 나날이 어려워져만 갔다. "화려했던 백화점은 군기관용으로 변해서 군인이 드나들고, 상점들은 팔 상품이 없어 거의 문을 닫았다. (…) 종로, 황금정(을지로), 태평로 같은 시내의 큰 거리의 인도는 물론, 주택가의 좁은 사잇길에도 20미터 간격으로 방공호·대피호가 파이고 가로등의 불이 꺼진 지 오래인 경성의 거리는 암흑이 되었다. 모든 건물에서 철물이 뜯기어 공출되고 있었다. 무기를 만들기 위해서라는 것이다. 모범을 보인다고 해서 맨 처음에 뜯긴 총독부(해방 후 중앙청 건물) 둘레의 우람했던 철책이 사라진 자리에는 돌기둥들만이 남았다."[12]

그럴수록 학교에서는 더욱더 군국주의 교육에 열을 올렸다. 히틀러의 『나의 투쟁』 같은 군국주의와 파시즘을 옹호하는 책들이 필독서로 강요됐다. 이런 교육 때문인지 자신의 몸을 던져 미군을 막겠다며 자살특공대인 '카미까제(神風)'에 지원하러 나가는 일본 학생들이 각 반마다 한두명씩 나타났다. 그들이 출정할 때는 전교생이 경성역 광장에 나가 군가를 부르며 격려했지만, 그 무리 속에 서 있던 소년 리영희의 머릿속은 "하루속히 일본이 망해 밥이나 실컷 배불리 먹을 수 있으면 하는 생각뿐이었다."[13]

4학년이 된 1945년엔 '전시학도 동원령'이 내려졌다. 수업은 사실상 중단되고, 모든 학생들이 비행장 건설, 포탄이나 소총탄 깎기, 군수용품 만들기 같은 노동에 투입되었다. 수업이 없는데도 학교를 그만두거나 휴학할 수도 없었다. 전기과 학생이던 리영희는 신축 건물에 전기를 가설하거나 빈집의 전기용품을 회수하는 작업에 투입되었다. 다섯명씩 한조가 되어 경성전기(지금의 한국전력) 자재창고에서 자재를 받아 리어카로 목적지에 싣고 가 작업을 했다. 한나절 일하면 점심으로 호떡 2개씩을 주었다. 식사시간에는 조선 학생들과 일본 학생들은 자연스레 따로 앉았다.

경성전기에서 학생들을 인솔하고 다닌 사람은 최반장이라는 조선인이었다. 그는 조선 학생들에게 전황을 비롯해 세상 돌아가는 이야기를 해주곤 했다. 그가 전하는 전황은 일본 신문들이 전하는 것과는 딴판이었다. 학생들은 반신반의하면서도 그의 이야기를 기다렸다. 이미 조선 학생들 사이에도 근원을 알 수 없는 소식들이 은밀히 퍼지면서 일본의 전황이 심상치 않다는 생각이 폭넓게 공유되고 있었다. 7월 말경 최반장이 일을 끝내고 쉬고 있는 조선 학생들에게 다가와 속삭이듯 말했다. "일본은 얼마 안 갈 거다. 신문이나 방송은 다 거짓말이야. 아마 학생들의 근로동원도 머지않아 끝날지 몰라……."[14]

너무나 놀라운 말이라 믿기지 않았다. 아무리 전황이 나빠졌다 해도 그렇게 빨리 일본이 망하리라고는 생각해보지 못했다. 하지만 최반장의 말을 들은 뒤로는 공부도 하지 못하면서 일만 죽도록 해야 하는 생활이 더욱 지긋지긋해졌다. 집에 연락해 고향에 돌아갈 수 있도록 전보를 쳐달라고 부탁했다. 1945년 8월 6일 '모친 위독'이란 전보가 날아왔다. 히로시마(廣島)에 원자폭탄이 떨어진 바로 그날이었다. 8월 10일 학교의 허락을 얻어 고향으로 출발했다. 그사이 그의 가족은 아버지의 새 임지인 평안북도 창성군(昌城郡) 청산면(靑山面)으로 이사해 살고 있었다.

삭주군 대관보다 더 산골짜기인지라 가는 길이 더 멀고 험했지만 끔찍한 노동에서 벗어나 그리운 가족을 만난다는 생각으로 마음은 날아갈 것만 같았다.

2. 해방정국의 생존수업

혼란으로 다가온 해방

히로시마에 이어 나가사끼(長崎)에도 원자탄이 투하되자 일본 제국 주의는 더이상 버티지 못하고 무릎을 꿇었다. 1945년 8월 15일 정오, 일 본 국왕 히로히또(裕仁)가 이른바 '옥음(玉音)방송'을 통해 일본의 항복 을 촉구한 포츠담선언을 받아들인 것이다. 그러나 라디오도 제대로 보 급되지 않았던 시절이라 이 방송을 들은 사람은 경성에서도 얼마 안 되 었다. 그러니 압록강 인근의 머나먼 산골 구석에까지 그 소식이 도달하 기까지는 시간이 걸릴 수밖에 없었다. 그러나 일제의 하수인들은 달랐 다. 경성에서 멀리 떨어진 산골 구석에서도 그들은 현실을 읽는 데 재 빨랐다. 청산면에서도, 주재소라고 불렸던 파출소에서 8월 15일 저녁부 터 순사들이 쉴 새 없이 들락거리면서 뭔가를 불태우는 모습이 목격되 었다. 사람들은 무슨 큰일이 난 모양이라고 수군거렸지만 전쟁이 끝나고 해방이 찾아왔다고 생각한 사람은 거의 없었다. 8월 17일이 되어서야 청산면 사람들도 해방이 됐다는 사실을 알고 축하집회를 열었다. 학교 운동장에는 태극기가 게양되고, 마을 사람들은 '올드 랭 사인' 곡조에 맞춰 애국가를 불렀다. 사람들이 손에 든 태극기는 각양각색의 모양이었다. 집에서 흰 종이나 천에 각자 그려 가지고 나온 것이었다. 그러나 해방과 새로운 독립국가에 대한 벅찬 기대는 모두가 한마음이었다.

젊은 사람들 사이에서는 새로운 사회를 건설하기 위해 무엇인가 해야 한다는 분위기가 생겨났다. 청산면에서도 젊은이들이 움직이기 시작했다. 청산면은 강씨 집안의 집성촌이었다. 후일 노태우 정권에서 국무총리를 지낸 강영훈(姜英勳)을 비롯해 이 집안 사람 여럿이 외지에 나가 공부하고 있었다. 해방이 되면서 이들 가운데 한 사람이 고향으로 돌아왔다. 전문학교를 졸업한 그는 귀향한 다른 학생들과 함께 야학을 만들었다. 마을의 못 배운 사람들에게는 한글을 가르치고, 중학생들과는 독서모임을 꾸려 서양의 고전을 함께 읽었다. 애덤 스미스(Adam Smith)의 『국부론』이나 장 자끄 루쏘(Jean-Jacques Rousseau)의 『에밀』 같은 책이었다. 리영희도 야학에서 한글을 가르치는 한편 이 독서모임에 참여하면서 해방된 새 나라에 대한 꿈을 키웠다.

그사이 평양에 소련군이 진주하고 경성에는 미군이 들어왔다. 그러나 이것이 38선을 사이에 두고 남북이 나뉘지는 시작점이 되리라고는 아무도 생각하지 못했다. 북쪽에서는 마을마다 인민위원회가 들어서기 시작했다. 창성군에서도 10월쯤 인민위원회가 만들어졌다. 그후 얼마 안 돼 그를 포함한 독서모임 회원 7명이 군 치안대에 끌려갔다. 하지만 그들 중 누구도 이유를 알지 못했다. 닷새가 지난 뒤 치안대장이지 싶은 사람이 그들을 불러놓고 훈시를 했다.

"앞으로는 자네들이 토론하고 등사해서 뿌린 것과 같은 내용의 사상이나 지식은 통하지 않는다는 것을 알아야 해. 자네들은 아직 어려. 세상의 큰 변화를 주관적으로 판단해서 경거망동하면 안 돼!"[15]

그날로 석방은 됐지만 그들은 자신들이 읽은 책의 내용조차 제대로 이해하지 못했던 터라 이 말이 무슨 의미인지 알 수 없었다. 사회주의니 자본주의니 하는 것은 그들의 머릿속에는 없는 이야기였다. 어린 나이에 유치장 신세를 진 것만이 불쾌한 느낌으로 남았을 뿐이었다.

우체국장 집에 라디오가 생기고 난 뒤 마을 사람들은 그 라디오를 통해 바깥소식을 들을 수 있었다. 11월쯤 되니까 그동안 문 닫았던 서울의 학교들이 다시 열린다는 소식이 전해졌다. 구류를 살았던 불편한 경험도 있던 터라 리영희는 경성으로 돌아가 학교를 마쳐야겠다고 결심했다. 가족과 하직하고 경성으로 돌아온 것은 11월 중순이었다.

그러나 돌아와 맞은 경성은 기대했던 것과는 딴판이었다. 모두가 새로운 나라를 건설한다는 희망에 부풀어 있으리라 생각했지만 실제 모습은 혼란 그 자체였다. 물가는 하루가 멀다 하고 뛰었고, 거리에는 부랑자가 넘쳐났다. 학교에는 미군이 주둔해 있었고, 학제도 5년제에서 6년제로 바뀌었다. 학교시설도 엉망이 돼 있었다. 경성 제일의 공업학교라는 명성에 걸맞게 갖춰져 있었던 실습시설이 하나도 남아 있지 않았다. 새 나라에 대한 기대가 실망으로 바뀌기 시작했다. 그러나 어찌됐든 공부는 해야 했기에 남아 있던 선생님들과 학생들이 학교운영위원회를 구성하고 수업을 시작했다. 그나마 좋았던 것은 우리말과 우리 역사에 대한 공부를 처음으로 할 수 있었던 점이었다. 그렇지만 수업은 제대로 진행되지 않았다. 너나없이 생활이 곤궁했던 학생들은 수업보다 먹고살기 위한 방책을 찾는 데 더 골몰했다. 더이상 부모님에게 학비를 의지하기 어려워진 그도 고학을 하지 않으면 안 되었다. 생계를 위해 담배와 성냥 등을 팔기 시작했다. 자전거를 타고 인천의 부평까지 가서 성냥을 받아와 소매점을 돌면서 파는 일이었다. 그렇지만 그것도 쉬운 일은 아니었다. 한번은 갑작스러운 가격변동을 챙기지 못해 장사밑천을 다 날리다시피 한 일까지 생겼다.

"어느날 아침, 전날 저녁에 부평에서 사온 성냥 보따리를 싣고 나섰다. 한봉지도 쪼개서 몇갑씩 사던 가게에서 웬일인지 이날은 몇봉지씩 사는 바람에 몇군데를 거치지 않고 잠깐 사이에 류색의 바닥이 보였다. 일이 이렇게만 잘되면 먹고살 수 있겠다는 즐겁고 흐뭇한 기분으로 돌아와서야 그날 아침부터 성냥값이 껑충 뛴 사실을 알았다. 평소에 갑으로 사던 집에서 봉으로 살 때에는, 그것도 한봉이 아니라 여러봉을 살 때에는, 그리고 어느 가게에서나 그럴 때에는 이상하다는 생각이 들었어야 하지 않겠는가? 밑천을 건지지 못했다는 후회보다는 나에게는 상재(商才)가 없다는 생각에서 오는 절망감이 더욱 무겁게 엄습했다."[16]

이런 경험이 쌓이다보니 그가 기억하는 당시의 남한 생활은 지옥 그 자체였다.

"인간의 행동과 생존양식에서 부정적인 모든 측면이 노출된 것이 해방 직후의 남한사회였어. (…) 민족은 식민지에서 해방됐다는데, 일본 제국주의 식민권력에 빌붙어 살았던 친일파와 민족반역자들이 하나도 숙청되지 않은 채 고스란히 남한사회를 지배하고 있었어. 그들이 힘없는 자기 동족들을 먹이로 삼아 지배하고 행세하였지요. 그런 민족의 병충과 잡초들이 일본 식민권력 대신에 새로 군림한 미국 군대의 통치, 즉 미군정에 포섭되어 나라의 온갖 권력을 맘대로 휘두르니, 그 사회에 무슨 도덕이 있으며, 윤리나 정의나 동포애가 있었겠어요? 그냥 '정글의 법칙'이 사회규범이었지."[17]

그의 말대로 해방 직후 남한사회는 혼란 그 자체였다. 국제사회와 한반도 주민이 그리는 해방된 한반도의 미래상이 달랐을 뿐만 아니라, 한반도 주민들 사이에서도 서로 다른 미래상을 놓고 각축한 것이 가장 큰 혼란의 원인이었다. 국제적으로 한반도의 독립을 처음으로 언명한 카이로선언은 "한국인의 노예상태에 주목해" 미국과 영국 그리고 중국의 지도자들은 "적절한 과정(in due course)을 거쳐 한국이 자유를 얻고 독립해야 한다"는 데 합의했다. 여기서 '적절한 과정'은 즉각적 독립이 아니라 일정 기간의 신탁통치를 의미했다.

반면 한국인들에게 해방은 곧 독립이어야 했다. 일제의 패망 가능성을 염두에 두고, 국내에서 조선건국준비위원회(건준)를 구성한 여운형(呂運亨)이나, 국외에서 독립투쟁을 전개해온 김구(金九) 등 임시정부 인사들로선 또다른 외국의 신탁통치를 받는다는 것은 상상할 수도 없는 일이었다.

그러나 '즉시 독립'에 뜻을 같이하는 이들 사이에서도 새로운 나라 건설을 누가 주도할지, 그리고 그 나라는 어떤 모습을 지녀야 할지에 대한 의견이 엇갈렸다. 김구 등 임시정부 출신들은 충칭(重慶) 임시정부를 근간으로 나라를 건설하고자 했고, 여운형·김규식(金奎植) 등은 건준을 중심으로 중립화통일을 지향했다. 반면 박헌영(朴憲永)을 위시한 남조선노동당(남로당) 계열은 사회주의 나라 건설을 도모했고, 조병옥(趙炳玉)과 김성수(金性洙) 등 우익 정치인과 미국에서 귀국한 이승만(李承晩)은 한민당을 중심으로 하는 반공정권 수립에 뜻을 뒀다.

한편 남쪽에 진주한 미군의 일차적 관심은 한반도가 38선 이북에 진주한 소련의 영향권에 편입되지 않도록 하는 데 있었다. 그들은 박헌영 등 남로당 계열은 물론, 공산주의자나 사회주의자가 상당한 부분을 차지했던 건준을 억압하는 정책을 취했다. 중도계와 사회주의 계열을 배제하고자 한 미군정이 미국에서 교육받은 반공주의자 이승만을 파트너로 선택한 것은 당연한 귀결이었다.

이런 상황에서 1945년 12월 16일 모스끄바에서 미국·영국·소련의 외무장관 회담(모스끄바삼상회의)이 열렸다. 이 회담은 해방 이후 국제사회에서 한반도 문제를 논의한 첫 회의였다. 카이로회담 때부터 신탁통치를 주장했던 미국은 이 회의에서도 신탁통치안을 제시했고, 소련은 임시정부 수립안을 내놓았다. 한반도 남과 북에 군대를 진주한 미국과 소련 두 나라가 이렇듯 다른 안을 내놓자 영국이 중재안을 제시해, 삼상회의는 ① 임시정부 수립 ② 미소공동위원회 설치 ③ 미소공동위와 임시정부가 협의한 방안에 따른, 최대 5년 기한의 미·영·소·중 4국에 의한 신탁통치 ④ 남북 현안 논의를 위한 미소공동위 2주 내 개최 등에 합의했다.

이 합의에 대한 공식 발표가 있기 전날인 1945년 12월 27일 우익 정객 김성수가 사주로 있었던 동아일보는 미국이 즉시 독립을 지지하고 소련은 신탁통치를 주장한다는, 사실과 다른 추측성 보도를 1면 머리기사로 게재했다. 이 보도를 본 사람들은 사실관계를 확인하지도 않은 채 격렬하게 반탁운동으로 내달렸다. 반탁운동은 신탁통치를 주장했다고 잘못 알려진 공산주의 소련에 대한 반대로 이어졌다. '반탁' '반소' '반공'이 하나의 운동으로 묶인 것이다.[18]

반탁운동을 주도한 것은 김구를 중심으로 한 충칭 임시정부 그룹이었다. 신탁통치를 식민통치의 연장으로 생각했던 김구는 충칭 임시정부를 바로 새 정부로 추대하자는 운동을 펼치기 시작했다. 반면 이승만은 반탁운동을 이용해 남한만의 단독정부를 수립하고자 했다. 미군정 쪽은 반탁운동을 남한 내에서 미국의 입지를 굳힐 기회로 판단하고, 이승만에 대한 본격적인 지원에 나섰다.

무채색의 대학시절

하지만 10대 후반의 리영희로서는 이런 정치문제를 제대로 파악할 능력도, 신경 쓸 겨를도 없었다. 하루하루의 삶을 영위하는 것이 가장 급한 일이었다. 그가 이름도 낯선 국립해양대학을 진로로 선택했던 것 역시 당장의 생존문제를 해결하자는 생각에서였다. 1946년 여름 해양대 신입생 모집공고가 났다. 국가에서 학비는 물론 숙식까지 제공해준다는 내용에 앞뒤 생각할 겨를도 없이 응시했다.

이렇게 뽑힌 1기생은 항해과 50명, 기관과 50명 해서 모두 100명이었다. 해방 직후 혼란한 와중에 생긴 특수대학인지라 교수진도 빈약하고 학생들에 대한 처우도 형편없었다. 인천에 소재한 낡은 일본식 옛 요정 건물이 기숙사였고 세끼 식사는 우동이 고작이었다. 애초 재정적 지원을 약속하고 해양대학을 유치했던 인천시가 약속한 지원을 하지 않은 탓이었다. 다행히 군정청이 새롭게 재정지원을 하겠다고 나선 군산시의 요청을 받아들여, 학교를 군산으로 옮길 수 있게 됐다. 1947년 5월 학교가 이전한 뒤에야 비로소 수업다운 수업이 진행됐다.

이 무렵 북에 남아 있던 부모님이 막냇동생과 함께 월남했다. 위로 형과 누이를 다 출가시킨 부모님이 이남에서 홀로 공부하는 그를 뒷바라지하고자 어린 막내와 함께 내려온 것이었다. 막냇동생은 서울(일제시대 경성이라 불리다 1946년부터 공식 명칭이 서울로 바뀜)의 공장에 취직한 후 야간 학교에 다니기 시작했고, 부모님은 친척들이 사는 곳에 어머니가 농토를 사두었던 충북 단양으로 내려갔다. 가족과 떨어져 기숙사 생활을 했지만 왕래가 자유로운, 그리 멀지 않은 곳에 가족이 있다는 사실만으로도 안심이 되었다. 학교생활도 점차 안정되어갔다. 군산 캠퍼스에는 도서관도 있었다. 시간 나는 대로 틈틈이 다양한 동서양 고전을 읽는 것이 단조로운 학교생활 중 그가 찾은 유일한 즐거움이었다.

그렇지만 군산이라고 해방정국의 격랑을 비켜갈 수는 없었다. 군산에서도 1947년 후반부터는 신탁통치반대운동이 거세게 일기 시작했다. 애초 신탁통치에 반대하던 조선공산당이 소련의 지령에 따라 찬탁으로 돌아서자 해방 후 수세에 몰렸던 친일파들이 반탁운동에 적극적으로 가담했다. 그들은 찬탁에 나선 조선공산당을 매국노로, 반탁을 외치는 자신들을 애국자로 부각시키며 정국을 좌우대립으로 몰고 갔다. 결국 신탁통치를 둘러싼 갈등이 남북 분단을 고정시키는 징검다리가 되었다.

그러나 당시 상황에서 이런 사정을 제대로 분별해 파악할 수 있는 사람은 그리 많지 않았다. 리영희 역시 마찬가지였다. 그가 존경해온 김구가 신탁통치를 강력히 반대했기 때문에 그 역시 반탁을 애국, 찬탁을 매국이라고 생각했다. 그는 대학 동기생들과 함께 신탁통치반대 구호를 목이 쉬도록 외치며 열심히 반탁운동에 참여했다. 하지만 이에 대해 그는 "결과적으로 훗날의 이승만 씨 집권과 그의 타락·부패한 친일파들의 반민족적 정권유지의 원초적 협조자의 한 사람이 되었다는 회한이 지금도 가시지 않고 있다"[19]고 한탄할 정도로 후회했다.

리영희가 자신의 청년시절을 돌아보며 회한을 느끼는 대목은 이 문제에 그치지 않는다. 더 큰 회한은 대의에 투신하겠다는 열정을 갖지 못했다는 사실에 있었다.

"젊은 생명의 맥박과 발랄한 정신적 약동에 도취되었어야 할 시기에 그러질 못했다. 왜 그랬을까? 해방 직후 몇해 사이의 그 시절, 젊은 지식인들의 마음과 혼을 사로잡았던 이데올로기적 몰아(沒我)와 감분, 이상주의적 투쟁심, 대의(大義)라고 깨달은 목표를 위한 자기희생, 심지어 당파적 적대감에 불타는 증오심 등 원색으로 물들여진 삶이 없었다. 그같은 몰아는 젊음의 '종교'라 할 수 있을 텐데 나는 젊음을 바칠 종교를 못 가지고 그 귀중한 시간을 보냈다. 그러기에 훨씬 훗날, 그 당시 나보다도 어린 나이에 지리산에 들어가 빨치산으로 산과 골짝을 누빈 경험을 한 사람을 알게 되었을 때, 나는 그의 당시의 사상과 행위의 타당성 여부와는 일단 관계없이 그가 지녔던 정열을 진심으로 부러워하고 자신의 과거를 부끄러워했다. 그이와 그와 같이 젊음을 불태우며 산 다른 사람들 앞에서 지금도 나는 늘 왜소한 자신을 발견하면서 회한에 잠기곤 한다."[20]

여기서 그가 부러워한 대상은 민족경제론으로 유명한 박현채(朴玄埰)였을 것으로 짐작된다. 박현채는 광주서중(현재의 광주일고)에 재학 중이던 1950년 한국전쟁이 나자 열여섯의 나이에 고향 화순의 백아산으로 들어가 빨치산 소년돌격부대에서 활동했다. 조정래(趙廷來) 소설 『태백산맥』(1989)에 나오는 소년 전사 조원제는 박현채를 모델로 한 것으로 알려졌다. 리영희와 박현채 두 사람은 1970년대 월간 『다리』의 편집위원으로, 그리고 『창작과비평』의 필자로 함께하면서 가까워졌다. 다섯살 연하인 박현채가 평안북도 삭주 출신인 그를 '말갈'이라고 놀려도 탓하지 않고 늘 허허했던 것도 그에 대한 이런 외경의 마음이 있었던 까닭이었지 싶다.

광주학생의거의 발상지인 광주서중 출신의 박현채와 달리 일본인 중심 학교인 경공을 나와 선원을 기르는 해양대학을 다닌 그에겐 '원색의 삶'은 애초부터 불가능한 꿈이었기에 회한도 그만큼 깊었다. 그리고 이 회한이야말로 1960년대 이래 변함없이 분투해온 그의 삶을 이해하는 데 필요한 또 하나의 열쇳말이다.

3. 역사 현장 수업

중국과의 첫 만남

해양대학 시절, 그의 녹록지 않은 삶을 예고하는 전조들이 서서히 모습을 드러냈다. 대학의 교과과정은 2학년까지 이론수업을 한 뒤, 3학년 한해 동안은 해상실습을 하도록 짜여 있었다. 3학년이 된 1948년 초 리영희와 동기생들은 해상실습을 위해 낡고 작은 배로 뿔뿔이 흩어졌다. 그는 'LST 천안호'에 배정되었다. 묵호에서 무연탄을 싣고 인천으로, 부산에서 소금을 싣고 군산으로, 목포에서 쌀을 싣고 묵호로 가는 단조로운 항해가 되풀이됐다. 그사이 육지에서는 남한만의 단독선거가 실시되고 대한민국 정부가 수립됐다. 그러나 바다를 떠돌던 그는 그 사실조차 알지 못했다.

그가 한반도를 넘어 주변 세계에 처음 눈을 뜬 것은 천안호에 중국 상하이(上海)로 가라는 명령이 떨어진 그해 가을이었다. 처음으로 다른 나라까지 가는 일이었지만 아무도 그 이유를 알지 못했고, 알려고 하지도 않았다. 중국에 갈 경우 밀무역으로 돈을 벌 수 있다는 이야기를 듣고 일부 선원들이 흥분했을 따름이었다. 선원들이 밀무역할 물건까지 사 놓고 출항 준비를 서두르고 있을 때, 갑자기 상하이행을 취소한다는 결정이 내려왔다. 그제야 그들은 그 이유를 묻기 시작했다. 애초 상하이행은 중국의 국공내전을 피해 나오는 동포들을 수송하기 위해 계획되었지만, 그사이 상하이가 공산군의 손에 떨어져 난민 수송이 불가능해졌다는 사실을 처음으로 알게 되었다.

일제가 패망해 중국에서 물러난 이후 중국대륙에서는 항일을 위해 한때 합작했던 장제스(蔣介石)의 국민당군과 마오쩌둥(毛澤東)의 공산당군이 다시 내전에 돌입했다. 국민당군은 병력이나 물자 등에서 압도적 우위를 점하고 미국의 간접적 지원까지 받았음에도 공산당군에 밀리고 있었다. 절대다수를 점하는 농민을 비롯한 중국 인민들이 부패한 국민당군에 등을 돌리고 공산당군을 지원했기 때문이었다. 3년여간 계속된 싸움에서 장제스의 국민당군은 패퇴해 대만으로 도망쳤고, 최종 승리한 마오쩌둥은 1949년 10월 1일 중화인민공화국 수립을 선포했다.

상하이행과 관련한 일을 겪으면서 리영희의 "시야에 갑자기 중국대륙이 들어왔"[21]는데, 이는 그가 세계정세에 대해서 관심을 갖게 된 첫번째 계기였다.

여순반란 사건

상하이행이 취소된 후 얼마 지나지 않은 그해 10월 21일, 천안호는 인천으로 갈 소금 1,000톤을 싣고 부산항을 떠났다. 배가 막 거제도 앞을 지나갈 무렵 부산으로 긴급 회항하라는 무선지시가 내려왔다. 전례가 없는 일이었지만 선원들에게는 아무런 설명이 없었다. 부산항에 돌아오니 하역노동자들이 대기하고 있었다. 그들이 배에 실려 있던 소금을 부두에 내려놓자 곧바로 수백명의 군인들이 박격포나 기관총을 둘러메고 올라탔다. 그 까닭을 알게 된 것은 배가 다시 부산항을 떠나 바다 한가운데에 들어선 뒤였다. 여수·순천에서 군인들이 반란[22]을 일으켰고 배에 오른 부대는 그 반란을 진압하러 가는 길이라는 것이었다.

배가 목적지인 여수항에 도착해 항구로 진입하는 순간 언덕 위에 포진해 있던 반란군이 일제사격을 가해왔다. 박격포의 굉음과 총소리가 울려 퍼지고, 여기저기서 장병들이 쓰러져나갔다. 지휘관들 역시 우왕좌왕했다. 한 지휘관이 배를 전진시키라고 하면 다른 지휘관은 후진시키라고 소리를 질렀다. 실습생 리영희도 선장과 일등항해사를 도우면서 선내와 갑판 위를 정신없이 뛰어다녔다.

치열한 싸움 끝에 반란군들이 언덕 너머로 후퇴한 이튿날 진압군은 여수시내로 진입했다. 상황이 궁금했던 리영희도 그다음 날 아침 동료 실습생들과 함께 시내로 나갔다. 시내 곳곳에 '반란 진압 용사 환영' 등의 플래카드가 나부끼고 있었다. 그 플래카드를 보며 반란 진압에 한몫했다고 부풀어올랐던 자부심은, 여수여자중고등학교에 도착한 순간 산산이 부서지고 말았다. 운동장에는 수많은 시체들이 줄지어 누워 있었고, 학교 담벼락 밖에는 그들의 가족이지 싶은 사람들이 통곡하고 있었다. 리영희는 동료들을 재촉해 그 자리를 떠났다. 주검을 목격한 공포감도 공포감이었지만, 담벼락에 붙어 울부짖고 있는 주민들이 두려워서였다.

상하이행 취소 사태가 국제문제에 관심을 갖게 된 계기가 되었듯이, '여순사건'은 민족문제를 비롯한 국내 정치에 눈을 뜨게 된 계기가 됐다. 새롭게 뜬 그의 눈에 비친 1948년의 한반도 상황은 실망 그 자체였다. 반탁운동 때문에 이승만의 남한 단독정부안이 관철되고, 북에도 김일성(金日成)의 공산정권이 들어서면서 한민족은 두개의 나라로 분열됐다. 이승만 정권은 북의 공산정권에 맞서 반공을 핵심 이념으로 내세우며 반탁운동 과정에서 스스로를 민족주의 세력으로 포장한 친일파들과 손을 잡고 그들을 정권 곳곳에 포진시켰다. 그러나 새 나라 국민들은 이를 용인하지 않고 친일파 청산을 요구했다. 국민들의 요구를 마냥 외면하지 못한 국회가 1948년 10월 23일 반민족행위특별조사위원회(반민특위)의 설치를 승인하면서 친일파 청산작업이 닻을 올렸다. 이듬해 1월 최남선(崔南善)·이광수(李光洙)·박흥식(朴興植) 등을 잡아들이며 순항하는 듯이 보였던 반민특위는 일제 고등계 경찰 출신인 노덕술(盧德述) 등 현직 경찰을 체포하면서 흔들리기 시작했다. 친일 경력자들이 대다수를 점했던 경찰[23]은 현직 경찰 체포에 반발하면서 본격적으로 반민특위를 흔들어댔다. 그들의 방해공작으로 파행을 거듭하던 반민특위는 결국 1949년 6월 6일 경찰의 습격으로 사실상 해체돼버렸다.

이승만 정권의 폭거는 반민특위의 해체로 끝나지 않았다. 그로부터 얼마 지나지 않은 1949년 6월 26일 김구가 암살됐다. 남북협상을 통해 남북 전체를 아우르는 나라를 건설하기 위해 노력해온 김구는 남한만의 단독정부를 수립한 이승만 정부에는 눈엣가시 같은 존재였다. 정부는 김구 암살이 안두희(安斗熙)의 단독범행이라고 발표했지만, 아무도 믿지 않았다. 이승만 정권이 그 배후에 있으리라는 것이 상식적인 판단이었다.

김구를 "'사심 없이' 동포를 사랑하고, 민족의 자주독립을 염원하고, 외세에 굴종하거나 예속되는 것을 거부하고, 민족의 분단을 한사코 반대한 정치인"[24]으로 여기고 존경했던 리영희도 다른 많은 국민들처럼 비탄에 빠졌다. 서울의 장례식에 맞춰 군산에서 열렸던 추모식에 참석해 통곡했을 정도였다. 물론 이후 민족문제와 국제문제에 대한 공부를 해나가면서 그 역시 해방정국에서 보여준 김구의 행적 가운데 비판받을 대목이 있음을 인정했다. 그럼에도 그는 조국의 해방과 해방된 조국이 두쪽 나는 일을 막기 위해 온몸을 던진 김구에 대한 애정을 끝까지 버리지 않았다. 김구 암살을 계기로 이승만에 대한 그의 비판적 인식은 더욱 높아졌다.

이루어지지 않았다. 부모님은 서울에서 미처 데려오지 못한 막내아들을 걱정하며 전쟁이 남쪽으로 번져올 것을 걱정했다.

7월 20일 대전과 전주가 점령됐다는 소식이 전해졌다. 이 무렵 안동에서도 멀리서 포 소리가 들려오기 시작했다. 전황이 갈수록 악화되는 것을 더이상 감출 수 없게 된 정부는 학도의용군 모집에 착수했다. 이 지역 출신 교사들은 모두 학교를 버리고 피신해버렸다. 피할 곳도 비축해놓은 돈도 없었던 리영희와 그의 가족들은 어찌해야 할지 몰라 안절부절못할 뿐이었다.

며칠 후 남아 있던 교사들이 모여 대책을 의논했다. 학교에 남은 돈을 피란자금으로 빌려달라고 해보자는 누군가의 제안에 따라 모두 함께 교장을 찾아갔다. 그러나 교장은 학교를 사수해야 한다며 그 요청을 거부했다. 하지만 포 소리가 점점 더 가까워지자 불안감을 견디지 못한 교사들은 다시 교장을 찾아갔다. 사택 문을 열고 들어서는 순간 그들의 눈에 들어온 것은 싸놓은 피란 짐이었다. 학교를 사수하겠다고 호언했던 교장이 그들에게 알리지도 않은 채 피란을 떠나려던 참이었다. 흥분한 교사들은 한달음에 마루 위로 올라가 철제 캐비닛을 부순 후 그 속에 있던 지폐뭉치를 움켜쥐곤 각자 집으로 내달렸다. 리영희도 한뭉치의 돈다발을 들고 정신없이 집으로 달려갔다. 그길로 간단히 짐을 꾸리고 부모님과 함께 피란길에 올랐다. 거의 한달을 걸어 경산군의 하양이란 곳에 도착했다. 일단 한 사당에 임시로 부모님을 모셔놓은 뒤 돌아가는 상황을 알아보기 위해 혼자 피란 수도였던 대구로 갔다.

군대의 변방, 통역장교가 되다

대구에 도착해 먼저 학무국을 찾았다. 학무국에서는 신분을 확인한 뒤 한달치 월급을 주었다. 앞으로 어찌해야 할지 알아보기 위해 이튿날 다시 학무국에 나가니 유엔군 연락장교단 후보생 모집공고가 눈에 띄었다. 각 학교 영어교사를 우선 선발한다고 했다. 젊은 나이에 도저히 군대를 피할 방법이 없을 것 같았기에 상황이나 알아보자는 생각으로 지시된 장소로 가보았다.

"간단히 경력에 관한 몇마디 영어 질문에 답변하자, 벌써 대기해 있던 차로 몇 사람과 함께 교육단으로 직송되었다. 그 자리에서 부대자루 같은 미군 전투복과 낡은 구두, 그리고 후보생 표지가 붙은 구겨진 전투모가 지급되었다. 몇분 전까지 중학교 영어교사이던 리영희는 '대한민국 육군 유엔군 연락장교단 제4기 후보생'이 되었다. 이렇게 다짜고짜 데려다가 군복을 입히고 가두어버릴 줄은 미처 예상치 못했다. 1950년 8월 16일이었다."[1]

그러나 그날 밤 그는 임시훈련소로 쓰는 학교의 담장을 뛰어넘었다. 부모님께 자초지종 설명도 드리지 않은 채 이대로 전쟁터로 끌려갈 순 없는 일이었다. 정신없이 네시간을 달려간 끝에 하양의 사당에 도착했지만 부모님은 그곳에 안 계셨다. 놀란 가슴을 진정하고 사당 안을 살피니 벽면에 쪽지 한장이 꽂혀 있었다. 아버지가 남긴 쪽지에는 20리 떨어진 마을로 간다는 내용이 쓰여 있었다. 다시 20리를 달려가 부모님과 만날 수 있었다.

부모님께 갑자기 군대에 가게 된 경위를 말씀드리고, 한달치 월급을 드린 뒤 이튿날 다시 대구로 향했다. 돌아가면 벌을 받을 것이 뻔했지만, 부모님을 안심시킨 대가이니 감수할 수밖에 없다고 마음을 다잡았다. 아니나 다를까 그를 기다린 것은 주먹이었다. 몇차례 마룻바닥에 널브러지도록 얻어맞고 4주간 외출금지 조처가 내려졌다.

전선이 더 남쪽으로 이동하면서 훈련단도 부산으로 옮겼다. 애초 40일로 정해진 훈련기간도 제대로 지켜지지 않았다. 영어 몇마디에 소총 분해 등 기초적인 훈련만 마치면 부대에 배치되는 실정이었다. 미군의 개입으로 전선이 북상하면서 그도 보병 제11사단 9연대에 배속 명령을 받고 훈련단을 떠났다.

이제 그는 통역장교 리영희 중위였다. 통역장교의 공식 명칭은 '유엔군 연락장교'였다. 그러나 유엔군과는 아무런 상관이 없었다. 한국군 소속으로, 한국군에 배치된 미국 군사고문단과 한국군 부대 사이의 통역이 주요 기능이었다. 다른 병과 군인들은 통역장교를 반쪽짜리 군인이라고 멸시했지만, 오히려 통역장교 경험은 그가 비판적 지식인으로 성장하는 밑바탕이 되었다.

우선 한국전쟁과 한국군의 실상을 좀더 명확하게 파악할 수 있었다. 미국 군사고문들과 제대로 소통하려면 통역장교는 자기가 속한 부대의 모든 일을 알고 있어야 했다. 부대의 작전계획에서부터 부대장 개인의 신상까지, 부대원들의 후생복지부터 각급 부대에서 벌어지는 부정행위에 이르기까지. 그러다보니 훈련도 제대로 못 받은 우리 군인들의 실태를 비롯해 미국의 도움 없이는 존속이 불가능한 한국군의 적나라한 현실이 그의 눈에 들어왔다.

다음으로 그와 함께 전장을 누빈 미국 고문관을 통해 미국사회에 대한 이해도 넓혀갈 수 있었다. 미국 자본주의의 문제점을 알게 되었고,

휴머니즘에 대한 인식을 새롭게 했다. 또 작전지도를 펴놓고 국제관계를 연구하며 군사전략을 고민하는 고문관의 모습 속에서 미국의 힘을 보았다. 그들과 만나면서 전쟁의 배경이 된 국제관계에 대한 관심도 싹텄다. 중공군의 참전 이후엔 적을 알기 위해 중국을 공부하기 시작했는데, 이것이 1970년대 독보적인 중국 전문가로 등장할 수 있었던 배경이 되었다.

그와 함께 근무한 고문관들 가운데 그에게 가장 깊은 인상을 남긴 이는 임관 후 처음 만난 메인(Maine) 소령이었다. 대공황 시절, 어머니가 주머니 속에 콩을 넣고 삶은 뒤 송곳으로 콩을 찍어내어 어린 자식들부터 차례로 먹이곤 했다는 메인 소령의 이야기를 듣고 난 뒤의 충격을 그는 이렇게 기록했다. "일제 식민지 조선에서도 나는 그런 가난을 본 일이 없다. 우유와 꿀이 강물처럼 흐르고, 모든 가정의 식탁 접시에는 고기가 그득하다고 듣고 있던 미국이라는 나라의 가려진 일면을 알게 되었다. 미국 자본주의의 그림자를 처음으로 알았다."[2] 해방 이후 성냥팔이 등의 경험을 통해 막연하게 느끼던 자본주의 사회의 문제점이 더욱 생생하게 다가온 순간이었다.

그렇게 어렵게 자란 사람이지만 메인 소령에게는 배울 점이 많았다. 무엇보다 그는 사람을 소중하게 여겼다. 리영희는 자신의 연대가 속리산 전투를 마치고 지리산 쪽으로 이동하는 길에 있었던 일을 그 예로 들었다. 상주와 김천 사이의 고갯길에서 대원들이 잠시 휴식을 취할 때였다. 수송트럭 한대가 미끄러져 그 트럭의 운전병이 깔리는 사고가 났다. 참모들이 트럭을 밀어내고 운전병을 구출해냈다. 겨우 살아난 운전병은 몸도 제대로 가누지 못했다. 하지만 연대장과 수송장교는 그 운전병에게 브레이크를 제대로 채우지 않아 사고를 일으켰다며 야단을 치기 시작했다. 이 광경을 지켜보던 메인 소령이 연대장에게 운전병을 어떻게 할 거냐고 물었다. 연대장이 당연하다는 듯이 군법회의에 걸어서 처벌하겠다고 했을 때 메인 소령이 한 말은 리영희에게 깊은 인상을 남겼다.

"아니, 그게 무슨 말입니까? 이 병사는 차체에 깔려 중상을 입은 것으로 이미 자기의 실수에 대한 처벌을 받지 않았습니까? 게다가 더 어떤 처벌을 하겠다는 건가요?"

연대장은 그의 질문에 더이상 답하지 않았다. 그러나 메인 소령이 운전하는 지프의 옆자리에 앉아 김천으로 가는 동안 리영희의 머릿속에는 그의 질문이 떠나지 않았다. "사병의 목숨, 군대, 군대 규율, 지휘관의 권위, 휴머니즘, 정의, 계급장의 권리, 군법, 처벌 등에 관해서 처음으로 곰곰이 생각"한 시간이었다.[3]

메인 소령은 1950년 말 지리산에서 빨치산의 공격을 받고 숨졌다. 당시 보병 11사단은 빨치산 토벌 작전을 벌이기 위해 지리산 일대에 진을 치고 있었다. 리영희가 속한 9연대는 진주농림학교에 연대본부를 두고 함양·산청·거창·구례 등 4개 군에서 작전을 벌였다.

12월의 어느날 남원의 사단본부에서 작전회의가 소집됐다. 이 회의에는 연대장과 고문관인 메인 소령, 그리고 통역장교인 리영희가 함께 참석하도록 되어 있었다. 그런데 권총 사격법을 알려주겠다고 약속했던 메인 소령이 며칠째 약속을 안 지켜 삐쳐 있던 리영희는 그와 함께 가고 싶지 않았다. 마침 새로 부임한 통역장교가 남원의 친척도 볼 겸 대신 가겠다고 나섰다. 못 이기는 척하고 새 통역장교에게 일을 넘기고 그는 진주에 남았다. 메인 소령과 새 통역관은 이른바 아흔아홉고개에서 매복해 있던 빨치산의 공격으로 목숨을 잃었다. 새 통역관이 가겠다고 나서지 않았더라면 죽음은 자신의 것이었을 터였다. 존경하고 신뢰하던 메인 소령과 자신을 대신해 그 길을 간 새 통역관의 안타까운 죽음은 '인생만사 새옹지마'라는 옛말을 실감하게 했다.

2. 한국군의 민낯을 보다

국민방위군 사건

빨치산 토벌을 위해 그의 부대가 지리산에 머물던 시절, 그는 한국군의 민낯을 드러낸 두 사건을 목격하게 된다. 하나는 국민방위군 사건이고, 다른 하나는 거창민간인학살 사건이었다.

국민방위군 사건은 중국이 한국전쟁에 개입하면서 이를 막기 위해 병력을 급조하는 과정에서 발생했다. 1950년 10월 말 한국군과 유엔군이 압록강 인근까지 치고 올라가자, 자국의 안보를 우려한 중국이 대규모 병력을 파견해 북한군을 지원하며 반격에 나섰다. 11월부터 본격화된 중공군의 인해전술 앞에 유엔군과 한국군은 속수무책으로 밀려 후퇴를 거듭했다. 이승만 정권은 이에 맞서려면 대규모 병력이 필요하다고 판단했다. 즉각 국민방위군설치법을 제정하고, 만 17세 이상 40세 미만의 장정을 소집했다. 순식간에 50만명이 넘는 인원이 소집됐다. 그러나 예산과 물자를 제대로 확보하지 못한 것은 물론이고, 지휘체계조차 제대로 갖추지 못한 상태였다. 군은 급한 대로 우익집단인 대한청년단 단장 김윤근(金潤根)을 방위군 사령관으로 임명하고 그 단원들에게 방위군을 통솔하게 했다. 문제는 이들에겐 군을 통솔할 능력뿐만 아니라 인간으로서 최소한의 양심도 없었다는 점이다. 그들은 방위군들에게 돌아갈 군복과 식량을 빼돌려 자신들의 배를 불렸다. 갑자기 엄동설한에 끌려나온 이들은 군복은커녕 내의 한벌도 제대로 배급받지 못한 채 덜덜 떨며 중공군에 맞서야 했다. 이런 상태에서 그들이 중공군을 막는다는 것은 애초에 불가능한 일이었다. 방위군은 제대로 싸워보지도 못하고 남쪽으로 후퇴해야 했다. 입지도 먹지도 못한 채 눈보라를 헤치며 수백리 길을 걸어야 했던 병사들은 도중에 얼어 죽고 굶어 죽었다. 공식적으로 인정된 사망자 수만 9만명에 이르렀으니, 그 참혹함은 말로 표현하기 어려울 정도였다.

리영희의 9연대가 머물던 진주도 국민방위군의 최종 남하 목표지점 가운데 하나였다. 이곳으로 그들이 몰려온 것은 추위가 맹위를 떨치던 1951년 1월 중순경이었다.

"얼마나 되었는지 그 수는 지금 기억하지 못하지만 만명은 훨씬 넘었다. 진주 시내외의 각종 학교건물과 운동장은 해골 같은 인간들로 꽉 들어찼다. 인간이 그런 참혹한 모습이 될 수 있다는 것은 놀라운 발견이었다. 느닷없이 끌려나온 그들의 옷은 누더기가 되고, 천리 길을 걸어 내려오는 동안에 신발은 해져 맨발로 얼음길을 밟고 있었다. (…) 인간을, 포로도 아닌 동포를 이렇게 처참하게 학대할 수 있을까 싶었다. 6·25전쟁의 죄악사에서 으뜸가는 인간말살 행위였다. 이승만 정권과 그 지배적 인간들, 그 체제 그 이념의 적나라한 증거였다.

진주중학과 각급 학교 교실에는 가마니도 제대로 없었다. 다 깨진 창문을 막을 아무것도 지급되지 않았다. (…) 교실 안에 수용된 사람들은 그나마 다행이었다. 교실이 틈도 없이 채워진 뒤에 다다른 형제들은 엄동설한에 운동장에서 몸에 걸친 것 하나로 밤을 새워야 했다. 누운 채 일어나지 않으면 죽은 것이고, 죽으면 그대로 거적에 씌워지지도 않은 채 끌려나갔다. 시체에 씌워줄 거적이 어디 있단 말인가! 얼마나 많은 아버지가, 형제와 오빠가, 아들이 죽어갔는지! 단떼의 연옥도 불교의 지옥도 그럴 수는 없었다. 단떼나 석가나 예수가 한국의 1951년 초겨울의 참상을 보았더라면 그들의 지옥을 차라리 천국이라고 수정했을지도 모를 일이다."[4]

지옥보다 더 참혹한 현장을 목격한 리영희는 한 사람의 목숨이라도 더 건지기 위해 동분서주했다. 창문을 막을 가마니나 판자 그리고 환자들을 치료할 약품을 구할 수 있다면 고문관을 데리고 어디라도 갔다. 헐벗은 동포를 살리기 위해 이렇게 뛰어다니며 그는 국가란 무엇이고 지도자란 무엇인지 묻지 않을 수 없었다. 그리고 애국이니 반공이니 하는 구호 뒤에서 이뤄지는 철면피한 부정부패에 대한 분노로 몸을 떨었다.

김윤근은 이렇게 착복한 돈으로 정치자금을 뿌리며 수많은 정치인들을 매수했다. 이승만 대통령도 정치자금을 받은 것으로 알려지면서 국민들의 분노는 하늘을 찔렀다. 상황을 모면하기 위해서라도 진상조사가 필요했다. 조사 결과, 김윤근 등 방위군 지도부가 일반 병사들에게 돌아갈 식량과 의복을 빼돌려 착복한 사실이 밝혀져 국방장관이 물러나고 김윤근 등은 총살형에 처해졌다. 그러나 이들로부터 정치자금을 받은 이승만을 비롯한 정치인들에 대한 단죄는 이뤄지지 않았다.

거창민간인학살 사건

국민방위군 사건이 군과 정부의 부패가 낳은 인도적 참상이었다면 거창민간인학살 사건은 군이 이데올로기를 이유로 무고한 민간인을 학살한 사건이었다. 특히 이 거창사건이 그를 힘들게 한 것은 사건의 주체가 바로 그가 속해 있던 11사단 9연대였기 때문이다.

사건의 발단은 1951년 2월 시작된 빨치산 소탕전이었다. 11사단장 최덕신(崔德新)은 이 작전을 '견벽청야(堅壁淸野)'로 명명했다.『손자병법』에 나오는 견벽청야는 들의 곡식과 주민을 모두 성안에 들여놓고 성문을 굳게 닫아걸어, 공격해오는 적이 어떠한 물적·인적 자원도 이용할 수 없게 하는 전략이다. 최덕신은 이 전략에 따라 전략거점을 확보한 뒤엔 빨치산이 주민들의 도움을 받을 수 없도록 반드시 그들의 후방 보급망을 끊도록 지시했다. 당시 연대지휘관 회의에서 시달된 작전명령 부록에는 ① 작전지역 안의 인원은 전원 총살하라 ② 공비들의 근거지가 되는 건물은 전부 소각하라 ③ 적의 보급품이 될 수 있는 식량과 기타 물자는 안전지역으로 후송하거나 불가능한 경우에는 소각하라는 등의 내용이 포함돼 있었다.[5]

한동석(韓東錫) 대위가 이끄는 11사단 9연대 3대대가 거창군 신원면을 점령한 것은 1951년 2월 초였다. 그런데 며칠 후인 2월 8일 빨치산이 신원지서를 공격해왔다. 9연대장 오익경(吳益慶) 중령은 3대대에 반격을 명령했다. 2월 10일과 11일 이틀 동안 대대적인 반격에 나선 3대대는 후방을 차단한다는 명분으로 신원면 일대 가옥을 모두 불태우고 그 지역 주민 100여명을 계곡으로 몰아 살해했다. 이어 1,000여명의 마을 주민을 신원국민학교에 집결시킨 후, 군인과 경찰의 가족을 제외한 517명을 현장에서 총살했다.

군은 학살된 사람들이 모두 빨치산이거나 그 동조자였다고 밝혔지만 실제로 빨치산과 연계 여부를 확인하는 작업은 전혀 없었다. 작전에 참여했던 군인들로서도 이해하기 어려운 난폭한 폭거였다. 양심의 가책을 느낀 군인 한 사람이 무고한 민간인들이 무차별 살해된 사실을 거창군 출신 국회의원 신중목(愼重穆)에게 제보했다. 신의원의 문제제기로 국회 진상조사단이 꾸려졌다. 그러나 진상조사단은 현장에 접근조차 제대로 못했다. 조사대상인 9연대가 국회 조사단의 현장조사 길목에 빨치산으로 위장한 군인들을 매복시켜 조사단을 공격하는 등 집요하게 방해했기 때문이다.

그럼에도 이 사실이 완전히 묻히지 않은 것은 국외 종군기자들 덕분이었다. 그들은 집요한 추적을 통해 민간인 학살 사실을 국제사회에 알렸다. 군의 야만적 행위에 대한 국제적 비판이 고조됐다. 문제를 회피하려고만 했던 이승만 정권도 형식적이나마 조사를 하지 않을 수 없게 됐다. 그러나 4월 초 발표된 정부의 조사 결과는 진실과는 너무나 거리가 멀었다. 모두 187명이 희생됐지만, 그들은 모두 공비 협력자여서 처단이 적법했다는 내용이었다. 유족들은 분노했으나 이승만 정권 아래서할 수 있는 일은 없었다. 그들이 다시 목소리를 낸 것은 그로부터 10년 가까이 흐른 4·19혁명 이후였다. 유족들은 제대로 된 진상규명과 희생자들에 대한 위령비 건립을 요구했다. 하지만 5·16쿠데타로 집권한 군부정권은 오히려 유족회 간부들을 반국가단체 조직 혐의로 처벌함으로써 다시 유족들의 입을 틀어막았다.

이 사건의 실체가 제대로 드러난 것은 사건 발생 후 30년도 더 지난 1982년이었다. 부산일보와 잡지 『마당』은 거창군 지역 주민들을 집중 취재해 당시 학살된 사람들이 공비 협력자가 아닌 양민이었다는 사실을 밝혀냈다. 두 매체는 유족들의 인터뷰를 통해 숨진 719명 가운데 20~40대의 청장년은 175명에 지나지 않았고, 나머지 76퍼센트는 여성과 어린이 그리고 노인이었으며, 그 가운데 359명은 14세 이하의 어린이였다고 확인했다.

"이승만 정권은 공비 협력자들을 군사재판에 넘겨 처형했을 따름이라고 거짓말을 했는데, 359명이나 되는 이같이 어린 영혼들이 그 허위를 입증하고 있다. (…) 희생자들이 무고한 양민이었다는 움직일 수 없는 물증인 셈이다. 젖먹이가, 국민학교 어린이들이, 80세 노인들이 공비와 협력했다는 증거는 어디에서도 나오지 않고 있다."[6]

『마당』 기사의 이 대목을 읽는 순간 리영희는 머리를 쇠뭉치로 맞은 것 같은 충격에 빠졌다. 그동안 자신의 부대가 저지른 만행 때문에 괴로워했지만, 그래도 이 정도일 줄은 상상하지 못했다. 정부가 발표한 187명의 4배 가까운 사람이 살해된데다 그 대다수가 어린이 등 노약자였다니!

자신이 알았더라면 그렇게 많은 무고한 생명이 살해되는 것을 막을 수 있었을지도 모른다는 생각에 그는 더욱 괴로웠다. 사건이 일어나기 얼마 전 메인 소령과 함께 지리산 주변 일대를 정찰해, 빨치산과 연계돼 있던 주민들은 토벌군이 들어오기 전에 이미 달아나버렸다는 사실을 알고 있었기 때문이다. 하지만 당시 그는 연대의 작전계획을 알 수 있는 처지가 아니었다. 통역관이던 그가 작전계획을 미리 알 수 있는 길은 고문관을 통해서였는데, 9연대의 고문관이던 메인 소령은 거창사건 직전에 전사했다. 리영희에게 이 사건은 "이데올로기의 광신사상과 휴머니

즘에 대한 멸시를 깨쳐야겠다는 강렬한 사명감"7을 재확인하는 계기가
되었다.

1980년대 두 언론기관에 의해 거창민간인학살 사건의 진실이 밝혀졌
음에도 희생자들이 명예를 회복하는 데는 또다시 10년이 넘는 세월이
필요했다. 군부정권이 물러나고 문민정부가 들어선 1996년이 되어서야
우리 사회는 거창민간인학살 희생자를 위로하고 그 명예를 회복해주는
법을 제정할 수 있었다.

3. 전방의 인간수업

불길에서 구해낸 신흥사 경판

일진일퇴를 거듭하면서 어느 한쪽의 일방적인 승리가 불가능하다는 사실을 깨닫게 된 참전국들은 1951년 7월경부터 정전회의를 열고 이 전쟁을 끝낼 방법을 논의하기 시작했다. 그러나 싸움은 오히려 더 치열해졌다. 남북 양쪽이 한치의 땅이라도 더 확보하고자 38선을 중심으로 한 중부지역에 병력을 총집결해 사투를 벌였기 때문이다.

거창사건으로 홍역을 치른 9연대도 그해 가을에는 동부전선으로 이동했다. 리영희는 휴전으로 전후방 교류가 이뤄질 때까지 거의 2년 동안 이곳 동부전선에서 머물렀다. 매일매일 목숨을 건 전투가 벌어지는 현장은 인간의 실체가 적나라하게 드러나는 현장이기도 했다. 이곳에서 온갖 인간군상을 접하고 갖가지 경험을 하면서 그는 점점 더 인간과 사회 그리고 국가와 민족의 의미를 묻는 사색적인 인간으로 변모해갔다.

그 물음이 시작된 것은 동부전선으로 이동한 첫날부터였다. 설악산을 넘어 북쪽으로 탈출하는 인민군의 퇴로를 차단하는 임무를 맡게 된 9연대가 설악산으로 출발한 것은 1951년 늦가을이었다. 지휘부는 온종일 이동해 해가 다 기운 저녁 무렵 연대본부로 쓰일 설악산 신흥사에 도착했다. 늦가을 저녁, 산속은 무척이나 쌀쌀했다. 먼저 도착한 병사들이 추위를 잊기 위해 절 안팎 여기저기서 불을 피우고 있었다. 지휘부와 함께 도착한 그도 추위를 녹일 불이 반가웠던 터라 차에서 내리자마자 불가로 다가갔다. 일행을 비집고 불 앞으로 다가선 순간 그는 경악하고 말았다. 장병들이 땔감으로 태우고 있던 것은 불경 목판이었다! 불의 온기를 느낄 겨를도 없이 몸을 돌려 부연대장에게 달려가 귀중한 문화재가 타고 있으니 당장 불을 꺼야 한다고 외쳤다. 그렇게 하여 불길에서 건진 경판은 17세기에 제작된 『은중경』 『법화경』 『다라니경』이었다. 모두 한글·한자·산스크리트어 등 3개의 문자로 쓰인 것이었는데, 이렇게 여러 언어로 쓰인 경판은 우리나라는 물론 다른 나라에서도 찾기 힘든 귀중한 문화유산이었다. 『법화경』 『다라니경』은 많은 부분이 소실됐지만 『은중경』은 다행히 온전한 채로 남았다. 불교계가 잿더미로 화할 위기에 처했던 소중한 불교 문화재를 구해낸 그에게 감사패를 증정한 것은 1990년대 들어서였다. 그는 그 자리에서 자신의 행동이 문화적 자산의 소중함에 대한 남다른 인식이 있었기 때문이 아니라 전쟁에 임하는 자세가 달랐기 때문이었다고 설명했다.

"많은 장병들에게는 38도선을 넘으면서부터는 '적지(敵地)'라는 의식이 앞서, 모든 것이 '노획'의 대상처럼 비치는 성싶었다. (⋯) 우리가 싸우는 중에도 겨레의 '귀중한 것'은 하나라도 더 보존해야 한다는 마음이 눈앞에서 부정당하는 행위를 목격하는 것은 가슴 아픈 일이었다.

통일이 되면 당연히 대한민국의 영토이고, 통일이 안 되어도 전쟁을 위한 직접적 목적과 용도 외의 것은 고이 남겨둠으로써 겨레의 강토를 풍요롭게 할 거라는 생각은 전쟁 논리에는 들어설 여지가 없어 보였다."[8]

그는 신흥사 경판을 노획물같이 여겨 땔감으로 이용한 군인들처럼 민족문제에 무심한 젊은이들에게 대승적 민족애를 가르칠 필요가 있다고 생각했지만, 전장의 군인들 가운데는 민족애는커녕 인간에 대한 최소한의 예의조차 갖추지 못한 이들이 수두룩했다.

누구를 위한 전쟁인가

그의 부대가 이른바 '884고지'에 대한 공격에 나섰을 때였다. 계속되는 장마 속에서 고지 점령을 위해 산을 기어오르는 전투는 쉽지 않았다. 적 앞에 그대로 노출된 장병들의 희생은 이루 말할 수 없었다. 설상가상으로 동해안에 정박해 있던 미국 함선 미주리호가 지원사격을 한다면서 연달아 아군을 오폭해, 며칠 사이에 희생자 수는 몇백명으로 늘어났다. 그런데 모든 병사들이 희생자를 거두고 부상자를 치료하기 위해 이리 뛰고 저리 뛰는 절박한 상황 속에서도 이 부대의 대대장은 병을 핑계 대고 후방 참호 속에 들어앉아 도장만 파고 있었다. 그만이 아니었다. 처음으로 이 부대에 배속되어온 신출내기 소위는 전투현장 근처에도 가보지 않은 채 배속 며칠 만에 서울로 돌아가버렸다. 군 최고부나 권력실세의 도움이 없었다면 있을 수 없는 일이었다. 그렇게 그들이 피하거나 떠나간 자리를 메우는 이들은 하나같이 뒷배도 힘도 없는 이들이었다.

이런 현실을 지켜보면서 "학교깨나 다닌 젊은이들은 다 어디 가고,

이 틀림없는 죽음의 계곡에는 못 배우고 가난하고 힘없는 이 나라의 불쌍한 지식들만 보내지는가? 나라 사랑은 힘없는 자들만이 하는 것인가?"라는 질문이 그의 머릿속에 자리잡기 시작했다. 전쟁과 군대를 알게 될수록 "이 나라의 기본부터 무엇인가 잘못되어 있다"고 생각하지 않을 수 없었다.[9] 그리고 그런 나라를 위해 목숨을 아끼지 않고 전장을 뛰어다닌 자신에 대한 회의도 일기 시작했다.

그런데 그런 회의를 결정적으로 굳히게 만든 일이 얼마 지나지 않아 일어났으니, 바로 동생의 죽음이었다. 884고지 전투가 끝난 후 그의 대대는 후방으로 배치됐다. 추석 열흘 후 무렵이었다. 모처럼 후방으로 돌아온 그는 다른 군인들과 함께 바닷가에서 전장의 긴장을 풀었다. 그리고 부대로 돌아오니 전보 한장이 그를 기다리고 있었다. "명희 위독, 급히 귀가 바람!" 가슴이 철렁 내려앉았다. 이렇게 전보까지 칠 정도면 동생의 상태가 보통 심각한 게 아닐 터였다. 그는 부대에서 간단한 약품을 구해 들고 동생이 무사하기를 빌고 또 빌며 단양의 집으로 달려갔다. 그러나 그가 집에 도착했을 때 동생은 이미 이 세상 사람이 아니었다. 동생이 숨을 거둔 것은 벌써 열이틀 전이었지만, 그가 놀랄까봐 '위독'이라고 전보를 쳤다는 것이었다.

동생의 갑작스러운 죽음으로 인한 충격은, 이웃 친척들이 부모님과 동생을 매몰차게 대한 이야기를 듣곤 걷잡을 수 없는 분노로 바뀌었다. 그 마을에는 제법 잘사는 친척들이 있었다. 하지만 그 친척들은 어머니가 죽어가는 아들의 얼굴이라도 보고자 등불을 켤 석유를 얻으러 갔을 때 냉담하게 거절했다. 그뿐만이 아니었다. 동생의 복통을 전염병이라고 여겼던 그들은 부모님에게 소금까지 뿌리며 마을에서 나가라고 등을 떠밀었다. 리영희는 날이 밝자마자 면사무소로 달려가 입에 담기 어려운 욕설을 퍼부으며 화풀이를 했다. 하지만 그래봤자 그는 돌보아줄 이 하나 없는 연로한 부모님을 그들 틈에 남겨둔 채 부대로 복귀해야 하는 신세였다. 도저히 발길이 떨어지지 않는 상황이었다.

바로 이때 기적처럼 북에 누이를 남겨놓고 단신 월남한 매부가 찾아왔다. "바로 이러고 있을 때였다. 북쪽 땅에서 순희 누님과 아들과 함께 살고 있을 줄만 믿고 있던 매부가 표연히 찾아온 것이다. 많은 애를 쓴 끝에 장인과 장모의 피란 거처를 알아냈다는 것이다. 우리 네 사람은 한순간, 서로 쳐다볼 뿐 입을 크게 연 채 말을 하지 못하고 서 있었다. 그 순간의 놀라움과 기쁨을 다 적을 수는 없었다."[10] 매부에게 부모님을 부탁하고 떠날 수 있게 되어 마음은 한결 가벼워졌다.

그러나 "전선으로 돌아가는 리영희 중위는 며칠 전의 그가 아니었다. 그의 마음에는 이제 이 전쟁은 자기와 전혀 상관없는 전쟁이었다. 이북에서 피란 온 난민에게 공통적인 어떤 국가관이나 전쟁관도 달라지고 있었다. 애국심이란 무조건적이라고 생각했던 순박한 신념도 이제는 비판적 사색 앞에 그 뜨거움이 식어가고 있었다. 이 전쟁에서의 죽음의 가치에 대해서도 며칠 전까지와는 다른 면으로 보게 되었다. 전선으로 배속되어왔다가 전투가 벌어지자 최고사령부의 전보 한장으로 뒤도 돌아보지 않고 서울로 돌아가버린 김소위를 그전처럼 미워하지 않게 되었다. 김소위가 내려간 길을, 884고지 전투의 사지를 향해서 들어간 100여명에 이르는 보충병의 희생이 과연 누구를 위한 것이었던가를 골똘하게 생각하고 있었다. 또한 통역장교 병과에 주어진 소임을 넘어서 일부러 전투지를 택하고, 우직한 동물처럼 전우애 때문에 포탄이 떨어지는 산속을 헤매온 자신의 애국심에 회의가 일고 있었다."[11]

이런 회의 속에서도 그는 쉽사리 군대를 떠나지 못하고 4년 이상 더

군대에서 복무했다. 왜일까? 우선 휴전협정 체결 직후에는 정부가 특수 병과 장교들의 제대를 허용하지 않았으니 바로 전역하지 못한 것은 이해할 수 있다. 하지만 제대가 가능하게 됐을 때도 그는 바로 전역하지 않고 군대에 머물렀다. 가장 큰 이유는 전쟁 뒤에 제대로 된 일자리를 찾기가 어려웠기 때문일 것이다. 실업률이 10퍼센트를 웃돌았고, 그 가운데서도 대학 졸업자들의 실업률은 더 높았다.

그러나 이보다 더 눈여겨볼 대목은 그에게는 한국사회에서 출세하기 위해 결정적으로 중요한 지연이나 혈연 또는 학연이 없었다는 점이다. 북한 출신인지라 남한 내 친척이 적었고, 그들마저도 동생의 죽음을 겪으면서 멀어졌다. 그가 다닌 경공은 일본 학생 중심의 학교여서 한국인 친구가 별로 없었다. 해양대학 동창들은 대부분 졸업 후 바다로 나갔다. 이처럼 그를 다른 세계로 끌어줄 사람들이 없는데다가 그에게는 모셔야 할 부모님도 있었다. 그런 환경에서 안정된 급여가 나오는 장교직을 버리고 새로운 일을 찾는 모험을 하기는 어려웠을 것으로 보인다.

4. 모든 것을 회의하고 의심하다

기울어진 한미관계

회의와 고뇌 속에서 전방 근무를 이어가던 1953년 7월 27일 드디어 휴전이 성립했다. 군에서는 전방과 후방의 최장 근무자가 근무를 교대하는 '전후방 교류'가 이뤄졌다. 대위로 진급한 그도 1954년 봄에는 경남 민사부(民事部)로 전속돼 부산으로 옮겼다. 민사부는 군의 대민사업을 총괄하는 기관이었다. 그는 그곳에서 미군 등 외국군대가 사용하고 있거나 사용하다 넘긴 한국정부나 민간의 건물 등 재산을 관리하고 접수하는 일을 맡았다. 외국군대의 철수가 계속되는 상황이라 무척이나 바빴다.

그는 이 업무를 처리하면서 군사원조의 실태 등 새로운 사실을 알게되었다. 그가 접수·서명한 재산 중에는 거제도 포로수용소 같은 시설도 있었다. 광대한 논밭을 뭉개어 만든 콘크리트 도로와 보도, 미군용 숙소

외국군이 사용하던 자산을 반환받는 업무를 하던 경남 민사부 시절의 리영희(오른쪽 끝).

와 포로용 숙소, 감시대 등은 그 어느 것도 다시 사용하기 어려웠다. 부지를 농토로 복원하려 해도 철거와 오염 정화 등 막대한 비용을 들여야 했다. 그런데도 미군은 그것을 건설할 당시의 기록을 가지고 가격을 매긴 뒤, 한국정부에 대한 군사원조라며 접수를 요구했다. 그는 이런 부당한 행위에 항의하고 때론 서명을 거부하겠다며 버텼지만, 미군은 그것이 한국과 미국 두 나라 정부의 약정에 따른 것이라며 밀어붙였다. 지금 미국정부가 군사기지를 반환하며 오염 처리 비용을 한국에 전가하거나, 주한미군의 주둔 대가로 턱없이 많은 비용을 요구하는 것과 같은 일이 이미 그 당시부터 이뤄져왔던 것이다. 이런 일을 일개 대위의 힘으로 막겠다는 것은 그의 말대로 사마귀가 수레를 막겠다고 나서는 것과 진배없는 일이었다. 한미관계가 얼마나 기울어진 운동장인지 뼈저리게 느끼는 나날이었다.

그는 이런 경험을 통해 자국의 이익만 우선시하는 미국이란 나라의 패권적 실체를 파악했고, 국제관계는 힘의 논리에 의해 지배될 뿐이라는 현실을 깨달았다. 하지만 미국을 중심으로 하는 냉전체제에 터 잡은 한국의 기득계층은 우리 사회에 혈맹이란 미명으로 미국에 대한 환상을 심기에 급급했다. 한국전쟁을 통해 이런 구조에 눈을 뜬 그는 우리 사회에 드리워진 미국에 대한 환상을 벗기고 그 실체를 드러내는 일이 우리 민족과 국가의 이익을 지키는 길이라고 여기게 되었다.

미국과 한미관계의 불편한 진실을 알면 알수록 민족의식은 깊어졌다. 그는 민족적 자존심을 지키기 위해 한국군 장교들에게 '장교 예복'이라는 명목으로 지급된 미국 육군 장교의 정복을 착용하는 것을 거부했다. 당시 유엔군사령관이 부산지역을 방문할 경우 언제나 고참 통역 장교였던 그가 수행했는데, 그는 무슨 핑계를 대서라도 그 정복을 입지 않았다. 남의 나라 휘장이 번들거리는 옷을 입고 공식적인 자리에 나가는 것을 참을 수 없었던 것이다.

윤영자와 부부의 연을 맺고

경남 민사부에서 일한 지 2년쯤 된 1956년경, 그동안 모은 월급과 부모님의 돈을 보태어 부산 양정동 산꼭대기에 8평짜리 난민구호 주택을 마련했다. 부모님은 이남에 내려와 드디어 내 집을 갖게 됐다며 무척 기뻐하셨다. 새집으로 이사한 얼마 후부터 부모님이 결혼 이야기를 본격적으로 꺼내기 시작했다. 그동안은 결혼 이야기가 나와도 별 관심이 없었다. 경제적 능력도 능력이었지만, 무엇보다 성장과정이 다른 한 인간을 맞아서 화합하며 살 수 있을지 자신이 없어서였다. 하지만 이번에는 부모님이 어찌나 간곡하게 말씀하시는지, 그저 외면만 할 수는 없었다.

마침 그 무렵 과거 대학시절 군산 하숙집 주인이 윤영자(尹英子)라는 여성을 소개했다. 하숙집 주인 여동생의 친구인 윤영자는 제주도 출신으로 모자를 제조해 판매하는 사업가의 딸이었다. 군산에 본점을 두고 여러 도시에 지점을 운영할 정도로 집안은 넉넉한 편이었다. 군산의 하숙집에서 맞선을 본 두 사람은 몇차례 데이트하며 서로를 살피는 시간을 가졌다. 윤영자에게 먼저 다가온 것은 그의 말끔한 군복 차림과 형형한 눈빛이었다. 그러나 그의 마음을 더 끈 것은 상대를 세심하게 배려하는 태도였다. 윤영자는 군산공원으로 첫 데이트를 하러 갔던 상황을 어제 일처럼 기억했다. 당시에는 차도와 인도가 제대로 구분되어 있지 않았다. 둘이 길을 나설 때면 리영희는 어김없이 언제나 자신이 차도 가까이 서고 윤영자가 길 안쪽으로 설 수 있도록 배려했다.[12] 하숙생 시절 콩나물 다듬는 것도 돕고 장작도 패주었다는 주인의 소개도 있었지만, 데이트를 하면서도 당시 한국 남성으로서는 드물게 자상하고 세련된 사람이라는 느낌이 들었다. 서로의 호감을 확인한 두 사람은 편지를 주고받으며 사랑을 키워갔다. 윤영자의 집안에선 이북 출신에 가난한 군인인 그를 처음에는 마뜩잖아했다. 그러나 딸에게 보내는 그의 편지를 매번 먼저 읽어보면서 아버지의 생각이 서서히 바뀌었다. 한결같이 진지하고 깍듯한 태도에 마음이 흔들린 아버지는 결국 그를 사위로 받아들이기로 결정했다. 1956년 11월 13일 리영희와 윤영자, 두 사람은 마침내 부부가 됐다.

그의 청년시절까지를 기록한 자서전 『역정』에는 그의 여성관을 보여주는 흥미로운 대목이 등장한다. "우리가 처음으로 육체적 부부가 된 순간 그가 겪는 고통과 선혈로써 보여준 25년 동안 간직했던 순결의 증시는 나에게 있어서 특히 그를 존경하고 사랑해야 할 중요한 이유가 되었다. 나는 지금도 결혼까지의 처녀성을 귀히 여긴다"[13]라는 대목이다.

그가 이 부분을 굳이 집어넣은 것은 결혼 당시는 물론이고 자서전을 집필하던 1980년대 중반까지도 여전히 여성의 혼전 순결을 중요한 가치로 여겼기 때문일 것이다. 그런데 같은 책에서 그는 미국 연수기간 중 자신의 성 구매 일화를 별다른 반성 없이 기록하고 있다. 그만큼 솔직하다고 평가할 수도 있겠지만 성문제에 관한 이중적 잣대를 가지고 있었음을 드러내는 것임은 분명하다.

사실 이 무렵에 이르기까지 그가 보여준 여성에 대한 시각은 상당히 이중적이다. 예를 들어 1959년 미국 연수기간 중 미국인들의 가정생활을 관찰한 후 쓴 글에서 그는 여성해방과 '양성평등'에 대한 지지를 밝힌다. "여성의 사회적 지위와 권리 부분을 보면 한국 여성들은 불행하다"고 인정하고 "한국 남성들은 여성들이 그들을 짓누르던 족쇄에서 해방되는 것을 좋아한다. 우리는 양성의 평등이 가정이나 사회에서 가장 좋고 효율적인 협력의 방식이라고 믿는다"고 밝혔다. 1950년대 말 한국 남성 가운데 양성평등을 지지한다고 공언한 이는 결코 많지 않았을 것이다. 그러나 이렇게 양성평등을 주장하면서도 "여성의 사회적 지위가 향상되고 활동 기회가 많아져도 여성은 현모양처로 남아 있고, 오래도록 그럴 것이다. 그것이 여성의 고유한 특성이기 때문"이라고 덧붙임으로써 여전히 성역할에 대한 구분을 지지했다.[14]

미국인들의 삶을 관찰하면서 여성에 대한 인식이 한걸음 진전했지

부모님과 함께한 리영희와 아내 윤영자.

만, 여전히 보수적인 한국문화에서 익혀온 성별 분업론을 탈피하는 데
까지 이르진 못했다. 그리고 이런 성에 대한 이중적 인식은 나이 쉰에
이른 1980년대까지 정리되지 않은 채로 남아 있었음을 『역정』이 보여
주고 있는 것이다.

어쨌거나 자상하지만 칼칼한 성격의 리영희와 달리 원만하고 대범한
성격을 가진 아내 윤영자는 그의 신산한 삶 내내 든든한 버팀목이자 동
지가 되어주었다. 방 두칸짜리 난민주택에서 부모님까지 모셔야 하는
가난한 생활이었지만 신혼의 즐거움이 없었던 것은 아니다. 영도다리
로 산책도 가고 때론 짬을 내서 영화관에 가기도 했다.

7년 만의 제대

그러나 그런 일상의 즐거움이 오히려 군생활을 더욱 견디기 힘들게 했다. 무엇보다 그를 힘들게 한 것은 부산 장교들의 부패와 사치였다. 2년 가까이 전방에 근무했던 그에게 후방 군인들의 행태는 도무지 이해하기 어려운 것이었다. 목숨을 건 극한상황 속에 처했던 전방의 군인들 사이에는 최소한 '전우애'라는 것이 있어 서로 도움을 주지는 못할망정 등을 치는 일은 없었다. 그런데 후방의 군대는 전혀 딴판이었다. 대부분 부대원들이 제 잇속 챙기기에 여념이 없었다. 각종 보급품을 훔치는 것도 모자라 사병들의 양식을 빼돌리는 일까지 일어났다. 이를 지적하거나 문제 삼으면 부끄러워하기는커녕 오히려 혼자 고결한 척하지 말라고 되받아치는 지경이었다. 이런 일을 매일매일 겪고 견디자니 고통스럽기 그지없었다. 하루라도 빨리 벗어나고자 그가 찾은 방법은 공부였다. 외무고시를 쳐서 외교관이 되어볼 요량으로 틈나는 대로 프랑스어를 비롯한 외국어 공부에 매달렸다.

이렇게 군대를 벗어날 생각만 하던 1957년 7월, 그의 인생의 변곡점이 찾아왔다. 아침 신문에 난 합동통신(合同通信) 기자 모집공고였다. 바로 다음 날이 시험일이었다. 기자가 되겠다는 생각을 해본 적이 없었건만, 이 공고를 보고는 무엇에 홀린 사람처럼 서울행 기차에 몸을 실었다. 군복 차림 그대로였다. 아무런 준비도 없이 치른 시험이었지만 당당히 합격했다. 이로써 지긋지긋한 군대생활에서 벗어나 새로운 세상으로 날아갈 수 있게 됐다. 1957년 8월 16일, 소령 진급명령과 함께 예편 통지서를 받았다. 만 7년간의 통역장교 생활은 이렇게 마감됐다.

군대생활은 그에게 무엇을 남겼을까? 그는 자신에게 일어난 변화를 이렇게 요약했다.

"1950년 8월 16일 입대했을 때 스물두살이던 철부지 젊은이는 스물아홉살의 고민하는 청년으로 변해 있었다. 이북에서 내려온 한 청년으로서 이 나라와 사회가 요구하는 모든 의무에 거의 무조건 순응하고 복종하던 개체의 내면에서는, 이제는 거의 모든 것을 회의하고 질문하고, 허위와 가식으로 가려진 진실된 가치를 밝혀내어, 진실 이외의 그 무엇에 대해서도 충성을 거부하려는 종교 같은 신념이 자리를 잡아가고 있었다. 그 자신은 그 변화를 분명히 자각하지 못했을지도 모르지만 그것은 그에게 코페르니쿠스적 대전환이고 하나의 되살아남이었다. 되살아난 그후의 삶은 그에게 많은 고난과 시련을 안겨줄 것이 분명했지만 그의 삶은 그 변화로 말미암아 충족될 것이었다."[15]

그의 말대로 군대생활 7년은 정치·사회문제에 둔감했던 평범한 청년 리영희를 비판적 지식인으로 담금질했다. 무엇보다 그는 이승만 정권을 뒷받침하던 친일·반공 기득권 세력의 실체를 군대에 있으면서 신물나도록 확인하고 그런 기득계층에 대한 날카로운 비판의식을 갖게 되었다. 또 김동춘(金東椿)의 지적처럼 "'한국전쟁'이라는 최고의 현실을 미군의 지휘권 아래에 놓인 한국군으로 체험함으로써 한미관계·남북관계·한국정치의 큰 물줄기와 만났"[16]고 그러한 체험을 기초로 하여 이후 기자로서 또는 학자로서 베트남전쟁이나 한미관계·남북관계를 제도 안의 학자들과 다르게 살펴볼 수 있었다. 그리고 군사고문관이었던 미군 장교들과의 깊은 만남을 통해 미국 자본주의의 문제점을 인식하게 되면서, 그 대안에 대해서도 고민하기 시작했다. 그 고민은 자연스레 맑스주의에 대한 공부로 이어졌다. 그렇다고 본격적으로 정치경제학적 관점에서 맑시즘을 연구한 것은 아니었다. 그의 독서목록은 『경제학·철학 초고』나 『독일 이데올로기』 등 맑스(K. Marx)의 초기 저작들에 국한되었다. 이 책들을 통해 그는 초기 맑스의 휴머니즘에 대해 공감하게 되었다. 비인간적인 전쟁 상황을 신물나게 겪은 탓에 반전과 평화에 대한 깊은 신념을 갖게 됐던 그가 맑스의 휴머니즘에 경도된 것은 어찌 보면 자연스러운 귀결이라 할 것이다.

"전쟁을 한번 겪고 나면 모든 것이 무효로 돌아가고, 뒤틀리고, 깨어지고, 그리고 무(無)가 되어버리게 마련이에요. 전쟁의 전투현장에서 전개된 인간 비극보다 오히려 전선 뒤 인민대중의 생활과 그 사회의 구조적·기능적 틀이 겪는 파괴가 더욱 혹독하지요. 전쟁은 절대로 해선 안 되는 짓이에요. (…) 통일을 가져온다 해도 나는 전쟁은 절대 반대야. 어떤 큰 선(善)을 위해서도 전쟁은 반대요. 전쟁은 악(惡)이야. 그것이 나의 신념이오."[17]

이렇게 해방정국과 한국전쟁이란 연옥과 지옥을 분투하면서 통과한 그는 친일·반공세력이 지배하는 부패한 한국정치, 국가이익이 지배하는 냉혹한 국제질서, 자본주의 체제의 비인간성, 참혹한 전쟁 등에 대한 날카로운 비판적 인식과 그 대안에 대한 갈구를 마음에 품은 채 기자의 길로 성큼 들어섰다.

제3장

실천시대 I

진실에 복무한 기자

1. 외신기자로 첫발을 내딛다

'우직한 성실'을 계언으로

리영희는 자신이 기자가 된 것은 어느날 '우연'히 합동통신 기자 모집공고를 보았기 때문이라고 말한다. 그 전에는 한번도 기자가 될 생각이 없었다는 것이다. 그러나 전후방에서 보낸 7년의 군대 경험을 통해 '모든 것을 회의하고, 오로지 진실에만 복무하겠다는 신념'을 굳혀가던 젊은이가 기자의 길을 선택한 것은 '필연'이라고 보는 게 맞을 듯하다.

그해 합동통신 시험에는 모두 203명이 응시했다. 이 가운데서 4명이 뽑혔는데 그는 4등을 해 가까스로 합격했다. 나머지 세 사람은 모두 서울대학 출신이었고 그만이 이름도 낯선 해양대학 출신이었다. 언론사 시험 준비를 따로 한 적도 없던 그가 이렇게 높은 경쟁을 뚫고 마지막 순번으로나마 합격한 것은 그의 짐작대로 외국어 실력 덕분이었을 것 같다. 통역장교 7년 동안 갈고닦은 영어 실력은 유엔군사령관이 부산을 방문할 때 도맡아 통역을 할 정도였고 외무고시를 보기 위해 익힌 프랑스어 실력도 수준급이었기 때문이었다.

그러나 막상 입사하고 보니 기자에게 필요한 기초 소양이 턱없이 부족했다. 무엇보다 급한 것이 우리말을 정확하게 쓰는 일이었다. 일제시대 우리말 교육을 제대로 받지 못한데다가 그뒤로도 통역 업무를 하다 보니 우리말을 제대로 쓰는 일에 소홀했다. 부족한 부분을 메우기 위해 수습기간 중에 남몰래 초중등 교과서를 가지고 본격적으로 맞춤법 공부를 했다.

수습기간을 끝내고 외신부로 발령이 났다. 정론직필로 오로지 진실에 복무해야 할 언론인으로 첫발을 내딛는 날, 그는 평생을 지켜갈 계언(戒言)을 책상 위에 써 붙였다. 고향을 떠나 경성에서 유학생활을 시작할 때 학문의 성취를 다짐하는 글을 써 붙였듯이. 이번에 그가 선택한 글귀는 『한비자(韓非子)』의 '교사불여졸성(巧詐不如拙誠)'이었다. 얕은 재주나 술수는 우직한 성실보다 못하다는 이 계언은 이후 그의 삶의 지침이 되었다.

그가 외신기자로 일하기 시작한 1957년은 세계적 격변기였다. 제3세계에서는 민족해방운동의 불길이 무섭게 타오르고 있었고, 두차례의 대전으로 갈가리 찢긴 유럽에서는 통합을 위한 도정이 시작됐다. 스딸린(I. V. Stalin) 사후 소련에서는 흐루쇼프(N. S. Khrushchyov)가 수정주의로 방향을 전환했고 마오쩌둥의 중국에선 대약진운동이 진행 중이었다. 미국과 소련의 핵무기 경쟁이 심화되면서 버트런드 러셀(Bertrand Russell) 등 양심적 지식인들이 본격적인 반핵운동에 돌입한 것도 이 무렵이었다.

변혁의 시대정신에 공감

신참기자 리영희는 외신부 텔레타이프를 통해 전해지는 격변하는 세계와 대면하며 흥분을 느꼈다. "전 세계의 피압박 인민의 백인 자본주의에 대한 투쟁들에 나는 열정적인 공감을 느꼈어요. 그런 전 지구적이고 전 인류적인 세계사적 대변혁에 관한 뉴스를 만들고 알리고 하는 외신기자로서의 역할에 나는 완전히 몰두했어. 나는 그런 주제의 큰 뉴스가 들어올 때마다 희열을 느꼈어요. 한마디로 제국·식민주의 국가들이 지배하는 구질서에 대항하는 각 대륙 인민의 '현상타파' 운동이 나의 주관심사였어요. 전 인류를 투쟁으로 이끌어내는 '변혁의 시대정신'에 나는 열정적으로 공감했지."[1]

당시 외신부에는 그와 세계관을 공유하는 선배와 동료가 있어 더욱 일할 맛이 났다. 그가 가장 가깝게 지낸 이는 외신부 차장 정도영(鄭道永)이었다. 대학시절 남한 단독정부 수립에 반대하거나 경성제대에 몇 개 대학을 붙여 서울대라는 국립대로 묶는 이른바 '국립대학안(국대안)'에 반대해 투쟁한 전력을 지닌 정차장 역시 세계적 변혁운동에 관심이 많았다. 리영희는 그와 기사에 관해 토론하고 배경지식을 얻기 위해 관련 서적을 구해 읽으며 외신기자로서의 소양을 쌓아갔다.

그런 공부를 통해 미국과 소련이 지배하는 국제질서의 문제점을 분명히 깨닫게 되면서, 피지배자의 입장에서 세계를 보는 그의 시각이 정립돼갔다. 국제문제를 통해 인식의 지평이 넓어짐에 따라 우리 사회를 지배하던 맹목적인 반공주의의 문제점도 점점 더 확실하게 보였다. 외신을 통해 쏟아져 들어오는 여러 지역의 민족해방투쟁을 정확하게 전달하는 것이 강대국 위주의 세계질서와 맹목적 반공주의에 맞서는 일이라고 여기며, 하루하루 신들린 듯이 일했다.

하지만 집안의 경제적 사정은 말이 아니었다. 부산 집을 처분한 돈은 서울 이문동 변두리에 셋방을 얻고 나니 바닥이 났다. 통신사 월급으론 네 식구 먹고살기도 어려웠다. 생활에 보태기 위해 통신사 일 이외에 번역 등 여러가지 부업을 해야 했다.

고단한 생활 속에서도 첫아들이 태어났다. 결혼 2년 만이었다. 갈 수 없는 이북에 고향을 둔 채 남한에서 외톨이로 살아온 부모님에게 첫 손주를 본 기쁨은 남다른 것이었다. 모처럼 온 집안에 화기가 돌았다. 하지만 행복한 순간은 오래가지 못했다. 아기가 여덟달 됐을 무렵 고환암에 걸린 것이다. 빚을 내서 수술하는 등 어린 아들을 살리기 위해 백방으로 노력했지만, 잠시 회복된 듯 보이던 아들은 1년 후 병이 재발해 저세상으로 가고 말았다. 수술비와 치료비로 진 빚을 갚기 위해 새벽같이 국군 연합참모본부에 나가 일일 정세보고를 작성하는 일까지 했건만, 모든 노력이 허사로 돌아간 것이다.

첫아들과 아버님을 여의고

아들을 잃은 뒤론 모든 생활이 힘겹게만 느껴졌다. 가난에 찌든 삶과 아들을 잃은 슬픔에서 벗어나려면 변화가 필요했다. 마침 미국의 풀브라이트재단이 언론인들을 대상으로 연수생을 선발하고 있었다. 1959년 9월부터 6개월간 시카고에 있는 노스웨스턴대학에서 공부하고 미국 현지 언론사에서 실제 연수를 하는 프로그램이었다. 통상 중견 언론인들이 선발돼왔던 까닭에 자신이 뽑힐 가능성은 없다고 생각했지만 지푸라기라도 잡아보자는 심정으로 지원서를 내보았다. 그런데 경력 3년차에 지나지 않았던 그가 6명의 연수생 가운데 한 사람으로 선발되는 예상치 못한 결과가 나왔다. 다른 지원자들보다 나은 영어 실력 덕이 아닐까 짐작했을 뿐이다.

그러나 연수생으로 뽑혔다고 마냥 기뻐할 수만은 없었다. 당장 가족의 생계가 문제였다. 합동통신 쪽에서는 체류기간을 휴직으로 처리해줄 뿐 연수기간에 급여는 줄 수 없다고 했다. 남아 있는 가족의 생계를 해결할 방법을 찾지 못해 고민에 휩싸여 있는데, 설상가상으로 아버지마저 세상을 떠나셨다. 어린 손자를 잃은 뒤 매일 손자의 무덤을 찾았던 아버지가 일사병에 걸려 불귀의 객이 되고 만 것이다. 아들을 잃은 슬픔이 채 가시기도 전에 아버지까지 돌아가시니 그 참담함은 이루 말할 수 없었다.

온유하고 정이 많았던 아버지는 리영희의 까칠한 성격을 늘 걱정했다. 장례식을 치르고 유품을 정리하다 발견한 아버지의 일기장에는 그에 대한 걱정이 빼곡히 적혀 있었다.

자식의 성미가 급하고 너그럽지 못하며, 말과 행동이 가파르고 곧아서 상대방의 말이나 생각을 모가 나게 받아들일 뿐만 아니라, 자기를 높이고 오만해서 세상 살아감에 실패가 많겠다. 수양을 하지 않으면 안 될 것이다. (…) 자식의 행동 하나하나를 살펴보건대 희망은 전무하고 장래를 기하기 어려우니 훗날이 두렵구나. 가르쳐도 행하지 않고 스스로 높이고 잘났다고 하니, 그런 성품을 고치기란 나로서는 불가능하도다. 깨달아 회심함이 전무하니 훈계하고 가르친들 소용이

없다. 그저 버려둘 수밖에 없구나.[2]

　돌아가시는 순간까지 아들을 걱정하셨던 아버지, 그리고 그런 아버지를 낙담하게 만든 자신의 불효를 생각하니 피눈물이 흘렀다. 아무런 경제적 대책도 세워놓지 못한 채 아버지도 안 계신 집에 아내와 어머니만 남겨두고 미국으로 향하는 발길은 천근만근 무겁기만 했다.

2. 현장에서 미국을 배우다

직접 목격한 인종문제

아버지 상을 치르느라 애초 예정보다 열흘 가까이 지난 9월 초순에야 시카고에 도착했다. 노스웨스턴대학에 여장을 풀고 곧바로 프로그램에 합류했다. 제3세계에 속하는 9개국에서 온 17명이 참여한 프로그램은 처음 석달 동안 대학에서 강의를 듣고 각자 희망하는 신문사 두곳에서 각각 한달씩 실습한 뒤 마지막 한달은 미국 곳곳을 여행하는 일정이었다.

강의는 그리 인상적이지 않았지만, 현장실습과 여행은 미국이란 사회를 이해하는 데 큰 도움이 되었다. 현장실습 장소로는 미국 남부 조지아주의 작은 농촌도시 메이컨(Macon)과 뉴욕 인근의 공업도시 패터슨(Paterson)을 선택했다. 남부와 북부, 농업지대와 공업지대를 비교해보면 미국을 좀더 깊이 이해할 수 있을 것 같아서였다. 그리고 남부에선

과외로 그가 특별히 관심을 갖고 있는 인종문제도 살펴볼 수 있을 것이었다.

당시 미국에서는 마틴 루서 킹(Martin Luther King, Jr.) 목사의 주도로 인종차별 철폐운동이 달아오르고 있었다. 앨라배마주 몽고메리에서 시작된 인종차별 버스 거부운동에서 승리를 거둔 유색인들은 그 여세를 몰아 인종차별 식당에 대한 점거운동을 벌이는 등 점차 투쟁의 강도를 높여가는 중이었다. 연수생들은 남부에 가면 이런 투쟁의 현장 또는 인종차별의 현장을 목격할 수 있으리라고 기대했지만, 자신들이 직접 인종차별의 대상이 될 줄은 미처 몰랐다. 사건은 시카고에서 강의일정을 마치고 남부의 중심도시 애틀랜타에 도착해 동료들과 함께 연수지인 메이컨으로 가는 길에 일어났다. 일행 중에는 아프리카 출신 흑인 동료들도 있었다. 그들은 혹시라도 현지 흑인으로 오인돼 차별받는 불상사를 당하지 않도록 아프리카 전통의상을 입고 있었다. 얼마간 달렸을까, 갑자기 현지 경찰이 쫓아와 그들이 탄 차를 세웠다. 차에 올라탄 경찰은 흑인 동료들에게 내리라고 명령했다. 다른 연수생들이 두 사람은 국무부가 초청해 연수 중이라고 아무리 설명해도 막무가내였다. 경찰은 조지아주에선 흑인과 백인이 함께 차를 타는 것은 불법이니 내려야 한다는 말만 되풀이했다. 결국 모두 함께 그 차에서 내려 각각 다른 차를 타고 가는 도리밖에 없었다.

이날의 경험을 통해 인종문제를 피부로 실감한 그는 실습기간 중 흑인민권운동을 이끌고 있는 전미유색인지위향상협회(NAACP)를 방문하고 흑백차별주의자인 조지 월리스(George C. Wallace) 앨라배마주 주지사를 인터뷰했다. 그러나 이를 기사화한 흔적은 남아 있지 않다. 메이컨에서 3주간의 실습이 끝난 뒤 다시 3주간을 뉴저지주의 『패터슨 이브

닝 뉴스』(*Paterson Evening News*)에서 실습했다.

그를 연수생으로 받았던 두 신문사 모두 그를 상당히 환대한 듯하다. 한국의 기자가 연수하러 왔다고 기사로 알린 것은 물론이고 그가 취재해 쓴 기사도 여러차례 게재해주었다. 한국전쟁 기간의 체험을 통해 미국에 대한 부정적 인식을 갖고 있었음에도 그의 기사는 미국사회의 장단점에 대한 냉정한 평가를 담고 있었다. 그가 긍정한 것은 개인의 자유를 존중하는 미국인들의 삶의 방식이었다. 『패터슨 이브닝 뉴스』에서 실습을 마무리하며 쓴 기사에서 그는 "미국정부가 개별 시민들의 자유와 평등을 존중하는 것이 부럽다"면서 미국에서 "나의 조국 대한민국의 민주적 미래를 만들어가기 위해 꼭 필요한 언론의 운영과 민주적 삶의 방식에 대한 값진 이해"를 얻게 되었다고 고백했다.[3]

하지만 미국사회의 또다른 측면인 상업주의에 대해서는 어김없이 날카로운 비판을 가했다. 크리스마스 시즌의 소비행태를 보고 그는 "이 엄청난 양의 돈이 예수 탄생의 의미를 널리 전하려는 진지한 의도 대신, 우리가 상업주의라는 애매한 말로 부르는 것에 무의식적으로 복종하고 구매자 자신의 즐거움을 찾기 위해서만 쓰였다면, 우리 문명에 대한 자기모멸은 불가피하게 될 것이다"[4]라고 통렬하게 비판했다.

『워싱턴포스트』와 인연을 맺고

미국 연수기간 중 그에게 가장 의미있었던 일은 『워싱턴포스트』와 긴밀한 관계를 맺게 된 것이다. 비민주적이고 부패한 이승만 정권에 타격을 가할 방안을 이리저리 궁리해오던 그는 미국으로 오기 전 『워싱턴포스트』주필에게 한국의 정세에 관한 기사를 써 보낸 적이 있었다. 이승만 정부가 정권에 비판적인 경향신문을 폐간하고, 진보당 당수 조봉암(曺奉巖)을 간첩혐의로 사형에 처하는 것을 보며 한국의 정치상황을 미국에 알려보겠다는 일념 아래 무작정 써서 보낸 것이었다. 그런데 놀랍게도 이 신문 주필 로버트 에스터브룩(Robert H. Estabrook)으로부터 앞으로도 좋은 글을 부탁한다는 답신이 왔다. 미국에 도착하자마자 그에게 미국에 체류 중임을 알리는 안부편지를 보냈다. 주필의 초청에 따라 유엔의 한국문제 토의를 참관하러 가는 길에 그를 방문했다. 에스터브룩은 장면(張勉) 부통령의 동생으로 워싱턴에 체류하던 화가 장발(張勃)과 개인적 친분이 있어 한국 상황에 관심이 많았다. 한동안 한국 상황에 대해 이것저것 묻던 그는 귀국하면 한국 정세에 관한 기사를 보내달라고 요청했다. 에스터브룩의 격려와 요청에 그는 용기백배했다. "막강한 세력인『워싱턴포스트』를 통해서 미국정부와 미국사회에 나의 목소리를 전달할 수 있는 협력자를 얻은 것이다. '자유당 정권이 쓰러지는 날까지 싸우자.' 나는 그렇게 결심했다."[5]

당시 리영희는 이승만 정권을 타도하는 것만이 민주주의를 회복하는 길이라 확신하고 있었다. 그가 보기에 이승만은 정권욕 때문에 민족의 염원인 통일을 저버리고 친일파들과 결탁해 민족정기를 훼손한 인물이자 권력 유지를 위해 암살도 불사하는 '민주주의의 적'이었다. 그러므로 그는 "이승만 정권을 쓰러뜨리는 행동은, 그 크고 작음을 가릴 것 없이 모두가 국민의 의무이고, 민주주의를 희구하는 시민의 책임이라고 확신하고 있었다."[6]

6개월간 연수를 마치고 귀국하는 길에 하와이를 들른 것 역시 이런 확신에 따른 것이었다. 일제 때 이승만과 독립운동을 함께한 동포 노인들을 만나 당시 이승만의 활동을 확인하는 것이 목적이었다. 독립운동 당시 이승만의 활동에 대한 평가는 엇갈렸다. 교과서에는 이승만이 미주지역의 독립운동을 주도했다고 기록돼 있었지만, 다른 한편에서는 가는 곳마다 조직을 분열시켜 독립운동을 망쳤다는 비판도 있었다. 미주지역 독립운동의 출발지인 하와이의 경우, 애초 안창호(安昌浩)가 설립한 대한인국민회(국민회)에 들어갔던 이승만이 국민회의 무장독립노선에 반발하면서 1921년 대한인동지회를 창설해 떨어져나가는 통에 이 지역 한인조직이 둘로 나뉘게 되었다는 이야기도 들었다. 이런 내용들을 실제로 확인해볼 생각이었다.

호놀룰루에 도착한 뒤 현지 주재 영사를 만난 자리에서 국민회 취재 계획을 밝히자, 영사는 그런 반국가단체 인사들을 만나면 귀국을 보장할 수 없다고 으름장을 놓았다. 국민회 회원들은 이승만 대통령의 독재를 비판했다는 이유로 입국조차 금지돼 있는 상태였다. 영사의 협박을 무시하고 찾아간 국민회에서 독립운동 당시 이승만의 행태를 확인할 수 있었다. 노인들은 사탕수수밭에서 일해 푼푼이 모아준 독립자금을 이승만이 가져가 개인생활에 쓴 일이나, 한일강제병합 당시 일본 편에 섰던 미국 외교관 더럼 스티븐스(Durham W. Stevens)를 사살한 장인환(張仁煥) 열사 재판에서 이승만이 통역을 거부한 이야기를 다투어 쏟아냈다. 취재를 마치고 사무실을 나서는 그에게 노인들은 차비에 보태라면서 꼬깃꼬깃 접은 1달러짜리 지폐 몇장을 쥐여주었다. 고향에도 가지 못한 채 이역만리에서 노년을 보내고 있는 분들의 안타까운 처지와 그런 상황 속에서도 그들이 보여주는 동포애를 느끼며 눈시울이 붉어졌다.

하와이를 떠나 서울로 가는 길에 토오꾜오(東京)에 잠깐 들러 책 몇권을 구입했다. 이때 산 책 가운데 님 웨일스(Nym Wales)의 『아리랑의 노래』도 있었다. 당시에는 이 책이 중국 공산당의 대장정에 참여했던 조선의 혁명가 장지락(張志樂, 김산)의 이야기인 줄은 꿈에도 몰랐다. 후에 이 책을 읽고 감동을 받은 그가 주변 사람들에게 소개해 손에서 손으로 전해지며 읽혔던 『아리랑의 노래』는 소설가 박경리(朴景利)가 애초 한 권으로 구상했던 『토지』를 만주를 배경으로 하는 대하소설로 발전시키게 한 배경이 됐다고 한다.[7] 그리고 1984년 비로소 이 책이 『아리랑』이란 이름으로 번역 출간됐으니, 김산이란 혁명가가 국내에 소개된 데는 그의 공이 있었던 셈이다.

하지만 그가 미국에 체류하는 6개월 동안 국내에 남아 있던 아내와 어머니의 고생은 이만저만이 아니었다. 통신사에서 월급이 전혀 나오지 않는 상태인지라, 체재비를 절약해 남긴 돈을 아내에게 보내는 편지에 동봉하곤 했지만 그것으론 두 사람의 생계를 해결하기 어려웠다. 그가 귀국해보니 아내가 전셋돈을 줄여 더 허름한 셋집으로 옮겨 있었다.

3. 4·19 현장에서

　미국에서 귀국한 1960년 초 국내 정세는 혼돈을 향해 나아가고 있었다. 대통령과 부통령을 뽑는 선거가 3월 15일로 예정돼 있었지만, 야당인 민주당 대통령 후보 조병옥이 갑자기 병사함으로써 이승만의 당선은 따놓은 당상이었다. 관건은 부통령 선거였다. 이승만 정권은 이기붕(李起鵬) 후보를 당선시키기 위해 총력을 기울였다. 이승만이 85세의 고령인 점을 감안할 때 자유당 정권의 존속을 위해선 이기붕의 당선이 중요했다. 내무장관 최인규(崔仁圭)의 지시로 공무원들은 사전투표, 유권자명부 조작, 투표함 바꿔치기 등 온갖 부정선거 방식을 다 동원할 태세였다.

　도를 넘어도 한참 넘은 정권의 안하무인적 태도에 국민들의 분노가 서서히 타오르기 시작했다. 그 도화선은 대구였다. 민주당의 대구 유세가 예정돼 있었던 2월 28일은 일요일이었다. 그런데 이날 대구지역 고등학교에 일제히 등교령이 내려졌다. 누가 봐도 이 조처는 학생들을 유세 현장에 가지 못하게 하려는 얕은수였다. 학생들은 분노했다. 경북고를 비롯한 여러 학교 학생들이 '학원을 정치에 동원하지 말라'고 외치며 교문을 박차고 나와 대구시내를 행진했다. 이후 이곳저곳에서 간헐적으로 이어지던 시위가 전국으로 확산된 계기는 선거 당일인 3월 15일 벌어진 마산시위였다. 당시 마산은 야당 성향이 강한 도시였다. 1956년 대통령 선거에서 진보당의 조봉암 후보에게 이승만의 전국득표율 36퍼센트를 훨씬 웃도는 47퍼센트를 몰아주고, 1958년 치러진 총선에선 야당인 민주당 후보를 선택한 곳이었다.[8] 이날 시위는 사전투표에 대한 민주당 마산시당의 항의로 시작됐지만, 시민 수천명이 합세하면서 민중시위로 성격이 바뀌었다. 시위대의 규모에 놀란 경찰은 발포로 맞섰다. 경찰의 총격으로 12명의 시민이 숨지고 72명이 다치는 유혈사태가 빚어진 와중에 이승만이 88.7퍼센트, 이기붕이 79퍼센트의 득표로 정·부통령에 당선됐다는 선거 결과가 발표됐다. 시민들은 더욱 격앙했다. 다시 거리로 쏟아져 나온 시민들은 경찰서를 습격하고 방송국을 공격하는 등 폭력도 불사했다.

통신사에 복귀한 리영희는 이런 국내의 정치상황에 대한 기사를 써서 『워싱턴포스트』에 보내기 시작했다. 처음에는 우편으로 기사를 보냈지만, 정치적 상황이 엄혹해지면서 그 방법은 위험해졌다. 무작정 공항으로 가서 미국행 승객 가운데 믿을 만한 이를 찾아 글을 『워싱턴포스트』에 보내달라고 부탁했다. 다행히 그의 요청을 받은 사람들은 하나같이 흔쾌히 전달을 약속했고 그 약속을 지켰다. 워싱턴에서 답신이 오기까지는 기사가 제대로 들어갔는지 몰라 마음 졸였지만, 한번도 기사가 제대로 도달하지 않은 적은 없었다. 에스터브룩은 언제나 그의 기사가 한국의 정세를 이해하는 데 큰 도움이 된다며 치하했다.[9]

선거 결과가 나온 다음 날인 3월 17일『워싱턴포스트』는「썩은 승리」(Rotten Victory)라는 사설을 통해 "이승만 대통령은 또 한번 선거를 조작했다. 승리를 위해서 동원된 협박과 공갈 그리고 억압적 행위는 외국인 감시자들의 증언이 없었다면 도저히 믿기지 않을 정도였다"라고 비판했다. 선거 후 침묵하던 미국정부는『워싱턴포스트』의 사설이 나온 이틀 후 주미 한국대사를 국무부로 불러 한국의 소요사태와 정부의 폭력진압에 대한 미국정부의 우려를 전달했다. 이승만은 미국의 압력과 마산 발포 책임자 처벌을 요구하며 확산되는 시위사태에 굴복해 3월 22일 최인규를 내무장관에서 해임했다. 그러나 분노한 민심의 폭발을 막기에는 이미 너무 늦었다.

기자의 책임, 시민의 책임

서울에서는 4월 6일 민주당과 재야단체들의 연합시위가 열렸다. 을지로 입구에 자리잡은 합동통신에서 멀지 않은 곳에서 시위가 진행된 터라 바깥의 시위 열기는 건물 안까지 파고들어왔다. 경찰차의 사이렌과 호루라기 소리, 기마대의 말발굽 소리, 군중의 외침 등이 갈수록 크게 들려왔다. 외신을 정리하고 있던 리영희는 더이상 참지 못하고 밖으로 뛰쳐나갔다.

시위대의 선두가 을지로 입구를 향해 다가오고 있었다. 시위대가 교차로에 진입한 순간, 경찰이 곤봉을 휘두르며 시위대에 달려들었다. 순식간에 을지로 입구는 아수라장이 되었다. 보도에 서서 그 상황을 지켜보던 리영희의 눈에, 곤봉 세례 속에서 발을 절며 어쩔 줄 모르는 노인

한분이 들어왔다. 그는 자신도 모르게 시위대 속으로 뛰어들어가 그 노인을 부축했다. 그리고 노인과 함께 몇발짝 앞으로 나가던 그는 누군가의 발에 걸려 그만 앞으로 고꾸라지고 말았다. 곧 그의 몸은 억센 손에 들려서 경찰 수송차에 내동댕이쳐졌다. 경찰은 그를 야당 의원이었던 전진한(錢鎭漢)의 비서로 여겨 경찰서로 끌고 갔다. 그런데 리영희가 부축했던 노인이 바로 전진한 의원이었던 것이다. 그가 자신은 전진한의 비서가 아니고 합동통신 기자라고 신분을 밝혔지만 경찰은 좀체 믿지 않았다. 몇번이고 같은 말을 되풀이한 뒤에야 통신사에 연락해 신원을 확인하고 풀어줬다.

편집국에 돌아오니 국장은 자기 할 일이나 제대로 하지 왜 쓸데없는 일에 참견하고 다니느냐며 다짜고짜 핀잔부터 주었다. 국장의 핀잔 때문이 아니라 그 자신도 그날의 일을 되돌아보며 번민했다. 그런 상황에서 기자이자 시민인 한 개인이 어떻게 행동하는 것이 옳은지 확신이 서지 않아서였다. 사실 이 문제는 사건의 현장을 뛰는 기자에게 늘 고민거리이다. 통상의 견해는 기자에게는 현장을 기록할 의무가 우선한다는 것이다. 하지만 기록의 의무가 우선한다고 해서 급박한 위기상황에 직면한 이들의 구조를 외면하는 것이 온당한지는 여전히 의문이었다. 이후의 삶에서도 이날처럼 번민해야 할 상황은 되풀이됐고, 그때마다 그가 선택한 것은 시민으로서 행동할 책무였다. 그도 그럴 것이, 그에게 기자라는 직업은 지식인으로서의 사회적 책임을 다하기 위한 방편이었기 때문이다. 갈등하는 마음을 다스리기 위해서 그는 이날의 사태를 기록해 『워싱턴포스트』에 보냈다.

닷새 후인 4월 11일 마산 앞바다에서 3·15마산시위에 참가했다 실종됐던 김주열(金朱烈) 학생의 주검이 떠올랐다. 열일곱살 앳된 고등학생은 눈에 최루탄이 박힌 처참한 모습으로 나타났다. 분노한 마산시민들은 다시 거리로 몰려나왔다. 시위대는 '살인자를 처벌하라'는 구호를 외치며 밤새 파출소 등 공공기관을 공격하면서 경찰과 격렬하게 맞섰다. 경찰은 이날도 시위대에 발포했고, 2명이 또 숨을 거두었다. 이튿날부터는 남녀 고등학생들이 시위의 전면에 나섰다. 이승만 대통령은 "난동 뒤에는 공산당이 있다"는 특별담화로 상황을 호도하려 했지만, 오히려 시민들의 분노에 기름을 부은 꼴이 됐다. 시위는 이제 마산을 넘어 전국으로 확산돼갔다.

시위의 물결이 서울에 본격 상륙한 것은 4월 18일이었다. 이날 오후, 고려대 학생들이 스크럼을 짜고 가두로 진출했다. 태평로 국회의사당(지금의 서울시의회 건물)까지 갔다가 다시 안암동의 학교로 돌아갈 계획이었다. 그런데 행렬이 청계천 4가에 이르렀을 무렵 사달이 났다. '반공청년단' 소속 조직깡패들이 시위학생들에게 달려들어 쇠파이프를 휘두르는 바람에 학생 수십명이 피투성이가 돼 쓰러졌다. 이튿날 이 현장 사진이 실린 신문을 받아든 시민들은 경악했다. 19일 분노한 학생들과 시민들이 거리로 쏟아져 나왔다. 서울대 문리대 학생들이 앞장서 나가자 다른 단과대 학생들과 서울시내 다른 대학의 학생들도 뒤를 이었다. 대학생뿐만이 아니었다. 고등학생과 중학생, 아니 초등학생들까지 '부모형제들에게 총부리를 대지 말라'며 시위를 벌였다.

그는 역사의 현장을 지키겠다는 열망에 들떠 하던 일을 팽개치고 또다시 거리로 나섰다. 정부는 이미 계엄령을 선포하고, 요소요소에 군대를 배치했다. 곳곳에서 총성이 울렸고 시민들의 피가 거리를 적셨다. 서울시내 곳곳을 돌며 현장을 목격한 그는 4·19 희생자의 대부분은 경찰이 아니라 군의 총격에 의한 것이었다고 증언했다.

"훗날의 기록들은 4·19 그날의 희생에 관해서, 한 예를 들면 '서울의 데모대, 경찰의 무차별 발포로 희생자 다수 속출'(『합동연감』 1961, '4·19 일지')이라고 전하지만 진실은 그렇지 않다. 경찰의 발포에 의한 희생자는 서울에서는 경무대(지금의 청와대)로 꺾어지는 효자동 막바지에서 수도 공사용으로 길가에 놓여 있던 수도관을 방패 삼아 밀고 올라간 학생들에게 경무대 경호경찰이 발포한 것과 내무부 앞에서 생긴 것뿐이다. 서울시내의 여러 '격전지' 중 정복경찰이 집단적으로 총기를 사용한 곳은 여기뿐이다. 그리고 여기서의 학생 희생자 수는 실제는 많지 않았다. 대부분의 희생자는 육군 특무대 앞에서였다."[10]

군의 총격으로 인해 희생자가 났는데도 경찰에 의해 희생된 것으로 기록된 것은 검열 때문이었다고 그는 보았다. 계엄령 아래서 군이 신문 보도 내용을 검열했는데, 이 과정에서 "방첩부대의 총격으로 학생이 수없이 죽고 부상한 사실은 모두 삭제되었다. 그 부분은 모두 '경찰'로 바뀌었다. 이것이 훗날의 기록들에 4·19의 희생이 모두 '경찰의 총격으로……' 되어버린 배경"[11]이라는 것이다. 그의 이런 지적에도 불구하고, 아직도 공식 기록에선 경찰의 발포로 사상자가 발생한 것으로 돼 있다.

4·19시위 이후 미국의 태도가 변했다. 주한 미국대사가 경무대를 방문해 우려를 전달하고 국무장관은 주미 한국대사에게 항의각서를 보냈다. 그 덕분인지 계엄사령관이 발포금지 명령을 내린 데 이어 구속학생들도 석방됐다. 그러나 보도검열이 계속돼 일반 시민들은 물론 학생들도 이런 변화된 상황을 제대로 알 수 없었다. 학생들과 시민들의 시위는 계속됐고, 군경과의 충돌로 희생자는 늘어만 갔다.

시위대와 진압군 사이에서

리영희는 더이상의 무고한 희생을 막아야겠다고 생각했다. 미국대사관의 그레고리 헨더슨(Gregory Henderson) 문정관을 생각해냈다. 헨더슨 문정관은 3·15부정선거를 취재하러 왔던 『워싱턴포스트』 특파원과 함께 두어차례 만난 적이 있던 터였다. 대사관으로 찾아간 그가 헨더슨에게 부탁한 것은 엉뚱하게도 '헬리콥터와 항공기용 스피커'였다. 놀란 헨더슨에게 그는 이렇게 설명했다. "지금 이 순간에도 학생들은 군대와 대치하고 있습니다. (…) 이승만 정권은 사실상 무너졌는데 학생들은 사태의 급진전에 관해 모르고 있어요. 이 순간에 가장 중요한 일은 학생들의 희생을 방지하는 겁니다. 그런데 학생들은 곳곳에서 군대를 몰아붙이고 있고, 충돌할 가능성이 없지 않습니다. 이것을 어떻게 해서든지 막아야 합니다."[12]

헬리콥터와 항공용 스피커 두대를 빌려주면, 자신이 데모학생들에게 사태 진전상황을 알려 충돌을 막아보겠다는 것이었다. 하지만 미8군은 미국이 한국의 국내문제에 개입하는 것으로 비칠 수 있다며 그 요청을 거부했다.

헬리콥터를 빌리는 일이 좌절됐음에도 그는 더이상 피를 흘리는 사태를 막아야 한다는 생각을 버리지 못했다. 며칠 후 25일에는 교수들이 '학생들의 피에 보답하라'며 시위를 벌였다. 교수들의 시위에 학생은 물론이고 수많은 시민들이 합세했다. 거리의 부랑자·빈민 등 이 사회에 불만을 가진 세력들도 대거 합류했다. 계엄으로 인한 통금이 실시되고 있었지만 시위는 자정 넘어서까지 계속되었다.

시위대는 부정선거의 총본산이었던 내무부를 목표로 삼아 모여들었다. 당시 내무부는 을지로2가에 있었다. 그날 밤 야근 중이던 그는 2층 편집국에서 데모 현장을 내려다보았다. 계엄군과 시위대가 총검 하나의 거리를 두고 맞서고 있었다. 집총한 군대의 위세에 눌려 시위대는 앞으로 나아가길 포기하고 연좌농성에 돌입했다.

얼마나 시간이 흘렀을까? 갑자기 시위대의 뒷부분에서 사람들이 일어서면서 "밀어붙여라!"라고 외치기 시작했다. 함성 소리에 고무된 시위대의 선봉이 일어서는 게 보였다. 긴장한 계엄군의 총검이 어둠속에서 더욱 번쩍거렸다. 뒤쪽에 있던 시위대가 대열을 앞쪽으로 밀기 시작했다.

창문에 붙어 이 사태를 지켜보던 리영희는 군과 시위대가 충돌할까 봐 겁이 더럭 났다. 그 전날도 경찰의 발포로 두명이 숨졌는데, 이렇게 많은 군중에 밀려 군이 발포한다면 얼마나 큰 희생을 치를 것인가? 더 이상 생각할 겨를도 없이 편집국에 있던 메가폰과 의자 2개를 들고 밖으로 달려나갔다. 총검을 착지한 군과 시위대 사이로 무조건 뚫고 들어간 그는 의자 2개를 포개놓고 그 위에 올라가 외치기 시작했다.

"여러분, 벌써 이승만 정권은 쓰러졌습니다. 미국정부가 이대통령의 하야를 강경하게 요구했습니다. 계엄사령관의 명령으로 구속된 학생들도 모두 석방되었습니다. 여러분이 승리했습니다! 계엄군을 도발하면 안 됩니다. 승리한 전쟁에서 희생자를 내면 안 됩니다!"

그러자 시위대 속에서 분노의 외침이 들려왔다.

"저 새끼 뭐야!"

"저 새끼 잡아죽여라!"

그리고 그를 향해 성난 시위대가 움직이기 시작했다. 포개놓은 의자가 허물어지면서 그는 앞으로 고꾸라졌다. 그때 총검 하나가 뒤로 물러나고, 이어 계엄군이 몇걸음 뒤로 물러섰다. 시위대도 그 자리에 멈춰섰다. 갑작스럽게 찾아온 정적 속에서 몸을 추스른 그는 메가폰과 의자를 들고 다시 편집국으로 쫓기듯이 돌아왔다. 그날 밤 그는 자신의 진의가 받아들여지지 않는 현실이 안타까워 눈물을 흘리며 밤을 지새웠다.

그러나 그날 그곳에서 유혈사태는 일어나지 않았다. 시위대가 그의 발언에 설득된 것은 아니지만, 독불장군처럼 그가 끼어들어 벌였던 해프닝으로 군과 시위대 사이의 긴장이 완화됐기 때문이었다. 아침이 되자 시위대는 광화문으로 진출했다. 그 규모도 10만여명으로 늘어났다. 그날 아침 이기붕의 집이 시위대에 의해 파괴됐다. 더이상 견딜 수 없다고 판단한 이승만은 국민이 원한다면 하야하겠다고 공식 발표했다. 이튿날 대통령의 사직서를 국회가 수리하면서 12년에 걸친 이승만 독재는 마감됐다.

학생들을 비롯한 시민들이 피 흘려 쟁취한 승리였다. 김주열을 비롯한 185명이 민주주의의 제단에 목숨을 바쳤고, 6,000여명이 부상을 당했다. 시인 김수영(金洙暎)의 말처럼, 자유를 위해 비상해본 한국 국민들은 자유에는 왜 피의 냄새가 섞여 있는지 알게 되었다.

4·19혁명을 세계에 알리다

3·1운동이 중국의 5·4운동에 영향을 끼쳤듯이, 4·19혁명은 또다시 세계 민중투쟁의 봉화 역할을 했다. 터키의 독재정권을 타도하기 위한 민중봉기를 촉발하고, 타이의 학생봉기의 기폭제가 됐다. 일본의 저

명한 한반도 전문가인 와다 하루끼(和田春樹) 토오꾜오대 명예교수는 1960년 1월 키시 노부스께(岸信介)의 주도 아래 개정·조인된 일본의 신 안보조약 개정 백지화 투쟁 역시 4·19혁명의 영향을 받았다고 밝혔다.

"국민회의 국회청원 행진이 참가자 7만 5,000명에 이르는 큰 위세를 보여준 게 4월 26일이었다. 거기엔 한국에서 4월 19일 학생혁명이 일어 나고 4월 26일 이승만 대통령이 결국 타도당한 사태 전개가 분명히 영 향을 끼쳤다. (…) 일본을 뒤흔든 거대한 국민운동은 안보조약 개정을 백지화할 수는 없었으나 키시 노부스께의 정치를 거부하고 그 이상의 키시 집권을 막았던 것이다."[13]

리영희는 4·19혁명이 세계로 확산되는 과정에서도 한몫을 했다. 터 키의 독립적 일간지 『밀리에뜨』(Milliyet)의 압디 이펙치(Abdi Ipekci) 주필은 노스웨스턴대학에서 함께 연수한 동료였다. 4·19혁명이 민중의 승리로 막을 내린 직후 그는 압디 주필에게 편지를 보내 그 소식을 전 했다. 압디 주필은 그의 글을 터키어로 번역해 『밀리에뜨』에 게재한 후 그에게 감사 편지를 보내왔다. 민주주의를 쟁취하려는 한국민들의 투 쟁을 전한 그의 글이 터키인들의 민주주의에 대한 열망과 그것을 지켜 낼 용기를 일깨웠다는 내용이었다. 압디 주필은 터키 야당 지도자가 국 회 발언에서 한국의 4·19혁명을 예로 들며 터키인들에게 반독재투쟁 에 나설 것을 촉구했다는 사실을 전하며, 4·19혁명이 아드난 멘데레스 (Adnan Menderes) 독재정권을 전복한 터키혁명에 영감을 주었다고 감 사를 표했다.

4·19혁명의 성공은 김구가 암살된 이래 이승만 정권이 무너지기만을 고대했던 리영희에게 큰 기쁨이었다. 이제야말로 대한민국에 진정한 민주주의가 시작되리라는 희망도 갖게 됐다. 그러나 혁명의 열기에서

미국 노스웨스턴대학 연수 동기들과 함께. 앞쪽에 앉은 사람들 중 왼편에서 두번째가 터키 『밀리에트』의 압디 이펙치 주필이다.

빠져나온 일상은 단조롭게 느껴졌다. 그는 다시 『워싱턴포스트』에 기사를 써서 보내기 시작했다. 독재자가 물러난 이후의 상황을 분석하는 글이었다. 「남한에 새날이 밝아온다」(New Day Dawns In South Korea)라는 첫 기고문은 『워싱턴포스트』 주필의 배려로 1960년 7월 8일자 여론면에 게재됐다. 그동안 그가 보낸 글은 그의 안전을 위해서 익명으로 나갔지만 이후 보낸 기사는 리영희(Yeung-Hi Lee)란 이름을 달고 게재됐다. 1960년 11월 미국 대통령 선거를 앞두고 치러진 존 F. 케네디(John F. Kennedy)와 리처드 닉슨(Richard Nixon)의 유명한 텔레비전 토론 다음 날 여론면에도 「한국 정책의 예견된 변화」라는 그의 기사가 등장했다.[14] 한국사회가 미국과 좀더 대등한 관계를 바라고 있으며, 정부 역시 그런 방향으로 정책을 전환하고 있다는 내용의 기사였다. 『워싱턴포스트』에 기사를 보내는 일은 5·16쿠데타가 발생한 직후까지 계속됐다.

한국인의 시각으로 한국 상황을 전하는 그의 글은 미국 내 한국 전문가들의 관심을 끌었다. 그 가운데 한 사람이 셀리그 해리슨(Selig Harrison)[15]이었다. 해리슨은 『워싱턴포스트』의 특파원으로 인도와 토오꾜오에서 근무하고 카네기재단을 비롯한 다양한 연구기관에서 아시아지역 연구로 성가를 올린 탁월한 저널리스트 겸 학자였다. 그는 특히 1972년 이후 여러차례 북한을 방문해 김일성 주석과 회견하는 등 한반도 문제에도 깊은 관심을 가졌고, 한겨레신문 창간 이후 오랫동안 고정 칼럼니스트로 활동했다. 1960년 당시 미국의 진보적 잡지 『뉴리퍼블릭』(*The New Republic*)의 편집장으로 있던 그는 리영희에게 '남북한의 중립화통일 가능성과 그 경우 가능한 미국의 대(對)한반도 정책'에 대한 글을 청탁했다. 해리슨은 청탁서에서 이 잡지가 청탁하는 최초의 한국인이라는 말도 잊지 않았다.

해리슨이 중립화통일론에 대한 원고를 부탁한 데는 그럴 만한 이유가 있었다. 민주당 정부가 들어서고 혁신계에 대한 탄압이 줄어들자 남한에서는 이승만 정권 아래 억압됐던 통일 논의가 봇물을 이루었다. 남한사회의 모순과 부조리의 원인을 민족분단에서 찾는 지식인과 학생들은 그를 해결할 방안으로 중립화통일을 주창했다. 한반도 분단 과정과 이승만 독재시절에 미국이 한 역할에 대한 의구심이 대두되면서 미국과의 관계를 다시 정립해야 한다는 주장도 나왔다. 미국은 이런 사태 전개가 자신들의 동아시아 정책에 어떤 영향을 끼칠지 예의 주시하고 있었다. 해리슨의 원고 청탁은 그런 상황을 배경으로 이뤄진 것이었다. 『뉴리퍼블릭』은 월터 리프먼(Walter Lippmann), 존 케네스 갤브레이스(John Kenneth Galbraith) 같은 세계의 석학들이 필자로 참여할 정도로 권위 있는 잡지였다. 이런 잡지에 30대 신출내기 한국 기자가 장문의 평론을 청탁받았다는 사실만으로도 으쓱할 만한 일이었다. 자신의 글이 실린 잡지를 받아본 그도 에스터룩 주필에게 보낸 편지에서 "버트런드 러셀과 같은 저명인사들 이름 아래 제 이름이 실려 있는 것을 보고 엄청난 기쁨을 느꼈음을 고백하지 않을 수 없다"고 토로했다.[16]

'국토분단의 비극'이란 제목의 『뉴리퍼블릭』 기고문에서 그는 남한에서 새롭게 중립론이 대두하는 현실과 그 배경에 대해 자세하게 기술했다. 이승만 정권 축출 과정에 미국의 도움이 중요했다는 사실은 역으로 한국의 대미의존적 현실을 일깨웠다며, 4·19혁명으로 자존감이 높아진 한국 국민들은 한국의 내정에 대한 외부의 간섭에 예민해지고 있다고 지적했다. 더 높은 수준의 독립과 더욱 평등한 대미관계에 대한 열망이 민족주의로 표출되고 있으며, 중립화통일론은 그 가운데 가장 중요한 흐름이라고 평가했다. 그는 냉전이 계속되는 상황에서 앞으로 공산주의의 지배를 경험하지 못한 새로운 세대가 한국사회의 중추로 떠오르게 될 때, 중립화통일론은 더 큰 힘을 얻게 될 것이라고 결론 맺었다.[17]

리영희는 한국에서 전개되는 중립화통일 논의를 잘 전달해주었다며 사의를 표하는 해리슨의 편지와, 합동통신으로 날아온 미국 독자의 편지[18]를 통해 자신의 글이 미국 내에 일정한 영향을 끼쳤음을 확인하고 고무되었다. 그리고 이때 소개한 중립화통일론은 그가 나중에 자기 나름의 통일방안을 구상할 때 바탕이 되었다.

사실 4·19혁명 이후부터 1961년 봄에 이르는 시기는 통일 논의의 전성기였다. 오로지 북진 무력통일만을 외쳐댔던 이승만 정권 아래서 억압됐던 통일 논의는 4·19혁명을 계기로 그 빗장이 풀렸다. 미국·일본 등지의 동포들이 제기했던 중립화통일론이 소개되기 시작했고, 11월에는 서울대 학생들이 민족통일연맹(민통련)을 결성하고 통일 논의를 억압하지 말 것을 촉구했다. 이런 움직임에 발맞춰 새롭게 등장한 혁신정당들은 중립화통일론과 남북협상론 등을 적극 제기하기 시작했다. 1961년 2월에는 민족자주통일협의회가 구성돼 자주·평화·민주를 통일의 3대 원칙으로 제시했다. '민통련 전국학생연맹'은 남북 학생의 판문점 회담을 5월에 열자고 북한 학생들에게 보내는 결의문을 채택하기도 했다.

통일 논의가 봇물을 이루자 반공주의자들은 공포감을 느꼈다. 그들의 공포감은 박정희(朴正熙)가 자신의 쿠데타 동기로 '4·19 이후 공산 북괴와 타협하자는 주장을 공공연히 부르짖는 계층이 등장한 긴박한 위험'[19]을 든 것에서도 확인할 수 있다. 미국도 암묵적으로 보수·반공세력을 지원하며 민주당 정권에 압력을 가했다. 민주당 정권 역시 상황이 걷잡을 수 없게 될까 우려해 국가보안법 개정안을 내는 등 이에 동조했다. 중립화통일론을 비롯한 다양한 시각들이 자유롭게 표출되는 백가쟁명·백화제방의 시절은 그렇게 단명으로 끝났다.

한편 시위의 힘을 알게 된 민중들은 새 정부를 기다려주지 않았다. 갖가지 이익집단들이 자신들의 이해를 관철하기 위해 거리로 나서면서 나라는 점차 혼란에 빠졌다. 이런 혼란을 잠재우고 지도력을 보여야 할 민주당 정권은 신·구파로 나뉘어 싸움을 하느라 여념이 없었다. 혼란한 상황을 틈타 구체제의 기득계층들이 다시 발호하기 시작했다. 언론계에서도 '구악기자'들이 다시 준동했다. 이승만 정권을 비호했던 언론인들이 민주당 정부에 대한 국민들의 불만을 핑계 삼아 본격적으로 민주당 공격에 나선 것이다.

4. 5·16쿠데타: 비판과 지지 사이에서

4·19혁명 1주년이 가까워오면서 항간에는 온갖 유언비어가 난무했다. 장면 정부가 곧 무너질 것이라거나 쿠데타가 임박했다는 이야기들이었다. 이런 유언비어는, 4·19혁명 1주년이 무사히 넘어갔다고 민주당 정권이 안도의 숨을 내쉬기가 무섭게 현실이 되었다. 헌정사의 첫 군사쿠데타가 일어난 것이다. 쿠데타는 5월 16일 자정을 조금 넘긴 시점, 박정희 소장이 서울 6관구 사령부에 도착하면서 시작됐다. 쿠데타 세력은 중앙방송국(지금의 한국방송)을 접수하고 군사혁명위원회 명의로 대한민국 전역에 비상계엄을 선포했다. 박정희 철권통치 18년의 시작을 알리는 포고령이었다.

리영희는 5월 16일 아침 출근할 때까지 쿠데타 소식을 알지 못했다. 종로2가에 내려, 곳곳에 배치된 탱크와 지나가는 사람들을 검문하는 군인들의 모습을 보고서야 뭔가 잘못된 모양이라고 여겼을 뿐이었다. 뛰다시피 사무실에 들어가니 먼저 출근한 동료가 밤사이에 쿠데타가 일어났다고 알려줬다. 좌절감과 분노가 몰려왔다. 수많은 이들이 피 흘려 이뤄낸 민주정부가 채 1년도 안 돼 무너지고 군인이 지배하는 사회에서 살게 됐다는 현실을 믿을 수 없었다.

　그러나 쿠데타 세력의 초기 행보를 보고는 혼란스러워졌다. 쿠데타 군은 3·15 부정선거 책임자와 부정축재자 및 조직깡패를 잡아들여 구속했다. 축첩공무원을 파면하고 병역기피자를 공직에서 추방하는 조처도 단행했다. 또 부패한 언론기관을 정비하고 농민들의 고리채를 감면해주는 등의 조처도 취했다. 다른 한편으론 용공분자를 색출한다며 노조 지도자와 대학교수를 비롯한 '사회주의 경향의 인사' 2,000여명을 검거했다.

　"민주주의적 자유는 극도로 억압된 속에서 민중이 오랫동안 바라던 '청소작업'이 강행되었다. 국민으로서 빼앗기는 가치의 양과 사회적으로 이루어져가는 가치의 양을 저울질하기가 힘들었다. 나는 군인통치 하에서 정치적 파쇼화의 경향을 걱정하면서, 사회·경제적으로 '구악(舊惡)'이 매질당하는 것에 대한 후련함이 뒤섞인 평가 때문에 흔들리고 있었다."[20]

　쿠데타는 미국에서도 예상 밖의 일이었던 듯했다. 쿠데타 3일 후인 5월 19일 『워싱턴포스트』에서 전보가 왔다. 쿠데타에 대한 국내 언론과 학생들의 반응 그리고 군부의 계획 등에 관한 기사를 보내달라는 것이었다. 『워싱턴포스트』가 그에게 전보로 글을 부탁한 것은 그때가 처음이었다.

　"나는 즉시 타이프라이터에 마주 앉아서 군인정권이 잘하는 일과 잘못하는 일, 대중이 환영하는 시책과 두려워하는 결정들을 공평한 평가와 함께 기사화해 중앙전신국으로 달려가 송고했다. 검열을 염려해 기사의 앞부분을 쿠데타 정권의 잘하는 내용들로 채우고, 뒷부분에 염려되는 사실과 나의 평가를 적었다. 이 전보기사는 『워싱턴포스트』가 한국에서의 돌변한 사태를 자기 통신원의 글로 미국 조야에 알린 제1보가 되었다."[21]

이 글은 전처럼 리영희라는 이름을 달고 나갔다. 하지만 군부의 언론 통제가 강화된 상황에서 『워싱턴포스트』에 기명기사를 보내는 것은 위험천만한 일이었다. 군부는 국내는 물론이고 해외, 특히 미국에서 부정적 기사가 나오는 것에 극도로 예민하게 반응했다. 이후에는 다시 익명으로 기사를 써서 인편으로 송고하는 방식을 쓸 수밖에 없었다.

이렇게 보낸 글을 통해 리영희가 쿠데타 전후의 정치상황을 어떻게 보았는지 유추해볼 수 있다. 그는 먼저 4·19 이후 민주주의 실험이 실패로 끝난 일차적 원인을 장면 정부의 무능에서 찾았다. "(장면) 총리의 정부가 제공했던 정치적 제반 자유는 부패를 척결할 수 없었고, 어쩌면 조장했다고도 말할 수 있다. 장면은 인간적 성실성과 정치인으로서의 진지한 헌신에도 불구하고 사태의 악화를 억제할 영도력이 부족했다."[22]

거기에 더해 그가 또 하나의 중요한 원인으로 지적한 것은 언론의 무책임이었다. "한국의 보도기관들은, 상황이 조금씩 나아지는 상태에서 혼란을 부채질함으로써 군인들로 하여금 정권탈취를 기도하게 한 데 대한 일정한 책임을 져야 할 것이다. 정부와 사회의 부패·부정은 언론기관의 협력——그것이 의도적이었건 선의에서였건——에 힘입은 바가 크다는 사실을 한국의 언론기관은 부정할 수 없다. 더구나 신문들은 민주당 장면 정부에 대한 무차별적 공격에 사디스트적 쾌감을 느꼈다. 그렇게 함으로써 그들은 정부의 모습을 사실보다 훨씬 추악하게 그려내는 데 성공한 것이다. 민주당 정부의 장점과 성취는 신문들에 의해서 묵살되는 경향이었다."[23]

　민주정부에 대한 언론의 '사디스트적 공격'은 이후 한국 현대사에서
되풀이되었다. 민주정부가 들어설 때마다 수구집단의 이익을 대변하는
한국의 주류언론들은 민주정부를 흔들어 쓰러뜨리는 데 한몫을 했다.
노무현(盧武鉉) 정부가 소기의 성과를 내지 못한 것은 그들의 미숙함이
나 부족함 때문이기도 하지만, 수구언론들의 악의적 보도가 상황을 악
화시키고 국민들로부터 정권을 유리시키는 데 큰 몫을 한 것 역시 분명
한 사실이다. 리영희는 일찍이 1960년대 초부터 민주정부에 적대적인
수구언론의 하이에나 같은 속성을 간파하고 있었던 것이다.

　그는 이어 민주정치의 실패를 경험한 한국인들이 "군사독재 체제를
하나의 '필요악'적 대안으로 수락해야 할지 모른다"[24]고 우려했다. 시
인 김수영이 4·19 이후 상황에 대해 혁명은 안 되고 당만 바뀌었다고 개
탄했듯이, 민주당 정권의 지지부진한 개혁과 점증하는 혼란에 불만을
가졌던 국민들이 깡패 소탕과 부패인사 체포 등 군부의 초기 행보에 지
지를 보냈기 때문이다. 심지어 4·19혁명의 주체였기에 쿠데타에 가장
비판적이어야 할 대학가에도 군부가 민주당 정권과 달리 판을 갈 수 있
지 않을까 기대하는 분위기가 있었다고 당시 서울대 문리대에 재학했
던 염무웅(廉武雄) 영남대 명예교수는 회고했다. 특히 쿠데타 세력의
2인자였던 김종필(金鍾泌)은 문리대에 직접 와서 학생들과 토론하는 등
젊은이들에게 어필하기 위해 노력했고, 그것이 일정한 효과를 발휘해
대학가에도 5·16 세력을 돕는 단체까지 만들어질 정도였다고 한다.[25]
이런 분위기 탓에 리영희 역시 군부의 초기 정책에 대해선 일단 긍정적
으로 평가했다.

　군부의 행보에 그가 얼마나 흔들렸는지는 그의 자서전 『역정』에 소

개된 일화에서 확인할 수 있다. 1962년 쿠데타 세력의 통치기구였던 국가재건최고회의가 화폐개혁을 단행했었다. 그해 6월 10일 자정을 기해 전격적으로 단행된 화폐개혁은 구권 10환을 1원으로 교환하되, 교환액을 제한해 예금인출을 동결한다는 내용이었다. 군부는 장롱 안에 숨어 있는 부정축재자와 화교의 현금을 확보해 재정적자 해소와 경제개발에 필요한 자금으로 쓸 수 있을 것으로 생각했다.

당시 그에게도 집을 사기 위해 푼푼이 모아놓은 예금이 있었다. 합동통신에서 일하는 외에 번역 일 등 몇가지 아르바이트를 하며 애써 모은 돈이었다. 가족들에게는 언젠가 셋방살이를 청산하고 내 집을 마련할 것이란 희망의 샘이었다. 그런데 화폐개혁은 그토록 어렵사리 모은 돈이 하루아침에 휴지조각이 된다는 이야기였다. 어머니와 아내는 분노했다.

"그러나 나의 생각은 달랐다. 무엇보다도 모든 사람 — 재벌도 품팔이도 일률적으로 — 의 예금을 동결하고 일정한 금액을 일일 생활비로 교환해주는 조치에 나는 일종의 '사회정의'를 본 것이다. 동결된 예금을 일정한 기준과 규정에 따라 '사회에 환원하겠다'는 발표에도 나는 찬성이었다. 그 환원된 퇴장(退藏)재산을 전체 국민과 사회를 위한 경제건설 사업의 재원으로 전환하겠다는 의도에도 나는 전폭적으로 동의하는 바다. (…) 절대다수의 동포를 희생시켜가면서 해방 이후 갖은 부정한 수단과 부정의한 수법으로 축적한 자들의 재산도 함께 동결되고, 전체의 행복과 복지를 위해서 공평하고 정의롭게 재활용·재배분된다면 '나의 집'이 사라진 것을 서러워해야 할 이유가 없다. 더구나 반가운 것은, 동결당할 예금도 없고, 내일 먹기 위해서는 오늘을 굶어야 하는 절대다수의 동포에게는 아무런 피해도 타격도 없다는 사실이다. 절대다수를 위해서는 소수, 그것도 부도덕한 극소수의 방자한 행복(수탈의 결과)은 마땅히 제약을 받아야 한다. (…) 그런 제도와 사회를 너는 희구해오지 않았던가? 그런 철학이었기에, 그토록 오랫동안 부정과 타락이 베풀어줄지도 모르는 모든 기회와 혜택을 온몸으로 거부하며 살아온 것이 아닌가? 나는 스스로 묻고 스스로 답변했다. 진심으로 반가워했다."[26]

누구나 사회정의를 위해서 개인적 희생을 달게 받을 수 있다고 말은 할 수 있다. 하지만 실제로 자신의 집이 날아가게 되는 상황인데도 이렇게 생각하고 행동하기란 어려운 일이다. 사익보다 공익을 중시하고, 공익을 위해서라면 개인적 희생을 감수할 수 있다는 이런 자세가 해직과 투옥이라는 고통을 감내하면서도 자신이 생각한 대의를 꿋꿋이 추구해온 바탕이었을 것이다.

그러나 군부와 리영희의 기대와 달리 장롱 속의 자금은 나타나지 않았다. 사회는 혼란에 빠지고 경제는 오히려 더욱 침체했다. 결국 군부는 미국의 압력에 밀려 묶어놨던 예금계정을 풀 수밖에 없었고, 화폐개혁은 실패로 끝났다. 리영희와 같은 낭만적 평등주의자로선 도저히 알 길이 없는 자본의 논리가 승리한 것이다.

화폐개혁이 실패로 끝나고 묶였던 예금계정이 풀린 덕에 리영희도 제기동에 13평짜리 집을 구할 수 있었다. 방 세칸과 마루가 있는 작은 집이었다. 내 집에 처음 들어가는 날, 어머니는 셋방에서 돌아가신 아버지를 생각하며 눈물을 흘렸다. 그사이 아들 건일(建一)과 딸 미정(美晶)이 태어나 그의 가족은 다섯으로 불어나 있었다.

5. 박정희와의 악연

　쿠데타 직후부터 미국은 군부 쪽에 빠른 민정이양을 촉구했다. 4·19혁
명을 통해 민주주의를 맛본 한국인들이 군부통치를 얼마나 용인할 수
있을지 우려한 까닭이었다. 미국의 압력에 밀린 박정희는 1963년 6월까
지 민정이양을 하겠다고 약속했다. 그러나 뒤로는 정권을 유지할 수 있
는 방법을 찾고 있었다. 중앙정보부(중정)가 중심이 된 신당 준비작업이
그것이었다. 쿠데타 주역들인 재건동지회 인사들이 비밀리에 각계각층
에서 신당에 끌어들일 인사들을 선별했다. 언론계에선 동양통신을 거
쳐『뉴욕타임즈』의 서울 통신원으로 있던 서인석(徐仁錫)이 먼저 포섭
됐다. 경공 출신인 서인석은 후배인 리영희도 신당에 끌어들이려고 했
다. 당시 조선일보의 신참기자였던 임재경은 군부가 부패하지 않고 역
량 있는 기자들을 포섭대상으로 삼았기 때문에 리영희가 포함된 것은
어찌 보면 당연한 일이었다고 전했다. 4·19 전후로『워싱턴포스트』에
한국의 정치상황을 전하는 기사를 게재했을 뿐만 아니라 젊은 나이에

풀브라이트 장학생으로 미국 연수를 다녀온 리영희는 당시 가장 역량 있는 젊은 기자 가운데 한 사람으로 평가받고 있었다. 조갑제(趙甲濟)가 쓴 박정희 전기 『내 무덤에 침을 뱉어라』에 따르면, 재건동지회 인사들이 합류하지 않겠다는 리영희를 협박하다시피 해서 국제관계 분석을 떠맡겼지만, 그는 요청받은 글만 써주고는 정치는 자신에게 맞지 않는다며 결국에는 그곳을 떠났다.[27]

신당을 창설해 정권을 계속 장악할 야심을 갖고 있던 박정희 국가재건최고회의 의장은 자신의 정치적 입지를 굳히기 위해 미국 방문을 추진했다. 미국과 협의를 통해 1961년 11월로 방미 일정을 잡았다. 리영희는 박정희의 미국 방문을 수행 취재할 기자로 선정됐다. 최고회의가 각 언론사에 부패하지 않은 기자를 보내달라고 요청해 합동통신이 그를 추천한 것이다. 군부가 그런 기준을 내세운 점을 긍정적으로 평가했기에 리영희는 이 수행 취재가 박정희 정권과 그의 긴 악연의 시작점이 될 것이라곤 결코 생각하지 못했다.

그는 박정희의 첫인상과 첫 수행 취재에 대한 소감을 이렇게 기록하고 있다.

"나는 박정희 의장의 케네디 대통령 방문에 수행하면서 마치 이조왕조의 조공 사신을 따라가는 통신원 같은 기분이 들었다. 태자 책봉 때마다 '대국'의 승인을 얻으러 연경(燕京, 베이징) 가던 사대주의 행사의 목적지가 워싱턴으로 바뀐 것뿐이 아닌가! 나는 민족의 현실에 대해서 짙은 모멸감을 떨쳐버릴 수가 없었다. (…) 특별실로 오라는 전갈이 왔다. 다과를 차려놓은 탁자 저쪽에 신사복을 입은 쿠데타의 주인공이 앉아 있다가 일어나며 기자들에게 손을 내밀었다. 그 손이 평균적 체온보다 차가웠던 촉감이 기억에 남아 있다. 사진으로 보던 인물과의 첫 대면이다. 첫인상이 너무나 왜소하고 권위 같은 것을 느낄 수가 없었다."[28]

박정희는 미국 방문길에 토오꾜오를 들러 이께다 하야또(池田勇人) 일본 총리와 만났다. 당시 수행기자들은 제대로 파악하지 못했지만, 1961년 11월 11일 두 사람의 만남에서 한일 국교정상화 회담 스케줄이 합의됐다. 일본을 동아시아 방위의 중심으로 삼고자 했던 미국에게 한일관계 개선은 중요한 외교 목표였다. 하지만 역대 한국정부는 일본과의 관계 개선에 미온적이었다. 국민들의 반대가 여전히 높은 상황에서 이를 밀어붙일 명분이 없었기 때문이다. 그동안 이 문제로 속을 끓이던 미국은 쿠데타 정권에 대한 지지를 구하고 있는 박정희에게 이 문제를 진전시키도록 요구했다. 박정희가 일본과 회담일정에 합의한 것은 케네디를 방문하는 선물이었던 셈이다.

11월 14일 백악관에서 박정희와 케네디의 첫 회담이 열렸다. 리영희는 흔들의자에 앉아 미소를 지어 보이며 박의장을 관찰하는 케네디와 레이반 안경을 쓴 채 긴장된 모습으로 마주 앉은 박정희의 첫 만남은 "시험관과 수험생의 대면, 바로 그것이었다"[29]고 평가했다.

박정희와 그의 악연이 시작된 것은 바로 이 정상회담에 대한 보도 때문이었다. 당시 박의장을 수행한 기자들의 소속 언론사는 대부분 미국 현지에 특파원을 두고 있어서, 수행기자들과 특파원이 관련기사를 나누어 쓸 수 있었다. 그러나 합동통신은 워싱턴에 특파원을 두지 못했던 터라 그 혼자 모든 기사를 다 처리해야 했다. 이런 불리한 상태에서 더 나은 기사를 쓸 방법을 고민하던 그는 그동안 관계를 맺고 있던 『워싱턴포스트』에 도움을 구했다. 한국 쪽에서 공식 발표한 내용대로 우선 송고한 후 에스터브룩 주필에게 회담 관련 후속 취재를 할 수 있는 권위자를 소개해달라고 요청했다. 주필은 회담 준비 실무책임자였던 국무부

관리를 소개해주었다. 문제는 그 관리로부터 들은 회담 내용이 한국 쪽이 발표한 내용과 상당히 거리가 있었다는 점이었다. 한국 쪽은 박의장이 1963년 민정이양 계획을 재확인하자 케네디 대통령도 한국의 경제개발 5개년 계획에 전폭적인 지지를 약속했다고 설명했었다. 그러나 이 국무부 관리는 박의장이 경제개발 5개년 계획에 필요한 재원 23억 달러의 지원을 요청했지만, 케네디 대통령은 이를 비현실적이라며 받아들이지 않았고 추가 원조 요구 역시 거부했다고 밝혔다. 그는 또 케네디가 한일관계 정상화가 한국의 경제발전에 도움이 될 것이라고 강조했다는 것도 확인해주었다. 케네디의 발언은 경제개발에 필요한 재원을 미국이 제공할 수 없으니 일본과의 관계 개선을 통해 조달해보라는 이야기였다.

한국 쪽 설명과 완전히 다른 이야기를 들은 리영희는 서둘러 기사를 써서 본사에 송고했다. 공식 브리핑과는 확연히 다른 내용의 기사를 받아든 합동통신에선 사장 주재로 간부회의가 소집됐다. 정권의 비위를 상하게 할 것이 분명한 이 기사를 내보낼 것인지 여부를 결정하기 위해서였다. 갑론을박이 있었지만 박두병(朴斗秉) 사장이 최종 결론을 내렸다. '힘들여 진실을 취재한 기자의 노고를 생각해서 기사를 내보내되, 정부에 대한 회사의 입장을 고려해서 그를 조기 귀국시킨다.' 이것이 회사의 최종 결정이었다.

합동통신이 '미, 5개년 계획, 전폭지지 회피'란 제목을 달아 송고한 이 기사는 엄청난 파장을 일으켰다. 전국 대부분 신문이 1면 머리기사나 중간 머리기사로 다뤘다. 심지어 수행기자를 파견한 동아일보와 조선일보조차 1면에 정부의 공식 발표를 그대로 옮긴 내용을 자사 특파원의 이름을 달아 머리기사로 올리고, 그 아래에 각각 '미, 23억 달러 요구에 냉담' '미, 23억불 원조 불능'이란 제목을 붙여 리영희의 합동통신 기사를 내보냈다.

케네디의 전폭적 지지를 얻은 것으로 포장해 국내의 정치적 입지를 높이고자 했던 계획에 차질을 가져온 이 기사에 대한 군부의 반응은 즉각적이었다. 기사가 나온 이튿날 박의장 일행은 뉴욕으로 가 더글러스 맥아더(Douglas MacArthur) 장군을 예방했다. 이 일정을 끝내고 수행기자들과 보좌진이 함께 엘리베이터를 타고 내려올 때 김재춘(金在春) 군·검·경 합동수사본부장이 여기까지 와서 좋지 않은 기사를 보내는 사람은 잘 기억해두겠다고 으름장을 놓았다. 누구라고 지목하진 않았지만, 리영희로선 자신을 염두에 두고 하는 말이라고 생각하지 않을 수 없었다. 불안한 마음으로 다음 일정지인 유엔 주재 한국대표부에 도착했을 때, 마중 나온 임병직(林炳稷) 대사가 그에게 전보 한장을 내밀었다. "취재 중지, 즉시 귀국!" 본사에서 온 전보의 내용은 이것이 다였다. 김재춘의 협박에 이어 본사의 전보까지 받아들자 불안감은 더욱 커졌다.

취재를 중단하고 예정보다 나흘 먼저 귀국길에 올랐다. 한국에 돌아가면 무슨 일을 당할지 모른다는 걱정이 마음을 짓눌렀다. 그러나 이런 상황 속에서도 그는 끝내 '기자 근성'을 버리지 못했다. 호놀룰루에서 비행기를 갈아타는 시간을 이용해 이승만 전 대통령의 부인 프란체스카에게 전화를 걸었다. 하와이에 들를 박의장이 이승만 전 대통령과 만날지 확인하기 위해서였다. 프란체스카는 이 전 대통령은 요양 중이어서 박의장과 만날 계획이 없다고 밝혔다. 호놀룰루 공항에서 이 기사를 써서 송고한 후 비행기에 오르자 불안감이 다시 엄습해왔다. 김포공항에 내려 귀국장으로 나올 때는 혹시 기관원들이 대기하고 있는 게 아닐까 싶어 주위를 살펴보기까지 했다. 다행히 그 걱정은 기우로 끝났다.

아무 일도 없었던 것처럼 다시 통신기자의 일상으로 복귀했다. 그렇다고 정권 차원에서 아무런 보복이 없었던 것은 아니었다. 보복은 박의장이 귀국 후 수행원들을 초대해 연 자축연에 그를 배제하는 치졸한 형태로 이뤄졌다.

6. 연구로 특종 낚다

미 문정관 옷 벗긴 민정이양 기사

귀국한 박정희는 케네디에게 민정이양 약속을 재확인해놓고도, 어떻게 해서든 자신이 권력을 유지할 수 있는 방안을 찾기 위해 머리를 굴렸다. 먼저 자신이 군복을 벗고 민간인 자격으로 대통령에 출마할 뜻을 비쳐 여론의 동향을 살폈다. 군 일부에서는 즉각 혁명공약 위반이라며 반대하고 나섰다. 박정희는 대외적으론 군부의 의견을 존중한다며 물러서는 척하면서 뒤로는 측근을 동원해 선거출마를 촉구하는 시위를 벌이도록 했다. 그리고 이 시위를 핑계로 군정 4년 연장안을 1963년 3월 16일 국민투표에 부치겠다고 발표했다. 리영희는 군정 연장안에 대한 미국 쪽 입장을 확인하기 위해 미국대사관의 헨더슨 문정관을 만났다. 헨더슨은 미국이 조만간 공개적으로 이 문제에 대한 입장을 발표할 것이라면서, 한국에 공여하기로 한 대외원조를 이행하지 않고 있는 것이

이 문제와 관련이 있음을 시사했다. 미국이 군정 연장에 반대하며, 대외원조를 군부에 대한 압력카드로 사용할 계획임을 확인한 그는 바로 기사를 써서 출고했다. 기사가 나가자 군부는 물론이고 미국대사관도 발칵 뒤집혔다.

헨더슨은 1보가 나가자, 비보도를 전제로 한 대화였다며 기사를 빼달라고 강력하게 요청했다.[30] 정부의 문책을 받을 수 있다고 읍소도 했다. 4·19혁명 무렵부터 친분을 쌓아온 그의 간청을 물리치는 일은 여간 어려운 일이 아니었다. 그러나 리영희는 인정 대신 기자의 책무를 선택했다. 군정 연장에 대한 미국의 반대 입장을 전해, 군부에 경종을 울리는 것이 더 중요하다고 판단했기 때문이었다. 대외비에 해당하는 외교 전략을 노출한 헨더슨은 바로 본국으로 소환됐다. 헨더슨은 소환돼 귀국길에 오르면서 '너의 펜이 내 경력을 망쳤다!'라는 메시지를 그에게 보내 인간적 배신감을 토로했다. 그후 25년이 지난 1989년 그의 부음을 듣고 쓴 칼럼에서 리영희는 34세의 젊은 기자로서 "'특종'기사만을 알고 귀중한 인간관계의 무게를 소홀히 했"[31]다며 머리를 숙였다. 하지만 공과 사를 엄격하게 구분하는 냉정한 면모는 이후로도 그의 인간관계를 어렵게 만드는 요인이 되었다.

어쨌거나 이런 우여곡절 끝에 미국과 한국 군부는 민정이양에 관한 타협책을 도출했다. 박정희가 군복을 벗은 뒤 민간인 신분으로 대통령 선거에 출마할 수 있도록 교통정리를 한 것이다. 1963년 10월 15일에 실시된 대통령 선거는 윤보선(尹潽善) 대 박정희의 대결로 치러졌고, 박정희가 겨우 15만표 차이로 간신히 이겼다.

박정희는 대통령이 되자마자 한일 국교정상화를 서둘렀다. 중국과 소련을 견제하기 위해 한미일 동맹체제를 강화하는 전략을 세워놓은 미국의 요구도 있었지만, 박정희 역시 경제개발계획에 필요한 자금을 확보하기 위해서는 일본과의 관계 수립이 필요하다고 보았다.[32] 그러나 대다수 국민들은 일본과의 관계 개선에 부정적이었다. 특히 학생들의 반대가 극심했다. 이런 반대여론에 기름을 부은 것 가운데 하나가 리영희의 한일청구권 협상에 관한 단독기사였다.

한일회담서 민간청구권 부인 확인

1961년 워싱턴의 박정희-케네디 회담에서 한일 국교정상화 문제가 논의된 사실을 알고 있던 리영희는 그 이후 일본과의 국교정상화 회담에서 쟁점이 될 수 있는 사안에 대한 연구와 조사를 해나가고 있었다. 일제시대 조선인들이 갖고 있던 은행예금 등 재산권의 처리에 관한 문제가 큰 쟁점이 될 것으로 생각한 그는 다른 나라의 사례를 살펴보기 시작했다. 당시 일본은 과거에 지배하거나 점령했던 베트남·버마(지금의 미얀마)·필리핀과는 전후 보상에 합의한 상태였다. 일본 외교문서를 뒤져 이 합의 내용을 확인해본 결과, 일본이 상대국 국민들의 개인청구권은 일절 인정하지 않고 국가에 대한 현물보상으로 뭉뚱그려 제공했다는 사실을 알게 됐다. 그는 일본이 한국에 대해서도 같은 입장을 취할 것이라고 판단했다.

한일회담에서도 역시나 일제시대 조선인들이 소유했던 저금·보험·증권·부동산·일본국채 등에 관한 권리의 처리에 대한 문제가 중요쟁점으로 대두했다. 리영희는 버마·필리핀·베트남의 사례에 비춰 한일협상 내용을 추론해본 뒤 외교부 관리들을 취재해 그 추론을 뒷받침하는 사실을 하나하나 확인해나갔다. 그 과정을 통해 일본이 한국에 지급하는 돈은 배상금이 아니라 독립축하금이며 그것도 정부에 대한 경제원조 형식으로 제공하기로 했다는 사실을 확인했다. 그리고 일본이 지명하는 기업들이 그 원조의 구체적 내용을 감독하고, 축하금도 경제계획에 소요되는 일본 상품을 구매하거나 용역에 대한 대가를 지불하는 데만 쓸 수 있도록 돼 있다는 것도 알게 됐다. 아울러 일본정부의 채권을 가진 개인에 대한 배상은 일절 없다는 것도 확인했다.

이런 내용을 담은 그의 기사는 전국의 주요 신문에 대서특필되었다. 안 그래도 한일회담에 부정적이었던 국민들에게 이런 협상 내용은 받아들일 수 없는 것이었다. 특히나 일본에 청구할 재산권을 가지고 있던 이들에게는 청천벽력이 아닐 수 없었다. 국민들의 반대가 비등할 것은 불을 보듯 뻔했다. 한일회담 성사에 목을 매던 박정희 정권에게는 치명적인 일격이었다. 아침 신문이 배포된 직후 긴급 각의가 소집됐다. 박정희는 이 자리에서 당시 총리 겸 외무장관이었던 정일권(丁一權)에게 외무부에서 극비정보가 흘러나가도록 방치해 그러잖아도 어려운 한일회담을 위기에 빠뜨렸다고 분통을 터뜨렸다.

각의를 마치고 자리에 돌아온 정일권 총리가 리영희를 불렀다. 정총리는 문책할 생각은 없으니 그 기사의 정보원만 알려달라고 구슬렸다. 하지만 그에게는 밝힐 정보원이 없었다. 외무부의 어느 누구로부터 정보를 받은 것이 아니라, 자신이 오랫동안 일본 쪽 자료들을 챙기고 그를 바탕으로 연구 분석해 쓴 기사였기 때문에, 그대로 말할 수밖에 없었다.

"정일권 총리는 나 개인의 성격이나 기자로서의 자세를 잘 알기 때문에 더 묻지는 않겠다고 해요. 그러나 그 일로 오늘 아침 대통령에게 얼마나 곤욕을 치렀는지만 알아달라고 하더군요. 그리고 그런 중대 기사를 내보내려면 자기 관저에 와서 조찬을 함께하면서 이야기를 하자고 해요. 집에서 걷고 전차 타고 가려면 두시간이 걸린다니까 '승용차 없냐?'고 묻더라고. 그런 것이 왜 있겠냐고 반문하니까, 믿기지 않는다는 표정을 지어. 그러면서 전화로 간단히 골자만 알려달라고 하기에 집에 전화가 없어서 전화 걸려면 청량리역까지 30분쯤 걸어가야 한다니까, 이번에는 깜짝 놀라면서 '전화도 없냐?'고 하더라구. 그는 비서를 부르더니 체신부장관에게 전화를 걸어서 이기자 집에 전화를 가설해주도록 지시하라고 하더군. 제기동은 미나리밭이라 '전화가설 불가능 지역'이라는 체신부장관의 답변이 있었어. 그런 바로 며칠 후 절대 안 된다던 전화가 터억 개설되더군. 그래서 45-2222번이 나온 거야."[33]

공부하고 연구하는 기자 리영희의 진면목을 드러낸 사건이었다. 이 기사는 한일회담이 일본에 경제적 예속을 가져올 굴욕 외교라고 주장해온 학생들의 비판 논리에 힘을 보탰다. 대학가에서는 쿠데타 세력이 내걸었던 '민족적 민주주의'에 대한 장례식을 치르며 시위의 강도를 높여갔다. 계엄령을 선포하면서까지 연내에 회담을 타결하려던 정권의 계획은 차질을 빚지 않을 수 없었다. 이 기사로 그는 다시 박정권의 눈밖에 나면서 요주의 인물로 등극했다.

박정희 정권은 미국의 압력과 경제개발 자금에 대한 정권의 필요에 따라 기어이 1965년 한일협정을 체결했다. 그러나 과거에 대한 사죄를 받지도 못한 채 무상 3억 달러, 유상 2억 달러의 돈으로 결착해버린 이 협정은 한일관계를 정상화하기는커녕 두고두고 갈등을 낳는 원천이 돼버리고 말았다. 피해를 입은 한국 국민에게는 지울 수 없는 상처를 남겼고, 일본은 과거 역사를 뒤로하고 새롭게 나아갈 기회를 놓쳐버렸다.

7. 첫 필화, 첫 구속: 조선일보 시절

'남북한 유엔 동시가입' 거론도 반공법 위반

한일청구권 기사를 위시한 연이은 특종기사로 주가를 올리던 리영희에게 조선일보 쪽에서 스카우트 제의가 들어왔다. 평소 그의 기사를 눈여겨보고 있던 조선일보 편집부장 김경환(金庚煥)이 그를 추천했다고 한다. 그가 이 제안에 솔깃했던 까닭은 조선일보의 처우가 합동통신보다 낫다는 점도 있었지만, 통신과 달리 신문은 독자들과 직접 소통할 수 있다는 점에 있었다. 1964년 10월 조선일보로 자리를 옮겼다.

조선일보 시절은 기자 리영희의 진면목을 보여준 기간이자 고난받는 지식인 리영희의 시작점이기도 했다. 리영희는 자신의 기사를 통해 연구하는 기자의 전형을 보여주었을 뿐만 아니라, 외신부장으로서는 국제뉴스를 다루는 하나의 전범을 만들었다. 국제뉴스를 다룸에 있어 그가 가장 중시했던 것은 현지 인민의 입장과, 우리 사회를 비추는 거울로서의 효과였다. 현지 인민의 입장에서 국제관계를 보기 위해 그는 서방의 통신에만 의존하지 않고, 활용 가능한 매체를 폭넓게 이용해 진실에 다가가고자 노력했다. 또 거울로서의 효과를 얻기 위해 국제뉴스에 대한 우리 시각의 해석을 적극적으로 시도했다.

그가 첫번째 필화사건에 휘말린 것은 조선일보로 옮긴 후 겨우 한달이 지났을 무렵이었다. 1964년 11월 21일자 신문에 실린 「남북한 유엔 동시가입 제안 준비」라는 기사가 문제였다. 당시는 남북한 모두 유엔에 가입하지 못한 상태였다. 유엔에서 한반도 문제가 논의돼도, 미국이나 소련이 거부권을 행사하면 어느 쪽도 참가하거나 발언할 수 없었다. 냉전체제가 워낙 강고했던 탓이다. 하지만 제3세계를 중심으로 이런 냉전체제에 균열을 내려는 움직임이 전개되고 있었다. 2차대전 이후 식민지배에서 벗어나 독립한 30여개의 아시아·아프리카 나라들이 1955년 아시아·아프리카회의를 결성하고 미국과 소련 양극 중심의 냉전체제에 반대하며 비동맹노선을 천명한 것이 대표적이다. 1964년 11월 초, 이 아시아·아프리카회의가 이듬해 열릴 2차 회의에 남북한을 동시에 초청해 유엔 동시가입 가능성을 논의하기로 했다는 내용이 외신을 통해 전해졌다. 리영희는 이 외신기사를 바탕으로 이동원(李東元) 외무장관을 비롯한 외무부 관리들을 취재해 「남북한 유엔 동시가입 제안 준비」라는 기사를 썼다.

하지만 중앙정보부는 이 기사가 실린 지방판 신문을 압수하고 편집국장인 선우휘(鮮于輝)와 필자인 리영희를 연행했다.

그런데 리영희는 다음 날(11월 22일) 유네스코 주최로 열리는 '아시아 지역 신문기자 양성연구회'에 한국 대표로 참여하기 위해 인도로 출장을 떠날 예정이었다. 집에 돌아와 간단하게 짐을 꾸려놓고 잠자리에 들었는데, 새벽녘 네 명의 남자가 집으로 들이닥쳤다. 그들은 신분도 밝히지 않은 채 다짜고짜 그를 끌고 나가 차에 태웠다. 그렇게 끌려간 곳은 중구 저동의 중앙정보부 안가(安家)였다. 50대 남자가 그를 기다리고 있었다. 주임조사관이라고 밝힌 그 남자는 그가 의자에 앉기가 무섭게 협박부터 했다. "내가 해방 전 만주에서 헌병 할 때 내 손에 죽어나간 소위 독립운동가들이 몇인 줄 알아? 너 까불지 마! 바른대로 대답해."[34] 일제시대 애국자들을 고문하던 일제의 앞잡이들이 해방된 나라에서 공안경찰이나 정보요원으로 변신해 다시 양심적 지식인들을 고문하고 협박하는 참담한 현실을 처음으로 직접 경험하게 된 것이다.

김형욱(金炯旭) 중앙정보부장은 이 기사를 반공법 위반으로 몰아가려 했다. 반공을 국시로 내걸었던 쿠데타 정권은 "형식에 그쳤던 반공체제를 재정비 강화한다"며 쿠데타 2개월도 안 된 1961년 7월 반공법을 제정했다. 박정권은 국가보안법과 반공법이란 무기를 이용해 불온한 사건과 주제를 자기들이 정해 제시함으로써 한국인들의 사유를 통제하려고 했다.[35]

김형욱이 이 기사를 반공법 위반으로 몰고 간 논리는 남북한 유엔 동시가입을 거론하는 자체가 불법집단인 북한을 남한과 동등한 국가로 인정하는 것으로 해석된다는 것이었다. 당시 한국정부는 대한민국이 한반도의 유일한 합법정부라고 주장하면서, 할슈타인 원칙[36]에 따라 북한(조선민주주의인민공화국)을 인정하는 국가와는 관계를 맺지 않는 정책을 취하고 있었다.

두 사람을 반드시 구속시키겠다고 공언했던 김형욱이 물러선 데는 이동원 외무장관과 갓 태동한 기자협회의 강력한 항의가 작용했다. 평소 공부하는 기자 리영희를 각별히 아꼈던 이장관은 자신이 확인해준 내용을 갖고 쓴 기사를 이유로 그가 구속되는 것을 보고만 있을 수 없었다. 그는 즉시 김형욱에게 전화를 걸어 두 사람을 풀어주라고 요구했다. 그러나 김형욱은 완강하게 거부했다. 결국 육두문자가 오갔고, 이튿날 이장관 자신마저 중정요원에 의해 김형욱 앞에 끌려가는 수모를 겪어야 했다. 이 자리에서 그는 또다시 편집국장 선우휘와 리영희의 석방을 강력하게 요구했다.[37] 밖에서는 기자협회가 강력한 항의 활동을 전개했다. 사건이 있기 3개월 전쯤 결성된 기자협회는 이 사건이 "헌법이 보장하는 국민의 기본권과 언론자유 본질에 대한 중대한 침해"[38]라고 주장하는 항의서한을 대통령에게 보내며 두 사람에 대한 석방을 촉구하고 나섰다. 안팎의 비판에 직면한 김형욱도 물러서지 않을 수 없었다. 선우휘는 구속적부심에서 즉각 풀어주고, 리영희는 불구속 기소를 하는 선에서 타협해, 구속 한달 만인 12월 16일 석방했다.[39] 불구속 상태에서 받은 재판에서 법원은 이 기사를 반공법 위반으로 판단했다. 그리고 그 책임을 기자 리영희에게 지움으로써, 신문기사의 법적 책임이 편집 총책임자인 편집국장이 아니라 집필한 기자에게 있다고 판단한 첫번째 판례가 됐다.[40]

이 사건은 선우휘와 리영희의 관계가 악화되는 시발점이 된 것으로 보인다. 아내 윤영자에 따르면 리영희는 구속적부심을 통해 먼저 풀려난 선우휘가 자신을 석방하기 위해 별다른 노력을 기울이지 않았다고 섭섭해했다.

한달가량 구속돼 있는 동안 감옥에서 그는 1960년대 이래 민주화운동을 뒤에서 뒷바라지해온 마당발 김정남(金正男)과 처음 조우했다. 두 사람의 만남은 '굴욕적 한일회담 반대운동'의 배후로 몰려 서대문형무소에 먼저 수감돼 있던 김정남이 기자가 반공법 위반으로 들어왔다는 소식을 듣고 그를 찾아오면서 시작됐다. 당시 서대문형무소에는 이른 바 '민성(民聲) 사건'[41]으로 들어와 있던 경향신문의 추영현(秋泳炫) 기자가 들어와 있었고 합동통신에서 그의 멘토 노릇을 했던 정도영(鄭道永)도 제1차 인혁당 사건으로 들어와 있었다. 김정남은 리영희의 첫인상을 '찌든 느낌'으로 기억했다. "추기자는 활발하고 성격이 좋았는데, 리영희 기자는 의기소침하고 찌들어 보였다. 그는 항상 이불을 뒤집어쓰고, 불한사전을 펴놓고 불어공부를 하고 있었다."[42] 하지만 두 사람은 석방된 이후에도 인연을 이어갔고, 이 인연을 통해 리영희도 민주화운동 세력과 가까워지기 시작했다.

국제뉴스의 전범을 만든 외신부장

이듬해 선우휘가 조선일보 편집국장에서 물러나고 후임에 김경환이 임명됐다. 일반적으로 정치·경제·사회 등 주요 취재부서의 장을 역임한 이들이 맡아왔던 편집국장에 줄곧 편집만 했던 김경환이 기용된 것은 그 자체로 이례적인 일이었다. 그만큼 그는 탁월한 안목이 있는 편집자였다. 신임 편집국장 김경환이 취임 후 단행한 첫 인사 역시 파격적이었다. 그는 오자마자 필화를 일으켜 구속까지 됐던 리영희를 외신부장에, 한창 젊은 남재희(南載熙)를 정치부장에 앉혔다. 통상적으로 언론계에선 정치부나 경제부에 비해 국제문제를 다루는 외신부는 힘없는 부서로 인식된다. 하지만 언론에 대한 권력의 통제가 심했던 당시에는 외신부의 역할이 중요했다. 국내에서는 언론통제로 보도될 수 없는 사안도 외신을 통해서 들어오면 보도할 수 있었기 때문이다. 예를 들어 베트남 파병과 관련된 한국과 미국정부 사이의 거래나, 동백림 사건 등 간첩 조작 사건 또는 박정희 정권이 미국 정계에 불법 로비자금을 뿌려 문제가 됐던 박동선(朴東宣) 사건 같은 경우는 외신이 진상을 전할 수 있는 유일한 정보 창구였다.

그렇기 때문에 외신기사를 가려 뽑는 외신부장의 역할은 상당히 중요했다. 김경환이 강골에 연구파인 리영희를 외신부장에 발탁한 이유였을 것이다. 애초 국제문제에 관심이 컸을 뿐만 아니라 연구하고 분석하는 데 장기가 있던 리영희는 외신부장을 맡아 물 만난 고기처럼 신명나게 일했다. 뉴스를 다루는 그의 모습은 "마치 신들린 사람 같았다"고 그와 함께 외신부에서 근무했던 신홍범(愼洪範)이 기억할 정도다. 그는 조금만 큰일이 터져도 한밤중에 다시 들어와 야근자와 함께 밤새워 일하다가 새벽에 귀가하곤 했다.

리영희는 신입기자들의 훈련에도 적극적이었다. 1967년 문화부에 있다가 외신부로 발령이 난 신홍범에게 리영희가 처음으로 한 지시는 아침 11시까지 들어온 모든 외신 뉴스를 본 뒤 주요 기사를 10꼭지 정도 뽑고 그렇게 뽑은 이유를 설명하라는 것이었다. 신홍범은 "리영희 부장 앞에서 내가 뽑은 기사를 가지고 가 설명할 땐, 대학시절 중앙정보부에 끌려가 여러 수사관 앞에서 집중 신문을 당하던 때와 같은 느낌이었다. 리부장이 그만큼 철저하게 따져 물었기 때문이다. 하지만 그런 혹독한 훈련과정이 있었기에 국제뉴스를 보는 관점과 기사를 선별하는 기준 등을 제대로 익힐 수 있었다"[43]고 밝혔다.

신홍범이 보기에 뉴스를 취급하는 리부장의 자세는 "매우 준엄하고 치밀하며 섬세하였다." 국제뉴스를 보는 관점, 뉴스의 선택, 영문기사를 우리말로 옮기는 번역 등 어느 것 하나 허투루 하지 않았다. 그 모든 것 가운데 그가 특히 강조한 것은 "신문의 가장 중요한 기능과 사명은 진실을 전달하는 데 있으며, 모든 사물은 여러 측면을 갖고 있기 때문에 앞뒤 좌우를 살피는 것은 물론이고 때로는 깊숙한 내면까지도 들여다보아야 진실에 다가갈 수 있다는 점"이었다.

신홍범은 이 말의 의미를 "도그마를 믿지 말고, 고정관념을 믿지 말고, 그 시대를 지배하는 잘못된 상식을 믿지 말라는 것"이라고 해석했다. 즉 당시의 지배이데올로기인 극우 냉전이데올로기를 믿지 말고 스스로 생각해 진실에 다가가라는 것으로 이해했다는 이야기다.

그렇다고 치밀하고 엄격하기만 한 상사는 아니었다. 때론 놀라울 정도로 섬세하고 자상하게 후배들을 배려하고 챙겼다. 충청북도 출신인 신홍범은 스물일곱살이 될 때까지 바다 구경을 못 했다. 신홍범의 동기로 같이 외신부에 있던 백기범(白基範)은 그런 그를 바다도 못 본 촌놈이라고 놀리곤 했다. 둘의 이야기를 곁귀로 들었던 리영희는 그해 여름 신홍범이 동해안으로 휴가를 간다고 하자 휴가비로 쓰라며 봉투를 내밀었다. "과외 수입이라곤 있을 리 없는 리부장이 자신의 박봉을 털어준 것이었다. 완행열차를 타고 강릉역에 도착하니, 전혀 생각지도 못한 그 지역 지국장이 마중을 나왔다. 리부장이 처음 바다 구경을 가는 후배를 챙겨달라고 미리 연락해두었다는 것이었다."

이렇게 그에게서 기자로서 엄격한 훈련과 동시에 후배로서 자상한 배려를 받았던 신홍범·백기범 등 젊은 기자들이 1975년 자유언론 쟁취투쟁의 중심이 된 것은 자연스러운 귀결이었다.

하지만 조선일보 내에서 그는 여전히 비주류였다. 김경환 국장이 그를 아끼고 소수의 젊은 기자들의 지지가 있었지만, 편집국 전체로는 그를 백안시하는 보수적 기자들이 여전히 다수였다. 외신부에서도 신홍범·백기범 등 젊은 기자를 제외하고는 대체로 보수적이어서 마지못해 그의 시각을 따르는 수준이었다.

정권과의 갈등도 계속됐다. 1966년 9월 8일자 신문에 실렸던 키시 노부스께 전 일본 총리 단독 인터뷰 건이 그 가운데 하나였다. 일본 군부는 1963년에 이미 한반도에 유사사태가 발생할 때(제2의 6·25전쟁이나 민중 반란 발생 시) 자위대를 한반도에 파병하는 방안을 검토한 '미쯔야(三矢) 군사계획'(정식명칭은 '쇼오와昭和 38년도 통합방위 도상 연구')을 세워놓고 도상(圖上)훈련을 했다. 극비로 취급되던 이 계획은 1965년 2월 10일 사회당 의원에 의해 폭로돼 일본에서 엄청난 파문을 일으켰다. 비록 도상훈련이지만 전쟁 참여를 위한 훈련을 했다는 것 자체가 전쟁을 금지한 평화헌법을 위배한 것이라는 비판이 쏟아졌다. 그러나 국내에서는 이 문제가 단신으로도 취급되지 않았다. 일본 신문을 통해 추후에 이 사실을 알게 된 리영희는 이후 계속 관련 사실을 추적하던 중 키시 전 총리가 아시아의원연맹(APU) 일본 대표단 단장 자격으로 방한한다는 사실을 알게 됐다. 키시는 이 계획을 입안할 당시 총리로서, 계획의 총감독이라 할 수 있는 인물이었다. 키시가 워커힐호텔에 머문다는 사실을 파악한 그는 무작정 호텔로 찾아갔다. 프런트에서 전화를 하니 키시가 받았다. 인터뷰를 요청하자 방으로 올라오라며 흔쾌히 응했다. 자리에 앉자마자 단도직입적으로 미쯔야 계획을 세운 이유부터 물었다. 키시는 예상하지 못한 질문에 당황하는 듯했지만, 곧 침착성을 회복하고 일본으로서는 여러 가능성에 대비하는 것뿐이라며 의미를 축소하려 했다. 그러나 한국 국민에게는 패전으로 한반도에서 물러난 지 20년도 안 된 일본군이 다시 한반도에 상륙하는 도상훈련을 전개했다는 사실 자체가 용인하기 어려운 일이었다. 미쯔야 계획의 존재를 인정한 키시의 인터뷰 기사가 나오자 국내에서는 큰 소동이 벌어졌다. 대학가를 중심으로 반일시위가 이어졌고 박정희 정권의 대일 저자세 외교가 다시 도마에 올랐다.

그러나 그는 이 기사로 또 사내외에서 고초를 겪었다. 정치부장 남재희에게 주먹다짐을 당하고 중앙정보부에 다시 연행돼 조사를 받은 것이다. 인터뷰 기사가 나간 날 밤 정치부장 남재희가 시비를 걸어왔다. 옥신각신 다투던 와중에 흥분한 남재희가 리영희의 뺨을 때렸고, 리영희가 이에 맞서 전화기를 집어던지는 육박전이 벌어졌다. 리영희는 남재희가 자신의 키시 인터뷰를 정치부 취재영역에 대한 침범이라고 여겨 소동을 일으킨 것이라고 기억했지만, 남재희의 설명은 다르다. "리영희가 정치부 야근자를 불러내 술을 마시고 있어 화가 폭발했다"는 것이다. 남재희는 평소에도 리영희가 외신부 기자는 물론 정치부의 젊은 기자들을 불러내 자신의 이념을 전파하려고 하는 것에 불만을 갖고 있었다고도 했다. 리영희와 남재희 두 사람은 모두 외부에서 조선일보에 스카우트돼 김경환 국장의 오른팔과 왼팔로 활약했지만, 결코 가까워지지 못했다. 두 사람 모두와 가까웠던 인사들은 리영희에 대한 남재희의 경쟁심을 그 원인으로 추정했다. 서울대 법대 출신의 수재로 자부해온 남재희로선 해양대 출신의 리영희가 양식 있는 젊은 기자들의 중심이 되는 것을 견디기 힘들었으리라는 분석이다.

하지만 두 사람의 관계가 어긋난 또다른 이유를 남재희의 다음 증언에서 짐작해볼 수 있다. "편집회의를 할 때마다 외신부장이 자신의 지면을 이야기하는 대신 정치면에 대한 비판만 했다. 박정희 정권 치하에서 나도 한계 내에서는 최선을 다해 정부에 비판적인 지면을 만드는데, 리영희는 더 비판적으로 만들지 않는다고 끊임없이 나를 비판하는 것이었다."[44] 바로 여기에 두 사람이 결정적으로 갈리는 대목이 있는 것은 아닐까? 한계를 인정하지 않고 온힘을 다해 그 한계에 도전하고자 한 리영희에게, 주어진 한계를 지키며 그 안에서 변화를 만들어내려는 남재희가 성에 차지 않았을 것 같다. 이런 차이는 두 사람의 대비되는 삶의 여정에서도 확인된다. 리영희는 해직과 투옥을 되풀이하는 신산한 삶을 산 반면, 남재희는 정부 기관지였던 서울신문 주필을 거쳐 박정희에서 노태우에 이르는 군부정권에선 국회의원이 됐고, 김영삼(金泳三) 정권에선 노동부장관을 역임했다.

그렇지만 1977년 리영희가 『우상과 이성』과 『8억인과의 대화』를 출간해 반공법으로 구속됐을 때, 그의 구명을 촉구하는 언론인들의 서명에서 맨 앞줄에 이름을 올린 것은 남재희였다. 탄원서에 현직 언론인들의 서명을 받으러 다녔던 임재경은 가장 먼저 남재희를 찾아갔다. 정부 기관지의 주필이 먼저 서명을 하면 다른 언론인들도 따라하리라는 계산에서였다. 남재희는 "임재경이 나를 욕보이려고 하는 것이라 생각해, 얼른 서명했다. 인신구속을 하지 말라는 데 반대할 이유가 없었다"고 말했지만 그의 서명이 다른 많은 언론인들의 동참을 이끌어낸 것은 분명 사실이다. 리영희와 조선일보에 함께 근무했던 김학준(金學俊)이나 한국일보 편집국장을 역임하고 국회에 진출했던 조세형(趙世衡)처럼 서명을 회피하거나 거부한 사람들도 있었던 것[45]을 보면 남재희가 임재경이 내민 서명부에 군말 없이 서명한 것은 쉽지 않은 결단이었을 터다.

남재희와 한바탕 싸운 리영희는 곧이어 중앙정보부로 연행됐다. 또다시 이 기사로 필화를 겪을까 걱정했지만, 다행히 그들의 관심은 보도 그 자체가 아니었다. 중정은 그들도 파악하지 못했던 미쯔야 계획의 내용을 어떻게 알게 됐는지만 묻고 조사를 끝냈다.[46]

8. 베트남과 중국을 만나다

　　외신부장 시절 리영희는 그가 한국사회 담론의 중심에 서게 될 중요한 두개의 주제와 맞닥뜨린다. 베트남전쟁과 중국의 문화대혁명(문혁)이 그것이다. 베트남전쟁은 2차대전 이후 식민 종주국 프랑스가 떠난 뒤 남북으로 분단된 나라를 통일하려는 내전으로 시작됐다. 그러나 한 나라가 공산화되면 이웃나라들이 연달아 공산화된다는 도미노이론을 신봉했던 아이젠하워(Dwight D. Eisenhower) 대통령의 미국은 동남아 지역의 공산화를 저지한다는 명분으로 남베트남을 지원하기 시작했다. 아이젠하워의 뒤를 이은 케네디가 개입의 범위를 확대하면서 1960년대 들어 베트남 내전은 점차 국제전으로 확대되었다. 리영희가 외신부장을 맡은 1965년에는 한국군 부대가 처음으로 베트남에 파병됨으로써 베트남전쟁은 국내에서도 주요한 관심사로 대두하는 중이었다. 이듬해인 1966년은 중국에서 문혁이 시작된 해다. 통상 문혁이 진행된 기간을 1966년부터 1976년까지 10년간으로 말하지만, 그 결정적인 시기는

1966년부터 1968년까지로 보는 게 정설이다. 리영희가 외신부장을 맡았던 시기는 1965년부터 1968년으로, 그 결정적 시기와 겹친다.

그는 국제문제를 다루는 자신의 관점을 세가지로 압축해 설명한 바 있다. 첫째 현지 인민의 입장에서 문제를 바라보아야 하고, 둘째 편견 없이 진실을 추구해야 하며, 셋째 그 속에서 우리 사회를 비추는 거울의 기능을 찾아야 한다는 것이다. 그는 베트남전쟁과 문혁을 이런 관점으로 다룸으로써 다른 언론사와 확연히 구분되는 그만의 색깔을 보여줄 수 있었다.

그가 베트남전쟁에 처음으로 관심을 갖게 된 것은 1961년 박정희를 수행해 미국을 방문했을 때였다. 당시 박정희-케네디 회담에서는 한국군 파병에 관한 문제가 처음으로 거론됐다. 그는 케네디가 파병을 요구한 것으로 기억하지만 미 국무부의 기록에는 박정희가 먼저 제안한 것으로 되어 있다.[47]

박정희가 파병을 제안한 일차적 이유는 국내의 안보 불안 해소에 있었다. 그는 베트남 상황이 악화돼 미국이 주한미군을 베트남으로 돌리게 될 경우, 한반도에 군사적 공백이 생길 것을 우려했다. 경제력은 물론 군사력에서도 북한에 뒤처져 있던 당시 남한 상황을 고려하면 그의 우려는 현실성을 갖고 있었다. 1963년 응오 딘 지엠(Ngo Dinh Diem) 정권의 붕괴 이후 베트남에서 공산주의자들의 공세가 더욱 격렬해지자 미국은 점점 더 많은 전투병을 파견하지 않을 수 없는 상황으로 몰렸다. 케네디에 이어 집권한 린든 존슨(Lyndon B. Johnson) 대통령과의 1964년 회담에서 박대통령은 또다시 한국군 파병을 제안했다. 주한미군의 이동을 막고, 우리 젊은이들의 피의 대가로 경제개발에 필요한 자금을 확보할 수 있다는 판단에서였다. 베트남전쟁을 국제전으로 만들

수 있다는 점에서 미국으로서는 마다할 이유가 없었다. 1964년 9월 이동외과병원과 태권도 교관단의 파견으로 시작된 한국의 베트남전 개입은 곧이어 전투병 파병으로 이어졌다. 베트남에 파병된 우리 군의 규모는 최대 5만 4,000명으로 늘어났다. 이는 미국을 제외하고는 가장 많은 숫자였고, 한국과 미국을 뺀 나머지 파병국가, 즉 오스트레일리아·뉴질랜드·타이·필리핀·대만·스페인이 보낸 병력을 모두 합한 수의 3배 가까운 숫자였다.

그러므로 베트남전쟁의 의미를 제대로 아는 일은 한국인들에게는 중요한 일이었다. 리영희가 조선일보 외신면을 통해 이 전쟁의 성격을 제대로 규명하려고 무진 애를 쓴 까닭이었다.

"베트남이라는 나라가 지구상 어디에 붙어 있는지도 모르는 남한의 청년들이 돈벌이를 위해서 미국의 용병으로 파견되었을 때에, 한국정부와 극우·반공주의 언론들은 마치 전 세계 국가와 민족들이 베트남전쟁에서 미국을 지원하는 줄로 착각했어. (…) 나는 정말 베트남전쟁 기간 중에 오로지 미국 지배집단의 이같은 범죄적 행위를 연구하고, 우리 한국의 극우·반공적 언론 통제의 쇠사슬을 뚫고 진실의 편린이나마 전달하고자 무진장 애를 썼어요."[48]

그러나 그 어느 때보다 반공주의가 강고해져 있는데다가 우리 병사 수만명이 목숨을 걸고 싸우고 있는 상황에서 그 전쟁을 비판적으로 구명하기란 쉬운 일이 아니었다. 때문에 『사상계』나 『청맥』 같은 비판적 잡지들조차 베트남전쟁의 성격을 규명하거나 한국군 파병을 비판하는 데 소극적이었다. 이렇다보니 베트남전쟁의 성격에 대해 상식적 수준의 지식을 갖춘 이들도 그리 많지 않았다. 한국일보에 근무하다 1965년 중앙일보 창간에 참여하면서 베트남 현지 취재를 다녀왔던 김영희(金

永熙) 중앙일보 명예 대기자는 당시 베트남전쟁을 오도한 언론보도의 가장 큰 책임은 지식인들의 무지에 있었다고 설명했다. 외신부에 근무했고, 베트남 현지 취재를 한 그마저도 베트남의 역사에 대해 무지했기 때문에 서방의 외신보도를 그대로 따라가는 형편이었다는 것이다.[49] 베트남 파병에 대한 당시 우리 사회의 일반적 분위기를 잘 보여주는 게 야당 지도자였던 박순천(朴順天)의 발언이다.

"탄손누트 비행장에 내려 베트남의 땅 높은 국기게양대에 태극기가 휘날리는 것을 본 순간 나는 감격의 울음을 터뜨리고 흐르는 눈물을 금할 수가 없었다. 비행기가 공항에 접근하면서 비옥한 베트남의 땅이 눈 아래 펼쳐지는 것을 보면서 나는 역사상 침략만 받았던 우리 민족이 수천만리 남의 나라 땅에 군대를 파견한 위업에 가슴의 고동을 금할 수가 없었다. 이 비옥한 땅이 우리의 것이면 얼마나 기쁜 일이겠나 하고 생각하였다."[50]

반공주의의 벽을 넘어

외신부장으로서 리영희가 이런 상황을 돌파하려면 두개의 벽을 넘어서야만 했다. 하나는 신문사 내부 논조라는 벽이었고, 다른 하나는 우리 사회에 강고하게 뿌리내린 반공주의라는 벽이었다. 1차 장벽인 조선일보라는 벽을 넘는 일이 얼마나 힘들었는지는 함께 근무했던 신홍범의 증언에서 확인할 수 있다.

"당시 조선일보 외신부에는 리부장과 뜻을 같이하면서 베트남전쟁을 다루어나갈 기자가 한 사람도 없었다. 오직 리영희 부장 혼자뿐이었다. 편집국 간부들 가운데는 편집국장 한 분이 뒤에서 버팀목이 되어 리 부장을 지원해줄 뿐, 뜻을 같이하여 그를 도와줄 사람이 하나도 없었다."[51] 외신부 중견기자는 물론 갓 수습을 떼고 배치된 김대중(金大中, 나중에 조선일보 주필을 역임하며 보수우익의 대표적 논객이 되었다) 같은 젊은 기자조차 그의 견해를 받아들이지 않았다. 그들은 리영희가 자신들이 쓴 해설기사를 데스크 보면서 완전히 뜯어고치는 것에 대해 불만을 갖고 뒤에서 투덜대며 비아냥거렸다. 특히 전두환 정권에서 언론 통폐합을 주도했던 허문도(許文道)는 당시 외신면 편집기자로 베트남전 보도와 관련해 그와 자주 충돌했다.[52]

이런 내부의 반대를 넘어 자신의 견해를 관철하려면 여간 준비를 철저히 하지 않으면 안 됐다. 우선 외신부장을 맡은 첫해에는 자신의 주장을 직접 펴기보다는 외신을 통해 들어오는 해외 인사들의 발언을 통해 베트남전의 성격을 드러내고자 노력했다. 처음에는 중립적 색채의 서방 인사들의 견해를 광범위하게 인용하는 데서 시작해 점차 미국 및 서방에서 나오는 논쟁적 주장들을 다양하게 배치했다. 버트런드 러셀(Bertrand Russel), 놈 촘스키(Noam Chomsky) 등 당대 석학들의 베트남전에 대한 비판적 견해와 이에 대응해 전쟁을 지지하는 시각은 물론이고, 싸움의 상대인 북베트남의 논리를 이해하는 데 도움이 되는 글까지 찾아 게재함으로써 베트남전에 대한 총체적 이해를 돕도록 구성했다.

베트남전쟁을 다루는 이런 테크닉을 신홍범은 '교묘'하다는 말로 표현했다. "버트런드 러셀, 장 뽈 싸르트르(Jean-Paul Sartre), 시몬 드 보부아르(Simone de Beauvoir) 등 세계의 저명한 지식인들이 스톡홀름에서 열고 있던 베트남전 전범재판을 잇따라 보도하는가 하면, 베트남전을 찬성하는 시드니 훅(Sidney Hook, 존 듀이의 제자로 출발하여 맑스주의자가 되었다가 미국의 우익 보수주의 대표자가 되었다)의 글과 이 전쟁을 비판하는 싸르트르의 글을 같은 분량으로 균형을 맞춰 나란히 싣는 것이었다. 그러나 형식적인 균형과는 대조적으로 시드니 훅의 글은 논리의 전개에서나 내용에서 싸르트르의 상대가 되지 못했다. 결국 이 기획의 결과는 베트남전을 지지하는 측의 주장이 반대하는 측의 주장을 당해내지 못하는 꼴이었다."53

백승욱(白承旭)은 이를 '의도된 객관성'이라고 규정하고 바로 이 '의도된 객관성'이야말로 리영희의 대중적 영향력의 원천이라고 본다. 자신의 주장을 전면에 내세우지 않고, 객관적 자료를 통해 비교하게 해줌으로써 독자 스스로 자신의 의도를 깨닫게 만든다는 이야기다. 백승욱은 객관성을 유지하기 위해서 리영희가 취한 독특한 전략을 이렇게 설명한다. "베트남전쟁에 대한 비판을 주로 그 주동자인 미국 내부의 자료에 1차적으로 의존해서 수행하고, 이 전쟁에 대한 여론이 단일하지 않고 미국 내에서나 여타의 나라에서도 갈라지고 있음을 보여주며, 반공주의의 맹목성과는 다른 관점에 설 때만 전쟁의 또다른 당사자인 북베트남이나 민족해방전선의 내부적 논리를 이해하고 그들의 내적 합리성을 이해할 수 있음을 보여준다. 이런 논지는 기본적으로 '사실(fact)'에 대한 풍부한 장악력(일지, 지도, 인물관계도 등의 설명 방식)으로 지탱된다는 이미지 형성에 의해 보강된다. 1970년대 이후 그의 저작에서 익숙하게 확인되는 이런 접근 방식이 이미 1966년의 조선일보에서도 충분히 활용되고 있거나, 또는 이 시기에 정착되었음을 발견할 수 있다."54

리영희 재직 당시의 조선일보는 중국과 문혁에 대한 보도에서도 베트남전 때와 마찬가지로 독특한 색깔을 드러냈다. 당시 중국에 대한 연구나 보도에는 제약이 많았다. 중국이 공산화한 이후 교류가 완전히 중단된데다 한국전쟁 당시 적으로서 서로 총부리를 겨눈 사이인지라 중국을 객관적으로 연구하고 보도하는 것이 쉽지 않았다. 대표적인 중국 현대사 연구자인 민두기(閔斗基)의 고백처럼, "중국에 대한 관심을 공산주의에 대한 동조와 동일시하려는 경직된 냉전적 사고가 팽배한 상황"에서 중국에 대해 지속적 관심을 갖는 것조차 "액센트릭 하다고도 할 수 있는 정도의 지적 용기를 필요로 하는 힘겨운 일"이었다.[55]

언론계라고 다르지 않았다. 중국 관련 보도는 냉전적 시각에서 부정적 측면을 부각시키는 것이 주류를 이뤘다. 그런 까닭에 1966년 막이 오른 문혁에 대한 대부분의 언론의 관심은 지배집단의 권력투쟁이란 측면에 집중됐다. 하지만 리영희의 눈에 비친 문혁은 그 이상의 다양한 면모를 지니고 있었다. 자본주의를 추구한다고 비판받은 주자파(走資派) 논쟁에서 나타나는 중국 체제 규정 논란, 대자보[56]로 표출된 민주주의 문제, 도시 청년지식인을 농촌지방으로 보내 농촌현장을 경험하게 하는 하방제도에서 드러난 평등주의 지향 등 그는 문혁의 다양한 면모가 한국사회를 옭죄고 있는 냉전적 사유의 틀을 흔들고, 우리 사회의 지배적 가치를 다시 생각해보게 할 수 있는 소재라고 여겼다.

그래서 가능한 한 문혁의 다양한 성격을 전달하고자, 단순히 사건을 따라가는 보도보다는 기획기사 등을 통해 그 사건의 배경이 되는 논리를 밝히는 데 주력했다. 그리고 여기서도 베트남전 보도에서와 마찬가지로 철저하게 주장을 뒷받침하는 근거를 밝힘으로써 객관성을 확보하기 위한 노력을 경주했다. 단순히 통신을 통해 들어온 외신뿐만 아니라, 『인민일보(人民日報)』 같은 중국 본토의 공식 자료나 해외 전문가들의 분석을 적극 활용했다. 심지어 문혁의 중추로 대두한 중국 청년들의 실상을 파악하기 위해 공산 중국에서 살다 귀국한 시민들을 찾아 대담을 하기도 했다. 그는 이를 통해서 문혁이 단순한 권력투쟁이 아니라, "중국 사상의 특성에 뿌리를 둔 정신(혁명) 우선주의적 사회주의"[57]를 건설하고자 하는 분투임을 보여주고자 했다.

하지만 이렇듯 현장에 밀착해 추적하던 그의 작업은 1968년 중반 외신부장직에서 물러나면서 중단된다. 공교롭게도 이 시기는 문혁의 성격이 변화해가던 시기이기도 하다. 마오쩌둥은 홍위병 내부의 끝없는 분열로 인한 혼란을 종식시키기 위해 군을 투입해 질서를 잡는 쪽으로 선회했다. 바로 이 시기에 그가 문혁 현장에 대한 밀착 추적을 일시 중단할 수밖에 없었던 것은, 문혁이 갖고 있던 내재적 문제점을 충분히 인식하지 못하게 된 출발점이 되었을 것으로 짐작된다.

이렇게 분명한 입장을 가지고 이뤄진 베트남과 중국을 비롯한 국제문제에 대한 리영희의 보도와 분석은 당시 주류학계에서도 관심을 끌었다. 그를 주목한 대표적인 인물은 우리나라 국제정치학의 태두로 인정받는 이용희(李用熙) 교수였다. 그는 1960년대 서울대 정치외교학과에서 강의하면서 국제문제에 관한 조선일보 기사를 분석 텍스트로 사용했다. 이 사실을 알게 된 리영희는 이교수에게 편지를 보내 그것을 중단해달라고 요청했다. 가능한 한 정확한 내용을 전달하려고 노력은 하고 있지만 정부의 압력과 감시 때문에 정확한 사실을 다 담지 못한 경우가 많다는 게 그 이유였다. 두개의 장벽을 넘어서기가 그만큼 어려웠다는 이야기다.

소설가 이병주(李炳注) 역시 외신부에서 보여준 그의 노력을 높이 평가한 인물 가운데 하나였다. 부산의 국제신보 주필을 역임했던 이병주는 중립화통일론을 지지하는 사설을 썼다는 이유로 5·16쿠데타 이후 투옥됐다가 풀려났다. 석방되고 나서 국내외 사정을 살피려 신문을 읽

리영희는 이 대회에 취재기자를 파견하면 철의 장막에 가려져 있던 공산권 국가의 모습을 직접 독자들에게 전달할 수 있는 좋은 기회가 되리라 생각해 중앙정보부에 협조를 요청했다. 중정은 경기 관련 이외의 기사는 중정의 사전 허가를 받은 뒤 게재한다는 조건으로 기자 파견에 동의해주었다. 즉시 유럽을 담당했던 이기양(李基陽) 통신원에게 체코 출장 명령을 내렸다. 서울대 불문과를 나온 이기양은 독일에서 유학생활을 하며 조선일보 통신원으로 간간이 유럽 소식을 전해주고 있었다. 이기양은 4월 14일 체코로 들어갔지만 단 한줄의 기사도 보내오지 않았고 연락조차 되지 않았다. 큰 문제가 생긴 게 아닐까 싶었다. 무엇보다 먼저 중정에 사정을 알린 후 세계신문협회와 유엔 등 국제기구에 그를 찾아달라고 요청했다. 그러나 한달 가까이 지나도 그의 소재는 오리무중이었다. 결국 이 사실을 공개할 수밖에 없었다. 5월 15일 '이기양 기자 프라하에서 실종'이란 기사가 도하 각 신문에 보도되었다.

　그런데 이 보도를 보고 놀란 사람이 있었으니, 독일 유학 후 귀국해 명지대 교수로 있던 임석진(林錫珍)이었다. 그는 북한이 이기양을 납치한 것으로 판단했다. 1960년대 베를린은 동서로 분단되어 있었지만, 통행은 비교적 자유로웠다. 한국 동포나 유학생들도 별다른 제약 없이 동베를린(동백림)으로 여행할 수 있었다. 너나없이 가난했던 그들이 동베를린으로 가는 일차적인 이유는 그곳 생필품 가격이 서독지역에 비해 훨씬 저렴했기 때문이었다. 이런 사정을 잘 알고 있던 동베를린 북한대사관 쪽은 그들을 자신들의 편으로 끌어들이기 위해 다양한 경로로 접촉을 시도했다. 당시 북한은 "사회주의 국가들 사이에서 경제적 발전과 미국의 군사력에 저항한 성공적 사례"이자 "모범적 탈식민 정치체로서의 국제적 명성"을 얻고 있었다.[58] 이런 평가는 사회주의권에 한정된 것이 아니어서, 1964년 평양을 방문했던 영국의 저명한 후기 케인즈주의 경제학자 조앤 로빈슨(Joan Robinson)은 "조선의 기적"[59]이란 찬사를 보내기도 했다. 북한대사관 사람들은 남쪽 출신 인사들에게 자신들의 발전상을 담은 책자나 사진을 보여주며 통일방안을 선전하고, 북한에 친인척이 있는 사람에겐 그 소재를 알려주면서 방북을 권유하기도 했다.

임석진은 독일 체류 당시 북한 인사들과 접촉했을 뿐만 아니라 그들의 권유에 따라 북한을 방문한 이력도 있었다. 이기양을 북한 인사들에게 소개한 것도 그였다. 그는 이기양이 북에 납치됐다면 자신도 안전하지 않다고 생각했다. 자칫하다간 자신의 방북 전력이 드러날지도 모를 일이었다. 며칠 고민한 끝에 그는 박정희 측근에게 자수할 뜻을 밝혔다. 박정희가 직접 그를 안가로 불렀다. 임석진은 이 자리에서 유럽 동포들의 북한 접촉 실태를 상세히 설명했다. 이른바 동백림 사건은 이렇게 시작됐다.

박정희의 지시로 중정이 수사에 피치를 올리고 있던 6월 8일 국회의원 선거가 실시됐다. 선거 결과는 공화당의 압승으로 나타났지만, 학생과 재야세력은 이 선거를 부정선거로 규탄했다. 전국 대학에서 부정선거 규탄시위가 들불처럼 번져갔다. 국내 상황을 반전시킬 카드가 필요했던 박정희는 수사 대상자들을 모두 한국으로 데려오도록 지시했다. 그들을 납치하다시피 한국으로 끌고 온 중정은 선거 한달 후인 7월 8일 '동백림 거점 북괴 공작단' 사건으로 떠들썩하게 발표했다. 유럽 거주 동포와 유학생 194명이 북한대사관과 연계해 간첩활동을 했다는 것이었다.

그 안에는 윤이상(尹伊桑) 작곡가와 이응로(李應魯) 화백 등 세계적인 예술가들과 독일·프랑스에서 공부하던 젊은 학자들이 포함돼 있었다. 대통령 중임 경축행사에 초청한다는 중정의 거짓말에 속아 끌려온 윤이상과 이응로는 주범급으로 분류되어 견디기 힘든 고문까지 받았다. 이 과정에서 윤이상이 자살 시도를 하면서 한국정부에 대한 국제적 비난은 한층 고조됐다. 전 세계 저명한 예술가들이 그의 석방을 촉구하는 서명운동을 전개했고, 서독과 프랑스 등 관련국들은 한국정부의 납치행위를 주권 침해로 규탄하고 원상회복을 요구했다. 특히 당시 서독 총리였던 빌리 브란트(Willy Brandt)는 국교단절까지 거론하며 한국정부를 압박했다. 국내외의 점증하는 압력에 직면한 박정희 정권은 해당국에 공식 사과하고, 윤이상을 비롯해 국외에서 납치해온 104명 전원을 원래 그들의 체류국으로 돌려보내지 않을 수 없었다. '건국 이래 최대의 간첩사건'이라고 발표됐던 이 사건의 최종심에서는 194명 가운데 34명만 유죄를 선고받았다. 그리고 그렇게 유죄선고를 받은 사람들 가운데 간첩죄를 적용받은 사람은 단 한 사람도 없었다. "박정희식 불온생산체제"[60]의 대표적 예인 동백림 사건은 '간첩 없는 간첩단 사건'이란 웃지 못할 기록과 함께 피해 당사자들에게 심대한 상흔을 남겼다. 대표적인 피해자인 윤이상은 사건 후 서독으로 망명해 살아생전에는 고국 땅을 밟지 못했다. 평생 망명객으로 고향을 그리워하던 그는 1995년 베를린 근교에서 숨을 거두었고, 문재인 정부 출범 뒤인 2018년에야 한 줌의 흙이 되어 고향 땅에 다시 묻힐 수 있었다. 동백림 사건의 촉발에 자신도 일정한 구실을 했다고 생각한 리영희에게는 이 모든 것이 늘 마음의 부채로 남아 있었다.

그나마 다행이었던 것은 이 사건과 관련해 그 자신은 별다른 고초를 겪지 않았다는 점이다. 사건의 도화선이 된 이기양의 체코 파견과 그의 실종 처리 등 모든 과정을 중정과 협의해 처리해온 덕이었다. 이기양은 그때 북한으로 들어가 김일성대학 교수가 됐다는 소식이 훗날 전해졌다.

동백림 사건을 지켜보면서 리영희는 자신의 성급함을 반성했다.

"이기양 사건과 관련해서 나는 신문기자로서의 직업적 적성과 한 인간으로서의 처신에 대해 반성을 했어요. (…) 그 당시에 유럽은 이미 서방 자본주의 세계와 동방 공산주의 세계가 화해(데땅뜨)의 도도한 조류를 타고 있다는 것을 어느 한국의 저널리스트보다도 앞서서 파악을 했지요. 그렇기 때문에 뛰어난 국제부장일 수가 있었지. 하지만 그런 새로운 시대정신과 국제정세의 물결이 한국에서 아직 일기도 전에 이기양 기자를 공산권 국가로 들여보냈다는 것은, 나의 특종 욕심이거나 다소간의 경솔함 때문이 아니었겠는가 하고 반성했어요. 나는 그 사건 이후에도 국제정세의 변화에 대한 상황 판단과 그에 따르는 행동에서 몇번이고 같은 과실을 범했어."[61]

이기양 사건 당시 자신의 경솔함을 반성했다고 했지만, 이후에도 같은 일이 여러차례 반복되었다는 이야기다. 그 자신의 성격이 워낙 급하고 판단이 빠른 탓도 있지만, 국제문제를 면밀히 살피며 시대의 흐름을 선취한 사람으로서 현실의 한계를 뛰어넘고자 하는 열망이 너무나 컸던 것 역시 이런 사태가 되풀이된 이유가 아니었을까 싶다.

10. 정명(正名)을 일깨운 푸에블로호 사건

1968년에 들어서면서 동백림 사건으로 경색된 남북관계를 한층 악화시키는 사건들이 연달아 일어났다. 1월 21일에는 북한 특수부대원들이 청와대를 습격하기 위해 침투하다 체포돼 시민들을 경악시켰다. 그 이틀 후인 23일에는 미국의 첩보함 푸에블로호가 북한군에 나포되는 사건이 발생했다.

사건 당시 푸에블로호는 원산만 근처에서 북한 잠수함 활동을 정찰하고 있었다. 그런데 갑자기 북한의 대잠함이 접근해와서 국적을 물었다. 푸에블로호가 미국 국기를 내거는 것으로 답하자 대잠함은 북한 영해를 침범했다며 멈출 것을 요구했다. 북한의 영해 밖에 있다고 여겼던 푸에블로호는 요구에 불응했고, 대잠함은 즉각 공격을 개시했다. 북한의 미그 전투기까지 상공을 선회하며 대잠함을 엄호하는 상황에서 푸에블로호는 굴복할 수밖에 없었다. 세계 최강국의 첩보함은 나포되어 원산항으로 끌려갔다. 푸에블로호 나포 사실이 전해진 직후 미국은 '북한이 공해상에 있던 미국 군함을 불법으로 나포해갔다'고 주장하며 북한에 석방을 요구했다. 23일 저녁부터 오끼나와에 있던 전투기를 한반도에 배치하기 시작했고, 엔터프라이즈호를 포함한 항공모함 세척이 동해에 진입했다. 28일까지 단 5일 만에 무려 155대의 전투기가 한반도 지상과 해역에 추가 배치됐다.

미국은 이런 대규모 무력 전개와 더불어 외교적 해결을 위한 노력도 곧바로 착수했다. 가장 먼저, 소련과 접촉해 북한에 대한 압력을 요청했다. 소련은 처음에는 관여를 거부했지만, 미국의 요청이 거듭되자 북한 쪽과 접촉을 시도했다. 하지만 북한은 소련의 개입을 단호하게 거부했다.

"미국의 압력을 받은 소련은 어느날 모스끄바 주재 북한대사를 외무부로 호출했어. 여러차례 그랬는데 북한대사가 안 들어가는 거예요. (…) 소련정부가 무슨 수를 써도 북한대사가 응하지 않으니까, 소련 외무차관이 화가 머리끝까지 났어. 운전기사도 없이 자기가 직접 차를 몰고 북한대사관을 찾아간 거야. 보통 외교 프로토콜상으로는, 장관이나 차관이 오면 마땅히 대사가 현관에서 영접하는 것인데, 이날 북한대사는 나타나지 않았어. 일등서기관도 있고 이등서기관도 있는데 초강대국 소련의 외무차관을 마중하기 위해 현관에 나온 것은 외교관직으로는 최하위직인 삼등서기관이었다고! (…) 그 뜻은 '미국의 압력에 굴해서 우리에게 본때를 보이려고 한다면 우리는 대사는커녕 이등서기관도 안 나간다'는 거지. 차관이 크게 화를 내고 돌아갔는데 그게 외신을 타고 전세계에 알려졌어. 그때에는 모스끄바 주재 서방국가 특파원들이 온통 북한대사관에서 일어나는 사태를 주시하고 있었기 때문에 이런 과정이 낱낱이 외신을 타고 조선일보 외신부의 텔레타이프에 흘러나왔어."[62]

미국과 비교적 가깝고 북한과도 관계가 좋았던 유고슬라비아와 루마니아 대통령 등도 중재에 나섰지만, 북한은 10개월 동안 꿈쩍도 하지 않았다. "미국이 영해를 침범했다는 사실을 시인하기만 하면 석방하겠다"는 게 일관된 입장이었다. 결국 미국이 북한 영해를 침범했다는 사실을 인정하는 문서에 서명해 북한에 전달한 뒤에야, 푸에블로호 선원 82명은 석방될 수 있었다.[63]

제2의 한국전쟁으로 비화될 수도 있었던 사건은 이렇게 마무리됐다. 푸에블로호 사건은 북한이 미국과 맞서 싸우는 베트남 공산세력을 측면 지원하기 위해 벌인 교란작전이라는 등 다양한 해석과 평가가 존재한다.

그런 평가와 관계없이 푸에블로호 납치사건이 갖는 또 하나의 의미는 북한에 대한 남한사회의 인식을 크게 변화시켰다는 점이다. 푸에블로호 선원들의 석방 사실을 알리기 위해 텔레비전 특별 프로그램에 나온 당시 미국의 존슨 대통령은 10개월 동안 미국정부가 사건 해결을 위해 한 일을 세세히 설명한 후 "북한은 소련의 압력 밖에 있는 듯하다(North Korea seems to be out of the pressure of the USSR)"[64]라고 토로했다.

그때까지만 해도 남한사회에서 북한의 공식 호칭은 '북괴(北傀)'였다. 꼭두각시를 뜻하는 '괴(傀)'자를 넣어 북한이 중국과 소련의 꼭두각시라는 의미로 붙인 호칭이었다. 국제뉴스를 다루면서 북한과 중국의 대립, 북한과 소련의 갈등 관계를 익히 알고 있던 리영희에게 북괴라는 용어 사용은 늘 불편했다. 사실관계를 정확하게 반영하지 않는 왜곡된 용어를 사용하는 것은 북한에 대한 왜곡된 인상을 심어주기 위한 것이라 여겼기 때문이었다. 그런데 북한이 결코 소련의 꼭두각시가 아니라는 사실을 미국의 존슨 대통령이 확인해준 것이다. 그는 "이 사실들과 그밖의 많은 유사한 사례들을 확인한 뒤"[65]에 '북괴'라는 용어 대신 북한이라는 용어를 쓰기 시작했다.

미국의 여성운동가 리베카 솔닛(Rebecca Solnit)이 말했듯이, 무언가를 정확한 이름으로 부르는 행위는 "무대책·무관심·망각을 눈감아주고, 완충해주고, 흐리게 하고, 가장하고, 회피하고, 심지어 장려하는 거짓말들을 끊어낸다. 호명만으로 세상을 바꿀 수는 없지만, 호명은 분명 중요한 단계다."[66]

리영희가 정명을 중시했던 까닭도 솔닛과 다르지 않았다. 정확한 호명만으로 세상을 바꿀 수는 없지만 정확한 호명 없이 왜곡된 세상을 바로잡을 수 없는 것도 사실이다. 정확한 호명, 즉 정명이야말로 진실에 접근하고 진실을 복원하는 시작점이다.

11. 조선일보 해직

"국가이익과 반공이념에 부합하지 않아요"

외신부장으로 빛나던 시절은 길지 않았다. 1968년 김경환 국장이 물러나고 선우휘가 다시 국장으로 돌아왔다. 선우휘는 외신기사를 다루는 리영희의 방식을 못마땅하게 여겼다. 처음에는 사사건건 트집을 잡는 정도더니 얼마 되지 않아 조사부장으로 발령을 내 편집국에서 내보냈다. 다시 1년 뒤에는 직제에도 없던 심의부장 자리를 만들어 더 한직으로 밀어냈다. 부원도 없는 심의부장 발령은 회사를 떠나라는 간접적 통고라고 짐작했지만, 모르는 척 버텼다. 아이 셋을 거느린 가장으로서 대책도 없이 사표를 던질 수는 없는 일이었다. 결국 더이상 참지 못한 선우휘가 그를 불러 사표를 종용했다. 선우휘는 무엇보다 그의 이념을 문제 삼았다. 국제관계를 보는 시각이 한국의 국가이익과 반공이념에 부합하지 않을 뿐만 아니라 편집국장인 자신의 편집방침과도 차이가 있다는 것이었다. 아울러 그를 내보내려는 것은 단순히 회사의 생각만이 아니라 정부의 요구에 따른 것이라는 점도 분명히 밝혔다.

　정부에서도 여러차례 그를 내보내라고 압력을 넣었다면, 베트남전에 대한 그의 보도 태도를 문제 삼는 것이 분명했다. 실제로 박정희 정권은 다른 언론사의 베트남전 보도와는 분명하게 차별성을 보이는 리영희의 조선일보 보도 때문에 골머리를 앓았다. 그를 회유하기 위해 이런저런 제안을 해봤지만 통하지 않았다. 당시 박정희 정권은 파병에 대한 지지 여론을 형성하기 위해 주요 언론사 부장단을 돌아가며 베트남 현지로 보내 향응을 베풀었다. 외신부장들에게도 그런 기회가 제공됐지만 리영희는 한번도 응하지 않았다. 미국정부가 태평양사령부가 있는 하와이로 초청했을 때도 그는 마찬가지로 거부했다.

　몸이 단 중앙정보부는 그를 회유하기 위해 특별한 제안을 내놓았다. 두달 동안 베트남에 가서 일주일에 두번 정도 국군의 활동에 대한 긍정적인 기사를 써주면 외신부장 월급의 3배에 현지 활동비를 더한 비용을 보수로 주고, 반공법 위반 전력도 삭제해주겠다는 파격적 내용이었다. 어려운 집안 경제 사정을 생각하면 솔깃한 제안이기는 했다. 저녁에 집에 돌아가 아내에게 그런 제안을 받았다고 전했다. 쪼들리는 집안 형편을 생각하면 제안을 받아들이라고 하고 싶은 게 솔직한 심정이었다고 아내 윤영자는 회고했다. 하지만 그는 아무 말도 하지 않았다. "군복 입고 가는 것도 싫고 허위 소식을 전하는 것도 싫다는 그에게 차마 가라고 말할 수는 없었다."[67]

　이튿날 리영희는 중정 쪽에 역제안을 했다. 자유롭게 취재해 보고 느낀 것을 그대로 쓸 수 있게 해준다면 가겠다고. 물론 그들이 받아들일 리 없었다. 정보부의 제안은 없던 일이 됐고 당국과의 관계는 더욱 불편

해졌다.[68]

이렇게 회유도 협박도 통하지 않자 박정권이 사주 쪽과 공모해 공통의 눈엣가시인 리영희를 언론현장에서 쫓아낸 것이다. 강준만(康俊晚)은 언론인 김해식의 증언을 인용하며 조선일보가 그를 내치게 된 데는 조선일보와 정권의 유착관계가 큰 역할을 했을 것으로 추정했다.[69] 조선일보는 당시 코리아나호텔을 짓기 위해 정부로부터 상업차관을 받는 특혜를 누렸다.

"코리아나호텔 건립을 위한 자금은 1967년경 대일청구권 자금 중 상업차관으로 들어온 것이며 언론사에 대한 상업차관으로는 이것이 첫번째인 것으로 알고 있으며, 당시 국내 금리가 연 26퍼센트나 됐던 것과 비교하면 연 7~8퍼센트에 불과한 상업차관을 허용한 것 자체가 엄청난 특혜임에 틀림없다. 경제개발계획 초기인 당시에 기간산업도 아닌 관광호텔 건립을 위해 귀중한 외자를 배정하는 것에 대해 경제기획원의 실무담당 과장이 끝까지 외자도입 허가에 동의하지 않아 코리아나호텔 상업차관은 외자도입 허가서류에 실무담당자의 서명 없이 외자도입이 허가된 유일한 사례가 됐다."[70]

이와 관련해 당시 정무수석으로 박정희 정권의 경제정책 전반을 좌우하던 김학렬(金鶴烈) 전 경제부총리의 아들 김영수는 "조선일보가 코리아나호텔 지을 때 얻은 차관도 아버지가 도와준 거다"[71]라고 밝혀 그 차관이 정권 차원의 특혜 대출이었음을 확인했다.

이렇게 유례없는 특혜를 받았으니 조선일보로서도 정권에 보답해야 했을 것이다. 리영희를 내보내는 것은 정권에 대한 보답일뿐더러 조선일보 쪽으로 보아도 싫던 이를 빼는 격이니 그 연관성을 의심하는 것도 무리가 아니다.

선우휘의 사직 요구가 계속되자, 그러잖아도 박정희 군사독재 아래서 제 역할을 할 수 없는 언론인으로서 자괴감에 시달리던 그는 더이상 버티지 않고 1969년 7월 31일 사표를 던졌다.

육체노동자가 되려 했으나

신문사를 그만둔 그는 더이상 지식인으로 살지 않겠다고 결심했다. 군사독재 아래서 국민들을 기만하는 데 협력하지 않고는 살 수 없는 그 세계에서 벗어나자는 생각이었다. 그래서 이 기회에 아예 육체노동으로 방향을 틀어보자고 작정했다. 합동통신에 함께 근무하다가 인민혁명당 사건으로 1년 복역하고 나와 해직된 정도영에게 이런 심경을 전하는 편지를 보냈다. 하지만 정도영에게선 그가 기대했던 것과는 전혀 다른 답장이 왔다. 자신도 언론사에서 해직됐을 때 같은 생각을 하고 도전해봤지만, 결국 실패하고 말았다며 극구 만류하는 내용이었다.

정도영의 만류에도 그는 결심을 꺾지 않았다. 먼저 생각한 일은 양계였다. 양계에 관련된 책을 구입해 읽고, 실제 양계장에 가서 직접 일도 하면서 가능성을 타진해봤다. 그러나 쉽게 답이 나오지 않았다. 무엇보다 양계장을 할 땅을 임대할 돈이 문제였다. 땅을 임대한다고 해도 제대로 된 수익이 나오려면 상당 기간이 필요하다는 사실도 결정을 어렵게 했다. 며칠 고민 끝에 택시기사 쪽으로 방향을 틀었다. 그 무렵 서울에는 '새나라 택시'라는 일종의 개인택시가 처음 등장했다. 본인이 직접 택시를 구입해 영업을 하면 다섯 식구 먹고사는 것은 문제없을 듯했다. 하지만 집을 팔지 않고는 택시를 사는 것이 불가능했다. 어머니와 아내에게 집을 팔아 택시운전을 해볼 생각이라고 하니, 어머니는 노발대발했다. 단 하나 있는 재산인 집을 판다는 것도 그렇지만, 대학을 나와 출세하리라 기대한 아들이 운전이나 하며 사는 꼴은 볼 수 없다는 것이었다.

어머니의 고집을 꺾지 못해 이도저도 못하게 된 그는 며칠째 방구석에 웅크리고 누워 지냈다. 그러던 어느날 살짝 잠이 들었는데, 옆에서 아버지가 실업자가 돼 올해는 크리스마스 선물도 못 받을 거라고 속삭이는 아이들의 소리가 들려왔다. 정신이 번쩍 든 그는 그길로 평소 가깝게 지내던 소설가 이병주를 찾아갔다. 『소설 알렉산드리아』를 발표해 화제를 불러일으켰던 이병주는 이 책을 자신이 설립한 '아폴로'란 출판사에서 내 돈도 꽤 벌고 있었다. 실직 후 집안 사정을 이야기하니, 그는 자신의 소설을 팔아보라고 권했다. 이병주는 또 자신이 하던 라디오방송의 원고도 대신 쓰게 해주었다.

아내가 그도 모르게 부업을 시작한 것은 이 무렵부터였다. 조금이라도 생계를 돕겠다는 생각에 어린이용 잠옷에 수를 놓거나, 나일론 실로 지갑을 뜨는 부업을 했다. 어떤 때는 옻칠이 들어간 물품을 다루다 옻독이 올라 고생을 한 적도 있었으니 아내의 고생이 말이 아니었다.

방송 원고료와 책 외판으로 그가 번 돈에 아내가 부업으로 번 돈을 보태 근근이 생활하던 어느날 덕수궁 돌담길에서 합동통신에서 같이 근무했던 후배 기자를 만났다. 이병주의 소설을 열권씩 새끼줄로 묶어 팔러 가는 길이었다. 놀란 눈으로 바라보는 후배에게 출판사를 차렸다고 얼버무렸지만, 믿는 눈치는 아니었다. 며칠 후 합동통신에서 외신부장으로 오라는 전갈이 왔다. 후배가 그의 딱한 사정을 통신사에 알렸던 모양이었다. 언론인의 길을 접고 육체노동자로 살겠다는 그의 계획은 1년도 못돼 이렇게 끝이 났다.

"결국 나는 육체노동자가 되려고 했던 생각을 접고, 다시 인텔리의 자리로 돌아갔어요. 그러면서 나는 소위 머리에 먹물 든 인텔리라는 개인이 그 편안한 직업과 사회문화적 권위를 팽개치고 사회의 천시를 받는 육체노동자가 되려는 생각이 얼마나 관념적인가 하는 것을 뼈저리게 느꼈어요. (…) 다만 어차피 육체노동자가 될 수 없다면, 모든 외적 제약과 구속에 대해서 최대한으로 저항하면서 개인으로서 가능한 노력을 다할 수밖에 없다고 생각했지."[72]

12. 합동통신 복귀

'글을 통한 혁명'을 과업으로 삼다

다시 언론현장으로 돌아온 리영희는 이제는 글로써 사회에 서는 수밖에 없다고 판단했다. 그 길을 가는 데 두 나침반이 있었으니, 장 뽈 싸르트르와 루쉰(魯迅)이었다. 1950년대와 60년대를 풍미한 실존주의 철학자 싸르트르가 그에게 가르쳐준 것은 지식인으로서의 삶의 자세였다. 지식인은 물론이고 일반 시민도 자기 시대에 대해 책임을 져야 한다고 주장한 싸르트르는 1945년 『현대』(*Les Temps Modernes*)라는 잡지를 창간했다. 찰리 채플린(Charlie Chaplin)의 영화 「모던 타임즈」(Modern Times)에서 이름을 따온 이 잡지는 2차대전 이전에 프랑스 문학을 주도했던 문학잡지들이 나치와 협력했다는 의혹 속에서 폐간된 후, 앙가주망(참여) 문학의 깃발을 들어올리며 당대 프랑스 문학을 주도했다. 싸르트르는 창간사에서 사회적으로 책임을 지는 작가는 반드시 당대의 문제를 해결하기 위해 불의에 맞서고, 억압을 완화해야 할 책무를 지닌다고 설파했다.

리영희가 최초로 접한 싸르트르의 글은 「침묵의 공화국」이었다. 1990년에 쓴 「30년 집필생활의 회상」에서 그는 "겨우 두 페이지 반의 글이었는데, 지식인(인간)과 현실의 대결관계와 그 관계상에서의 변증법적 사고를 알게 되면서 전율을 느꼈던 기억이 지금도 잊혀지지 않는다"[73]고 그 글이 준 충격을 기록했다.

싸르트르가 나치 치하였던 1944년 9월 발표한 「침묵의 공화국」은 이렇게 시작된다.

"우리는 독일의 점령하에 있을 때처럼 자유로웠던 예가 없다. 우리는 일체의 권리를, 무엇보다도 말할 수 있는 권리를 빼앗겼다. 우리는 매일 정면으로 모욕을 당했고, 입을 다물어야만 했다. (⋯) 우리들은 담 벽에서, 신문에서, 스크린에서 우리의 억압자들이 우리에게 수용하기를 요구하는 우리 자신의 추한 얼굴을 보았다. 이 모든 것 때문에 우리는 자유로웠던 것이다. 나치의 독이 우리의 사고에 속속들이 스며들었기 때문에 올바른 사고는 그 하나하나가 전리품이었다. 무소불위한 경찰이 우리를 강제로 침묵시키려 했기 때문에 어떤 말도 신조(信條)의 선언처럼 귀중했다. 우리는 쫓기고 있기 때문에 우리의 움직임 하나하나가 앙가주망(자기구속)의 무게를 지니고 있었다."

이어 싸르트르는 억압자에 맞선 레지스땅스들이 직면하는 현실, 즉 그들 각자가 "완전한 고독 속에서 전적인 책임을 지는 것, 그것이 바로 자유 그 자체의 표현"이며, "레지스땅스가 진정한 민주주의인 까닭이 바로 거기에 있다"고 써내려갔다.[74]

리영희는 그 글에서 "당시의 한국사회와 그 속의 나와 한국인들의 존재양식을 찾았고, 내가 해야 할 일을 확신하게 되었다"[75]라고 했다. 그가 자신의 할 일로 확신한 것은 '글을 통한 혁명'이었다. 그것은 민주주의를 압살하는 불의한 체제에 굴종하지 않고 그 실체를 밝혀내 글로 알림으로써 모든 시민이 각자의 판단에 따라 이 세계에 책임을 지고 행동하게 만드는 일이었다. 그러므로 그에게 글을 쓰는 행위는 온갖 고통을 무릅쓰고 "우상에 도전하는 이성의 행위"[76]이자 "역사에 대한 의무와 책임"[77]을 수행하는 일일 수밖에 없었다.

루쉰을 스승 삼아

글을 통한 혁명을 꿈꾸는 그에게 싸르트르보다 더 큰 영향을 끼친 스승은 루쉰이었다. 중국 근대문학을 대표하는 작가인 루쉰은 20세기 초 당대 중국의 현실에 고뇌하면서 문학을 통해 중국인들의 의식을 변화시키고자 고투했다. 리영희는 루쉰의 『외침(呐喊)』 서문에 나오는 쇠로 된 방의 일화를 읽으며 1970년대의 한국에서 그가 하고자 하는 일이 1920년대의 중국에서 루쉰이 하고자 한 일과 다르지 않다는 점을 깨달았다.

그 서문에서 루쉰은 『신청년』이란 잡지에 글을 쓰라고 요청한 진신이(金心異)란 사람과의 대화 내용을 전하며 탁본이나 하고 지내던 그가 글을 쓰게 된 경위를 밝힌다.

그 글 속에서 루쉰과 진신이는 쇠로 된 방 속에 혼수상태로 죽어가는 사람을 깨울 필요가 있는지에 관해 의견을 나눈다. 먼저 루쉰이 진신이에게 묻는다. '가령 창문도 없고 절대로 부술 수도 없는 쇠로 된 방이 하나 있다고 하세. 그 안에 많은 사람들이 깊이 잠들어 있네, 오래지 않아 모두 숨이 막혀 죽을 거야. 그러나 혼수상태에서 죽어가고 있는 거니까 죽음의 비애 따위는 느끼지 못할 걸세. 지금 자네가 큰 소리를 질러 그 가운데 비교적 의식이 뚜렷한 몇 사람을 깨워 일으켜서, 이 소수의 불행한 이들에게 구제될 수 없는 임종의 고통을 겪게 한다면 자네는 그들에게 미안하지 않겠는가?' 이 물음에 대한 진신이의 답은 '그러나 몇 사람이라도 깨어난다면 그 쇠로 된 방을 부술 희망이 전혀 없다고는 할 수 없지 않은가?'였다. '희망이 전혀 없다고는 할 수 없다'는 진신이의 말에 루쉰도 마침내 글을 쓰기로 했다는 이야기다.

"모든 면에서 장개석 치하의 중국을 방불케 했던 박정희 대통령 치하에서 고민하던" 리영희는 "이 구절을 읽는 순간, 그 구절은 무덤에서 노신(루쉰)이 나에게 타이르는 소리같이 들렸다. (…) 그 순간, 나의 삶의 내용과 방향과 목적은 결정되었다. 맹목적이고 광신적이며 비이성적인 극우·반공주의에 마취되어 있는 사람들을 잠에서 깨어나게 하여 의식을 바로잡아주는 일이 나의 삶의 전부가 되었다"고 고백한다.[78]

그가 루쉰에게 더 각별한 애정을 느낀 데는 루쉰의 이력이 자신과 흡사하다는 점도 작용했지 싶다. 그가 경공을 거쳐 해양대학을 다닌 이공계 출신이면서 글로써 세상을 바꾸고자 하듯이, 루쉰도 해군학교에 해당하는 장난수사학당(江南水師學堂)에서 신학문을 처음 접했고, 일본의 센다이(仙臺)의학전문대학을 다니다 중퇴한 이공계 출신으로서 글쓰기를 통해 세상을 바꾸고자 했다.

루쉰에게 배운 것은 쇠로 된 방에 잠들어 있는 사람들을 깨워야 한다는 사명감만이 아니었다. 싸르트르와 마찬가지로 루쉰 역시 그에게 지식인으로서의 자세를 일깨웠다. 루쉰에게 진정한 지식인이란 사회에 대해 영원히 만족하지 못하는 영원한 비판자로서, 자신의 이해관계를 따지지 않고 희생을 감수하며 민중의 입장에 서서 그들의 진정한 친구가 되는 사람이었다. 루쉰이 글을 대하는 자세와 글을 쓰는 방법은 바로 이런 지식인으로서의 자세에서 비롯된 것이었다. 리영희는 루쉰의 글을 읽음으로써 "'어떤 목적'으로 글을 써야 하는가? 글을 '어떻게' 써야 하느냐? '누구를 위하여' 쓰느냐? 등 글쓰기의 기본이념과 방법, 마음가짐"[79]을 터득하게 되었다.

실제로 그의 글의 스타일은 루쉰의 그것과 비교된다. 루쉰의 글이, 정확하게 목표를 정해 날카롭게 타격을 가하는 경기병식 글쓰기라는 평을 받듯이, 리영희의 글 역시 목표에 날카롭고 정확한 타격을 가한다. 염무웅은 그의 문체의 힘이 사실에서 나오는 폭발력을 배가시켰다고 평가했다. "리영희 선생과 송건호(宋建鎬) 선생은 두분 다 선구적인 글을 썼지만 글의 문체라든가 폭발성에서는 격차가 많다. 송건호 선생의 글에는 새로운 사실이 많이 포함돼 있고 새롭게 눈을 뜨게 하는 요소가 있어 그의 글을 읽고 나면 공부해야겠다라는 생각이 든다. 하지만 리영희 선생의 글을 읽고 나면 '나가자' '싸우자'라는 생각이 든다. 이것은 두분의 인격과 문체의 차이에서 비롯되는 것 같다. 리선생의 글에는 분명히 선동성이 있다."[80] 이런 지적은 훗날 한학자 최준기(崔準基)가 그의 글은 너무 곧다고 한 것과 같은 맥락의 이야기일 터이다.

그의 글이 루쉰의 글과 비교되는 또 하나 지점은 현학적인 개념어를 늘어놓지 않고 쉬운 언어를 사용한다는 것이다. 그것은 물론 엄청난 노력의 결과물이었다. 추상적 이론 대신 구체적 증거와 자료를 찾고, 어려운 관계를 쉽게 풀어쓰기 위해 퇴고에 퇴고를 거듭했다. 적확한 단어를 찾기 위해 몇시간, 때로는 며칠을 고투하는 일도 있었다. 그러다보니 글을 쓰는 동안 그는 극도의 긴장상태에 있기 마련이었다. 별도의 서재를 갖지 못했던 제기동 시절, 그가 집에서 글을 쓸 때면 다른 식구들 역시 극도의 긴장상태에 빠졌다.

"아버지가 글을 쓰면 우리는 집에도 들어가지 못하고 밤늦게까지 친구 집을 전전했다. 집 안에서 조금만 소리를 내도 불호령이 떨어지기 일쑤였다. 그렇게 며칠씩이나 온 집 안을 살얼음판처럼 만들어놓고, 겨우 원고지 서너장을 메웠을 뿐이라고 하는 경우도 있었다. 지금은 아버지의 일에 대한 집중과 헌신을 존경하게 됐지만, 당시 어린 나로서는 원고지를 앞에 둔 아버지의 고투가 도저히 이해가 안 됐고 도리어 원망스러웠다"[81]고 장남 건일이 회고할 정도다.

'글을 통한 혁명'을 본격적으로 실행에 옮기기 위해 리영희는 통신사 일을 하는 틈틈이 잡지에 국제문제에 관한 글을 기고했다. 1960년대는 가히 잡지의 시대라고 불릴 만큼 다양한 잡지들이 나오던 시절이었다. 1953년 이래 지식인 담론의 중심에 섰던 『사상계』에 더해, 5·16 주체들이 창간한 월간지 『세대』와 『정경연구』 등이 나오면서 리영희의 전공분야인 국제문제를 쓸 수 있는 지면도 넓어졌다. 박정희 정권에서 내무부 장관을 역임한 엄민영(嚴敏永)이 5·16 세력의 이념 전파를 위해 창간한 『정경연구』에 그를 소개한 것은 김정남이었다. "친구인 안인학(安仁鶴)이 편집장으로 있어, 리영희 선생을 추천했더니 좋아하셨다. 생활을 위해 원고료가 필요했던 것도 사실이지만 그보다는 신문기사와 달리 깊이 있고 볼륨 있는 글을 통해 자신이 보는 세계를 상세히 소개할 수 있다는 점에 자부심을 느끼는 듯했다."[82]

『창작과비평』이란 우군

그러나 그의 인생에 가장 큰 영향을 끼친 잡지는 『창작과비평』이다. 미국에서 공부하고 돌아온 백낙청(白樂晴)이 1966년 1월에 창간한 계간지 『창작과비평』의 창간호는 132면의 얇은 책자였다. 백낙청의 친구로 이 잡지에 관계하던 조선일보 동료 기자 임재경을 통해 창간호를 받아본 리영희는 창간사에 해당하는 「새로운 창작과 비평의 자세」를 읽으며, 강한 연대감을 느꼈다고 고백했다. 그 자신이 언론계에서 "사회 전반을 향해 『창비』의 창간사가 문학사회에 대해서 외친 그 소리를 외치고 있었기 때문이었다. 그러나 그 소리는 홀로 부르는 외로운 소리였다." 그런데 이제 『창비』라는 "큰 우군"이 생겼고, "외로움은 갔다."[83] 이 듬해인 1967년 봄호에 한스 모겐소(Hans J. Morgenthau)의 「진리와 권력」을 번역해 실으면서 독자가 아닌 필자로 『창비』와 첫 관계를 맺었고, 1971년 여름호에는 본격 논문 「일본 재등장의 배경과 현실」을 처음으로 기고했다. 당시 『창비』 편집을 책임지고 있던 염무웅이 『정경연구』 등에 실린 그의 글을 보고 한일관계에 관한 글을 청탁하면서다. 그후 1972년부터 베트남전쟁에 관한 일련의 글을 쓰면서 그는 『창비』 담론의 중심인물 가운데 한 사람으로 자리잡아갔다. 그가 당대의 비판적 지식인 그룹에 본격적으로 합류하게 된 것 역시 『창비』와의 인연을 통해서였다. 백낙청·염무웅·김윤수(金潤洙) 등 『창비』 편집진은 물론이고, 고은(高銀)·김지하(金芝河)·이호철(李浩哲)·황석영(黃晳暎) 등 당대 참여문학 진영의 대표적 문인들과도 깊게 교류했다. 베트남전쟁과 중국혁명에 대한 그의 연구 성과들이 주로 발표된 지면 역시 『창비』였다.

"백낙청과『창작과비평』과 인연을 맺은 것은 내가 그후의 인생에서 굉장히 큰 지적 자극을 받는 계기가 되었어요. 또한 이 인연이 아니었으면 모르고 지냈을 한국의 수많은 문인들과 깊은 우정을 나누게 됐지요."[84]

이 시기 그의 활동 가운데 흥미로운 점은『사상계』와의 관계다. 그의 소학교(초등학교) 선배인 장준하(張俊河)가 발행한『사상계』는 1953년부터 폐간된 1970년까지 주요 담론의 생산처로서 당대 내로라하는 지식인들을 필자로 거느리고 있었다. 하지만 국제문제 전문기자로서 평판이 높았던 리영희는 한번도『사상계』에 글을 쓰지 않았다. 두 사람이 동향인데다 민주화운동에 투신한 공통점을 고려하면 이는 조금 어색한 일이다. 물론 두 사람이 만난 적이 없는 것은 아니다. 리영희가 장준하를 처음으로 만난 것은 아직 군대에 있던 1950년대 중엽이었다. 한국사회에서『사상계』의 역할을 평가했던 그는 경남 민사부 근무 시절 특별히 시간을 내 서울까지 와서 잡지사로 장준하를 찾아갔다. 하지만 무슨 이유인지 장준하는 그의 성의를 무시하고 데면데면하게 대했다. 아내 윤영자는, 장준하를 만나고 돌아온 그가 "뜻있는 일을 하는 학교 선배라고 해서 일부러 찾아갔는데, 무시당한 느낌이었다"며 속상해했다고 기억했다.

리영희의 벗이자 장준하와도 막역했던 소설가 이호철은 그 이유를 (장준하가) "대인관계에서 시원시원하지 못한 편이었고, 단둘이 마주 앉아도 편편한 사람이기보다는 쓸데없이 무겁고 까다로운 쪽의 사람이었"던 탓이라고 설명했다.[85]

그러나 그것만으로는 충분한 설명이 되지 않는다. 두 사람은 1972년 민주수호국민협의회 운영위원으로 만나 함께 활동했지만, 그곳에서도 관계는 나아지지 않았다.『사상계』가 1950~60년대 한국의 일반 정서,

즉 반공주의·교양주의에서 벗어나지 못했고, 잡지의 필자는 물론 잡지
가 제정한 '동인문학상'의 수상자도 대부분 서북 출신이었다는 염무웅
의 평가가 그 이유를 밝히는 하나의 단서가 될 수 있을 것 같다. 장준하
에게는 서북 출신 월남인 정서가 그만큼 강했다는 뜻이다. 또 대표적 친
일작가인 김동인(金東仁)을 기리는 동인문학상을 제정할 정도로 친일
청산 문제에 대해서도 철저하지 못한 면이 있었다. 반면 리영희는 스스
로를 월남인으로 생각하지 않았고 서북 출신들이 공유하는 반공주의에
대단히 비판적이었다. 또 친일청산이야말로 나라를 바로 세우는 근간
이라고 말할 정도로 이 문제를 중요시했다. 중국을 보는 시각 역시 차이
가 컸다. 『사상계』는 '전통 중국'과 '무지한 중공'을 대별하는 동양문화
론이 우세했고, 1960년대 들어 '중공'의 세계적 영향력이 확대되고 있
음에도 여전히 세계 평화의 교란자로 파악했다.[86] 리영희 역시 이런 『사
상계』의 논지가 성에 차지 않았다고 밝힌다. "『사상계』가 제시하는 미
국식 사상에 대해 나는 그것이 우리가 지향해야 할 미래상이 아니라 마
땅히 극복해야 할 이론이나 가치관으로 치부하고 있었"[87]다는 것이다.
이런 세계관의 차이가 동향인으로 한국 지성사와 민주화운동에 각각
큰 족적을 남긴 두 사람의 관계가 소원하게 된 근본 이유가 아니었을까
짐작된다.

13. 합동통신 해직

박정희 장기집권 기도에 맞서

리영희가 국제문제에 대한 연구 성과를 발표하며 한국사회에 대한 참여의 보폭을 넓혀가던 그 시절은 국내외 정세 사이의 부조화가 두드러진 시기이기도 했다. 1968년 5월 서구에서는 모든 기성의 권위를 부정하는 68혁명[88]이 닻을 올렸고, 동구에서는 소련의 지배에 대한 저항이 '프라하의 봄'을 통해 본격화했다. 한편 미국에서는 베트남전이 갈수록 수렁에 빠지면서 반전운동이 격렬하게 불붙고, 그로 인해 그해 11월 치러진 대통령 선거에선 베트남전 종식을 공약으로 내건 리처드 닉슨이 당선됐다. 그는 집권 즉시 베트남전쟁에서 발을 빼기 위한 수순에 들어가고, 사회주의권과의 공존을 모색하는 데땅뜨 외교로 전환했다. 1969년 7월에는 '닉슨 독트린'으로 불린 대아시아 외교정책을 발표하고, 중국과 소련 등 공산권과의 평화공존과 아시아에 대한 군사적 개입 자제를 천명했다. 동서를 막론하고 억압적인 권위에 대한 저항이 본격화되면서 그 억압적 체제를 정당화해온 냉전체제가 흔들리기 시작한 것이다.

하지만 냉전체제에 기대온 박정희 정권에게 동서 해빙무드는 위기를 의미했다. 닉슨 독트린에 따라 미국은 한국과 일본 등 아시아의 동맹국에 스스로 자국의 방위문제를 해결하도록 요구했고, 주한미군도 감축에 들어갈 것임을 분명히 했다. 미국의 정책 전환은 박정희를 불안에 빠뜨렸다. 베트남에 한국군을 파병하고 대신 주한미군을 묶어놓음으로써 안보 불안을 없애려던 계획에 심대한 차질이 빚어진 것이다.

위기에 직면한 박정희는 세계적 조류에 발맞추는 대신 독재체제를 강화하는 것으로 대응했다. 자신만이 나라를 지킬 수 있다는 환상에 빠져 있던 그는 3선 도전을 위해 대통령 연임 제한을 푸는 개헌을 추진했다. 학생과 시민들은 즉각 저항에 나섰다. 대학가를 중심으로 개헌반대 시위가 일어나고 야당은 개헌을 저지하기 위해 국회 본회의장에서 농성을 벌이며 저항했다. 하지만 집권 공화당은 1969년 9월 국회 본회의장이 아닌 별관에서 날치기로 3선 개헌안을 통과시켜 박정희에게 장기집권의 길을 터주었다.

헌법질서와 민주주의를 훼손하며 장기집권을 꾀하는 박정희에 맞서 시민사회도 본격적인 대응을 모색했다. 재야의 지식인들은 박정희의 야욕이 3선에서 그치지 않고 영구집권을 위한 총통제까지 갈 것으로 우려해, 어떻게 해서든 3선만은 막고자 했다. 1971년 4월 27일 실시될 제7대 대통령 선거를 목전에 둔 4월 19일 김재준(金在俊) 목사, 이병린(李丙璘) 변호사, 천관우(千寬宇) 전 동아일보 편집국장 등이 중심이 돼 최초의 재야단체인 민주수호국민협의회를 결성하고 박정희의 3선을 막기 위한 운동에 돌입했다.

그러나 박정희의 3선을 막기에는 역부족이었다. 야당 후보였던 김대중(金大中)은 박정희가 당선되면 영구집권을 위한 총통제를 추진할 것이라고 경고하며 바람을 일으켰지만, 금권과 권력을 동원하면서 지역주의를 부추긴 박정희를 꺾는 데까지 이르진 못했다. 하지만 영남지역이 박정희에게 몰표를 주었음에도 두 사람의 표차는 그 이전 대선 때보다 확연히 줄어들었다. 같은 해 5월 치러진 국회의원 선거에서도 신민당은 개헌 저지선이 넘는 의석을 확보하며 선전했다. 정권의 독주를 막고 민주주의를 지켜야 한다는 국민의 뜻이 반영된 결과였다. 여세를 몰아 도처에서 폭압적 정치에 반대하며 민주적 변화를 요구하는 목소리들이 분출했다. 1971년 여름에는 153명의 판사들이 사법부 독립을 요구하며 집단 사표를 냈고, 학원 자율화를 요구하는 대학교수들의 성명도 이어졌다. 학원을 병영화하려는 교련교육에 반대하는 학생들의 시위도 가열돼갔다.

3선을 넘어 종신 대통령을 꿈꾼 박정희는 이 상태로는 자신의 꿈을 이룰 수 없다고 판단하고 강경책을 선택했다. 1971년 10월 15일 서울 전역에 위수령(衛戍令)을 선포하고, 공수특전단 등 군을 투입해 주요 대학을 점령했다. 데모 주동 학생 174명이 제적됐고, 그 가운데 43명은 바로 징집됐다. 반정부 시위학생들에 대한 강제징집의 시작점이었다. 이에 맞서 민주수호국민협의회 참여 인사들이 주축이 되어 '64인 지식인 선언'을 발표했다. 리영희는 이 선언에 서명함으로써 본격적으로 민주화운동에 발을 담그기 시작했다. 그들은 이 선언에서 영구집권 기도와 대학 자유 말살의 부당성을 지적하고, 체포 대학생 석방, 제적 대학생 복적, 강제 입영 중단, 대학 점령 군대의 즉시 철수 등을 요구했다. 그러나 이런 그들의 요구는 위수령에 따른 언론 검열로 인해 단 한줄도 보도되지 못했다.

언론에 재갈을 물린 상태에서 박정희는 '국가보위에 관한 특별조치법'을 통과시키며 오히려 한걸음 더 나갔다. 이제 그는 국가안보를 이유로 국민의 기본권을 제한할 수 있는 비상대권마저 갖게 됐다. 이 법은 이듬해 영구집권을 위해 단행한 10월유신의 디딤돌이 되었다. 리영희가 보기에 "1971년이라는 해는 우리 한국사회가 그 끝이 보이지 않는 암담한 암흑의 굴속으로 더욱 깊숙이 들어가고 깊이를 헤아릴 수 없는 정치적 암흑 속에 깊숙이 빠져들어간 해"[89]였다.

암담한 정치적 상황을 견딜 수 있게 해준 것은 국내 상황과 달리 희망적이었던 세계사의 흐름이었다. "한국을 제외한 나머지 전 세계에서 일어나고 있는 정세 변화는 소위 동서 진영 대결체제의 와해, 즉 '해빙'으로서, 전 세계를 지배해온 모순·갈등·힘의 압박 체제가 급속히 해체되기 시작했어요. 그 정도일 뿐만 아니라 오히려 적극적으로 미래를 낙관할 수 있는 강력한 희망적 요소들이 지배적이었어요."[90]

실제로 1971년 무렵부터 세계질서를 변화시키는 굵직굵직한 사건이 이어졌다. 유엔에선 중국이 대만을 대신해 전 중국을 대표하는 국가로 인정받고 유엔 안전보장이사회 상임이사국 자리를 차지했다. 중국의 상임이사국 진입은 미국과 소련 중심의 유엔에서 제3세계의 목소리가 반영될 수 있는 통로가 열리는 의미를 지녔다. 당시 중국은 공산 종주국인 소련과 갈등하면서 비동맹국가들의 모임인 아시아·아프리카회의에 참여하는 등 제3세계의 대표를 자처해왔다. 워싱턴에서는 베트남전쟁과 관련해 미국정부가 벌인 각종 불법행위를 기록한 국방부의 극비문서(펜타곤 페이퍼)가 폭로돼 미국정부를 곤경에 빠뜨렸다. 이 극비문서에

(베트남戰爭과關係 마정부 極秘文書)
New York Time 社說 (1971.6.13)
政府의 "文書" 報道中止 假處分請求와
1審의 報道中止命令에 對하여

1. "極秘文書"의 報道에 대하여 政府의 前代末聞의 新聞報道禁止라는
   言論檢閱 조치와 그에 대한 제1審法規의 報道禁止命令 유감.

2. 法院命令에 따라 1週間 極秘文書의 계속 보도 못하게 됐다.
   하지만 NYT는 檢事總長(法務長官)의 處置에 대항하여
   憲法적 權利를 守護하기 위해 총력을 다해 싸울것이라.

3. 애당초 NYT가 이 文書를 公開報道하기로 決定한 理由는 "國民이
   알아야 할 (情報를 받을 수 있는) 權利"를 위해서이다. 政府의 行為가
   은폐되거나 심지어는 逆作 捏造 된 상태로 國民을 欺瞞하여
   進行 될 때, 民主主義 적 新聞은 그것을 알려야 할 義務가 있다.

4. 이 文書가 新聞에 入手된 이상, 신문은 그것을 公知시킬 義務가 있을
   뿐만 아니라, 新聞이 그것을 報道하지 않으려면 憲法修正第1條
   정신의 新聞의 責務를 排棄하는 것이 된다. 이 文書의 公開로 마군의
   兵士 한 사람의 목숨이라도 더 위험에 處하거나 國家安保 및 世界平和에
   조금이라도 害毒가 있다고 判斷 했다라면 NYT는 감연히 報道決定을
   내리지 않았을 것이라.

5. 문제의 極秘文書는 印度支那戰爭 初期에서 3年前까지의 기록으로서 이미
   歷史의 속으로 埋葬된 것이다. 그러므로 지금 그 報道로 말미암아서 마군들의
   生命이나 戰爭遂行에 아무런 妨害를 주지 않는다. 문제는 政府의 過剩
   秘密主義와 관련된 비밀주의이다. 따라서 이 文書와 文書의 內容들은
   公衆의 財産(公衆의 情報와 知識)이라.

6. 우리가 이 極秘文書를 보도 하는 理由에는 베트남戰爭 遂行에 관한 贊反論이나,
   責任論이나, 그밖의 어떤 문제에서건 어느쪽의 便을 들거나 관련된 人物
   들의 是非를 논하려는 것이 아니다. 이文書가 인류의 생命과 國家의 名譽가
   더욱 干頭에 놓였을 수록 議會와 國民의 "眞實"을 알아야 하게 되리라.

7. 言論自由의 에쎈스는 眞實이라. 이 眞實을 들어내고 밝히는 것이라.

베트남전쟁 관련한 글을 쓰기 위한 준비작업으로, 국방부 기밀문서에 대한 미국정부의 보도금지 조처를 비판한 『뉴욕타임즈』 사설 내용을 정리한 친필 원고.

서 드러난 미국정부의 추악한 모습은 그렇지 않아도 고조되어가던 반전운동의 불길에 기름을 부었다. 국내의 반전운동과 전장에서의 연이은 패배의 협공 앞에 미국은 종전을 서두르지 않을 수 없게 됐다.

그는 이런 국외 상황의 변화가 국내 상황에도 숨통을 틔워줄 것으로 기대하며 그 기대를 현실화하기 위해 자신이 해야 할 몫을 찾았다. 미국의 지인들을 통해 펜타곤 페이퍼의 전문을 구하고, 베트남전 관련한 각종 자료를 수집했다. 그리고 그것을 바탕으로 베트남전에 대한 본격적인 연구에 착수했다. 그 첫번째 성과는 『문학과지성』 1971년 가을호에 발표된 「강요된 권위와 언론자유」였다. 국제정치와 언론에 대한 그의 기본적 인식이 잘 드러난 이 글에서 그는 정부 또는 소수 권력자의 독선과 비밀주의가 사회의 건강성을 얼마나 해치는지를 규명하고, 권력을 감시하는 언론의 책임을 다시 한번 강조했다. 이어 그는 베트남전쟁의 전체 과정을 정리한 후속 연구 결과들을 1972년 여름과 그 이듬해 여름에 「베트남전쟁 I」과 「베트남전쟁 II」로 나눠 『창비』에 발표했다.

베트남전 관련 글 이외에도 그는 이 시기에 국제문제에 관한 다양한 글을 연달아 발표하며 성가를 올려갔다. 「주한미군 감축과 한미일 안보관계의 전망」(1970), 「중국 외교의 이론과 실제」(1971), 「일본 재등장의 배경과 현실」(1971), 「한미 안보체제의 역사와 전망」(1971) 등이 모두 이 시기에 발표한 글들이다.

그가 글을 넘어 본격적인 행동으로 나서기 시작한 것도 이 무렵이었다. 민주수호국민협의회에 2기 이사로 동참하고 앞에서 말했듯이 총통제 영구집권 반대 등을 천명한 '64인 지식인 선언'에도 이름을 올렸다. 언론인으로 이 선언에 참여한 사람은 그와 천관우 동아일보 전 편집국장 둘뿐이었다. 그런 그를 정권이 그대로 두고 볼 리 없었다. 조선일보에 그를 내몰도록 요구했듯이, 이번에도 합동통신 쪽에 그를 해직하도록 강요했다. 합동통신 외신부장으로 간 지 2년도 채 안 된 1971년 10월, 그는 두번째로 직장에서 쫓겨났다. 그리고 오로지 진실에 복무하겠다는 다짐을 안고 시작했던 기자로서의 삶도 이로써 마감되었다.

한국 언론은 '조건반사적 토끼'

그렇게 길다고도 짧다고도 할 수 없는 기자생활을 통해 리영희는 한국 언론사에 분명한 족적을 남겼다. 박정희와의 악연이 시작된 첫 방미 성과에 대한 기사를 위시해 세상을 뒤흔드는 특종도 여러건 터뜨렸다. 조선일보 외신부장으로서는 국제뉴스를 다루는 하나의 전범을 보여주었고, 그만의 색깔 있는 지면으로 언론계 안팎에서 높은 평가를 받기도 했다.

하지만 그러기 위해 큰 대가를 치러야 했다. 반공법 위반으로 구속되기도 했고 중앙정보부에 끌려가기도 했다. 그리고 두번이나 해직되는 신세가 됐다. 이렇게 신산했던 언론사 경험을 통해 그는 한국 언론의 현실을 냉철하게 인식할 수 있게 됐고, 그 나름의 확고한 언론관을 갖게 됐다.

그는 언론과 지식인의 최고 책무는 "운명을 같이할 수밖에 없는 한 사회의 대중이 오도된 사고방식이나 정세판단을 하고 있을 때 그것을 깨우쳐야 하는 것"[91]이라고 여겼다. 언론의 다양한 기능 가운데 민중을 계몽하고 이끄는, 이른바 '계도적 기능'을 중시하는 언론관은 지식인의 사회적 책임을 강조한 싸르트르와 루쉰의 제자인 그에게는 당연한 것이었다. 언론(인)이 민중을 오도된 사고방식에서 벗어나도록 이끌기 위해서는 그만한 자격요건이 필요하다. 그는 그 자격요건의 핵심은 올바른 기자정신이고, 기자정신의 요체는 "진실에 대한 충성심 그리고 이를 표현하기 위한 용기"[92]라고 믿었다. 진실에 대한 충성이란 단순히 사실을 그대로 전하는 객관주의적 보도를 해야 한다는 의미는 아니다. 단순한 사실의 나열만으론 실체적 진실에 이를 수 없고 그 사실들을 꿰어 제대로 해석해낼 수 있을 때 비로소 진실에 다가갈 수 있기 때문이다.

"대상을 보고 그대로 묘사·기술하는 것만으로는 하나의 생동하는 사회를 꿰뚫어보거나 역사의 움직임을 파악하기는 어렵겠다. 거기에는 이른바 엄격한 '객관주의'적 보도와 아울러 그것 이상의 무엇이 요구되리라고 생각된다. 취재의 대상을 관찰하는 단계에서 그것을 해석해야 할 단계가 올 것이다. 거기에는 현상을 관찰하는 객관주의의 토대로서 풍부한 지식과 '건전한 주관'이 요구된다"[93]는 게 그의 생각이었다. 그리고 그는 이 건전한 주관을 이루는 바탕은 미래를 바라보는 이상주의라며, 현실의 제약을 넘어 더 나은 세상에 대한 신념이 있을 때 비로소 언론은 변화를 만들어낼 수 있는 힘을 갖게 된다고 강조했다. 이상주의라는 바탕은 어떻게 만들어지는가? 세계를 향한 인식의 지평을 넓히기 위한 꾸준한 자기교육이 있어야만 가능하다. 결국 그가 생각하는 진정한 언론인은 꾸준한 자기교육을 통해 더 나은 세상에 대한 신념을 갖고, 거짓의 가면을 벗기고 실체적 진실을 밝힘으로써 대중이 올바른 판단을 할 수 있도록 이끄는 사람이다.

최영묵은 이런 리영희의 언론관은 구한말 이후의 '지사 언론' 전통의 영향이라고 본다.[94] 실제로 구한말과 일제시대 언론인들의 상당수는 당대를 대표하는 지식인으로서 사회와 민족에 대한 책임감을 갖고 있었고, 이런 전통이 1970년대 초까지는 어느정도 이어져왔다.

지사적 언론인의 반대편에는 언론이란 공기(公器)를 이용해 사익 추구에 매진하는 언론 기술자들이 있었다. 그들은 시류에 따라 기회주의적으로 변신에 변신을 거듭하면서 권력이나 금력과 결탁해 자신의 이득을 챙겼다. 특히 박정희 정권이 기자와 교수 등 지식인들을 자신의 체제 내로 끌어들여 기술관료화하는 전략을 취하면서 이 경향은 더욱 심해졌다. 그런 점에서 대한민국 언론의 역사는 기득계층의 이익을 대변하며 사익을 추구하는 언론 기술자들과, 희생을 감수하며 민중의 이익을 대변하고자 노력하는 지사적 언론인의 투쟁의 역사였다고 해도 과언이 아니다.

그는 기회 있을 때마다 사익 추구에 매몰된 언론 기술자들에 대해 날카로운 비판을 멈추지 않았다. 합동통신에서 해직되기 직전인 1971년 9월 『창조』에 발표한 「기자 풍토 종횡기」는 그가 그런 언론과 언론인들을 향해 공개적으로 비판의 포문을 연 글이었다. 당시 주류 언론인들의 상당수는 자신을 취재원이 속한 계층과 동일시하면서, 일반 민중이 아니라 가진 자의 입장에서 취재하고 기사를 쓰는 이들이었다. 그들은 독자가 아닌 사주의 이익에 봉사하고, 기자의 길을 권력의 길로 가기 위한 징검다리 정도로 생각했다. 그렇다보니 국가권력의 폭력에는 아예 눈 감고 안보관계라고 하면 깊이 취재할 생각도 하지 않았다. 그는 이렇게 스스로 깨어 있기를 거부하는 그들의 "인식론적 기능은 냉전사상과 흑백의 이데올로기적 가치관 때문에 강요된 의식 형태의 조건반사적 토끼가 되어버린 감이 있다"[95]고 날 세워 비판했다.

조건반사적 토끼가 된 언론과 언론인은 권력의 통제가 강할 때는 권력에 대한 비판을 제대로 하지 않다가 권력이 약화되거나 상황이 변하면 입을 여는 기회주의적 행태를 보이기 마련이다. 그는 언론의 기회주의적 행태를 '나도 그렇게 생각하고 있었다'는 유형과 '이제는 비밀을 말할 수 있다'는 유형으로 나누고, '말해야 할 때 말하지 않은 비굴은 제쳐놓고 알고 있었다는 사실을 자랑처럼 내세우는 전자의 유형처럼 지식인과 언론의 소임에 대한 모독적인 유형은 없다'고 질타했다.[96]

언론자유에 대한 권력의 침탈은 이처럼 부당한 권력에 저항하지 않고, 현실을 외면하거나 권력에 굴종하는, 그리고 한술 더 떠 권력에 줄을 댈 사익을 챙기는 언론인과 언론기업이 있었기에 가능했다.

"박정희가 '유신독재'를 선포했을 때, 우리 사회에서는 그것을 비판하지 않는 신문과 신문인들을 향해 '언론이 권력에게 강간을 당했다'는 비난이 쏟아졌어요. (…) 그런데 나는 조금 견해가 달라. 독재권력이라는 것은 어느 나라 어느 시대나 언론과 언론인을 '강간'하는 거요. 박정희 시대의 언론과 권력관계를 두고 말하면, 차라리 신문 사주와 신문인이 자진해서 권력에 몸을 팔았다고 나는 생각해. '강간'을 당했다기보다 '화간'을 한 것이지."[97]

이런 언론과 언론인들의 속성도 정권이 바뀌고 사회가 민주화되면 개선될 수 있지 않을까라는 질문에 대한 그의 답은 '언론 기능인은 전천후 기회주의자'라고 냉정한 비판으로 돌아온다.

"40년 가까운 세월에 걸쳐서, 6대의 정권이 바뀌는 동안에 목격하고 체험한 결론은 소위 '언론인'을 자처하는 기능인들의 전천후적 기회주의다. 영원히 변할 줄 모르는 그 일관된 기회주의의 속성은 바람의 방향이 살짝 달라질 듯한 낌새만 보여도 풍향침(風向針)보다도 먼저 재빨리 표변하는 뛰어난 선천적 처세술이다. 정말로 놀라운 재능이다."[98]

그렇다면 그가 평생에 걸쳐 그토록 비판했던 한국 언론과 언론인의 모습은 군부독재가 사라진 지금은 좀 나아졌다고 평가할 수 있을까? 유감스럽게도 그 답은 여전히 '아니다' 쪽이다. 2014년 세월호참사 때 시민들은 사건의 진실을 왜곡하는 기자들을 '기레기'라고 부르며 분노했다. 쓰레기 같은 기자라는 의미를 담은 '기레기'란 표현은 진실을 보도할 책무를 잊고 권력을 비호하기 위해 사실을 왜곡했던 기자들에 대한 통렬한 비판이었다. 그러나 '기레기'는 '세월호' 침몰이라는 특정 사건을 다뤘던 특정 기자들만을 의미하지 않는다.

한국 언론사를 되돌아보면 주류언론이 사주나 권력의 이익이 아니라 일반 시민의 이익에 봉사한 적은 거의 없다고 해도 과언이 아니다. 조선일보가 코리아나호텔 건립을 위해 박정희 정권으로부터 차관자금을 공여받고 그 대가로 리영희를 제물로 바쳤다는 의혹도 제기됐지만, 조선일보의 사세가 지금처럼 확장된 데는 전두환 정권과의 유착이 큰 역할을 했다는 게 언론계에선 공지의 사실이다. 언론인들은 어떤가? 수많은 정치부 기자들이 출입처에서 쌓은 연줄을 바탕으로 정계로 진출했다. 공영방송의 앵커로 뉴스를 진행하던 이가 몇달도 안 돼 정부의 대변인이 돼 나타나는 황당한 사례[99]도 있었다. 언론인들이 자신들의 출입처를 새로운 직장으로 만드는 일이 너무도 흔해져버려 이제는 일일이 찾아 비판하기조차 어려운 시대가 되었다. 그들은 언론의 자유를 언론기업의 자유, 언론인의 자유로 오도하며, 사익을 위한 자신들의 주장을 뻔뻔스럽게도 '할 말을 하는' 언론으로 포장하기까지 한다.

언론인들이 일하는 환경 역시 예전과 판이하게 달라졌다. 정보의 생산·유통 경로가 다양해져 언론이 정보를 독점할 수 있는 시대는 지나가버렸다. 누구나 1인미디어를 자처하며 뉴스를 생산할 수 있게 되면서 수많은 경쟁자들이 생겨났고, 인터넷과 모바일 등 새로운 플랫폼의 등장으로 업무량은 폭발적으로 늘어났다. 신뢰받는 언론과 언론인이 되려면, 리영희가 말했듯 사실과 사실을 꿰어 진실을 찾아낼 수 있어야 하고 그를 위해서는 깊이 있는 탐구를 해야 하지만, 현재의 언론인들에겐 일반적으로 그렇게 할 수 있는 충분한 시간이 주어지지 않는다. 언론인 개개인이 자신의 사회적 책무를 다하고자 하는 의지가 있어도, 그 의지를 구현하기 위한 외적 환경은 갈수록 어려워지고 있는 게 현실이다.

"진실을 추구하고 나라와 민족의 장래를 고민하던 지사적 언론인은 찾아보기가 어려워졌고, 대부분의 언론인들이 스스로를 급여노동자로 여기는 상황에까지 이르렀다"[100]고 원로 언론인 김영희가 개탄할 정도다.

지금도 크게 다르지 않지만, 언론기술자들이 주류를 차지하던 1970년대 언론의 장에서 리영희가 벌인 투쟁은 외로운 싸움일 수밖에 없었다. 그리고 그마저도 합동통신에서 해직됨으로써 일단 끝이 났다. 그러나 민중을 깨우치는 언론인 또는 지식인으로서 그의 활동이 끝난 것은 아니었다. 특정 언론사라는 울타리 밖에 진실을 갈구하는 민중들이 그를 기다리고 있었다.

제4장

실천시대 II

'사상의 은사'
또는
'의식화의 원흉'

1. 대학 강단에서 맞은 10월유신

한양대 신방과 교수가 되어

또다시 실직자가 된 리영희에게 손을 내민 것은 한양대학교였다. 당시 한양대에는 그와 함께 통역장교로 근무했던 장용(張龍) 교수가 신문방송학과 학과장으로 있었다. 조선일보 재직 시절에도 그에게 몇차례 특강을 요청한 적이 있던 장교수는 그의 해직 소식을 듣고 학교 쪽에 그를 추천했다. 박사학위도 없는 그였지만 한양대는 그의 노스웨스턴대 연수 경험과 발표한 논문 등을 인정해 1972년 1월 전임강사로 받아들였고, 2년 후에는 정식 교수로 발령했다.

한양대에 재직한 초기는 그의 연구생활의 황금기였다. 「사상적 변천으로 본 중국 근대화 100년사」(1972), 「권력의 역사와 민중의 역사」(1972), 「중공 평화 5원칙 외교 연구」(1972), 「중공 국가지도체제의 형성과정」(1973), 「베트남전쟁 정전협정 분석」(1973), 「주은래 외교의 철학과

한양대 중국문제연구소 구성원들과 함께.

실천」(1974), 「소련 반체제 지식인의 사상적 유형 연구」(1975), 「모택동의
교육사상 연구」(1976) 등 의미 있는 연구 결과가 속속 발표되었다.

　　그가 이렇게 많은 연구 결과를 발표할 수 있었던 데는 한양대 중국문
제연구소의 도움이 적지 않았다. 1971년 중국이 유엔에 가입한 데 이어
1972년에 닉슨 미국 대통령이 중국을 방문하면서 우리 사회에서도 중
국에 대한 관심이 높아졌다. 그러나 국내에는 제대로 된 연구소는커녕
연구자도 몇 안 되는 실정이었다. 그가 학교 당국에 세계적인 데땅뜨의
물결이 이는 지금 '죽의 장막' 너머의 중국을 제대로 알기 위해 중국 등
공산권을 연구할 연구소를 세우는 것이 필요하다고 역설한 까닭이었다.
김연준(金連俊) 총장이 그의 주장을 받아들여 연구소 설립을 허락했다.

정부도 그 필요성을 느끼던 터라 연구소 설립은 일사천리로 진행됐다. 1974년 최초의 민간 중국연구소인 '중국문제연구소'가 문을 열었다. 리영희는 이 연구소에서 이른바 불온문서로 분류되는 공산권 관련 자료를 선택하고 구입하는 업무를 담당했다. 중국 본토에서 발행되는 1차 자료까지 확보해 연구할 수 있게 되니 서방에서 나온 2차 자료만 가지고 연구하던 이전에 비해 훨씬 깊이 있는 연구 결과를 생산할 수 있게 됐다.[1]

하지만 그가 대학에 발을 디딘 1972년 이후 한국사회는 더욱더 어두운 암흑기로 진입하고 있었다. 3선에 성공한 박정희는 노골적으로 영구집권을 향한 계획을 실행에 옮기기 시작했다. 그 첫번째 작업은 아이러니하게도 북한과의 관계 개선이었다. 박정희는 비밀리에 이후락(李厚洛) 중앙정보부장을 북한에 특사로 파견했다. 1972년 7월 4일 이후락이 비밀협상 끝에 북쪽과 합의한 내용을 전격적으로 발표했다. 이른바 '7·4남북공동성명'이다. 이 성명에서 남과 북은, 통일은 ① 외세의 간섭 없이 자주적으로, ② 무력이 아닌 평화적인 방법으로, ③ 사상과 제도를 초월해 민족대단결을 도모하는 방식으로 한다는 통일 3원칙과 상호비방과 무력도발 금지, 남북교류 및 남북조절위원회 구성 등에 합의했다. 누구도 예상하지 못한 놀라운 합의 내용을 남북 주민들은 열렬히 환영했다. 머지않아 통일이 될 수 있으리라는 성급한 기대를 드러내는 이들도 없지 않았다.

그러나 남북공동성명이 정권 연장을 위한 기만책에 불과하다는 사실이 몇달도 안 돼 드러났다. 박정희 정권은 성명문의 잉크가 채 마르기도 전인 그해 10월 17일 현재의 헌법이 평화통일과 남북대화를 뒷받침할 수 없기 때문이라는 궤변을 내세우며 헌법을 정지시키고, 군대를 동원해 친위쿠데타를 감행했다. 이른바 10월유신이었다. 이어 공포 분위기

속에서 유신헌법이 통과됐다. 유신헌법에 따라 대통령 직선제가 폐지되고 대통령에 대한 연임 제한도 사라졌다. 대통령에게는 국회해산권, 긴급조치권, 법률안 거부권 등 무소불위의 권력이 주어졌다. 이제 박정희는 원하는 것은 무엇이라도 할 수 있는 권력을 가진 사실상의 종신 대통령이 되었다.

갈수록 강화되는 억압체제

군대를 앞세운 채 몰아치는 박정희 정권의 강압통치 앞에 재야세력과 대학생들은 잠시 숨을 죽이지 않을 수 없었다. 1971년 대선에서 박정희와 맞섰던 김대중도 유신 선포 직후 국외로 피신했다. 그리고 곧바로 미국과 일본 등지의 교민들을 조직해 유신체제를 비판하며 국내 민주화운동을 지원하는 활동을 전개하기 시작했다. 김대중의 활동이 활발해질수록 국외에서 박정희의 유신독재를 비판하는 목소리도 높아져갔다. 참다못한 중앙정보부가 김대중 제거작전에 돌입했다. 재외동포를 국내로 납치해와 국제적 비난을 초래했던 동백림 사건의 여진이 가라앉지도 않은 1973년 8월 8일 중정은 토오꾜오에 체류하고 있던 김대중을 납치했다. 애초 중정이 김대중을 죽일 생각으로 납치했는지에 대해서는 주장이 엇갈리지만, 우여곡절 끝에 김대중은 납치된 지 엿새 만인 8월 13일 서울 소재 자신의 집 앞에서 발견됐다. 한국 언론들은 '동경(토오꾜오) 실종 김대중 자택 귀환' 등으로 건조하게 보도했지만, 중정요원들이 일본에서 그를 납치한 사실이 일본 언론 등 외신을 통해 알려졌던 터라 김대중 납치사건의 여파는 심각했다.

당장 북한은 8월 28일 남북조절위원회 북한 쪽 공동위원장 명의로 남북대화 중단을 선언했다. 김대중 납치사건의 주범인 이후락과는 대화할 수 없다는 게 그 이유였다. 그후 한달 남짓 지난 10월 2일에는 유신헌법 선포 이후 처음으로 서울대 문리대에서 유신반대 시위가 벌어졌다. 정권은 학생들을 무자비하게 탄압해 시위의 싹을 자르려 했지만, 오히려 서울대 법대·상대를 거쳐 전국 대학으로 확산됐다. 그동안 숨죽이던 언론계에서도 언론자유를 지키려는 젊은 기자들의 요구에 따라 학생시위에 대한 보도가 나오기 시작했다. 재야인사들도 가세했다. 12월 13일 윤보선 전 대통령, 이병린 변호사, 김재준 목사 등 재야원로 15인이 민주주의 회복을 요구하는 성명을 발표했다. 이어 12월 24일에는 이들 15인과 장준하·백기완(白基浣)·김지하가 개헌청원 100만인 서명운동에 본격적으로 나섰다. 이듬해 1월에는 문인들이 개헌지지 대열에 가세했다. 백낙청의 주도로 이뤄진 '문인 61인 개헌지지 선언'이 나온 뒤 제1야당 신민당의 유진산(柳珍山) 총재까지 이에 찬동하고 나서면서 유신헌법에 대한 반대가 대세를 이뤄갔다.

이런 국민적 압력에 대한 박정희의 응답은 긴급조치 1, 2호 발동이었다. 1974년 1월 8일 발표된 긴급조치 1, 2호를 통해 정권은 유신헌법에 반대하면 영장 없이 구속해 군법회의에서 15년 이하의 징역형에 처할 수 있게 됐다. 하지만 이런 조처도 유신체제에 대한 저항을 막아내는 데는 역부족이었다. 대학가에서는 이철(李哲, 전 국회의원) 유인태(柳寅泰, 전 국회의원) 등이 전국 각 지방대학 학생들과 연대해 전국적 시위를 벌이려는 계획을 세우고 있었다. 학원에 심어놓은 프락치들을 통해 이 사실을 사전에 인지한 박정희 정권은 4월 3일 긴급조치 4호를 발동했다. 긴급조치 4호는 전국의 운동권 학생들이 연대시위를 위해 구성한 전국민주

청년학생총연맹(민청학련)에 가입하거나 활동한 행위에 대해 최고 사형까지 선고하겠다는 내용이었다. 유신정권은 민청학련이 인민혁명을 일으키려는 반국가적 불순세력의 조종을 받고 있다고 주장하고 그해 5월 그들의 주장을 뒷받침하기 위해 인민혁명당 재건위원회 사건[2]까지 조작해 발표했다. 민청학련 사건으로 이철·유인태를 비롯한 학생들은 물론이고, 배후세력으로 지목된 윤보선 전 대통령, 지학순(池學淳) 주교, 박형규(朴炯圭) 목사 등도 구속됐다. 비상계엄하의 군법회의에서 인혁당 재건위 사건 관련자들과 민청학련 관련자들에게 사형과 무기 등의 중형이 선고됐다.

이렇게 얼어붙은 정국은 8·15광복절 기념행사 도중, 대통령 부인 육영수(陸英修)가 재일동포 문세광(文世光)의 총에 피격돼 사망하면서 더욱 경색됐다. 정부는 이를 기화로 유신반대 움직임을 더 철저히 짓밟으려 했지만, 반대의 불길은 더욱 번져나가기만 했다.

민청학련 사건으로 지학순 주교가 구속된 것을 계기로 그해 9월 '천주교정의구현전국사제단'이 결성돼 시국선언을 발표하는 등 활동을 시작했고, 10월에는 동아일보 기자들이 자유언론실천선언을 발표하면서 유신정권의 언론통제에 반기를 들었다. 이를 억누르기 위해 중정이 광고주들에게 압력을 가해 동아일보 광고면이 백지로 나가는 상황이 벌어지자 동아일보에는 일반 시민들의 격려광고가 쏟아졌다. 11월에는 반유신투쟁의 구심점이 될 '민주회복국민회의'가 발족했다. 이렇게 점증하는 압력에 직면한 박정희 정권은 1975년 2월, 긴급조치 1, 4호로 수감됐던 이들을 형집행정지로 풀어주는 등 유화책을 택하지 않을 수 없었다.

2. 백주의 암흑에 도전한 『전환시대의 논리』

"증언에 의한 시대의 심판"

박정희가 무소불위의 권력을 휘두르며 민주주의를 압살했던 당시를 리영희는 아서 케스틀러(Arthur Koestler)의 『백주의 암흑』(*Darkness at Noon*)에 비유했다. 케스틀러가 그린 것은 "스딸린 치하의 소련"이었지만 "박정희 군국주의 극우 독재 치하의 대한민국이기도 했다. 맑은 이성으로 살고자 하는 지성인에게는 그 시기는 바로 '백주의 암흑'에 다름이 아니었다. 그런데도 소리를 지르는 이는 드물었다. 어찌 보면 노신의 「아큐정전(阿Q正傳)」이 그린 20세기 초기의 중국인(사회)처럼 숨막히고 절망적인 듯 보였다."[3]

리영희는 이 절망적 상황을 돌파하기 위해 김재준 목사 등과 함께 '앰네스티인터내셔널 한국위원회'를 창립하고 '민주회복국민회의'에도 참여했다. 하지만 글을 통한 혁명을 주된 과업으로 삼았던 그였기

『전환시대의 논리』 출판기념회에서 염무웅(왼쪽부터), 한남철, 백낙청 등과 함께.

에 핵심적 활동은 연구와 집필이었다. 당시 글을 쓴 목적과 자세를 그는 1993년 중앙일보 권영빈(權寧彬) 논설위원과의 인터뷰에서 이렇게 밝혔다. "①자유롭게 생각하고 판단하는 재량을 지니는 자율적인 인간의 창조를 위하여 ②당시 사회를 지배했던 광신적 반공주의에 대해 저항적 입장에서 ③군인통치의 야만성·반문화성·반지성을 고발하기 위하여 ④시대정신과 반제·반식민지·제3세계 등에 대한 폭넓고 공정한 이해를 위하여 ⑤남북 민족 간의 증오심을 조장하는 사회현실에 반발하면서 두 체제 간의 평화적 통일을 위한다는 입장에서 글을 썼다."[4]

1974년 6월, 이런 글쓰기의 결실을 한데 묶은 그의 첫번째 책『전환시대의 논리』가 세상에 처음 모습을 드러냈다.『전환시대의 논리』의 발간은 언론인이자 학자 리영희가 한국사회에서 논쟁의 중심에 서게 되는 일대 사건이라 할 수 있다. 이 책은 3년 뒤 발간된『8억인과의 대화』『우상과 이성』과 함께 1970~80년대 젊은이들에게 심대한 영향을 끼쳐 한국사회에 새로운 인식의 지평을 여는 데 크게 기여했다.

『전환시대의 논리』는 발간되자마자 젊은이들의 필독서로 자리잡았다. 저자인 리영희나 책의 출간을 추진한 백낙청도 이 책이 이토록 큰 반향을 불러일으키리라고는 생각하지 못했다. "리영희 선생은 팔리지도 않을 책을 왜 내느냐고 했지만 나는 이런 유의 글에 대한 독자가 분명히 있어, 어느정도 팔리기도 하리라 예상했다. 그러나 반응이 그토록 뜨거우리라곤 미처 생각하지 못했다."5 백낙청의 기억이다. 긴급조치를 연달아 발령하고, 민청학련 사건, 인혁당 재건위 사건 등을 통해 당국이 공안몰이를 해대는 그 엄혹한 시기에 『전환시대의 논리』가 베스트셀러가 된 현상을, 그의 벗이었던 소설가 이호철은 한마디로 '아이러니'로 규정했다. "바로 그 전환시대의 전환시대적 요소에 서슬 퍼런 칼을 들이댄 것이 그런 일련의 사건들이었고 끝내 1975년 초 봄, 황사 불던 날 무더기 처형까지 감행되는 속에, 정작 바로 그 '전환시대의 논리'를, 그 불가피성·불가역성을 정정당당하게 논파한 저서는 시중을 휩쓸고 있었으니, 이것이 아이러니가 아니고 무엇이란 말인가."6

그런 아이러니가 생겨난 이유는 리영희의 말대로 그의 글이 "남한적 이념(가치관과 이데올로기)의 허구성과 진실을 위장했던 굳고 딱딱한 '가면'"7을 벗겼기 때문일 것이다.

『전환시대의 논리』에는 언론문제에서부터 일본 재등장의 배경에 대한 탐구에 이르는 다양한 주제의 글들이 포함됐다. 하지만 젊은 세대가 이 책에서 받은 지적 충격은 주로 베트남전쟁과 중국과 문혁에 관한 그의 새로운 해석에서 비롯됐다. 당시 한국정부의 베트남전쟁에 대한 공식 입장은 '공산주의 침략에 맞서 자유민주주의를 지키려는 전쟁'이었고, 중국의 문혁에 대한 한국사회의 지배적 시각은 '혁명을 빙자한 폭력적인 권력쟁탈투쟁'이었다. 그런데 그는 베트남전쟁을 '베트남 민족의 해방전쟁에 미국이 잘못 개입한 전쟁'으로, 문혁은 '사회주의의 내적 모순을 해결하기 위한 혁명적 고투'이자 '인류사의 거대한 실험'으로 새롭게 해석하며 주류의 냉전적 시각에 도전장을 던졌다.

하지만 박정권 아래서 이미 해직과 투옥을 경험했던 그가 냉전적 반공주의의 서슬이 시퍼렇게 살아 있는 당시에 이런 해석을 내놓는 것의 위험성을 모를 리 없었다. 더군다나 그 책이 세상에 모습을 드러내기 직전에 민청학련 사건과 인혁당 재건위 사건이 발표되면서 공포 분위기가 세상을 뒤덮은 상황이었다. 하여 그는 자신의 해석에 '가설'이란 모자를 씌우고, 이 책은 '가설의 해설서'에 지나지 않는다고 경계막을 쳤다.

그러나 그가 자신의 글을 가설로 제시한 행위는 박자영(朴姿映)의 지적처럼 단순히 위험을 회피하려는 뜻을 넘어, 진실의 추구가 봉쇄된 현실을 드러내는 동시에 그의 글의 대척점에 있는 주류의 시각 역시 가설에 지나지 않음을 폭로함으로써 현실에 맞서는 적극적 행위로 평가할 수 있다.[8] 당시 서울대 외교학과 교수였던 노재봉(盧在鳳)이 『전환시대의 논리』 뒤표지에 실린 추천사에서 "가설의 증언이라는 형식에 담은 이 책의 내용은 기실 증언에 의한 시대의 심판"이라고 본 까닭이기도 했다. 지금은 보수우파의 이데올로그처럼 활동하는 노재봉이지만, 당시에 그는 이 책에서 "혼탁한 정치의 기류를 고발하는 양식과 지성의 용기"를 보았다고 상찬했다. 이 책에서 리영희의 양식과 용기를 본 사람은 노재봉뿐만이 아니었다. 19대 대통령이 된 문재인(文在寅)도 그런 사람 가운데 하나였다. 그는 자서전 『문재인의 운명』(2011)에서 대학시절 이 책을 처음 접했을 때의 충격을 이렇게 기록했다.

"베트남전쟁의 부도덕성과 제국주의적 전쟁의 성격, 미국 내 반전운동 등을 다뤘다. 결국은 초강대국 미국이 결코 이길 수 없는 전쟁이라는 것이었다. 처음 듣는 이야기는 아니었다. (…) 그러나 누구도 부인할 수 없는 근거가 제시돼 있었고, 명쾌했다. 한걸음 더 나아가 미국을 무조건 정의로 받아들이고 미국의 주장을 진실로 여기며 상대편은 무찔러버려야 할 악으로 취급해버리는, 우리 사회의 허위의

『전환시대의 논리』 초판본(창작과비평사 1974).

식을 발가벗겨주는 것이었다. 나는 그 논문과 책을 통해 본받아야 할 지식인의 추상같은 자세를 만날 수 있었다. 그것은 두려운 진실을 회피하지 않고 직시하는 것이었다. 진실을 끝까지 추구하여 누구도 부인할 수 없는 근거를 가지고 세상과 맞서는 것이었다. 목에 칼이 들어와도 진실을 세상에 드러내고, 진실을 억누르는 허위의식을 폭로하는 것이었다."9

이런 반응을 통해 문혁이나 베트남전쟁에 대한 리영희의 재해석은 단순히 그 역사적 사건의 의미를 새롭게 제시하는 것을 넘어, 우리 사회를 완강히 옭죄고 있던 냉전의식에 대한 근본적 질문을 던짐으로써 철로 된 방에 잠들어 있던 많은 젊은이들을 흔들어 깨웠음을 확인할 수 있다.

비판적 중국 연구의 뿌리

그가 중국에 관심을 갖고 본격적으로 공부를 시작한 것은 한국전쟁 당시로 거슬러 올라간다. 해양대학 실습과정에서 국공내전에 대한 어

렴풋한 인식을 갖게 되었지만, 중국을 본격적인 연구 대상으로 삼게 된 것은 한국전쟁에 중국군이 본격 개입하면서부터다. 비록 통역장교이지만 그는 이 전쟁에 승리하려면 자신이 맞서 싸워야 하는 적을 알지 않으면 안 된다고 느꼈다. 그와 함께 일하던 미국 육군사관학교를 나온 고문관은 매일 지도를 펴놓고 중국과 중국군에 대해 연구했다. 그는 그 고문관에게서 책을 빌려 읽으며 중국에 대한 공부를 시작했고 그 공부는 군을 떠나 언론계와 학계에 투신한 이후에도 계속되었다. 그 이유는『8억 인과의 대화』와『우상과 이성』발간으로 반공법 위반 혐의를 받아 구속됐을 때 쓴「상고이유서」(1978)에 자세히 기록되어 있다. 그의 문제의식은 오랫동안 한반도에 큰 영향을 끼쳤고, 앞으로도 영향을 끼칠 수밖에 없는 이웃인 중국에 대한 일반의 지식이 반공주의로 인한 억압 때문에 왜곡돼 있다는 데서 출발했다.

실제로 김준엽(金俊燁) 등 1세대 중국 연구자들의 대부분은 냉전적 사고에 함몰돼 있었다. 고려대 아세아문제연구소를 창설하고,『사상계』 등을 통해 중국에 관한 글을 발표하면서 초기 중국 연구를 이끈 김준엽에게 중국은 '자유'와 '민주'라는 정상적 발전과정에서 이탈한 아시아의 후진성을 체현하고 있는 나라에 지나지 않았다.[10]

그러나 리영희는 이렇듯 냉전적 사고로 굴절된 정보만 제공되는 상황에서 피해를 입는 것은 "중공이 아니라 바로 대한민국의 정부와 국민"이기 때문에 국가와 민족의 안전 및 번영을 보장하기 위해서는 "중국에 대한 정확하고 균형 잡힌 과학적 인식능력을 배양"해야 한다고 여겼다.[11]

이런 진술에 비춰볼 때 그의 중국 연구의 일차적 초점은 중국에 대한 편향된 고정관념을 깨는 데 있었다. 그래서 그는『전환시대의 논리』와 그 이후의 저서 또는 편역서를 통해, 우리 사회가 갖고 있는 중국에 대한 편견 너머에 있는 중국의 실상을 보여주려고 애썼다.

하지만 반공법과 국가보안법으로 공산권에 대한 연구마저 제한하던 당시에, 정권의 필요에 따라 만들어놓은 왜곡된 중국상을 바로잡겠다고 나서는 일은 위험천만한 일이었다. 이를 돌파하기 위해 그는 과거 외신 부장 때부터 활용해온 방식, 즉 백승욱이 '의도적 객관성'과 '그들의 언어를 그들에게 되돌려주기'라고 명명한 글쓰기 방식을 적극 활용했다. 서로 상반되는 주장을 균형 있게 소개하고, 중국 자체의 주장 대신 중국에 가장 비판적일 수 있는 미국 등의 공식 문서를 적극 활용함으로써 설득력을 더하는 식이었다. 이는 그가 중국 관련 글을 쓰면서 가장 많이 활용한 자료가 미국 국무부 보고서, 의회 청문회 보고서 등 미국의 공식 문서였다는 점을 통해 확인할 수 있다. 또 분석적인 글과 더불어 서방 인사들의 현지 체험과 견문기 등을 적극 활용했다. 1977년 펴낸 『8억인과의 대화』는 현대 중국을 '있는 그대로' 보여주기 위해 중국에 대한 현지 체험과 견문만을 모아 소개한 책이었다. 박자영은 그 이유를 "냉전 언어가 불확실한 사실을 감추고 장식했던 추상적인 논리의 문제성을 직접성의 언어로 못 박아두"[12]기 위한 것이었다고 설명한 바 있다. 그러려면 화자들의 신뢰가 무엇보다 중요했다. 리영희가 "체험과 견문의 주체는 반드시 서방세계의" 권위자나 전문가로 한정하고, "'친중공'적인 편견을 가졌다고 알려진 개인이거나 사회주의권의 원전은 일체 배제한" 까닭이다.[13] 그가 이 과정에 얼마나 공을 들였는지는 "우리 현실에서 받아들여져 우리 사회에 보탬이 될 책을 만들기 위해 편역자가 얼마나 세심히 신경을 썼는가 하는 것을 읽는 이가 알아주었으면 하는"[14] 바람을 표명한 『8억인과의 대화』 서문에서도 확인할 수 있다.

그가 이러한 고충 또는 그 이상의 위험까지 감수하며 중국을 객관적으로 볼 수 있게 하기 위해 공을 들였던 까닭은 백승욱의 지적처럼 그에게 중국은 지적 호기심의 대상을 넘어, "그의 연구와 글쓰기, 그리고 정치적 개입을 연결시키는 핵심 고리"였고 우리 사회의 그릇된 고정관념인 "'우상'을 허물고 '이성'을 세우기 위한 종합적 작업이었"기 때문이었다.[15]

그렇다면 그는 중국에서 무엇을 보고, 무엇을 전하려 한 것일까? "미국식 또는 전통적 서구 중심의 자본주의 체제와 문화도 아니고, 그렇다고 소련의 관료중심적·비밀주의적 공산주의도 아닌, 그 양 체제의 장점을 취사해서 동양적 가치관으로 수정된 '제3의 사회제도'랄까 그런 것"[16]을 찾아보고자 했다는 게 그의 대답이다. 한국사회에 이식된 서구식 자본주의의 폐해를 극복할 대안을 중국에서 찾고자 했다는 얘기다.

그는 당시 한국에서 전개되고 있는 경제개발 위주의 근대화의 폐해를 심각하게 인식하고 있었다. 경제성장에 모든 것을 거는 '근대화'가 민주주의를 유린하고 물질만능주의를 확산시키며 우리 사회를 비인간화하고 있다고 판단했다. 그런데 그가 보기에 태평천국에서 시작된 100년간의 중국혁명은 물질주의와 정신주의의 대립을 거쳐 정신주의가 우위를 점하게 된 과정이었다. 그리고 그 귀결점인 중화인민공화국의 수립을 통해 중국은 자주적·주체적 근대화를 성취함과 동시에 서구식 근대사상을 극복할 수 있었다고 그는 보았다. 그리고 문혁 역시 그 연장선상에서 근대 극복을 위한 노력으로 파악했다. 정문상(鄭文祥)은 그의 중국 연구가 갖는 의미는 이렇게 "근대화 자체를 비판과 극복의 대상으로 인식하는 관점을 제시한 데"[17]에 있다고 평가한다. 그리고 이처럼 우리 현실의 문제에 착목해 그를 변화시키려는 실천적 자세를 갖고 진행한 리영희의 중국 연구를 학계에서는 한국의 '비판적 중국학의 뿌리'[18]로 인정한다.

본격적인 국제정치학자나 역사학자로 훈련받은 적이 없는 언론인 출신 학자가 제도권 학문 밖에서 진행한 중국 연구가 이런 평가를 받는 것은 학계에서는 예외적인 현상이 아닐 수 없다. 이는 냉전적 반공주의가 지배하던 1970년대까지 한국사회에서는 학문제도 밖에서는 물론이고 학문제도 내에서도 균형 잡힌 중국 연구 성과물들이 흔하지 않았다는 방증이기도 하다.

인민의 입장에서 본 베트남전

『전환시대의 논리』의 한 축을 이룬 베트남전쟁 관련 연구 역시 외신 기자 시절부터 계속 관심을 갖고 연구해온 주제였다. 베트남전쟁은 우리가 역사상 처음으로 해외에 파병해 당사자가 된 전쟁이었다. 따라서 그 전쟁의 의미와 실태를 정확하게 알아야만, 한국군 참전의 의미와 공과에 대한 정확한 평가를 할 수 있다고 그는 여겼다. 우선 베트남전의 성격부터 밝혀야 했다. "공산주의 침략전쟁, 제국주의 전쟁, 신식민지 전쟁, 백인과 유색인종의 전쟁, 양대 정치이데올로기의 투쟁, 후진·저개발 민족 대 선진문명 민족의 전쟁, 강대국의 대리전쟁, 민족해방전쟁, 혁명 또는 반(反)혁명전쟁" 등 다양하게 평가되며, 실제로 "그 각기일 수도 있고 몇 성격의 복합일 수도 있고 그 전부일 수도 있다"고 그는 보았다.[19]

그는 이렇게 복잡한 성격의 베트남전에 대한 평가와 판단을 제대로 하려면 두가지 전제가 필요하다고 주장했다. 첫째, 편견을 배제하고, 둘째, 베트남 인민의 입장에서 보아야 한다는 것이었다. 이 전쟁에 대한 가장 큰 편견은 우리의 젊은이들이 사실상 용병으로 참여함으로써 우리가 한 당사자가 되었던 데서 비롯됐다. 무조건 우리는 선, 우리와 맞서는 북베트남이나 베트남민족해방전선은 악이라고 생각하기 쉽다. 당시 정부가 국민들에게 주입한 것이 바로 그런 단순 논리였다. 우리의 용맹한 국군이 자유민주주의 나라인 남베트남을 공산주의의 침략에서 구하기 위해서 싸우고 있다는 것이었다.

하지만 이런 편견을 배제하고 베트남 인민의 입장에서 보아야만, 미국이 그렇게 엄청난 무기와 자원을 투입해 전폭적으로 지원하고 있는데도 남베트남이 계속 밀리는 이유를 찾아낼 수 있다는 게 그의 주장이었다. 그가 보기에 문제의 핵심에는 남베트남 정부의 반인민적 성격이 있었다. 당시 베트남 상황은 중국혁명 당시 중국의 상황과 아주 흡사했다. 장제스의 국민당 정부가 공산당에게 패배한 가장 큰 원인이 민중적 지지기반을 상실한 데 있었던 것과 마찬가지로 남베트남 정부가 민중적 지지기반을 갖지 못한 것이 패배로 가는 결정적인 이유였다. 미국의 지원으로 설립된 응오 딘 지엠 정부와 이후 그를 쿠데타로 몰아내고 성립된 군부정권은 식민지시기에 프랑스 편에 서서 독립운동 세력을 짓밟아온 인사들이 주축을 이뤘을 뿐 아니라 부패하고 비민주적이었다. 이런 정권 아래서 군과 인민은 싸워야 할 동기를 갖기 어려웠다. 반면 호찌민(Ho Chi Minh)이 이끄는 공산세력은 민족해방을 외치며 민족주의적 감정을 자극하는 한편 사회경제적 개혁을 약속함으로써 인민의 지지를 확보할 수 있었다. 미국의 저명한 군사전문가인 케빈 보일런(Kevin Boylan)은 바로 "이 비대칭이야말로 (미국과 남베트남이) 도저히 넘을 수 없는 장벽이었다"[20]고 지적했다. 미국이 많은 병사와 전비를 투입하고 그 결과 남베트남 쪽이 병력수와 전력에서 압도적 우위를 보여도 그들이 전의를 상실한 마당에 모두 소용없는 일이었다는 것이다.

오죽하면 미국 중앙정보국(CIA)이 종합보고서에서 " '남베트남의 공산주의 세력의 힘의 원천은 남베트남 자체 내에 있다'고 결론"[21]을 내렸겠는가.

그럼에도 세계 최강국 미국이 베트남전쟁에서 패배하리라고 생각한 이들은 많지 않았다. 그러나 리영희는 아직 전쟁이 한창 진행 중이던 1971년부터 미국의 패배와 남베트남의 패망을 예상했다. 그는 어렵사리 구한 국방부 기밀문서(펜타곤 페이퍼)를 비롯한 온갖 베트남전 관련 자료를 통해 베트남전의 실상과 상황 전개를 면밀하게 추적해왔다. 당시 언론사 외신기자들이 기껏해야 『뉴욕타임즈』 등 미국 신문이나 『아사히신문(朝日新聞)』 등 일본의 몇몇 신문에만 의존하던 것과는 정보의 양이나 질적 수준에서 비교가 되지 않았다. 이런 추적 연구를 통해 그는 남베트남 정권은 인민의 지지를 완전히 상실했고, 그를 지원하는 미국은 점증하는 반전여론 때문에 이 전쟁에서 발을 빼지 않고는 견딜 수 없다는 확신을 갖게 되었다. 국공내전에서 공산주의 저지라는 목표에 급급해 인민의 마음을 잃은 장제스의 국민당군을 지원했다가 실패했듯 미국은 또다시 반공이란 목표에 치중한 나머지 현지 인민의 마음을 도외시한 대가를 치를 수밖에 없다는 판단이었다. 그의 예상대로 1975년 4월 30일 베트남전쟁은 미국의 패배로 종결되었다. 사이공의 미국대사관에서 미국인들이 헬리콥터로 탈출하는 장면을 통해 미국의 패배는 전 세계로 중계되었다.

미국의 패배는 한국의 패배이기도 했다. 한국은 미국 다음으로 많은 연인원 32만명의 병력을 베트남에 보냈다. 귀신 잡는 해병도 백마고지 용사들도 붉은 무리를 쫓아내 자유를 지키겠다는 약속을 지키지 못했다. 5천명이 넘는 장병이 목숨을 잃었고 1만명이 넘는 젊은이들이 불구의 몸이 되는 희생을 치렀음에도 그 모든 희생은 헛된 것이 되었다. 그렇게 요란하게 선전했던 최초의 해외파병의 참담한 결과에 대해 그리고 무엇을 위해 그 많은 젊은이들이 희생을 치러야 했는지에 대해, 전 사회적인 성찰과 반성이 있어야 했지만 우리 사회에서는 어떠한 성찰이나 반성도 이뤄지지 않았다. 남베트남 정부가 패망하기 하루 전날인 1975년 4월 29일 박정희 대통령이 특별담화²²를 발표했을 뿐이었다. 박 대통령이 그 담화에서 든 이 전쟁의 교훈은 세가지였다. ① 공산주의자들과의 거래는 힘의 균형이 유지될 때만 가능하고, ② 국가안보를 다른 나라에 의지할 수 없으며, ③ 국론이 분열돼서는 안 된다는 것이었다. 그 담화 어디에도 우리 젊은이들을 파병한 정부의 책임에 대한 언급은 없었다. 또 우리 군인들로부터 피해를 입은 베트남인들에 대한 사과도 없었다. 베트남전에서 왜 세계 최강의 미국이 패배할 수밖에 없었는지에 대한 성찰도 드러나지 않았다.

리영희는 베트남전쟁이 끝난 1975년 6월 『창비』 여름호에 「베트남전쟁 Ⅲ」을 게재해 이 전쟁에 대한 총평가를 시도했다. 박정희 정권은 이 글을 게재한 것이 긴급조치 9호에 대한 위반이라며 이 잡지를 판금시키고, 발행인으로 이름만 걸어놓고 주로 단양에서 생활하던 신동문(辛東門)을 연행했다. 신동문은 1964년 경향신문 특집부장으로 있을 때 민성사건으로 추영현 기자와 함께 구속됐다 풀려난 전력이 있어, 이미 당국의 눈 밖에 난 상태였다. 중정은 신동문에게 발행인직에서 물러나는 것은 물론이고 문필생활까지 중단할 것을 요구했다. 이렇게 『창비』 발행인직에서 강제로 물러난 신동문은 이후 서울 생활을 완전히 청산하고 단양에 묻혀 살았다.

3. 민주화운동 속으로

학교 밖 학교가 된 제기동 집

리영희는 베트남전쟁에 대한 일련의 글을 통해 이 전쟁이 우리에게 준 가장 큰 교훈은 국민의 마음을 얻지 못하는 권력은 결국 무너질 수밖에 없다는 사실을 보여준 것이라고 지적했다. 하지만 박정희는 베트남전쟁이 가르쳐준 가장 중요한 교훈을 애써 외면했다. 베트남전쟁이 막바지로 치달으며 미국의 패배가 확실해지자 그는 오히려 국민들의 안보 불안감을 자극해 자신의 정권 안보에 이용했다. 민청학련 관계자에 대한 형 집행을 정지하는 등 잠시 유화적 태도로 나왔던 박정희 정권은 곧바로 북한의 침략 가능성을 들먹거리면서, 국가안보를 위해서는 국론의 분열을 용인할 수 없다며 반대세력에 대한 철저한 탄압에 나섰다.

우선적으로 탄압의 대상이 된 것은 언론이었다. 동아일보 기자들의 자유언론실천선언에 광고탄압이라는 간접적 대응에 그쳤던 정권은 파업 참가자들을 해고하라고 사주를 압박했다. 정권의 압력에 굴복한 사주는 1975년 3월 17일 농성 중인 기자·프로듀서·아나운서들을 깡패까지 동원해 내몰고 163명을 해고했다. 같은 무렵 조선일보도 진실보도를 요구하며 제작거부에 나섰던 기자 33명을 해고해 정권의 편에 섰다. 이어 4월에는 이른바 인혁당 재건위 사건 관련자 7명과 민청학련 관련자 1명 등 8명에 대한 사형을 집행했다. 인혁당 사건에 대한 대법원의 최종 판결이 내려진 지 하루도 안 돼 이뤄진 조처였다.

베트남전쟁이 종결된 후에는 전국 각지에서 안보궐기대회를 열고 각급 학교에 학도호국단을 부활시켜 온 사회를 병영체제로 전환했다. 이어 5월에는 긴급조치의 완결판이라 할 수 있는 9호를 선포했다. '유신헌법의 부정·반대·왜곡·비방·개정 및 폐기의 주장이나 청원·선동 또는 이를 보도하는 행위를 일절 금지하고 위반자는 영장 없이 체포한다'는 내용이었다. 갈수록 강도를 높여가는 당국의 탄압 앞에 민주세력은 한동안 숨죽일 수밖에 없었다. 대학가도 긴급조치 발령 직후 5월 22일 서울대에서 시위가 벌어진 것을 제외하고는 잠잠해졌다. 8월에는 『사상계』 발행인이자 박정희 대통령에 대한 강력한 비판자였던 장준하가 등산 도중 의문의 죽음을 당했다. 당국은 추락사라고 발표했지만, 중앙정보부의 개입에 의한 암살로 의심받았다.[23] 공포 분위기가 전 사회를 지배해, 이듬해 3월 1일 윤보선·김대중·함석헌(咸錫憲) 등이 민주구국선언문을 발표할 때까지는 어느 누구도 공개적으로 유신반대 목소리를 내지 못하는 상황이 계속됐다. 그나마 긴급조치 철회와 박정권 퇴진을 요구한 이들의 선언조차 통제된 언론환경 때문에 일반 국민들에게는 제대로 전달되지도 못했다.

시절은 이처럼 갈수록 엄혹해졌지만, 리영희의 글과 그를 찾는 사람들은 오히려 많아졌다. 민주화에 대한 소망을 공유하는 재야 지식인과 긴급조치를 위반해 학교에서 쫓겨난 학생들이 이야기를 듣고자 그의 집으로 모이기 시작했다. 그의 집은 학교 밖 학교가 되었다.

"제기동 그 집은 박정희 정권 아래서 억압받고 탄압당하고, 도피생활을 하는 사람들이 언제나 마음놓고 찾아와 며칠이라도 먹고 자고 하는 곳이었어. (…) 그때 그 많은 후배 지식인들이 제기동의 나의 집에 모인 까닭은 여러가지이지만, 무엇보다 내가 거의 유일하게 국내외 시국정세를 앞서 내다보고, 그것을 설명해서 의미를 밝혀주고 내일의 전망을 예측해주는 역할을 했기 때문이었지."[24]

이것은 결코 과장이 아니었다. 정말로 폭넓은 영역의 사람들이 그를 찾았다. '창비' 주변에서 만났던 문인과 학자들은 물론이고 민중연극·민중미술을 하는 연극인·화가 등 예술인들까지 그를 찾았다. 그들은 김치와 멸치 안주만 놓고 소주잔을 기울이며 밤새워 국내외 정세를 토론하곤 했다. 정초에 그의 집은 한바탕 놀이터로 변모했다. 황석영이 걸쭉한 입담으로 '뱀 장사' 흉내를 내고 임진택(林賑澤) 같은 소리꾼이 판소리 한자락을 깔면, 세배꾼들은 그들의 재담을 들으며 잠시나마 유신시대의 우울을 벗어던지고 마음껏 웃을 수 있었다.

이렇게 그의 집을 드나들던 학생들 가운데 유홍준(兪弘濬)을 위시한 몇몇은 그의 주례로 결혼을 했다. 그는 주례도 남달랐다. 결혼식의 혼인서약서는 예식장에서 정해놓은 표준 문구를 쓰기 마련이다. 1970년대의 표준 문구에는 대체로 '신랑 아무개군과 신부 아무개양은 어떠한 경우라도 서로 사랑하며 진실한 아내와 남편의 도리를 다할 것과 어른을 공경하고 나라에 공헌할 것을 맹세합니까?'라는 내용이 들어 있었다. 하지만 리영희는 결혼식마다 이 문구 중 '나라에 공헌'이라는 대목을 반드시 '사회에 공헌'으로 고쳤다. 첫 주례 제자였던 유홍준이 연유를 물자 "'나라'라는 말에는 파쇼 냄새가 나지만 '사회'라는 말에는 인간의 윤리가 살아 있다"[25]고 답했다. '정명(正名)'을 중시한 그는 이처럼 단어 하나도 심상하게 넘기지 못했다.

보도통제 뚫은 일본 특파원 루트

그를 찾는 이들 가운데는 일본 특파원들도 있었다. 합동통신 시절부터 관계를 맺어온 일본 특파원들이 대를 이어 그를 찾아왔다. 특히 합동통신과 제휴관계에 있던 일본 쿄오도오통신(共同通信)의 에구찌 이꾸꼬 특파원과의 관계는 각별했다. 기자 리영희의 생각과 능력을 높이 평가했던 에구찌는 기사 가치나 취재원들의 신빙성 등을 판단하기 위해 그의 자문을 구하곤 했다. 이런 신뢰관계를 바탕으로 리영희는 민주화운동의 실상을 세계에 알리기 위해 일본 특파원들의 도움을 구했다. 유신체제의 억압 때문에 국내 언론이 민주화운동에 대해 보도하지 않거나 보도할 수 없었을 때, 일본이나 미국에 이 사실을 보도하는 것은 해당 국가 국민들의 한국 민주화운동에 대한 지지를 끌어내는 것은 물론이고, 외신을 통해 국내의 보도 통제를 뚫는 효과가 있었다.

김정남에 따르면, 김지하의 「오적(五賊)」이나 「비어(蜚語)」가 일본 등 국외에 알려지게 된 것 역시 리영희―일본 특파원 루트를 통해서였다. 1974년 12월 '자유실천문인 101인 선언'도 리영희 덕에 『아사히신문』에 보도될 수 있었다. 선언문을 작성했던 염무웅은 거사 전날 리영희를 찾아가 선언문을 전하고 외국 언론들이 취재할 수 있도록 도와달라고 요청했다. "거사 당일 광화문에서 선언문 낭독이 끝나기도 전에 경찰이 달려들어 주변에 누가 있었는지 보지 못했지만, 리영희 선생이 교보 앞 비각 옆에서 일본 특파원들과 지켜보고 있었다는 이야기를 나중에 들었다. 덕분에 한국 언론엔 보도되지 못한 문인 선언이 일본 신문에는 실리는 상황이 연출됐다."[26]

그와 일본 특파원들의 각별한 관계는 2010년 그가 숨졌을 때, 에구찌를 비롯한 쿄오도오통신 서울 특파원 출신 기자 4명이 보낸 조의문에서도 확인된다. 그들은 서울 특파원으로 그를 만나 많은 것을 배우고 격려받았다면서 "한국이 민주화를 찾아가는 과정에서 선생님은 언론인으로서 지식인으로서 투옥 등 수많은 고난을 받으면서도 책임을 다하는 모습이 우리에게 큰 감동"[27]이었다고 회고했다.

이북에서 내려온 실향민에다가 변변한 대학을 나온 것도 아닌 그가 한국사회에서 이렇게 많은 사람들의 중심에 자리잡게 된 것은 참 낯선 현상이다. 한국사회에선 학연이나 지연이 인간관계의 중요한 자원이고, 그렇지 않으면 성격이라도 좋아야 한다. 그런데 그는 학연도 지연도 없고 앰네스티를 제외하고는 무슨 조직에 들어가 활동하는 사람도 아니었다. 게다가 그의 부친이 걱정했고 친구인 소설가 이호철이 지적했듯이, 성격은 급하고, 좋고 싫음이 분명하며 날카로운 사람이었다. "그는 대소사를 가리지 않고 매사에 지나칠 정도로 성급하고, 그러면서도 책임감이 강하고, 선명하다 못해 첨예하게 날을 세워, 한자리에 있는 사람들을 자주 머쓱하게 혹은 껄끄럽게 만들고, 더러는 그 지나친 옹고집과 편향으로 하여 금방 앞뒤가 모순되는 행태도 흔하여, 보다보다 못해 누군가가 그 점을 슬쩍 꼬집기라도 하면, 정작 본인은 껄껄 멋쩍게 웃는다."[28]

그런데도 그를 찾는 사람들이 그토록 많았다는 것은, 우선 그의 저술의 영향력으로 설명할 수 있겠으나 그것으로는 다 설명이 되지 않는다. 오랫동안 그를 알아온 지인들이 드는 또 하나의 이유는 그의 인간적인 면모이다. 답답한 사람을 보면 못 견디는 칼칼한 성격이었지만, 결코 권위적이지 않았고, 삶을 즐길 줄 알았다. "선생과 나는 띠동갑이지만 격의없이 어울렸다. 선생은 말이 통하는 사람에겐 나이를 떠나서 늘 편하게 대했다. 우리는 선생 앞에선 예의를 의식하지 않고 늘 편하게 얘기하고, 편하게 즐겼다. 그 자신은 노래도 춤도 잘 못하지만, 노는 이들에게 장단을 맞추고 흥을 돋우며 즐길 줄 아는 분이었다"[29]고 염무웅은 기억한다. 그와 밤새 술을 마시다가 통금을 위반해 파출소에 끌려갔던 일화를 공유하는 사람도 한둘이 아니다.

그뿐만이 아니다. 어려움에 처해 있거나 도움이 필요한 이들을 돕지 않고는 못 배기는 성격 역시 사람들을 끌어들이는 힘이었을 터다. 민청학련 사건으로 수배 중이던 김지하가 도피자금을 보내달라고 했을 때, 그 사실이 밝혀지면 자신 역시 무사하지 못하리라는 것을 알면서도 박윤배(朴潤培)에게 돈을 얻어서까지 보내준 사람이 그였다. 1970년대 그의 집에서 며칠씩 머물고 간 사람은 부지기수였고, 1980년대 중반 오랜 해직 끝에 복직한 지 얼마 안 돼 경제적으로 어려운 처지였음에도 부산 미국문화원 방화사건으로 투옥됐다 석방된 김은숙(金恩淑)이나, 버클리대학에서 그의 강의를 듣고 한국학을 공부하러 왔던 피터 벡(Peter M. Beck)을 자신의 집에 머물게 했을 정도였다.

여기에 더해 자신의 글 등을 통해 맺어진 인연을 가꾸고 이어가기 위해 상당한 노력을 기울인 점 역시 그를 민주화운동의 중심이 되도록 만든 요인이었을 것이다. 그의 10주기 기념 세미나에서 전북대 정용준(鄭溶俊) 교수가 전한 일화가 그 한 예이다. 정교수는 대학원 시절 "「Lenin about the press」를 번역하여 보내드렸다. 선생님은 장문의 편지를 통해 어색한 번역은 물론이고, 독자들이 읽기 쉬운 한글 문장을 자신의 의견으로 제시하였다"며 당대의 유명한 지식인이 20대 후반의 젊은이가 보낸 번역문을 꼼꼼히 읽고 대안을 제시하며 의견을 묻는 성실함과 겸손함에 감동했다고 고백했다.[30]

이렇게 그는 자신의 글을 읽고 독후감을 보내거나 찾아오는 이들에게 성심을 다해 응답했다. 『우상과 이성』에 실려 문제가 됐던 「농사꾼 임군에게 띄우는 편지」(이 글은 초판에만 실림)나 「크리스천 박군에게」도 독자들의 질문에 답하는 편지였다. 감옥에 수감돼 있을 때는 지인들의 편지는 물론 초등학생들의 격려 편지에도 일일이 손편지로 답했고, 반신이 마비돼 글쓰기가 어려워졌을 때조차도 기사를 잘 쓴 후배를 격려하거나, 어려움에 처한 이들의 용기를 북돋우기 위해 손수 쓴 엽서를 보냈을 정도다.

동양의 깊이를 보태준 장일순

이 시절 가까워진 인물 가운데 그가 가장 소중하게 여긴 이는 무위당(无爲堂) 장일순(張壹淳)이다. 1960년대 이래 원주에서 가톨릭 농민운동을 이끌어온 장일순을 그에게 소개한 이는 김지하였다. 1970년 시 「오적」을 발표해 반공법 위반으로 구속됐다 석방된 이후 김지하는 무시로 리영희의 집을 드나들었다. 리영희는 민주화를 향해 온몸을 던져온 김지하를 위하는 일이라면 앞에서도 말했듯이 몸을 사리지 않았다.

김지하에 대한 신뢰가 있었기에, 그가 높이 평가하는 장일순이란 사람의 인물됨에 더욱 큰 흥미를 느껴 1970년대 초 어느날 원주로 그를 직접 찾아갔다. 두 사람은 원주 봉천의 개울가에서 밤새도록 술잔을 기울이며 국내 정세에서 동양철학에 이르기까지 폭넓은 주제에 관해 이야기를 나누었다. 이날 대화를 통해 무위당의 인격과 학문의 깊이에 감복한 그는 바로 그 자리에서 무위당을 형님으로 모시겠다고 약속했다. 사람관계에 까다로운 그에게는 결코 흔치 않은 일이었다.

서양의 합리주의적 사고에 젖어 있던 그는 무위당과의 만남을 통해 "물질적 생활에서 정신적 생활로, 자본주의적 생활에서 인간본연의 생활로 돌아가는 느낌"[31]을 받았다고 한다. 그래서 인간사에서 어려움에 부딪칠 때면 무위당을 만나기 위해 원주로 훌쩍 떠났다. 무위당과 만나면 두 사람은 밤을 새우다시피 하며 다양한 주제에 관해 토론을 했다. 그런 토론을 통해 그는 서양철학으로 해결하지 못했던 문제에 대한 해답을 찾기도 했고, "사회적 관계나 지적 토대가 인간을 지배하는 것이라기보다 인간 자신의 내면적인 것이 분명하게 더 중요한 요인이라는 것을 차츰 깨닫게"[32] 되었다.

리영희보다 한살 위인 장일순은 원주에서 태어나 어려서 조부에게 한학과 글씨를 배웠다. 서울대 미학과를 다니다 한국전쟁 때 학업을 중단하고 원주에 내려가 대성학원을 설립했다. 1968년부터 신용협동조합운동을 펼치기 시작했고, 박정희 정권 당시 민주화운동을 하는 이들의 정신적 지주가 되었다. 1977년부터는 생명운동으로 방향을 틀어 지금도 유기농 공동구매로 유명한 생활협동조합 '한살림'을 1986년 설립했다.

스스로 일속자(一粟子, 좁쌀 한알)라 칭한 장일순의 사상은 "좁쌀 한알에 온 우주가 들어 있다"는 말 속에 함축되어 있다. 그는 좁쌀 한알, 밥 한그릇 속에서 그 개체를 존재하게 하는 전 우주적 참여를 보고, 그를 통해 모든 존재가 서로 분리될 수 없음을 보았다. 이 존재의 불가분리성에 대한 인식은 나와 남이 다르지 않다는 사유로 이어진다. 즉 우주적 참여에 의해 존재하는 나 안에는 나 아닌 남이 존재하고, 마찬가지로 남 안에도 내가 존재하게 되므로 나와 남이 다르지 않다는 것이다. 바로 여기에서 장일순의 생명사상과 평화사상이 도출되었다.[33]

무위당은 또 자신의 사상을 삶 속에서 그대로 실천하는 사람이었다. 일상의 삶 속에서도 자연 그대로의 생활양식을 따랐을 뿐 아니라 자신을 탄압한 적들조차 사랑으로 품고자 했다. 리영희는 이런 장일순과의 만남을 하늘의 축복이라고 말할 정도로 소중하게 여겼다.

그렇기에 그는 무위당이 부탁하는 일은 성심을 다해 도왔다. 농민운동의 교재로 쓸 수 있도록 파울루 프레이리(Paulo Freire)의 『피압박자의 교육학』을 번역해주었을 뿐만 아니라 농민교육에 도움이 될 외국 서적들을 찾아 구해주기도 했다. 남아메리카의 억압받는 농민들이 변혁의 주체로 거듭나는 과정을 그린 『피압박자의 교육학』은 이후 농민운동은 물론이고, 노동운동을 하는 이들에게도 폭넓게 교재로 사용됐다.

장일순과의 만남은 지학순 주교와의 관계로도 이어졌다. 김지하와 지주교 그리고 무위당의 활약무대였던 원주는 당시 민주화운동의 중심 가운데 하나였다. 한국의 민주화운동에 관심을 갖는 나라 밖의 언론이나 미국의 의회 관계자들, 교계 지도자들은 한국의 현실을 알기 위해 지주교의 증언이나 의견을 듣고자 접촉해왔다. 김영주 '무위당을 기리는 사람들' 전 대표에 따르면, 이럴 때 리영희가 통역으로 차출되기 일쑤였다. 권력의 눈을 피해 극비로 추진할 수밖에 없는 이런 만남에서 통역을 잘못 구했다간 사실이 들통나 만남이 무산되거나, 지주교나 민주화운동 전체에 해를 입힐 수도 있었다. 지주교의 뜻을 정확하게 전달하는 일

또한 중요했다. 따라서 그들에게 필요한 통역의 요건은 영어를 잘하고 국내 상황을 정확하게 파악하는 것은 물론이고 무엇보다 신뢰할 수 있는 이여야 했다. 그런 면에서 민주화운동에 직간접적으로 관련을 맺고 있을 뿐만 아니라 과거 유엔군사령관 통역을 담당했을 정도로 전문성을 가진 그만한 적임자가 없었다. 지주교가 민청학련 사건으로 구속되기 전부터 시작됐던 이런 통역 업무는 1975년 지주교가 석방된 이후에도 여러차례 이어졌다.

이렇게 자신의 능력과 마음을 다해 원주의 여러 운동을 도와줬던 리영희에 대해 무위당 역시 '당대 최고의 이론가'라며 각별히 존중했다고 김영주는 기억했다.[34] 무위당에 대해 리영희가 얼마나 각별한 마음을 가졌었는지는 그가 '무위당을 기리는 사람들'에 매달 보냈던 기부금만은 사후에도 계속 보내라는 유언을 남긴 것[35]에서도 확인할 수 있다. '무위당을 기리는 사람들'은 1993년 무위당이 세상을 떠난 후 그를 기리기 위해 만들어진 단체로, 리영희는 이 단체에 이사로 참여해왔다.

4. '이성'을 가둔 '우상'

교수재임용 탈락

긴급조치 9호를 발표한 유신정권은 지식인 사회에서 비판적 목소리를 거세하기 위한 작전에 본격 돌입했다. 각 대학에 면학 분위기 조성에 걸림돌이 되는 이른바 '문제교수'들을 해임하도록 요구한 것이다. 연세대의 서남동(徐南同) 교수와 고려대의 이문영(李文永) 교수 등 수십명이 이때 해임됐다. 1974년까지는 민청학련 사건과 관련해 연세대에서 김동길(金東吉)·김찬국(金燦國) 교수가 구속돼 해직됐고, 구속되지 않았는데도 쫓겨난 것은 1974년 민주회복국민선언에 서명했다는 이유로 서울대에서 파면된 백낙청 교수와 경기공전에서 권고사직당한 김병걸(金炳傑) 교수뿐이었다.[36]

그러나 정권은 이것으로 만족하지 않았다. 이른바 문제교수를 대학에서 모두 축출하고 나머지 교수들을 길들이기 위해 '교수재임용제도'

를 새롭게 도입했다. 1975년 7월 9일 교육관계법 개정으로 신설된 교수 재임용제에 따라 1976년 2월 모두 416명의 교수가 재임용에서 탈락했다. 전례가 없는 무더기 해직이었다. 한완상(韓完相)·노명식(盧明植)·이우정(李愚貞)·김윤수·염무웅 등 정부에 밉보인 교수들이 이 기회에 모두 쫓겨났다. 리영희도 당연히 포함됐다. 민주회복국민회의 이사이자 앰네스티 인터내셔널의 이사로 활약하는 것을 문제 삼았다.

한양대 김연준 총장은 그를 재임용에서 탈락시키라는 정권의 요구를 받고도 한참을 망설였다. 그러나 정권의 압력을 물리칠 방도는 없었다. 결국 리영희를 총장실로 불렀다. 하지만 입이 떨어지지 않았다. 리영희도 그가 부른 까닭을 알고 있었지만 먼저 입을 열 생각은 없었다. 이 막막한 무언의 대좌를 깨기 위해 작곡가였던 김총장이 "노래 한곡 듣고 얘기하자"면서 LP판을 틀었다. 곡이 끝나자 김총장은 노래가 어떠냐고 물었다. 그가 잘 모르겠다고 했더니 한곡 더 듣자고 했다. 두번째 곡이 끝난 후 그가 "굉장히 좋은데요"라고 말하자, "앞의 것은 제가 작곡한 거고 이건 베토벤 작품입니다"라는 김총장의 답이 돌아왔다.[37] 그는 마음속으로 자신의 눈치 없음을 탓했지만 엎질러진 물이었다. 그렇지만 김총장은 그날도 '사표' 소리는 꺼내지 못하고 어색한 만남을 마무리했다. 김총장과 만난 지 며칠 후 다른 보직교수가 총장이 그의 문제로 고심하다 쓰러졌다고 알려왔다. 그 소리까지 듣고도 사표를 거부할 수는 없었다. 결국 한양대의 재임용 탈락 교수 명단에 그가 포함됐다. 하지만 한양대는 『한양대학교 40년사』 편찬연구실을 만들고 그를 편찬위원으로 발령했다. 김연준 총장의 배려였다. 김총장은 그의 정부 비판 활동이 대학에 부정적 영향을 끼친다며 내칠 것을 주장하는 다른 보직교수들에게 대학은 다양한 사상을 포용할 수 있어야 한다며 그를 감쌌다. 김총장의 배려로 다른 해직교수들과 달리 생활고는 어느정도 해결할 수 있게 되었으니 불행 중 다행이었다. 40년사 편찬작업과 함께 집필활동에 전념할 수 있게 된 것 역시 망외의 소득이었다. 그 결과가 1977년 9월과 11월 각각 『8억인과의 대화』(편역서)와 『우상과 이성』으로 묶여 나왔다.

『8억인과의 대화』와 『우상과 이성』

『전환시대의 논리』가 젊은이들에게 끼친 영향을 잘 알고 있었던 정권 쪽은 새로운 책이 두권이나 나오자 이 책들에 대한 지식인과 학생들의 반응에 촉각을 곤두세웠다. 아니나 다를까 두 책은 발간되자마자 베스트셀러가 되며 다시 젊은이들 사이에 큰 파장을 일으키기 시작했다. 권력의 하수인들은 즉각 행동에 나섰다. 반공법이나 국가보안법 위반으로 그를 묶기 위해 책의 내용을 샅샅이 뒤진 후 그의 신병 확보에 나섰다. 『우상과 이성』이 나온 후 얼마 안 된 1977년 11월 23일 아침이었다. 동네 이발소에서 이발을 끝내고 막 문을 나서려는 순간 점퍼 차림의 건장한 남자들이 성동경찰서에서 나왔다며 동행을 요구했다. 그러나 영문도 모른 채 그가 끌려간 곳은 성동경찰서가 아니라 치안본부 대공분실이었다. 남영역 인근에 있는 5층 건물로, 10년 후 서울대생 박종철(朴鍾哲)이 물고문을 당하다 숨진 바로 그곳이었다. 민주화운동기념사업회가 발간한 「남영동 대공분실 고문실태 조사연구」에 따르면, 남영동 대공분실이 만들어진 후 이곳에서 처음으로 조사받은 이가 리영희였다.

들어가자마자 숨 돌릴 겨를도 없이 네명의 대공 수사요원들이 번갈아 심문을 했다. 그들의 목표는 분명했다. 그를 학원침투 간첩으로 몰려

『8억인과의 대화』 초판본(창
작과비평사 1977).

는 것이었다. 이튿날 같은 장소에 끌려가 조사
를 받았던 창작과비평사 대표 백낙청은 조사
관들이 "이교수는 완전한 공산주의자로 온몸
이 새빨갛게 물들어 있다"고 주장했고 "이교
수가 중공을 긍정적으로 평가했다고 단정하
면서 한치도 후퇴하려 하지 않았다"[38]고 재판
과정에서 증언했다.

　　대공 수사관들은 『우상과 이성』에 수록된
「농사꾼 임군에게 띄우는 편지」「크리스천 박
군에게」 등의 글과 『8억인과의 대화』에 실린 번역문의 내용을 가지고
애초부터 자신들이 그려놓은 그림대로 그를 인민혁명을 추구하는 공
산주의자로 몰아가려고 했다. 사흘 동안 의자에 묶어놓고 잠도 안 재운
채 같은 사항을 묻고 또 물었다. 하지만 북한에서 월남한 실향민인데다
6·25전쟁에 장교로 참전해 훈장을 받고 직업군인으로 7년이나 근무했
던 그를 공산주의자로 몰기엔 어려움이 있었다.

　이 사건 처리를 위한 관계기관대책회의가 열렸다. 관계기관대책회의
는 박정희 정권 시절 중정과 검찰, 경찰 치안본부의 책임자가 참석해 공
안사건이나 시국사건의 처리 방향을 정하는 회의였다. 이 회의에서 중
정 쪽은 『전환시대의 논리』를 포함해 세권의 책만으로 그를 반공법으
로 묶기는 어렵다는 판단을 내놓았다. 하지만 뒤에 박종철 고문치사 사
건으로 악명을 드높인 박처원(朴處源) 치안본부 대공분실 처장이 이에
강력하게 반발하고 나섰다.

　박처원은 북한에서 지주였던 아버지가 공산당에 총살당하는 모습을
보고 남한으로 도망쳐와 '빨갱이'를 잡겠다는 일념으로 경찰 대공과를

지망해 30년 동안 빨갱이 수천명을 잡아넣었
다고 자랑하는 인물[39]이었다. 그는 기독교사
회문제연구원 사건으로 1984년 다시 남영동
에 끌려간 리영희 앞에서 1977년 당시 그의 무
용담을 자랑스레 떠벌렸다. 관계기관대책회의
에서 "『전환시대의 논리』로 '젊은 애새끼'들
이 전부 '빨갱이'가" 됐는데, "또 이런 책이 나
오면 '우리가 해방 후 40년 동안 공들여 세운
반공국가의 토대가 송두리째 무너'"진다고 주

『우상과 이성』 초판본(한길사
1977).

장하며 "리영희를 잡아넣지 않으면 대한민국의 대공 사찰의 기둥인 나
를 집어넣으라고"까지 고집을 부렸다는 것이었다. 그럼에도 중정이 미
온적 입장을 취하는 통에 대책회의가 확실한 결론을 내리지 못하자, 그
는 직접 청와대를 방문해 리영희 구속의 필요성을 호소하기까지 했다.

"리영희를 이번 기회에 유죄판결 하고 본때를 보여주지 않으면 앞으
로 사상통제를 할 수 없다. 그리고 내 부하들이 조서를 꾸밀 수가 없다.
여하간 법률적인 것과 관계없이 무슨 방법을 써서라도 유죄판결 내려
야 하고 징역을 살려야 한다. 그렇게 해서 유사한 일들이 앞으로 나오면
반공법 위반으로 때려잡도록 전례를 남겨야 한다"는 그의 주장에 결국
청와대도 설복당하고 말았다.[40]

리영희는 이처럼 그를 감옥에 넣기 위해 안간힘을 다한 박처원을 포
함한 대공기관 종사자들 역시 극우·반공체제의 희생자라고 여겼다.
"실존적으로 말하면 그들도 광적 반공주의와 그 체제의 희생자라는 생
각이 들었어. 그들도 존재론적으로는 '소외된 인간'이에요. 그들이 학
대하는 피의자보다 더 소외된 존재지. 극우·반공체제란, 그 속에 존

재하는 모두를, 누구 가릴 것 없이 '비인간화'하는 체제요. 그런 뜻에서 '반인간' '반생명'적이고 '반윤리'적 체제라는 생각이 들더라고."[41]

이런 그의 생각에 비춰보면, 극우·반공체제를 해체하기 위한 그의 투쟁은 결국 반생명적이고 반윤리적인 체제를 인간적이고 생명을 존중하는 윤리적 체제로 전환하고자 하는 투쟁이기도 했다. 그런 점에서 그의 활동은 장일순의 생명운동 또는 생명사상과도 잇닿아 있다고 볼 수 있다.

"검사가 반공법 위반이라면 반공법 위반"

검찰로 송치된 이후에도 당국의 억지 주장은 달라지지 않았다. 당시 법집행이 얼마나 자의적이었는지는 뒷날 그가 쓴 꽁뜨성 에세이 「D검사와 이교수의 하루」에 생생하게 기록돼 있다. 그 에세이에 D검사로 표기된 이는 공안검사 황상구(黃相九)였다. 그 에세이에 따르면 뒤에 대구고검 검사장까지 지낸 황상구는 서울대 재학 중 고시에 합격한 것을 자랑으로 삼으며 스스로 우리 사회의 최고 엘리트라고 자부하는 인물이었다. 하지만 이 '최고 엘리트' 검사는 수사과정에서 법에 따라 논리적으로 잘잘못을 따지는 대신 '객관적 진실이 문제가 아니라 검사가 반공법 위반이라고 하면 반공법 위반'이라는 '유명한' 발언을 남긴다.

그는 「농사꾼 임군에게 띄우는 편지」의 다음 구절을 물고 늘어졌다. "나는 농민이 좀더 정치적 감각과 사회에 관한 문제의식을 가져주기를 바라는 마음 간절하네. 그것은 '생각한다'는 뜻인데 (…) 생각한다는 것은, 더욱이 생각한 결과를 말한다는 것은 이 사회에서는 자신에게 형벌을 가하는 일이 된 듯싶네. 그러나 '정치는 내가 할 테니 너희는 농사만

지으면 된다'는 말이야 성립될 수 없지 않겠는가. 우리 농민은 너무 오랫동안 복종과 순종만을 해온 것 같아. 생각하고 저항할 줄 아는 농민을 보고 싶은 마음 간절하네."

이 편지는 리영희가 주례를 섰던 임수대라는 젊은이에게 보내는 글이었다. 임수대는 서울대 농대를 졸업하고 농촌으로 돌아가 농민운동에 투신하고 있었다. '생각하고 저항할 줄 아는 농민'의 필요성을 지적한 것을 두고 황검사는 공소장에서 "노동자·농민·영세민을 주축으로 하는 공산혁명을 해야 한다고 선동함과 동시에 농민 중심의 모택동의 공산혁명사상을 은연중 찬양·고무하여 반국가단체인 북한 공산집단 및 국외 공산계열인 중공의 활동을 찬양·고무 또는 동조하는 등으로 이들 단체를 이롭게" 하는 것이라고 주장했다.

또 『8억인과의 대화』에 번역 소개된 글 중에 "역사라는 저울에 걸 때, 모택동 체제는 저울 한쪽에 그 헤라클레스적 위업을 자랑스럽게 올려놓을 수 있을 것이다"라는 내용과 "인구 1,200만 상해시는 424개의 병원에 4만 4,000개의 입원환자 수용능력과 1만 1,500명의 의사(한의사 포함)가 있어 뉴욕시의 주민들보다도 더 나은 의료서비스를 받고 있다"는 내용을 문제 삼았다.[42] 황검사는 이 내용이 공산권 국가에선 인민들이 헐벗은 채 모든 권리를 빼앗기고 살아간다고 써놓은 한국 교과서의 내용과 너무 달라 고무·찬양에 해당한다고 주장했다. 그 글은 미국 경제학회 회장인 케네스 갤브레이스가 현장을 살펴본 뒤 객관적 사실에 기반해 쓴 것이라고 반박했지만 돌아온 것은 "객관적 진실이냐 아니냐 하는 것은 여기서 문제가 되지 않아요. 우리나라 학교의 교과서에 쓰여 있는 대로냐 아니냐가 문제인 거예요"라는 억지 주장이었다. 이어진 취조과정에서도 이 엘리트 검사는 논리에 논리로 맞서는 대신 "당신이 뭐라고 변명하든, 무슨 학문적 이론을 내세우든 검사가 '반공법 위반이다' 하면 위반인 거요. '우상과 이성'이라니, 누가 우상이고 누가 이성이라는 말이야! 건방지게시리!"라고 겁박할 뿐이었다.[43]

이렇게 강변과 협박만 일삼는 수사관들의 무한 반복되는 질문 앞에서는 어떤 항변이나 설명도 의미를 가질 수 없었다. 그들이 요구하는 대로 진술서를 써주지 않고는 배길 도리가 없었다. 결국 원하는 진술서를 받아든 검사는 쾌재를 부르며, 그에게 반공법 위반 혐의를 적용해 기소장을 작성했다. 기소장에는 번역 소개한 글의 원문에 "중공의 활동을 찬양·고무·동조하는 부분도 있으므로, 그 부분을 삭제하거나, 어떠한 이유로 그 부분은 잘못 평가된 것이라는 번역자 리영희의 의견을 삽입하여야 할 것임에도 불구하고, 그대로 번역 출판하여 국외 공산계열인 중공의 활동을 찬양·고무·동조하는 등으로 국외 공산계열인 중공을 이롭게 했다"는 내용도 포함됐다.

그가 안에서 검사와 씨름하고 있을 때, 밖에서는 동아자유언론수호투쟁위원회와 조선자유언론수호투쟁위원회를 비롯한 언론운동 단체와 자유실천문인협의회, 해직교수협의회, 한국기독교교회협의회(KNCC)가 그의 구속의 부당성을 지적하는 성명서를 내는 등 그의 구속을 비판하는 목소리들이 높아졌다. 해직교수협의회는 성명에서 학문 연구는 일개 정파나 집단의 이해관계에 따라 좌우될 수 없고 학문적 오류는 순수한 이론적 비판에 의해서만 수정·극복될 수 있다며, 연구자의 구속과 입건은 "학문의 존립 근거 자체를 말살하려는 처사"이며 특히 해직교수에 대한 저술 기회의 봉쇄는 "한 개인의 생존권에 대한 탄압"[44]이라고 비판했다.

『8억인과의 대화』에 자신들의 글이 번역 소개된 국외의 필자들과 그

책을 발행한 백낙청의 모교 하버드대 동문들도 그들(리영희·백낙청)의 구명에 나섰고 국제사면위원회는 두 사람을 양심수로 선정했다. 하지만 검찰은 1977년 12월 27일 리영희를 구속 기소하고,『8억인과의 대화』를 출판한 창작과비평사 발행인 백낙청은 불구속 기소,『우상과 이성』을 출판한 한길사 발행인 박관순(朴冠淳)은 불기소하는 것으로 결론지었다.

한달 가까이 계속된 수사가 구속 기소로 매듭지어진 바로 그날, 리영희가 교도소로 돌아가 참담한 마음을 다스리고 있는데 갑자기 검사가 호출했다. 이미 기소된 마당에 다시 부를 까닭이 없는 검사의 호출에 의아해했지만, 호송관도 그 이유를 알려주지 않았다. 오랏줄에 묶인 채 검사실로 들어서니, 뜻밖에 아내가 그를 기다리고 있었다. 아내는 울음을 터뜨렸다. 그 순간, 집을 나올 때 편찮으셨던 어머니에게 무슨 일이 생긴 것 아닌가 하는 불길한 예감이 퍼뜩 들었다. 아내에 대한 안부인사 대신 "어머니는 어때요?"라는 질문부터 튀어나왔다. 아내는 더 크게 흐느끼기만 했다. 가슴이 덜컥 내려앉았다. 필시 어머니께 무슨 일이 생긴 게 분명했다. 잠시 후 진정한 아내가 들릴까 말까 한 목소리로 "오늘 새벽에 돌아가셨어요"라고 입을 떼었다. 순간 머리가 하얘졌다. 눈물도 나지 않았다. 아무 말도 못하고 망연히 서 있는 그를 대신해 아내가 검사에게 하나밖에 없는 아들이 임종도 못했으니 장례라도 치르게 해달라고 간청했다. 하지만 검사는 그 간절한 요청을 묵살했다. 아내는 아무런 소득도 없이 그를 뒤에 남겨둔 채 혼자 집으로 돌아가야 했다. 그도 다시 포승줄에 묶여 교도소로 돌아갔다.

이 소식을 들은 그의 벗 임재경과 이호철은 박정희 정권과 가깝게 지내던 소설가 이병주를 앞세우고 검찰총장에게 달려가 그가 어머니의 장례를 치를 수 있도록 잠시 외출을 허용해달라고 호소했다. 그러나 정권은 이런 인도적 호소조차 외면했다.

하나밖에 없는 아들로, 어머니의 마지막 길을 배웅조차 할 수 없게 된 현실에 그는 참담함을 금치 못했다. 교도관도 안타까운지 담배 한대를 건네주었다. 잠시 후 소식을 전해들은 김지하가 사탕 몇개를 보내주었다. 저녁밥이 들어왔다. 밥과 사과 한알 그리고 김지하가 준 사탕을 놓고 어머니를 위해 제를 올렸다. 한참 동안이나 찬 교도소 바닥에 무릎을 꿇고 앉아 피울음을 토해냈다. 그러나 그의 어머니의 마지막 길은 결코 외롭지 않았다. 상주 없이 장례식을 치러야 한다는 소식이 전해지면서 해직교수와 해직언론인을 비롯한 각계각층의 민주인사들이 총집결했다. 고등학생이던 맏이 건일이가 그를 대신해 상주 노릇을 했다.

사상재판

본격적인 재판이 시작된 것은 이듬해 들어서였다. 이돈명(李敦明)·조준희(趙準熙)·황인철(黃仁喆)·홍성우(洪性宇) 등 인권변호사 4인방 외에 김강영(金剛榮)·박두환(朴斗煥)·정춘용(鄭春溶) 변호사가 그를 변호했다. 감옥 안과 밖을 이어주는 역할은 김정남이 담당했다. "리선생은 자신에게 씌워진 혐의의 부당성을 스스로 밝혀내야 한다고 생각했다. 예를 들어 검찰이 농민혁명을 부추긴 글이라고 주장한 「농사꾼 임군에게 띄우는 편지」가 한국경제의 현실에 비춰 쓴 글이라는 것을 증명할 수 있는 각종 농업관계 자료와 통계를 찾아줄 것을 요청했다. 유인호(兪仁浩) 교수의 농업관련 저술이나, 한국 농업의 현실을 보여주는 각종 통계를 찾아 전해주면 리교수는 그것을 가지고 검찰의 주장을 명쾌하게 반박했다."[45]

재판과정은 의외로 순조로웠다. 반공법 사건은 두세차례 공판을 진행하고 결심하는 게 통상적이었지만, 이 사건은 11번이나 공판을 이어갔다. 사법부가 권력의 시종 노릇을 하던 시절이라 그것만으로도 이례적인 일이었다. 재판이 이 정도나마 진행될 수 있었던 것은 김정남과 소설가 김승옥(金承鈺) 덕분이었다. 재판장 유경희(柳瓊熙)는 김승옥의 순천고 동문으로 김정남과도 친분이 있었다. 김승옥으로부터 여러차례 공정한 재판을 부탁받은 유경희는 피고인 쪽에서 요청하는 증인을 대부분 채택해주고 공판도 원만하게 진행했다. 덕분에 재판과정에서 리영희는 자신의 소신을 명확하게 전달할 수 있었다. 물론 그의 진술 역시 그의 글처럼 빽빽한 전거로 뒷받침됐다. 재판정은 언제나 방청하러 온 재야 민주인사들과 청년학생들로 가득 찼다. 당시 일본의 진보적 월간지 『세까이(世界)』에는 한국 민주화운동 상황을 전하던 「한국으로부터의 통신」[46]이란 글이 연재되고 있었다. 1978년 7월호에는 '사상재판'이란 제목으로 이 공판 내용을 요약 정리한 내용이 실렸다. 그 글이 "토요일이 되면 우리는 여기 나와서 강의를 듣습니다"라는 학생들의 이야기로 시작했듯이, 법정은 마치 대학 강의실을 옮겨놓은 것 같았다.

불구속 기소된 백낙청은 양복 차림으로, 구속 상태에 있던 리영희는 수의 차림으로 법정에 섰다. 체격이 좋은 백낙청과 깡마른 리영희의 외모는 대조적이었지만, 검찰의 논리를 반박할 때 두 사람은 환상의 짝을 이루었다. 출판 동기를 묻는 재판장의 질문에 백낙청은 "이(리)영희 교수를 존경할 뿐 아니라 이교수는 상품가치도 대단한 필자이기 때문에 출판했다"고 대답하는 등 냉전시대 공안검사식 논리를 비웃어버리고,[47] 리영희는 변호사의 반대신문 등을 이용해 민주주의와 언론의 자유, 지식인의 책임감과 양심에 대한 그의 지론을 당당하게 펼쳤다. 예를 들어 『8억인과의 대화』를 출판한 까닭을 묻는 질문에, 그는 "중공(중국)에 대한 빈약한 지식과 편견, 사실과 다른 비과학적 오류로 오도되고 있는 이 나라 국민을 계몽"하기 위해서였다고 밝혔다.[48] 다른 나라에선 초등학생도 알 수 있는 내용을 우리나라에서는 지식인도 모를 정도로 중국에 대한 지식 수준이 빈약한 현실이 급변하는 국제정세 속에서 나라를 위태롭게 할 수 있다고 여겼기 때문이라는 것이었다. 재판이 진행되던 1978년의 국제정세를 돌이켜보면 그의 우려에는 상당한 이유가 있었다. 미국은 이미 1972년에 닉슨 대통령이 중국을 방문해 양국 관계 정상화에 합의했고, 일본은 그해 말 재빨리 미국보다 앞서 외교관계를 수립했다. 그렇다면 우리도 최소한 죽의 장막의 열린 틈을 통해 그 내부를 살펴보고 앞으로의 대응책을 마련해야 했었다. 하지만 박정희 정권은 '반공＝국시'라는 도식에서 한걸음도 나아가지 못하고 있었다.

그는 또 중국에 관해서 우리에게 불리한 내용을 삭제하지 않아 유죄라는 검사의 주장에 대해서 "학문을 한다는 사람의 가장 비열한 행위가 남이 쓴 글을 도용하는 것이다. 도용보다도 더 비열한 행위는 다른 사람의 문장을 마음대로 삭제하거나 가필하는 행위이다. 그럼에도 불구하고 국가권력이 임명한 법의 대행자가 남의 문장을 마음대로 삭제해야 한다고 요구하는 것은 도저히 납득이 가지 않는다"[49]라고 반박했다.

변호인 측 증인들도 적극적으로 그의 무죄를 증언했다. 1974년 자유언론투쟁에 참가해 동아일보에서 해직되고 뒤에 한겨레신문 사장을 역임한 송건호는 국내문제에 대해 그가 쓴 내용은 "지식인들이 사(私)적인 대화에서는 누구나가 말하는 것이다. 다만 리교수는 그런 것을 솔직히 글로 썼을 뿐"[50]이라고 증언했다. 그에 대한 단죄는 상식에 대한 단죄라는 증언이었다.

공판과정을 지켜본 이들은 재판 결과에 희망을 걸기도 했다. 특히 아내는 희망의 끈을 놓지 않았다. 선고공판이 열리기 전날 그는 김치를 담갔다. 그리고 공판 당일 아침에는 남편이 석방되면 쓸 수 있도록 목욕물을 끓여놓은 뒤 재판정으로 향했다. 하지만 재판장 유경희는, 이 사건은 그 성격이 김지하 사건, 한승헌(韓勝憲) 사건과 같은데, 대법원이 그 사건들에 대해 이미 유죄로 판결했으므로, 리영희 역시 유죄라면서 징역 3년에 자격정지 3년을 선고했다. 『8억인과의 대화』를 출판한 백낙청에겐 징역 1년에 자격정지 1년이 선고됐다. 재판장이 언급한 김지하 사건과 한승헌 사건이란 김지하가 인혁당 사건이 조작됐다고 폭로함으로써 시작된 두건의 필화사건을 지칭한다. 민청학련 사건으로 수감됐다가 1975년 2월 형집행정지로 석방된 김지하는 3월 초 '인혁당 사건은 날조'라는 내용의 글을 동아일보에 투고했다. 당국이 그를 다시 체포하자 한승헌 변호사가 변호인단의 일원으로 선임계를 냈다. 당국은 그에게 변호인단에서 빠질 것을 요구했지만 한변호사는 이를 거부했다. 그러자 당국은 그가 1969년 이른바 유럽간첩단 사건으로 1972년 사형 집행된 김규남(金圭南)을 애도하며 쓴 「어떤 조사(弔辭)」를 찾아내어 반공법 위반으로 구속했다.[51] 두 필화사건은 물론이고 유럽간첩단 사건의 김규남도 민주화 이후 재심을 통해 무죄로 확정됐으니 박정희 정권에서 반공법이나 국가보안법이 얼마나 자의적으로 운용됐는지 알 만하다.

재판 분위기가 괜찮았기에 석방될 수 있지 않을까 하는 기대를 가졌던 아내와 지인들은 크게 실망했다. 하지만 누구보다 실망한 것은 자신의 무죄를 주장하기 위해 온힘을 다해 준비했던 리영희 자신이었다. 감방으로 돌아가 1심 판결문을 받아 읽어본 뒤엔 그 실망감이 분노로 바뀌었다. 판결문의 판결이유 부분이 검사의 기소장과 완전히 똑같았던 것이었다. 너무 기가 막혀 검사의 기소장과 1심 판결문의 이유 부분의 길이와 글자 수까지 세어봤다. 둘 다 14장 8,286자로 완전히 똑같았다. 11차례나 계속된 공판에서 전개한 당사자의 진술은 물론이고 증인들의 증언도 단 하나 인용하지 않았다. 김정남은 판사가 반공법이나 국가보안법 재판이 요식행위에 지나지 않는다는 사실을 보여주기 위해 일부러 그렇게 했을 것 같다고 했지만, 재판의 상식으로는 있을 수 없는 일이었다.

1심 판결이 확정된 직후인 1978년 7월 31일 미국의 시사주간지 『뉴스위크』가 이 재판 결과를 박정희 정권의 인권탄압 사례로 크게 부각해 보도했다. 기사는 『8억인과의 대화』에 소개된 「내가 본 중국경제」의 필자 갤브레이스와 「대학과 대학생활」의 필자인 하버드대학의 로스 테릴(Ross Terrill) 교수 등을 인터뷰해, 재판의 부당성을 지적했다. 갤브레이스는 자신의 글은 본 사실 그대로를 쓴, 아무런 색깔도 없는 글이라고 주장했고, 「상해의 어제와 오늘」의 필자인 옥스퍼드대학의 네빌 맥스웰(Neville Maxwell) 교수는 "내 글은 급진적이라고 말할 수조차 없는 글이다. 내가 보기에 한국정부는 러시아정부보다 더 억압적인 것 같다"고 비판했다.[52] 갤브레이스는 도널드 프레이저(Donald M. Fraser) 하원의원, 크레이븐 벨 상원의원과 함께 직접 미 국무부를 방문해 이 사건에 대한 관심을 촉구하고, 한국정부에 항의서한도 보냈다. 일본에서는 야마다 케이지(山田慶兒)를 비롯한 6명의 원저자가 일본 주재 한국대사관에 1심 판결 결과에 충격을 표하고, 제대로 된 판결을 촉구하는 항의서한을 전달했다. 하지만 박정희 정권과 그 하수인이었던 법원은 이런 국내외의 비판에 귀를 막은 채 그들의 길을 갔다.

5. 인식정지증을 기소한「상고이유서」

　재판 결과에 불복해 항소했지만, 2심 판결은 또 하나의 요식행위로 끝났다. 아니 오히려 2심 때의 재판정 분위기는 1심 때보다 더 안 좋았다. 백낙청에 따르면, 2심을 주관한 한정근 부장판사는 『8억인과의 대화』에서 중국을 미화해놓은 걸 보면 구역질이 난다고 말할 정도로 적대적이었다. 그는 1심 판결이유를 그대로 추인하고, 형량만 3년에서 2년으로 감해주었다. 백낙청은 집행유예로 실형을 면했다. 리영희는 2심 판결에 실망했지만, 그러나 포기하지 않고 상고하기로 결심했다. 사법부의 다른 판단을 기대해서가 아니라 자신의 입장을 분명하게 기록해 역사의 법정에 판단을 맡기겠다는 심정이었다.

　2심이 확정된 1978년 12월은 영하 10도가 넘는 혹한이 계속됐다. 그 추위 속에 난방도 제대로 안 되는 감방 안에서 1주일 안에「상고이유서」를 써야 했다. 발은 동상에 걸려 부어오르고 손이 곱아 글을 쓰기 어려울 정도였다. 더군다나 당시는 복사기도 없던 시절이었다. 같은 내용을 8부나 만들어야 하는 까닭에 종이 사이사이에 먹지를 대고 꽉꽉 눌러써야 했다. 이런 육체적 고통보다 더 기가 막힌 일은 아무 자료도 참고할 수 없다는 것이었다. 심지어 사건의 이유가 된 『우상과 이성』이나 『8억인과의 대화』를 참고하는 것조차 허용되지 않았다.

"그런 악조건에서 200자 원고지로 계산해서 121매 분량의 「상고이유서」를 썼어요. 미농지로는 110매[53]입니다. 말하자면 110매를 먹지까지 합해서 8장씩 만든 것입니다. 실제로 글자를 세어봤는데 24,200자입니다."[54]

리영희는 「상고이유서」에서 자신이 책을 집필한 동기와 목적을 상세히 밝히고, 조사기관의 신문 조사 과정의 문제점을 조목조목 지적했다. 이어 1, 2심 판결의 문제점을 짚은 뒤, 종합적 견해를 통해 사상의 자유와 민주주의의 문제에 관한 자신의 의견을 피력했다. 한겨레 논설주간을 지낸 박우정(朴雨政)의 지적처럼 이 「상고이유서」는 인간 리영희의 사상과 신념이 농축된 글이자, 반공법에 대한 가장 깊이 있고 신랄한 고발장이다.[55]

리영희가 지적한 반공법의 가장 큰 폐해는 민주주의 유린이다. 그는 민주사회란 지배적 가치관과 그에 맞서는 비주류적 가치관이 서로 갈등·대립하면서 발전적으로 합일을 이뤄가는 다양성이 존중되는 사회이고 반공법은 이런 민주사회를 지켜나가기 위한 수단이라고 보았다. 그렇다면 반공법의 운용은 다수의 의견뿐 아니라 소수의 의견도 존중되는 사회를 만들어나가도록 돕는 것이어야 할 터였다. 하지만 체험을 통해 확인한 바에 따르면, 반공법은 절대적인 규범을 넘어 어떠한 비판과 회의도 허용되지 않는 종교와 같은 수준의 위력을 발휘하고 있었다. 백낙청은 분단체제 아래서 이렇게 절대적 위력을 행사하며 헌법으

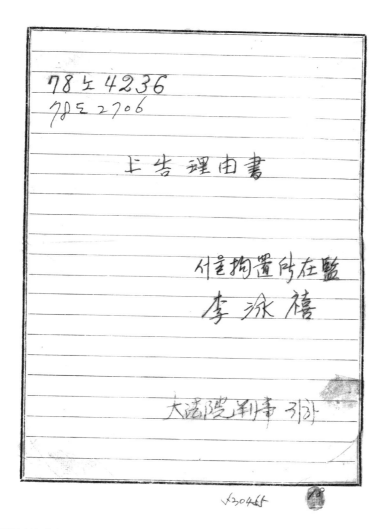

`「8억인과의 대화」` 반공법 위반 사건으로 구속된 리영희가 대법원에 낸 「상고이유서」(1978) 표지.

로 보장된 기본권을 제한하는 등 헌법 위의 헌법으로 기능해온 반공법과 국가보안법을 민주주의를 유린하는 '이면(裏面)헌법'이라고 칭한 바 있다.[56]

리영희는 민주주의 사회에선 "'집단에 대한 봉사는 단 한가지 방법이 있을 따름이며, 그 관념과 방법은 지도자와 정부 및 관료들이 결정하는 것이다'라는 철학을 절대로 받아들일 수 없다"면서 "국가제도의 이데올로기만이 용인되는 사회라면 그것이 바로 공산주의 사회와 다를 것이 무엇인가?"라고 물었다.[57]

그리고 이 대목에서 그는 지식인의 사회적 책임이란 중요한 문제를 제기한다. 지식인의 사회적 책무는 지식이 인간 지혜의 역사적인 집적이자, 동시대 많은 사람들의 도움이 축적돼 이뤄진 사회적 산물이라는 점에서 출발한다. 이런 지식의 역사성과 사회성을 인식하는 지식인이라면 그는 모름지기 "자신의 성장에 기여한 무명(無名)의 대중을 자기와 같은 수준의 지적·정신적 기쁨에까지 끌어올리기 위해 글을 쓰고 발표하고 출판하는 것을 사명으로 삼아야 한다"[58]는 것이다. 따라서 두 책의 저술은 지식인으로서 사회적 책임을 다하려는 그의 노력일 따름이다.

그러나 그에게 반공법의 올가미를 씌우려는 법집행자들은 그의 변론이나 주장에 귀를 열 생각도 하지 않았다. 지식인의 사회적 책임은커녕 사안에 대해 주체적으로 사고하고 판단하는 것조차 마다했다. 리영희는 이를 '인식정지증'이라고 진단했다. 자신이 열네살 때 중공군을 본 경험을 판단 근거로 해서 4반세기 이후 중국의 변화된 현실을 전하는 글을 고무·찬양이라고 판단한 검사에게 내린 진단이었지만 이는 반공주의라는 장막 아래서 사고를 중지하거나, 중지하도록 강요해온 주류 사회 전체에 대한 진단이기도 했다.

그는 이런 법집행자들의 반공은 '히스테리'적 감성론에 따른 '가짜 반공'일 뿐이라고 비판하면서 "가장 효능적이고 적극적인 반(反)공산주의 방법은, 민주주의의 가치관과 생활양식을 국민 하나하나의 가슴속에 심도록 하는 것"이라고 주장했다. 이어 "반공은 조건이고 민주주의는 목적이자 이상"이라며 "반공의 이유로 민주주의적 이념·권리·자유·생활방식을 억압하게 되면, 그 사회의 인간(시민)은 지적으로나 정서적으로 왜소·편협해지고 타락하여 발랄한 창의적 능력을 상실하게 됩니다. 언제나 잠재적 의존 상태와 미개발 상태에 머물게 되며, 잠재적 공포감 때문에 정상적인 세계관을 배양할 수 없습니다. 그것은 결과적으로 국가의 타락을 초래합니다"라는 말로 「상고이유서」를 마무리했다.[59]

이렇게 자신의 사상과 신념을 농축해 시대의 우상인 반공주의에 정면으로 맞서 그 문제점을 철저하게 논파해낸 이 「상고이유서」를 철학자 고병권(高秉權)은 '우상에 대한 철학의 기소문'이라고 명명했다.

"이 「상고이유서」의 묘미는 기소의 역전에 있다. 이 글은 법정에 기소된 피고가 법정 자체를 기소하는 기소문으로 볼 수 있다. 우상에 대한 철학의 기소문이다. '우상숭배'(사유의 부재, 의식의 부재)를 철학적 죄라고 한다면, 리영희는 검사와 판사를 비롯해서 법정, 더 나아가 법(반공법) 자체를 철학의 심판대에 세우고 있다. 철학적으로 볼 때 사실 우상의 숭배자들은 이미 수감되어 있다. 우상이란 그들이 잠든 채로 갇혀 있는 철방의 이름이다. 선고도 내려졌다. 「상고이유서」의 말미에 가면 매우 흥미로운 단어 하나를 만날 수 있다. '인식정지증'이 그것이다."[60]

고병권의 지적처럼 리영희는 「상고이유서」를 통해 인식정지증에 걸린 한국 주류사회를 민주주의의 이름으로 기소했다. 그러나 그의 이런 절절한 호소도 마찬가지로 인식정지증에 걸려 있던 대한민국 사법부를 깨울 수는 없었다. 1979년 1월 16일 대법원은 김윤행(金允行)·이영섭(李英燮)·김용철(金容喆)·유태흥(兪泰興) 대법관이 내린 최종 판결을 통해 2심 판결을 그대로 확인하고 2년형을 확정했다. 문장 안에 반국가단체 활동을 찬양·고무하는 구절이 있다면, "비록 그 문장의 결론 부분이 상이하고 반국가단체의 실체를 그대로 표현한 것이라 하더라도" 반공법 위반[61]이라는 게 당시 대법원의 판단 수준이었다.

6. 감옥, 또 하나의 수업의 장

리영희는 1심 판결 후 서대문형무소에서 절도범 등 이른바 잡범들이 있는 방에 함께 수감됐다. 그는 사회 최하층 사람들과 함께 지내게 된 이 기회에 '먹물기'를 빼고 그들을 좀더 깊이 이해할 수 있게 되기를 기대했다. 그러나 곧 그런 기대가 얼마나 허망한 것인지 드러났다. 그가 통성명을 하고 반공법 위반으로 들어왔다고 밝히자마자 그들은 즉시 적대적 태도를 보이며 상대조차 하려 들지 않았다. 반공법 위반자는 빨갱이이고 빨갱이는 나라의 철천지원수라고 교육받아온 탓이었다. 반공교육이 얼마나 철저하게 이행되고 있는지, 그리고 그 교육이 얼마나 철두철미하게 일반인들의 사고를 지배하는지 새삼 실감했다.

감옥 안 시설은 1960년대 처음 들어왔을 때보다 더 열악해져 있었다. 모양새라도 갖추고 있던 스팀 난방장치는 뜯어져 없어졌고, 감방이 줄지어선 복도 한가운데 연탄난로 하나가 덜렁 있을 뿐이었다. 방 안이 얼마나 추웠던지 저녁에 쓰고 남은 물을 놔두면 얼음덩어리가 될 정도였

다. 손발이 꽁꽁 얼어붙고 발은 동상으로 부어올랐다. 또 제대로 먹지
못한 탓에 비타민 결핍증까지 걸려 머리에서 진물이 줄줄 흘렀다.

이때의 감옥 경험을 그는 「서대문형무소의 기억」이란 글로 남겼다.
0.9평의 관 속 같은 감방 안에서 겨울엔 동상에 짓무른 발 때문에 고통
을 받고, 여름엔 구더기와 함께 식사해야 하는 그 참혹한 상황을 생생히
기록한 그 글에서 그는 법복을 입은 이들에게 단 하루만이라도 그곳에
서 지내볼 것을 권했다. "그러면 육법전서의 국가보안법이니 반공법이
니 집회시위법이니 하는 법조문의 활자보다도 '인간'의 얼굴이 조금은
크게 보이겠지요. 그렇게 될 때 비로소 이 나라 사법부의 권위도 서고,
교도소나 형무소가 '사람'을 잡아넣는 곳이 될 것"[62]이라며 지금의 그
곳은 "진정 '인간'을 넣어둘 곳이 아니"[63]라고 단언했다.

이토록 열악한 감옥생활을 견딜 수 있게 해준 것은 인생에 대한 통찰
을 주는 책들과, 민주화운동을 하다 들어온 동지들이었다. 감옥 안에서
도 그는 여전히 공부하고 실천하는 지식인이었다. 이 말은 단순히 그가
그곳에서 많은 책을 읽었다는 뜻이 아니라, 끊임없는 독서와 성찰을 통
해 얻은 깨달음을 바로 실천으로 옮겼다는 뜻이다. 부처님의 가르침을
얻기 위해 매일 신발 수백켤레를 닦았던 초동 이야기를 읽은 뒤 구더기
가 득실거리던 감방 안 변기를 윤이 나도록 닦은 일화가 그 한 예일 것
이다.

당시 감옥에서는 책도 마음대로 받아볼 수 없었다. 조금이라도 이념
적 성격을 가진 책은 반입조차 안 됐다. 반면 종교서적은 비교적 자유롭
게 받아볼 수 있었다. 덕분에 이 시기에 불교를 비롯한 여러 종교서적을
꽤 많이 읽을 수 있었다. 초동 이야기도 그 덕에 읽게 된 것이었다. 이야
기는 한 초동이 부처님께 300 제자들과 동석해 설법을 듣는 것을 허락해

달라고 한 데서 시작했다. 제자들은 감히 자신들과 동석해 부처님 설법을 듣겠다고 한 초동을 불쾌하게 여겨 무시했지만, 부처님은 그에게 설법을 듣기 전에 먼저 제자들의 흙 묻은 신발 300켤레를 닦으라고 일렀다. 초동은 여러달 동안 온 정성을 다해 제자들의 신발을 닦았다. 그가 그토록 성심을 다해 신발을 닦는 것을 보면서 제자들도 점점 그를 존중하게 되었다. 이 과정을 지켜본 부처님은 초동에게 '나는 너에게 더 가르칠 것이 없다'고 말하고, 제자들에게는 초동의 행덕을 따르라고 했다.

이 이야기를 읽은 후 리영희는 바로 감방 안 변소 바닥을 닦기 시작했다. 초동이 제자들의 더러운 신발을 닦았듯이 구더기가 기어 나오는 더러운 변소 바닥을 티끌 하나 없이 닦고 또 닦았다. 이 과정을 통해 그는 새로운 깨달음을 얻었다.

"티가 있다는 것은 눈에 티가 끼어 있다는 뜻이며, 밖에 있는 티를 못 보는 것은 마음의 눈에 티가 끼어 있기 때문임을 깨닫게 되었다. (…) 콘크리트 변소 바닥의 오물과 티를 닦는 일은 곧 마음의 눈, 마음의 거울에 묻어 있는 더러움과 티를 닦아내는 일이었다. 이 작은 깨달음이 나에게는 희열이었다. 주관과 객관, 자(自)와 타(他), 인간과 물건 등으로 인식해온 삶에서 하나의 큰 전환이었다."[64]

감옥 안에 이런 깨달음을 공유하거나 서로 격려하며 지낼 수 있는 동료들이 있었던 것도 그에게는 큰 위안이었다. 당시 종말을 향해 달려가던 박정희 정권은 권력의 끈을 놓치지 않기 위한 안간힘으로 반대세력에 대한 무자비한 탄압을 가했다. 그가 있던 서대문형무소에도 긴급조치 위반이나 반공법 또는 국가보안법 위반 등의 혐의로 잡혀 들어온 학생과 언론인 등 민주인사들이 넘쳐났다. 나중에 KBS 사장을 역임한 정연주(鄭淵珠)와 한겨레 편집국장을 지낸 성유보(成裕普)가 동아일보에서 해직된 후 언론자유투쟁을 이끌다 들어와 있었고, 국회의원과 행정안전부장관을 지낸 김부겸(金富謙)은 유신반대 시위를 주도하다 잡혀왔다. 민청학련 사건으로 사형을 선고받았던 김병곤(金秉坤)도 동일방직 사건[65]으로 다시 수감돼 있었다. 하루에 한번 운동시간에 그들과 만나 바깥소식을 나누고, 정세판단을 공유하는 게 하루하루를 견뎌나갈 수 있는 힘이 됐다.

2심 선고가 난 1978년 12월, 당국은 그를 서대문형무소에서 광주교도소로 이감했다. 광주교도소에서 리영희가 수감됐던 특별사동(특사)의 한편에는 학생들을 비롯한 시국사범들이 주로 있었고 다른 편에는 비전향 장기수들이 수감돼 있었다. 유신정권 말기로 가면서 특사에 대한 탄압이 심해졌다. 검열이 강화되고 운동시간도 줄였으며 감방 사이의 통방도 엄격히 금지됐다. 이런 상황은 1979년 초 김병곤이 광주로 이감돼 오면서 바뀌었다. 수감자들은 부당한 통제에 맞서 단식과 불복종운동을 전개하기로 하고, 김병곤을 대표로 선출했다. 김병곤은 사동 안의 문제는 화해와 협조를 통해, 그리고 당국과는 협상과 투쟁을 통해 해결한다는 원칙을 세우고 문제를 풀어나갔다. 그의 노력 덕에 광주교도소에서의 수감생활은 서대문에 있을 때보다 훨씬 나아졌다. 감옥의 창을 막았던 널빤지를 뜯어내 하늘을 볼 수 있게 됐고, 운동시간도 대폭 늘어났다. 차입물품에 대한 제한도 개선됐고, 재소자 사이의 소통도 가능해졌다. 이러한 결과는 남쪽 출신뿐만 아니라 북쪽 출신 비전향 장기수들도 고루 누릴 수 있었다.[66]

7. 유신체제의 종말과 석방

감옥에서 들은 박정희 피살 소식

리영희가 광주교도소 특사에서 감옥생활을 견디는 동안 밖에서는 박정희 정권이 그 종말을 향해 무섭게 질주하고 있었다. 1977년 후반기부터 학생시위가 되살아났고 동일방직을 비롯한 노동계의 투쟁도 점점 가열됐다. 도시산업선교회의 교육을 통해 자신들의 권리에 눈뜬 노동자들은 똥물을 뒤집어쓰고 발가벗겨지는 수모를 견디면서도 노동조합을 지키기 위한 싸움을 계속했다. 1974년 결성된 천주교정의구현전국사제단과 1975년 동아일보와 조선일보에서 무더기로 쫓겨난 해직언론인들, 재임용에서 탈락해 해직된 교수 등 지식인들도 반유신투쟁에 힘을 보탰다. 이런 각계각층의 노력 덕분에 유신체제는 그 뿌리에서부터 흔들리기 시작했다.

그 결과는 1978년 12월 실시된 총선에서 나타났다. 정치자금과 언론의 지원이 집권 정당에 일방적으로 집중되는, 극도로 기울어진 운동장에서 이뤄진 총선이었음에도 야당이 집권 공화당보다 더 높은 득표율을 기록하는 놀라운 결과를 얻은 것이다. 그러나 대통령이 지명해 통일주체국민회의에서 선출되는 유정회가 3분의 1의 의석을 차지하게 되어 있어, 전체 의석수는 여전히 집권세력이 압도적 우위를 점하고 있었다. 총선 며칠 후 대통령과 유정회 의원들을 뽑는 통일주체국민회의 대의원 선거가 실시됐다. 이 선거에서 박정희는 100퍼센트에 가까운 지지를 얻어 또다시 대통령에 선출됐다. 정권의 힘은 외견상 달라진 점이 없는 것처럼 보였다. 하지만 체육관 선거 결과와 달리 실제 민심은 이미 그를 떠나고 있었다.

이듬해인 1979년 5월 김영삼(金泳三)이 신민당 총재로 선출된 사건은 유신체제의 파국을 알리는 전령사였다. 김영삼은 선명 야당을 내세우며 정권에 대립각을 세웠다. 재야의 민주화운동 세력은 물론이고, 노동운동에도 연대의 손길을 내밀었다. 김영삼이 총재에 선출된 3개월 후인 8월 공장폐쇄에 저항해 투쟁하던 YH무역 여성노동자들이 신민당사에 찾아와 도움을 요청했다. 김영삼은 그들의 투쟁에 지지를 표하며 당사 안으로 받아들였고, 노동자들은 당사 안에서 농성에 들어갔다. 그러나 강공 이외의 방법을 알지 못했던 당국은 이틀 후 사전 통고도 없이 야당 당사에 쳐들어가 농성 노동자들을 강제 연행해갔다. 이 과정에서 노동자 한명이 숨지고, 의원과 당직자들 여럿이 다쳤다. 하지만 정권의 사주를 받은 일부 신민당 인사들이 김영삼 총재 직무정지 가처분 신청을 내고 권력의 들러리였던 사법부가 이를 받아들임으로써 당을 혼란에 빠뜨렸다. 동아일보는 이런 사법부의 판단을 '정치봉인(政治封印)'으로 규정하고 비판했다.

그러나 김영삼은 굴복하지 않고 오히려 발언수위를 높여갔다. 9월 중순에는 『뉴욕타임즈』와 회견을 갖고 미국이 한국정부에 직접적이고 공개적인 압력을 가해야 한다고 촉구했다. 박정권은 이 발언이 내정간섭을 자초하는 사대주의적 발상이라면서 10월 4일 공화당과 유정회 의원만 참석한 가운데 김영삼 의원을 제명해버렸다.

그들은 이로써 반대세력의 입을 완전히 봉인했다고 쾌재를 불렀지만 그것은 엄청난 오산이었다. 김영삼의 정치적 고향 부산과 마산의 시민들이 들고일어난 것이다. 10월 16일 부산대를 위시한 부산지역 대학생 5,000여 명이 '정치탄압 중단' '유신체제 타도'를 외치며 시위에 나서자, 일반 시민들도 이에 적극 호응했다. 직장인 등 시민들이 가세하면서 4·19 이후 최대 규모로까지 불어난 시위대는 도청과 경찰서·파출소·방송국을 공격하는 등 점차 과격해졌다. 이튿날 다시 시작된 시위는 더욱 격렬해졌다. 21개의 파출소가 시위대의 공격으로 파괴되었고, 당시 부산에 있던 경남도청과 KBS·MBC·부산일보 등 언론들도 시위대의 표적이 됐다.

시위가 걷잡을 수 없이 확대되자 박정희는 부산지역에 비상계엄을 선포했다. 탱크와 장갑차를 앞세운 계엄군이 주요 대학과 관공서에 배치돼 위협적 분위기를 만들었다. 그러나 시위가 잦아들기는커녕 오히려 마산과 창원지역으로 확산됐다. 10월 18일 경남대 학생들의 주도로 시작된 마산시위에는 일반 시민은 물론이고 노동자들과 고등학생들까지 가세했다. 정부는 20일 위수령을 발동하고 군을 동원해 주요 기관 보호에 들어갔다. 그래도 시위는 잦아들지 않았다.

1979년 10월 26일 박정희와 비서실장 김계원(金桂元), 경호실장 차지철(車智澈), 중앙정보부장 김재규(金載圭)가 궁정동 안가에 모였다. 부산과 마산의 시위 현장을 살피고 돌아온 김재규는 부마항쟁이 민란 수준에 이르렀다며 근본적 대책이 필요하다고 보고했다. 하지만 박정희는 서울에서 데모가 일어나면 발포명령을 내리겠다며 김재규의 의견을 묵살했다. 함께 있던 차지철은 한술 더 떠 "신민당이건 학생들이건 까불면 전차로 깔아뭉개겠다"[67]고 큰소리를 쳤다. 그 순간 김재규의 총이 불을 뿜었다. 박정희의 몸이 옆으로 쓰러졌다. 차지철의 가슴에도 김재규의 총알이 박혔다. 박정희의 18년 철권통치도, 그를 뒷받침한 유신체제도 그렇게 막을 내렸다. 이른바 10·26사건이다.

이 무렵 리영희는 정치범들이 있던 특별사동에서 잡범들이 있는 일반사동으로 옮겨져 있었다. 박정희가 살해된 다음 날 아침 운동을 하러 나가니 다른 쪽 대열에 있던 김병곤이 살그머니 다가왔다. 김병곤은 누가 들을세라 귓속말로 "박정희가 죽었어요, 총 맞았어요"라고 전하곤 쏜살같이 돌아갔다. 처음에는 도무지 무슨 말인지 이해할 수 없었다. 그러나 잠시 후 눈물과 웃음이 한꺼번에 터져나왔다. "지금까지 억누르고 있던 이 세상의 압력, 시커먼 모든 것이 한순간에 거두어지는 것 같은, 죽음에서 살아난 것 같은 그런 상태인데, 눈물과 함께 마구 웃음이 나와요. (…) 내가 저 무거운 바다 밑에서 온 바다의 압력을 느끼다 꺼지려던 것이 한순간에 바다 위로 떠오른 것 같은 정신적 무중력 상태가 됐어요. 그러니까 웃음과 울음이 동시에 마구 나와."[68]

그러나 그 기쁨도 잠시, 그는 벌방에 갇히는 신세가 됐다. 기쁨을 주체하지 못한 그가 재소자 전원에게 김치를 돌린 게 화근이었다. 운동시간에 한 재소자가 김치 잘 먹었다며 무슨 좋은 일이라도 있느냐고 물어왔다. 그는 지금 대통령 신변에 이상이 생겼다는 이야기가 있는데, 그게 사실이라면 곧 새 대통령이 취임해 감옥에 갇힌 이들을 사면으로 풀어줄 수도 있다고 설명했다. 운동을 끝내고 각자 방으로 들어간 후 박정희가 숨졌다는 소식이 스피커를 통해 전해졌다. 독재자의 사망이 공식 확인되자 머지않아 민주적인 나라가 들어서리라는 기대로, 몸은 비록 감옥 속에 갇혀 있지만 마음은 날아갈 것만 같았다.

그렇게 들뜬 기분으로 겨우 며칠을 지냈을까, 갑자기 교도관들이 그를 사무실로 끌고 갔다. 사무실에선 합동수사본부에서 나온 수사관들이 그를 기다리고 있었다. 그들은 박정희가 죽었으니 혁명이 일어날 것이고, 그러면 북한이 쳐들어와서 재소자들을 다 석방할 것이라고 말했는지 추궁했다. 김치를 돌린 후 대화를 나눴던 수감자가 박정희 암살 소식에 기쁨을 감추지 못하는 그를 빨갱이라고 생각해 밀고한 것이 분명했다. 당치도 않은 거짓말이라고 강력하게 부인했지만, 약식재판을 통해 22일간 '벌방형'에 처해졌다. 모든 빛이 차단되고 겨우 한 사람 몸을 뉠 수 있는 공간인 벌방에서 22일을 견디는 것은 가혹하기 그지없는 고문이었다.

동지로 성장한 아내

그러나 그 끔찍한 벌방형도 교도소의 시계를 멈출 수는 없었다. 22일간의 벌방형이 끝나고 얼마 되지 않아 구속 만기일이 다가왔다. 1980년 1월 19일 새벽 그는 광주교도소의 문을 나섰다. 칼바람 부는 새벽에 교도소 철문 밖에서 온몸을 떨며 기다리던 아내는 두부 한덩이를 내밀며 그를 반겼다. 더이상 감옥행이 없기를 바라는 아내의 간절한 소망이 담긴 두부였다.

1980년 1월 광주교도소에서 출소하는 모습.

그를 맞이한 윤영자는 그러나 과거에 그가 알던 아내가 아니었다. 예전의 아내는 편안한 생활을 마다하고 어려운 길을 가는 남편을 원망하기도 했었다. 조선일보 외신부장 당시 베트남에 가서 그 전쟁에 대해 긍정적인 기사를 써주면 석달치 월급을 주겠다는 중정의 제안을 받았을 때, 아내는 그 제안을 받아들이기를 은근히 바랐던 사람이었다. 또 시국문제에 발언이라도 할라치면, 제발 평범하게 살자며 "이렇게 쪼들려서야 지조고 양심이고 다 뭐 하는 거요. 식구가 살고 나서 국가도 민주주의도 있는 거지"라며 대놓고 말렸다. 아내의 이런 하소연에 리영희는 가족만을 생각하고 만족하며 살지 못하는 자신에 대해 반성도 하고 괴로워도 했지만 때론 "이렇게 이해하지 못하는 아내와 언제까지 참고 살아가야 하나" 하고 회의하기도 했다.[69]

그런데 그가 2년간 감옥에 있는 동안 아내는 완전히 다른 사람이 돼 있었다. 남편의 옥바라지를 위해 민주화운동을 하다 구속됐거나 해직된 이들의 가족들을 만나고 그들과 연대해 투쟁하면서 그는 새로운 세상을 보았고 그 세상을 향해 나아갔다.

그가 구속됐을 때, 아내는 홀로 병든 시어머니와 중고등학교에 다니는 세 남매를 건사해야 했다. 한양대에서는 그가 구속된 뒤엔 일체의 지원을 중단했다. 당장 먹고사는 문제부터 남편의 옥바라지까지 그 혼자 해결해야만 했다. 그런 그에게 두 갈래에서 도움의 손길이 다가왔다. 한 축은 남편과 함께 민주화운동을 해왔던 이들이었고, 다른 한 축은 구속자가족협의회 쪽 여성들이었다. 남편의 벗과 후배들은 십시일반으로 경제적 도움을 주었다. 동아일보 해직기자였던 이계익(李啓謚)은 그가 나올 때까지 매달 5만원(현시세로 약 100만원 정도)씩 봉투에 넣어가지고 왔고, 으악새클럽[70] 사람들도 정기적으로 생활비를 보냈다. 그밖에도 여러 사람들이 조금씩 도움을 줘, 그 돈으로 아이들 학비를 감당하며 근근이 살아갈 수 있었다.

구속자가족협의회는 남편의 부재로 외롭고 황망해진 그의 정신적 지주가 되어주었다. 그가 구속자가족협의회에 처음 합류하게 된 것은 김지하 어머니 덕분이었다. 리영희 구속 직후 그는 근처에 살던 박형규 목사의 부인 조정하(曺貞夏)를 윤영자에게 소개했다. 조정하는 박목사가 민청학련 사건으로 구속됐을 당시 윤보선 전 대통령의 부인 공덕귀(孔德貴) 등과 구속자가족협의회를 구성해, 구속자와 그 가족들을 돕는 일을 펼쳐왔다. 조정하를 통해 구속자가족협의회에 들어간 윤영자는 같은 처지의 사람들을 만나 위로하면서 힘을 얻을 수 있었다. 구속자를 위한 기도회 등에 참석해 우리 역사와 현실을 공부하면서 남편의 투쟁의 의미도 더욱 확실하게 알게 되었다. 그 덕에 구속자 석방과 민주회복을 요구하는 거리시위에도 서슴없이 참여할 정도로 바뀌었다. 1979년 지미 카터(Jimmy Carter) 미국 대통령 방한반대 시위에선 경찰과 몸싸움을 벌이다 손가락이 부러지는 부상을 입고 체포돼 20일간 구류를 살기도 했다. 이제 아내 윤영자는 단순한 그의 내조자를 넘어 민주화운동에 뜻을 같이하는 든든한 동지가 되었다.

제5장

실천시대 III

한반도 문제로
눈 돌리다

1. '서울의 봄'과 3차 투옥

미국, 제2의 이란을 우려

리영희가 석방돼 맞은 세상은 그러나 아직 한치 앞을 내다보기 어려운 안개정국이었다. 아직도 권력은 군부의 손에 있었고, 민주화로의 도정은 뚜렷하게 제시되지 않았다. 최규하(崔圭夏) 국무총리가 대통령 권한대행이 되었지만, 실제 권력은 그에게 없었다. 전두환(全斗煥) 합동수사본부장을 중심으로 한 군부가 1979년 12·12사태[1]를 통해 대부분의 권력을 장악했다. 하지만 신군부는 아직 권력의 전면에 나서진 않았다. 비상계엄으로 전국을 군의 통제 아래 둔 채 전면에 나설 핑곗거리를 기다리는 중이었다.

이런 상황이었지만 사회 곳곳에서는 그동안 억압됐던 민중들의 분노와 변화에의 요구가 봇물처럼 터져나왔다. 전국 각지에서 노동자들의 궐기가 이어졌고, 대학에서는 학원민주화 요구가 비등했다. 언론계에서도 검열 철폐와 언론자유를 요구하는 목소리들이 높아졌다. 이런 요구를 수렴할 야당의 리더십이 절실했지만, 야당은 아무런 역할을 하지 못하고 있었다. 김대중과 김영삼이 주도권 다툼에 빠져 힘을 합치지 못했기 때문이었다. '서울의 봄'은 말 그대로 '춘래불사춘(春來不似春),' 봄이 왔건만 봄 같지 않았다.

감옥에서 막 나온 리영희는 그래도 새로운 세상이 올 것으로 기대했다. "일단 낙관했지요. 이제는 민간정부가 들어설 것이고 감히 군인들이 정권을 노리는 짓은 못할 것이다, 그렇게 생각했지. 또 국민들도 이번에는 적어도 군부의 야만적인 철권정치, 인간의 가치를 박탈당하는 그런 수모는 용인하지 않을 것이라는 그런 심정일 줄 알았지. '서울의 봄'이라고 나도 초기에 그렇게 느꼈어요."[2]

그런데 미국 쪽 정보를 들은 뒤 이런 기대는 우려로 바뀌었다. 그가 들은 내용은 미국 정보기관의 국내 총책임자가 군이 계속 정권을 유지해야 한다는 개인 견해를 강조한 보고를 본국에 전달했다는 것이었다.

당시 미국은 한국이 또 하나의 이란이 될까 우려했다. 1979년 호메이니(A. R. Khomeini)의 이란혁명 이후 미국인들이 인질로 잡혀 혼쭐이 난 미국은 한국에서 그와 비슷한 사태가 일어날까봐 두려워했다. 리처드 홀브룩(Richard Holbrooke) 동아태 담당 차관보는 12월 3일 주한 미국대사관에 보낸 전문에서 상원·하원 의원들을 두루 접촉한 결과 "누구도 제2의 이란과 같은 사태가 발생하는 것을 원치 않는다"는 사실을 확인했다며, 윌리엄 글라이스틴(William H. Gleysteen, Jr.) 주한 미국대사에게 급진적 운동권 세력에 자제를 촉구하라고 지시했다.

1980년 3월 글라이스틴은 국무부에 보낸 정세보고에서 12·12 이후 전반적인 상황 전개를 조심스럽게 낙관하면서도 전두환의 지나친 권력

확대와 김영삼·김대중 등 야당 지도부에 대한 군부의 불신을 우려 요소로 지적했다.[3]

"나는 박정희 사태 이후 미국이 취할 대응방식에 대해서 어느 한쪽으로도 확신하지 못했어요. 만약 한국 국민이 정치주도세력과 협력해서, 미국이 일방적으로 개입하는 것을 거부할 만큼 잘 단결한다면 미국도 한국 국민의 주체적인 결정 방향을 일단 수용할 것이고, 만약 그렇지 못한 상황이 전개될 때에는 미국 이익 위주의 정책을 강요하기 위해서 개입할 것이라는 정도로 생각했지."[4]

그렇기 때문에 그는 전국 각지에서 봇물처럼 번지는 시위사태에 불안감을 떨칠 수 없었다. 사회참여를 자제하며 연구생활에 전념하자고 결심했음에도 군부의 자중과 국민들의 질서 있는 의사표시를 당부하는 134명의 교수 성명에 동참한 까닭이었다.

그러나 시위는 늘어만 갔다. 4월에는 강원도 사북의 광산노동자들이 강경 진압하는 경찰에 맞서 무력투쟁까지 전개한 사북사태[5]가 일어났고, 5월 들어서는 비상계엄 해제와 조기 개헌을 요구하는 전국 대학생들의 시위가 이어졌다. 이 시위는 5월 15일 10만여명의 대학생들이 서울역 광장에 모임으로써 절정에 이르렀다. 그러나 학생들은 군부를 자극하지 않기 위해 끝까지 평화적 기조를 유지했고, 시위를 마친 뒤에는 모두 각자의 학교로 돌아갔다.

그렇지만 군부는 이 기회를 놓치지 않았다. 그들은 미리 준비해뒀던 시나리오대로 본격적인 권력 장악에 나섰다. 계엄사령부는 5월 18일 0시를 기해 비상계엄을 전국으로 확대하고 국회를 해산하며 국가보위비상기구를 설치한다는 내용의 포고령을 공표했다. 이어서 전광석화처럼 김종필·김대중 등 정치인들과 문익환·리영희·송건호 등 지식인들에 대한 체포 작전에 들어갔다.

소요사태 배후로 몰려

리영희의 집에 체포대가 들이닥친 것은 17일 밤 11시 30분경이었다. 그들은 그를 남산의 중앙정보부로 끌고 가 암굴 감방 지하 3층 1호실에 가뒀다. 감옥에서 풀려난 지 넉달도 안 돼 또다시 지하 감방에 갇히니 엄청난 공포가 엄습했다. 무엇보다 큰 공포는 자신이 왜 잡혀왔는지 짐작도 할 수 없다는 점이었다.

네명의 조사관들이 번갈아 김대중과의 관계를 집중적으로 물었다. 합동수사본부(합수부)는 김대중을 정점으로 지식인들이 연대해 민중혁명을 기도했다는 그림을 마련해두고 있었다. 그러나 아무리 합수부라할지라도 석방된 후 연구활동에 전념할 생각으로 외부와의 접촉을 거의 하지 않았던 그를 그 그림 속에 집어넣기는 어려웠던 모양이었다. 김대중 관련 신문은 그리 오래지 않아 끝이 났다. 그다음엔 새 신문 창간계획에 관여했는지를 묻기 시작했다. 조선일보 외신부에서 잠시 함께 근무했던 서동구(徐東九)가 만들었다는 그 계획에는 김대중이 집권하면 조세형 당시 한국일보 편집국장 주도로 새 신문을 만들고, 서동구가 편집국장, 리영희가 논설주간을 맡기로 돼 있다는 것이었다. 전혀 들은 바 없던 일이라 알지도 못하고 관심도 없다고 했지만 조사관들은 집요하게 이 문제를 물고 늘어졌다.

옆방에서는 고문을 하는지 욕설과 신음소리가 뒤섞여 들려왔다. 그러나 그를 조사한 팀장은 그래도 인격적 모욕이나 고문을 가하지 않았다. 두달 넘는 신문에도 별다른 혐의를 발견하지 못하자 석방 결정이 내려졌다. 단 한양대 교수직은 물론이고 앰네스티 한국지부 이사직뿐 아니라 회원 신분도 버린다는 조건이었다. 요구하는 대로 사직서와 각서를 써주고 풀려났다.

조사를 받고 나오는 순간까지 자신이 끌려간 이유를 알지 못했던 그는 집에 돌아와서야 그 이유를 알고 경악했다. 아내가 간직했다 보여준 5월 18일자 호외와 다음 날 신문은 그를 비롯해 고은·김동길·인명진(印名鎭) 등이 '사회불안 조성 및 학생과 노조 소요의 배후조종' 혐의로 체포됐다고 보도하고 있었다. 대학에 복귀해 연구활동에 전념할 생각으로 대외활동조차 자제했던 그로서는 기가 찰 일이었다.

그가 구속돼 있던 18일부터 광주시민들은 김대중 석방과 민주화를 요구하며 시위를 벌이기 시작했다. 시위사태는 비상계엄 전국 확대 소식을 듣고 학교로 달려간 전남대 학생들을 계엄군이 막으면서 촉발됐다. 학생들이 정면에서 '계엄해제'를 외쳐대자, 계엄군은 즉각 학생들에게 달려들어 진압봉으로 무차별 공격을 감행했다. 많은 학생들이 피를 흘리며 그 자리에 쓰러졌다. 이 소식에 분노한 광주시민들이 본격적으로 시위에 합류하면서 광주는 시민항쟁의 장으로 변모했다. 광주시민들은 연일 계엄해제와 민주회복을 요구하며 시위를 벌였지만, 신군부의 철저한 언론통제 탓에 그 실상은 외부에 거의 알려지지 못했다. 그 사이 전두환과 신군부는 공수부대까지 투입해 비무장 시민들을 향해 무차별적으로 총칼을 휘둘렀다. 완전 고립된 속에서 중무장 군대와 대결해야 했던 시민들은 자위를 위해서라도 스스로 무장하지 않을 수 없었다. 그렇게 이뤄진 시민군은 도청에 진을 치고 마지막까지 온힘을 다해 싸웠지만 역부족이었다. 중무장 진압군은 시민군을 무차별적으로 살육했고 도청 앞은 그들이 흘린 피로 홍건했다. 5월 31일 계엄사령부는 민간인 144명, 군인 22명, 경찰 4명 등 합계 170명의 사망자가 발생했으며, 127명의 민간인, 109명의 군인, 144명의 경찰이 다쳤다고 공식 발표했다. 하지만 누구도 이를 믿지 않았다. 아직도 희생자 수가 정확하게 집계되지 못했지만, 5·18 무렵 실종자까지 포함할 경우 5,000명이 훨씬 넘는 시민들이 숨지거나 다쳤을 것이란 추정이 나올 정도이니 공식 발표가 얼마나 턱없이 축소됐는지 알 수 있을 것이다. 민주주의를 지키려던 광주시민들의 투쟁은 그렇게 막을 내렸다. 그리고 그 진실은 신군부의 철저한 언론통제와 그에 야합한 주류언론의 왜곡 탓에 오래도록 가려져 있었다. 그러나 현장에 있던 (지금은 영화 「택시운전사」 덕에 잘 알려진) 독일 기자 위르겐 힌츠페터(Jürgen Hinzpeter)를 비롯한 외국 언론인들과, 황석영을 비롯한 광주시민들의 노력을 통해 진실이 밝혀지면서 광주민주화운동은 한국 민주운동사의 중요한 이정표로 인정받게 되었다.

2. 운동권의 '생각의 스승'

급진화하는 학생운동

광주항쟁을 진압한 전두환은 거침없이 권력 찬탈을 향해 질주했다. 먼저 대통령 자문기구인 국가보위비상대책위원회를 만든 뒤, 사회 각 부문에서 자신의 권력가도에 방해가 되는 세력들을 제거해나갔다. 박정희 정권 실세였던 김종필을 비롯한 정치인들은 부정축재자로, 그밖에 고급공무원·언론인·교수들은 사회정화의 명분으로 내쫓았다. 『창작과비평』을 비롯한 주요 잡지들이 폐간됐고, 언론기관도 통폐합해버렸다. 이렇게 온 사회를 공포 분위기로 몰아넣은 뒤 그는 허수아비였던 최규하 대통령을 몰아내고 스스로 대통령에 취임했다. 군부의 광주항쟁 진압을 방관·방조했던 미국은 로널드 레이건(Ronald Reagan) 대통령이 취임 후 첫 손님으로 전두환을 맞이함으로써 신군부 정권을 즉각 승인했다.

유신정권이 종말을 고한 뒤 민주화된 나라를 소망하던 다수의 국민들은 미국의 이런 태도에 배신감을 느꼈다. 대학가에선 반미 분위기가 고조됐고, 과거와 같은 투쟁방식만으로 세상을 바꿀 수 없다는 생각을 가진 학생들이 늘어났다. 학생운동은 갈수록 이념적으로 변해갔다. 많은 학생들이 미국식 자본주의를 넘어설 대안을 찾기 시작했다.

노동자들을 조직해 사회혁명을 일으키는 것만이 우리 사회를 진정으로 변화시킬 수 있는 길이라고 믿는 학생들은 학교를 떠나 노동현장으로 들어갔다. 산업현장에서 노동조합을 결성하려는 노력들이 전개되고, 노학연대투쟁도 벌어지기 시작했다. 이렇게 사회변화를 꿈꾸며 자신의 안락한 삶을 버리고 현장으로 뛰어든 학생들에게 가장 큰 영향을 끼친 당대의 지식인은 여전히 리영희였다. 『8억인과의 대화』와 『우상과 이성』은 나오자마자 판금되고 1974년에 나온 『전환시대의 논리』도 그가 반공법 위반혐의로 형을 선고받은 뒤 금서가 되었지만, 그것으로 책의 유통을 막을 수는 없었다. 대학가와 광화문에 이런 금서를 비밀리에 구해주는 서점들까지 등장해 그의 책들은 여전히 운동권 젊은이들의 교과서 노릇을 했다. 1980년대 초 공안 당국이 은밀하게 대학생들이 선호하는 책 30권을 조사했을 때 『전환시대의 논리』와 『8억인과의 대화』가 1, 2위를 차지하고, 『우상과 이성』이 5위에 올랐을 정도로 인기가 여전했다.[6]

그러기 때문에 1970~80년대 한국 민주화운동에서 중요한 역할을 한 많은 지식인과 운동가들이 리영희의 저작을 통해 사상적 개안을 했다고 고백하고 있다. 1970년대 후반 대학을 다녔던 유시민(柳時敏, 노무현재단 이사장)은 "리영희 선생은 나에게 철학적 개안의 경험을 안겨준 사상의 은사이며, 『전환시대의 논리』는 품위 있는 지식인의 삶이 어떠해야 하는지 가르쳐준 인생의 교과서"[7]라고 말했다. 조희연(曺喜昖, 서울시 교육감)은 유신 교육 아래서 이미 자신의 일부가 되어버린 냉전의식과 사고의 깊은 중독 상태에서 벗어나는 '지적 해방의 단비'를 『전환시대의 논리』에서 맛보았다고 고백했다.[8]

1983년에 대학에 입학한 김창수(金昌洙)는 대학 입학 후 베트남전쟁에 대한 리영희의 논문을 읽고 난 후 "머릿속에서 지진이 일어났다. 그동안 익혀온 가치체계가 우르르 무너지기 시작했다. 그리고 새로운 진리의 싹이 머릿속에서 돋아나기 시작했다"고 밝혔다. 그리고 그것이 계기가 되어 "80년대의 불타오르는 학생운동의 대열에 참여"했을 뿐만 아니라 "체제순응적인 삶을 거부하고 능동적으로 자신의 삶을 개척하고 진리를 추구하는 세계관을 확립하기 위해 몸부림"치게 되었다고 덧붙였다.[9]

이렇게 의식화된 학생들은 더욱 가열차게 투쟁을 전개했고 정권의 탄압 역시 그에 비례해 혹독해졌다. 수많은 젊은이들이 학원에서, 그리고 노동현장에서 체포됐다. 많은 젊은이들이 김창수처럼 자신들의 투신이 리영희에게서 비롯됐다고 고백했다. 1982년 3월 부산 미국문화원에 방화해 재판에 회부됐던 문부식(文富軾)과 김은숙[10]도 『전환시대의 논리』와 『우상과 이성』을 통해 미국의 실체를 깨닫고 행동에 나섰다고 증언했다. 이 사건에 증인으로 소환된 리영희는 증언에서 방화와 같은 폭력적 투쟁 방식에 동의하지 않는다는 점을 분명히 했다. 고병권은 그의 감화를 받아 행동에 나선 이들이 그가 동의하지 않는 일을 하게 된 것은 그가 자신과 같은 생각을 갖는 사람이 아니라 스스로 생각하는 사람을 만들었기 때문이고, 바로 그 점 때문에 그가 '사상의 은사', 또는 '생각의 스승'으로 불리는 것이라고 주장했다.

이 사건 외에 다른 여러 시국사건에도 그는 증인으로 소환됐다. 사건 관련자인 학생이나 노동자들이 그의 책을 보고 각성해 투쟁에 나서게 됐다고 진술했기 때문이었다. "재판과정을 통해서, 나 자신은 알지 못했던 나의 사회비판 사상적 영향력을 확인할 수가 있었지요. 우리 민중이 이제 몽매하지 않다는 사실을 절실히 느꼈어요. 충분히 가르칠 사람이 있어서 올바른 지식과 사상과 이념을 전달해줄 수만 있다면, 돌처럼 굳어진 머리에 인식의 빛과 판단에 필요한 산소를 집어넣어줄 수 있고, 젊은 귀머거리의 귀를 열어주고, 벙어리의 입을 열어 소리를 지르게도 할 수 있다는 것이 입증된 듯한 느낌이었어."[11]

외동딸도 노동현장으로

그의 영향은 그의 가족도 비껴가지 않았다. 외동딸 미정이 학교를 그만두고 노동현장으로 들어간 것이다. 삼남매 가운데 가장 그를 많이 닮은 미정은 어릴 때부터 신문을 읽고 밥상머리에서 아버지와 토론하며 세상에 대한 자기 나름대로의 식견을 쌓아갔다. 1981년 연세대 생물학과에 들어간 그는 곧 학생운동권에 합류했다. 뛰어난 생물학자가 되기를 바랐던 딸이 공부의 길을 접고 학생운동 쪽으로 방향을 잡는 것을 본 리영희는 장기적 안목에서 생각해보라며 만류했다. 당장 학생운동에 합류하는 것보다 깊이 있는 공부를 통해 우리 사회에 더 많은 기여를 할 수 있다면서. 하지만 미정은 지금이라면 아버지의 충고를 받아들일 수 있고, 또 그 충고가 옳다고도 생각하지만, 당시로는 아버지가 학생운동을 인정하지 않는 것으로 생각해 반발했다고 한다.

주변에선 수많은 젊은이를 의식화시켜 감옥으로, 공장으로 보낸 그가 같은 길을 선택하려는 딸을 만류한 것을 두고 '이중적'이라고 비판하는 이들도 있었다. 이에 대해 미정은 "아버지가 내게 말한 것은 위험을 피하라는 것이 아니라, 운동을 하려면 본격적인 직업혁명가가 되라는 것이었다. 아버지는 가정에서도 자신의 말과 삶을 일치시킨 분이었다"며 학내 유인물 사건으로 구속됐을 때 일화를 전했다.[12] 수사 검사가 딸을 설득해달라고 불렀는데 그 자리에서 그는 딸을 설득하는 대신 자신이 한 일에 스스로 책임져야 하고 어떤 어려움이 있더라도 동지들에게 책임을 전가해선 안 된다는 충고를 했다는 것이다. 그후 미정은 학교에서 제적된 뒤 공장에 취업해 노동운동의 길을 걸었다.

3. 중국 연구를 접다

　　젊은이들에 대한 영향력은 여전했지만, 생계를 책임진 가장으로서
리영희의 삶은 고단하기 짝이 없었다. 실직 상태이니 생계를 위해 글이
라도 써야 했지만 그것조차 마음대로 할 수 없었다. 1980년 소요사태 배
후 조종자로 몰려 중앙정보부에 끌려갔을 때, 그들이 절필을 요구한 탓
도 있지만 글을 쓴다 해도 그것을 발표할 지면이 없는 게 더 큰 문제였
다. 전두환 정권의 언론통폐합 조처로 『창작과비평』이나 『문학과지성』
같은 주요 잡지들이 모두 강제 폐간돼버렸기 때문이었다.

　　이런 상황에서 그가 선택한 일은 번역과 자신의 인생에 대한 정리였
다. 번역작업의 결과물은 1982년과 1983년에 『중국백서』와 『10억인의
나라』로 묶여 나왔다. 『중국백서』는 국공내전이 끝난 1949년 8월 미 국
무부가 기밀문서를 포함한 방대한 자료를 편집·정리해 의회에 보고한
공식 문건이다. 따라서 이 문건은 중국의 공산화에 대한 미국정부의 책
임을 묻는 의회에 대한 답변의 성격을 지녔다. 미국은 국공내전에서 마

오쩌둥의 공산세력에 맞서 싸우는 장제스의 국민당 정부를 물심양면으로 적극 지지했지만, 장제스는 패퇴해 대만으로 도망치고 말았다. 당연히 이 백서에 미국정부의 자기변명과 국민당 정권에 대한 비판이 포함돼 있을 것은 자명한 이치다. 그가 이 책의 서문에서 독자들에게 이 문건이 갖는 미국정부의 자기변명적 성격을 감안하고 볼 것을 주문한 까닭이다. 그럼에도 그는 이 백서가 국공내전의 양 당사자를 '중립적 조정자'의 시각에서 어느정도 공정하게 파악했다는 점에 의미가 있다고 보았다.

국공내전에서 국민당이 패한 이유를 밝힌 로이드 이스트먼(Lloyd E. Eastman)의 『장개석은 왜 패하였는가』가 번역 출간된 것은 이 백서 출간 2년 후였다. 이 책을 번역한 민두기는 '역자 머리말'에서 이스트먼의 책의 특징을 "공산당이 국민당 정권을 멸망시킨 것이 아니고 국민당 정권 스스로가 무너진 것이며, 그 붕괴는 진보와 개혁을 요구하는 세력 때문이 아니라 그 세력의 주장을 받아들일 수 있는 정권 구조의 민주성이 결여되었기 때문이라는 결론을 수많은 희귀한 자료의 공정한 분석과 치밀한 논리를 가지고 설득력 있게 논증해가고 있는 것"[13]이라고 소개했다. 리영희가 『중국백서』나 그밖에 중국에 관한 글을 통해 보여주고자 했던 견해를 주류학계의 대표적인 학자인 민두기와 이스트먼이 확인해준 셈이다.

『8억인과의 대화』의 후속편에 해당하는 『10억인의 나라』는 그의 중국 연구를 매듭짓는 책이라는 의미를 지닌다. '모택동 이후 중국대륙'이란 부제처럼 이 책은 마오쩌둥 사후 권력을 장악한 덩샤오핑(鄧小平)체제의 이념과 그가 추구한 4대 현대화, 서민의 삶과 지식인의 고민, 나아가 통일문제에 이르기까지 당대 중국의 다양한 면모를 다뤘다. 이 책에서 그는 외국의 전문가의 글과 공식 문서를 번역 소개하는 외에 「중・

소분쟁의 이해」 등 여러편의 글을 직접 써 넣었다.

『10억인의 나라』를 끝으로 그는 중국 연구에서 손을 뗀다. 이유는 크게 두가지였다. 해직으로 한양대 중국문제연구소를 이용할 수 없게 된 것이 표면적 원인이었다. 그러나 더 중요한 이유는 덩샤오핑 등장 이후 중국이 그가 생각하던 제3의 길을 포기하고 자본주의 경제노선으로 방향을 틀었기 때문이었다.

"등소평(덩샤오핑)이 명실공히 중국 최고 권력자로 추대되고 사회개방 조치와 함께 자본주의 도입에 박차를 가한 것이 80년대 초기요. 중국과 중국 인민의 물질생활 향상을 위해서 마땅히 가야 할 길인 것이지. 그러나 동시에 자본주의화하는 중국에 대한 연구는 더이상 나의 몫이 아니라고 결정했어. 나는 인류 삶의 제3의 길로서의 중국, 사회주의 실험장으로서의 중국혁명에 연구의 정열을 쏟아온 것이지, 자본주의 중국이라면 전통적 서구·미국식 경제 연구가들의 몫이라고 생각해서 단념했지. 이때부터 나는 소위 '중국 연구'에서 손을 떼고 당연히 글도 안 썼어. '시원하기도 하고 섭섭하기도 하다'는 그때의 내 심정을 이해하겠지요?"[14]

중국혁명을 미국식 자본주의와 소련식 관료적 사회주의를 넘어설 대안을 찾는 몸부림으로 여기고, 우리 사회에 새로운 가능성으로 소개해왔던 그에게 중국이 자본주의식으로 변화해가는 모습은 실망스러운 일이었을 터였다. 그에게 중국 연구는 중국 그 자체에 대한 학문적 관심을 넘어 한국사회에 대한 그의 앙가주망의 일환이었기 때문이었다. 하지만 이렇게 중국혁명이 변질해간, 또는 변질해갈 수밖에 없었던 이유에 대한 궁구를 포기한 것이, 그가 사회주의권 붕괴 이후 좌우 양쪽으로부터 모두 비판받는 원인 가운데 하나가 되었다. 이 과제를 감당하는 것이 비판적 중국학이 할 일일 터인데, 이는 후학의 몫으로 넘겨졌다.

4. 네번째 구속과 대학 복직

기사연 사건

중국에 관한 두권의 책을 출간한 후 1983년 가을 리영희는 자서전 집필작업에 매달리기 위해 경기도 가평에 있는 유인호 교수의 별장으로 들어갔다. 그가 자신의 삶을 돌아볼 생각을 한 것은 창작과비평사의 권유도 있었지만, 그의 책으로 인해 인생의 변화를 겪은 젊은이들에게 자신을 설명할 필요를 느껴서이기도 했다.

"70년대와 80년대의 민주화혁명의 과정에서 무수히 많은 이 나라의 젊은이들이 국가보안법과 반공법으로 권력에 의한 탄압을 받는 법정에서 『전환시대의 논리』를 비롯한 나의 저서들이 문제의 발단이라는 사실을 확인할 수 있었다. 국가권력의 대리인인 검찰의 논고는 사건마다 나의 저서들을 열거하며 매도했다. (…) 그로 인해서 나는 수많은 재판의 증인으로 지정되고 또 증언대에 서야 했다. 권력의 핍박을 받는 그들, 정의감에 넘치는 고결한 정신의 소유자들이 나의 저서를 처음으로 접한 후부터 겪은 내면적 변화에 따르는 희열과 갈등, 그로 인한 실천적 삶의 과정에서 당한 시련과 고통에 관해서 수없이 많은 고백을 직접 듣기도 했다. 법정투쟁과 개인적 고백의 견문을 통해서 차츰 나는 그들이 나의 삶의 일부분인 것과 같이 나도 그들의 삶의 일부임을 확인하게 되었다. (…) 이렇게 해서 나는 나의 삶과 살아온 과정을 그들에게 고백할 도의적 의무를 느끼게 되었다."[15]

그러나 1983년 시작된 집필작업은 1984년 초에 중단되고 말았다. 기독교사회문제연구원(기사연)에서 통일문제에 대해 강의한 내용이 문제가 돼 1984년 1월 당국에 연행되었기 때문이다. 그의 삶의 기록은 박정희 시대 초인 1963년에서 멈추었고, 그 상태로『역정: 나의 청년시대』라는 이름을 달고 1988년이 되어서야 세상에 모습을 드러냈다.

『역정』개정판의 발문에도 썼듯이 이 자서전은 두가지 측면에서 의미가 있다. 일제 식민지 아래서 태어난 젊은이가 해방공간과 6·25전쟁을 겪으면서 어떻게 비판적 지성인으로 성장해갔는가를 보여주는 한 인간의 성장 스토리로서의 측면이 그 하나다. 다른 하나는 일제 식민지에서 1960년대 초에 이르는 시기에 일반 민중이 살아내야 했던 삶의 실상, 즉 생활사로서의 측면이다. 그의 분석적인 글들과 달리 인간적 체취가 물씬 묻어나는 이 자서전은 자신의 시대에 맞서 온몸으로 분투해온 한 청년의 초상화다.

자서전의 완성을 막은 기사연 사건의 발단은 1983년 초로 거슬러 올라간다. 비교적 진보적 시각의 연구소였던 기사연은 해마다 한국사회의 주요 쟁점 가운데 하나를 그해의 주제로 삼아 연구해왔다. 1983년의 연구주제는 '교육과 사회'였다. 연구소 쪽은 그 일환으로 교과서의 통일 관련 내용을 분석해보기로 하고, 전문가들의 의견을 듣는 자리를 마련했다. 이 자리에 서울대 김진균(金晉均) 교수, 고려대 강만길(姜萬吉) 교수와 함께 그도 초대받았다. 그의 강의 주제는 '남북의 분단 현실과 분단을 유지하고 있는 제반조건'이었다. 수강자들은 대체로 중고등학교 교사들이었다. 한국전쟁의 성격 규정을 비롯해 그동안 통념적으로 알고 있던 것과 다른 그의 강의 내용에 수강자들은 열띤 반응을 보였지만, 문제를 제기하지는 않았다. 그런데 엉뚱한 곳에서 사달이 났다. 당시 운동권에서 나돌던 「야학비판」이란 팸플릿의 유통경로를 조사하던 경찰이 그 강의를 수강했던 김한조(金漢祚) 교사[16]의 집을 압수수색하다가 김교사의 강의초록을 발견한 것이다.

당국이 문제 삼은 것은 한국전쟁의 성격 규정에 관한 내용이었다. 그는 6·25전쟁이 북한의 남침에 의한 것임은 분명하지만, 그 성격을 규정할 수 있는 여러 측면이 있고 그에 따라 다른 명칭을 붙일 수 있다며, "분열된 민족의 재통일을 위한 통일지향 세력과 반통일 세력의 투쟁, 현상유지 세력과 현상타파 세력의 투쟁, 민족자주노선과 외세의존·외국보호 세력의 투쟁, 민족의 실지(失地) 회복이라는 민족생존권적 접근 등 여러 측면의 해석과 정의가 가능하다"[17]고 설명했다.

교사들을 수사했던 치안본부 대공분실의 박처원 처장은 이 사건에서 생각지도 않은 리영희가 등장하자 흥분했다. 의식화의 원흉을 제거할 기회가 찾아왔다고 생각한 박처원은 자신의 승리를 직접 확인하고자 리영희를 자기 방으로 불렀다.

박처원은 "두번째 나와 맞서게 됐구만. 첫번째 사건의 재판 때 당신은 석방될 수 있거나 집행유예가 될 수도 있었고, 모친이 돌아가셨을 때 최소한 분향이라도 하게끔 잠시 나갈 수도 있었지. 그런데 그 모든 일을 못하게 한 것이 사실은 나야!"¹⁸라고 자랑하듯이 떠벌렸다. 분한 마음이 들었지만 손발이 묶인 그로서는 할 수 있는 게 없었다.

공안부장 이건개(李健介)와 담당검사 이희윤도 박처원의 장단에 춤을 췄다. 엄청난 이적 사건으로 부풀리기 위해 갖은 협박을 다 했다. 그러나 그들의 뜻대로 사태가 흘러가지는 않았다. 그들이 기사연 원장까지 국가보안법으로 엮으려고 하자, 세계교회협의회(WCC) 등 국외 기독교계로부터 항의가 빗발쳤다. 전두환 정권도 사태의 확산을 원치 않았다. 바로 직전에 로널드 레이건 미국 대통령이 방한해 좀더 유화적인 정책을 주문한데다 5월에는 요한 바오로 2세 교황의 방한도 예정돼 있었던 때문이었다.

어쩔 수 없다고 판단한 이건개는 그에게 방송을 통해 공개적으로 잘못을 인정하면 풀어주겠다고 제안했다. 당시 방송은 하나같이 권력의 시종이나 다름없었다. 이들에게는 권력이 요구하면 자의적 편집으로 사실을 왜곡하는 것도 어려운 일이 아니었다. 그렇기 때문에 리영희는 녹화방송이 아닌 생방송이면 하겠다고 역제안을 했다. 실랑이 끝에 이건개가 이 요구를 받아들임에 따라, 방송기자와 인터뷰 형식으로 자신의 부주의를 인정한 뒤, 구속 43일 만에 기소보류 조처로 석방됐다.

그가 기사연 사건에서 풀려나는 데는 앞에서 언급했던 국외의 압력이 주효했던 것이 분명한 사실이다. 그러나 김영삼의 단식이 전두환 정권의 억압적 통치 기조를 완화하지 않을 수 없게 만든 점 또한 지적하지 않으면 안 된다. 정치활동이 금지된 채 가택연금 상태에 있던 김영삼은 1983년 5월 광주민주화운동 3주년을 맞아 가택연금 해제와 민주주의 회복을 요구하며 단식을 감행했다. 하지만 국내 언론 가운데 23일 동안이나 계속된 그의 단식을 제대로 보도한 곳은 단 한곳도 없었다. 그저

'현안'이라는 암호 같은 말로 지칭했을 따름이었다. 그러나 정권의 통제 밖에 있던 세계적인 시사주간지『타임』등 외국 언론들은 김영삼의 단식 소식을 주요 뉴스로 보도했다. 전두환 정권에 대한 국제적인 비판이 고조됐다. 당시 미국에서 활동하던 김대중은 전두환 정권의 인권탄압을 폭로하고 한국 민주세력에 대한 국제적 지지를 확보하기 위해 이 기회를 적극 활용했다. 김대중은 1980년 광주사태를 배후 조종했다는 조작된 혐의에 따라 사형선고를 받았지만, 미국의 압력 덕분에 형집행정지로 풀려나 미국에 망명해 있었다. 김대중은 김영삼의 단식에 지지를 보내며, 민주화를 위해 두 사람이 협력할 것임을 천명했다. 국내외에서 두 사람의 협력이 본격화하면서 민주화운동 세력도 다시 본격적으로 움직이기 시작했다.

1983년 11월 레이건 미국 대통령이 한국을 방문했다. 광주민주화운동을 진압한 후 연달아 미국문화원에 대한 방화사건이 일어나는 등 한국 내에서 반미 분위기가 고조되는 것을 우려해온 레이건은 한미정상회담에서 전두환에게 좀더 온건한 국내 정책을 주문했다. 국내외의 압력에 직면한 전두환 정권은 유화책으로 방향을 전환하지 않을 수 없었다. 그 첫번째가 12월 21일 이뤄진 이른바 '학원자율화 조치'였다. 그동안 대학에 상주했던 경찰을 철수시키고 해직교수 복직과 제적학생 복교 등의 조처를 대학 자율로 결정할 수 있게 한 것이다. 이 조처에 따라 이듬해인 1984년 봄 광주민주화운동과 관련되어 해직된 교수 전원이 복직됐다. 하지만 한양대는 리영희를 복직시키지 않고 미적거렸다. 기사연 사건으로 기소유예 상태라는 게 핑계였다. 여러 언론이 이를 문제삼고 동료 교수들의 항의가 이어진 뒤에야 복직 결정이 내려졌다.

한양대 복직

복직이 늦어진 탓에 그가 강의를 다시 시작한 것은 1984년 가을학기부터였다. 학생들은 8년 만에 본격적으로 강의에 복귀한 그를 환영식을 열며 반겼다. 그런데 학교 분위기가 그 이전과 사뭇 달랐다. 광주민주화운동과 전두환 독재체제를 겪은 젊은이들이 대안적 이념을 갈구하기 시작하면서 대학의 학풍에도 커다란 변화가 일어나고 있었다.

그 결과 신문방송학과 대학원생들이 "좌파 매스컴 강좌의 특설을 요구"할 정도로 대학의 이념적 지형은 그가 보기에 "거의 한세기를 뛰어넘은 것과 같은 상태"였다.[19]

"1980년대 기존 언론에 비판적이었던 신방과 학생들은 일제시대부터 이어져온 우리 언론의 행태를 비판하면서 대안언론 또는 대항언론의 가능성을 모색하는 연구모임을 만들었다. 서울대·연세대·고려대·한양대 등 여러 대학의 연합동아리인 한국사회언론연구회가 꾸려졌고 이 연구회를 중심으로 비판적 언론 이론 등을 공부했다"[20]고 당시 한양대 신방과 4학년생이던 윤창빈은 전한다. 이들은 유학 가 있던 동문들로부터 좌파 매스컴 이론을 다룬 책들을 구해 함께 공부하기도 했다.

이런 분위기 속에서 그가 복직하자 학생들은 큰 기대를 걸었다. 윤창빈처럼 공부를 계속할 생각이 없었던 학생도 그 밑에서 공부하기 위해 대학원에 진학할 정도였다. 그는 학생들의 기대에 부응했다. 우선 사회비평이란 글쓰기 강의와 『타임』지 강독 강의를 맡았다. 사회비평 시간에 그는 학생들에게 매주 스스로 하나의 주제를 정해 원고지 10매 분량의 글을 쓰도록 했다. 신방과 이외의 학생들도 많이 선택해 수강생이

40~50명 정도 되는 제법 큰 규모의 강의였다. "선생님의 강의는 모든 면에서 철저했다. 3시간 연속 강의였는데 단 10분도 단축수업을 하는 경우가 없었다. 그리고 매주 학생들이 쓴 글을 일일이 빨간 펜으로 수정해 돌려주었다. 문장을 고치고 틀린 한자를 바로잡아주는 것은 물론이고, 원고지 마지막 쪽에는 글에 대한 평까지 써주었다"고 사회비평 수업을 수강했던 오세훈(씨알재단 운영위원)은 회고했다. 그의 철저한 지도 덕에 단순히 글 쓰는 법을 넘어 사회현상에 대한 자신의 주체적 시각을 키울 수 있었다는 것이다.

『타임』 강독은 전부 영어로 진행하는 수업이었다. 그는 기사 내용에 대한 분석이나 평가를 모두 영어로 진행했고, 학생들 역시 영어로 답하고 질문해야 했다. 지금은 영어로 하는 수업이 많지만, 1980년대엔 선구적인 강의였다.

5. 본격화한 한반도 연구

한반도 정세의 질적 변화

중국 연구를 내려놓은 리영희는 복직한 이후 본격적으로 한반도 문제로 눈을 돌렸다. 그가 중국 연구에서 한반도 주변 문제에 대한 연구로 방향을 튼 것은 시인 고은의 말처럼 또다른 금기에 대한 도전행위였다. 70년대 금기의 영역이었던 베트남과 중국 연구에 도전해 맹목적 반공주의의 허울을 벗겼듯이 "남북한 문제의 절실성에 직면해 그 누구도 감히 말하지 못하는 진실을 드러내는 위험에 뛰어"[21]든 것이었다.

1980년대 초중반, 북한 연구는 아직도 위험한 영역으로 남아 있었다. 내외문제연구소 등 관변연구소가 연구를 독점하면서 민간의 객관적인 연구를 사실상 가로막고 있었다. 독자적인 연구를 통해 좀더 객관적으로 북을 보려다간 국가보안법이나 반공법 위반으로 엮일 위험이 높았다. 그러한 위험을 무릅쓰고 그가 한반도 주변 연구에 뛰어들기로 결심한 것은 당시 한반도 주변정세가 크게 소용돌이치며 위험한 방향으로 움직이고 있었기 때문이다. 그는 한반도 평화와 핵무기의 위험성 그리고 일본의 재무장 움직임을 본격적으로 탐구하기 시작했다. 그에게 이런 연구를 추동한 것은 바로 초강대국들의 '무제한 군사대결 정책'이 한반도의 장래에 끼칠 위험에 대한 우려였다.

미국의 '무제한 군사대결 정책'은 레이건이 대통령에 당선되면서 시작됐다. 소련을 '악의 제국'으로 여겨온 레이건은 무제한 군비경쟁을 통해 그 악의 제국을 무너뜨린다는 전략을 채택했다. 1983년에 발표한 전략방위구상(SDI)이 그 대표적인 정책이었다. '별들의 전쟁'이라고도 불린 이 정책은 우주공간에서 우월적 지위를 확립할 수 있는 신무기체제를 개발함으로써 소련을 무제한 군비경쟁에 끌어들이고, 그를 통해 소련의 경제적 기반을 약화시켜 와해시키는 것을 목표로 삼았다.

레이건의 등장으로 미국과 소련의 대결국면이 점차 심화돼가던 1982년, 일본에서는 전후 총결산을 내세운 나까소네 야스히로(中曾根康弘)가 총리에 선출됐다. 태평양전쟁에서 패한 일본의 전후 기본노선은 평화헌법 아래서 일본의 안보를 미일동맹 체제에 맡기고, 경제적 번영을 추구하는 것이었다. 나까소네는 이제는 전후정치를 청산하고, 일본도 경제대국에 걸맞은 국제적 역할을 해야 한다고 주장했다. 미국도 아시아지역에서 소련에 대한 포위망을 구축하기 위해 일본이 더 적극적인 역할을 해줄 것을 요구했다. 나까소네는 지금이야말로 평화헌법에 묶인 전후정치를 끝내고 일본을 다시 전쟁할 수 있는 나라로 만들 호기라고 여겼다. 그는 일본열도를 소련을 저지하기 위한 '불침항모(不沈航母, 가라앉지 않는 항공모함)'로 만들겠다고 선언하며, 미국의 요구에 적극 호응했다. 이를 위해 방위비 분담을 늘리고, 방어용 위주로 구성됐던 군사력을 공격용으로 바꿔가면서 군사대국화의 시동을 걸었다. 또 전후 정치 청산에 걸림돌이 되는 일본인들의 의식 전환을 위해 평화헌법과 교과서 개정 작업을 본격화하는 한편 그동안 금기시돼왔던 야스꾸니신사 참배까지 단행했다.

　나까소네의 움직임에 고무된 미국은 이참에 한국을 미일동맹의 하위 파트너로 만들어 궁극적으로는 한미일 삼각동맹으로 발전시키려고 했다. 그러나 그것은 쉬운 일이 아니었다. 일본의 식민지배를 기억하는 한국인들이 한일 군사동맹에 큰 거부감을 갖고 있었기 때문이다. 하지만 불법적으로 권력을 찬탈해 국내 지지기반이 취약했던 전두환 정권은 미국과 일본의 이런 움직임에 추종함으로써 정권에 대한 두 나라의 지지를 확보하고자 했다. 레이건이 미국 대통령에 취임한 후, 그 첫 손님으로 미국을 방문했던 전두환은 "군사안보 전선에서 한국은 동북아에서 미국의 전략적 자산 역할을 할 것"이고 미군과 한국군이 일본의 방위를 분담하고 있는 점을 고려해 "일본이 한국 방위에 투자해야 한다"며 레이건에 맞장구를 쳤다.[22] 1982년 말 한국을 방문한 나까소네는 이런 전두환을 이용해 한미일 삼각동맹을 완성하고자 40억 달러를 원조하겠다고 자청했다.

　이런 상황을 면밀히 추적해 그가 발표한 논문이 「한반도 주변정세의 질적 변화와 우리의 과제」였다. 『기독교사상』 1983년 8월호에 처음 실렸던 이 글은 이듬해 9월 발간된 『80년대 국제정세와 한반도』에선 「한반도 주변정세의 질적 변화」란 제목으로 바뀌었고, 같은 해 10월 출간된 『분단을 넘어서』에는 내용이 일부 보완되고 제목도 「한반도는 강대국의 핵볼모가 되려는가」로 바뀌었다. 전체적으로 거의 유사한 글을 비슷한 시기에 출간한 다른 책에 각기 다른 제목으로 실은 까닭은 정확히 알기 어려우나, 「한반도는 강대국의 핵볼모가 되려는가」에선 "자기가 살고 있는 땅에 미국 미사일 배치를 쉽게 허용함으로써 미국의 핵볼모가 되려는 자들은 미국 정책의 최종 목표가 무엇인지 곰곰이 생각해봐야 된다"[23]고 한 소련의 당 기관지 『쁘라우다』의 사설 내용을 진한 글씨로 강조한 것을 보면 미국과 소련의 대립이 심화되면서 핵전장화의 위협을 좀더 강조할 필요를 느꼈기 때문이었던 것이 아닐까 짐작된다.

그는 질적 변화를 다음의 네가지로 정리했다. 첫째, 우리 민족의 능력과 한계와 관계없이 '무제한' 군비경쟁을 요구받고 있다. 둘째, 해방 후 다시 한반도에 일본 군대가 들어오게 될지도 모르는 상황이 전개되고 있다. 셋째, 한미일 3국 군사동맹체제가 급속히 굳혀지고 있다. 넷째, 한반도가 미·소·중·일 주변 강국의 핵 전쟁터가 될 위험성이 있다.[24]

그는 미국이 지금까지 '미일 안보조약'과 '한미 방위조약'을 통해 간접적으로 묶여 있던 한일 군사관계를 한미일 삼각동맹을 통해 직접적 관계로 만들려는 것으로 보았다.

그가 이런 질적 변화를 크게 우려한 까닭은 김동춘의 지적처럼 당시의 지구적 냉전이 한미관계·남북관계 문제로 집약되는 모양새였기 때문이다.[25] 이런 우려에서 시작한 그의 연구 결과는 세갈래 방향으로 향했다. 한미일 삼각동맹의 위험성을 경고하는 것이 그 첫번째였고, 나가소네의 일본이 지향하는 전후질서 재편의 의미를 정확하게 알리는 것이 그 두번째였다. 마지막 세번째 작업은 미국과 소련의 대결상황에서 두 강대국이 맞부딪치는 한반도가 핵전쟁의 장이 될 수 있음을 경고하는 것이었다.

한미일 삼각동맹과 일본의 우경화

이런 작업의 첫 결과물이 1984년 『분단을 넘어서』로 묶여 나왔다. 이 책에는 「다시 일본의 '교과서 문제'를 생각한다」를 비롯해 한일관계에 천착하는 글 여러편과 「한반도는 강대국의 핵볼모가 되려는가」를 위시해 핵문제를 다룬 글들이 본격 등장하기 시작한다.

리영희는 앞서 말한 「한반도는 강대국의 핵볼모가 되려는가」에서 한미일 삼각동맹이 우려스러운 이유 세가지를 들었다. "첫째는, 해방 이후 이 나라의 모든 분야에서 일제시대의 민족반역자들이 숙정되기는커녕, 오히려 대한민국의 최고 지도부를 장악해온 사실로 말미암아 생긴 대일본 주체성의 상실이다. (…) 둘째는, 지난 40년간 미국에 대한 의존적 생존에 길들여진 이 나라 국민의 의타적 세계관이다. 미국은 장기적 세계전략의 구도상에서 대부분의 한국 후견 책임을 일본에 위임하려 하고 있다. (…) 셋째는, 그리고 가장 중요한 문제는, 미국에 대한 의존을 분단으로 인한 북쪽의 절반 민족과의 대치관계로 합리화하고 정당화해온 변칙적 민족 관념에서, 앞으로는 일본의 군사력으로 남북 대결을 지탱해야 한다는 경직된 사고방식이 지배하지 않을까 하는 염려다."[26]

한미일 동맹으로의 전환이 일본에 대한 정치·경제·군사적 종속을 강화시키고, 분단을 더욱더 고착시키는 방향으로 갈 위험이 있다는 경고다. "군사대국화한 일본정부는 겉으로는 이 민족의 화해와 통합을 바란다고 한다. 그러면서 뒤에서는 '영구 분단된 한반도가 가장 일본의 이익에 맞는 상태'라고 실토하고 있다."[27] 그렇다면 한반도의 통일을 원하지 않는 세력인 일본의 군사대국화 및 일본과의 군사협력은 통일이라는 목표를 가지고 있는 우리 민족의 이익에 부합하지 않다는 것이 그의 주장이다.

그는 또 동맹관계라는 것은 냉정한 국가이익에 바탕을 둔 것이므로, 혈맹이라는 환상에 빠져 한미동맹이 우리 문제를 해결해주리라 기대하는 것은 감상적 생각에 지나지 않는다고 강조했다. 미국 우선주의를 앞세운 트럼프 대통령 등장 이래, 우리는 '혈맹'이라는 한미동맹의 숨겨져왔던 실체를 생생하게 목격하고 있다. 미국은 미군 주둔비용을 몇배씩이나 증액하라고 압박하며 미군 철수 위협까지 한 것이 밝혀지고 있다. 미국에게 중요한 것은 동맹이 아니라 자국의 국가이익일 뿐이었다. 30여년 전 리영희가 우리 문제는 우리 스스로 해결해야지, 미국이나 일본에 끌려다녀서는 안 된다며 한미일 동맹관계 구축 기도를 비판했던 것은 그런 의미에서 여전히 적실성을 갖는다.

두번째 주제인 나까소네의 전후질서 재편 주장의 뿌리는, 그는 태평양전쟁 종결 후 미국이 일본의 전쟁 책임을 제대로 묻지 않고 파트너로 삼은 샌프란시스코체제에 있다. 일본의 군사능력과 경제능력 제거를 목표로 삼았던 미국정부의 대일정책은 중국의 공산정권 수립과 한국전쟁 발발 이후 전면적으로 수정됐다. 일본에 대한 전쟁배상 요구가 전면 취소되고, 재군비 정책이 취해졌다. 그 탓에 일본에선 전범에 속하는 극우 인사들이 전쟁에 대한 책임을 지기는커녕 전후에도 일본을 지배하는 중심세력으로 살아남았다.

"보수적 우익 자민당 집권세력과 그 정치권력을 구성하는 각 부문의 최고 지도급 인사들은 거의 예외 없이 미국의 일본 재군비화 정책으로 전쟁범죄자나 공직 추방에서 풀려난 제국주의 이데올로기의 책임자들이었다. 과거의 반성은 필연적으로, 논리적으로 그들의 과거 행적에 대한 비판이 될 수밖에 없다."[28] 이것이야말로 일본이 전쟁과 식민지배 등 과거사에 대한 책임을 지지 않으려고 버텨온 근본적인 이유다. 여전히 제국주의적 생각에 물들어 있는 이들은 미국에 의해 이식된 평화헌법을 걸림돌로 여겼고, 기회만 되면 '전쟁할 수 있는 나라'로 되돌아가려고 했다.

바로 이런 역사적 배경 아래 등장한 나까소네가 내건 전후정치 청산의 목표는, 경제 대국으로서 상당한 군사력을 확보한 일본이 그 군사력을 아무런 제약 없이 사용할 수 있도록 족쇄를 푸는 것이었다. 그 족쇄는 물론 평화헌법 체제였다.

전후세대 세뇌 위한 교과서 개정

리영희는 나까소네가 전후 평화헌법 체제에서 벗어나기 위한 첫번째 작업으로 교과서 검정기준을 바꾼 것에 주목했다. 1982년은 일본 전체 인구에서 전후세대의 비중이 55퍼센트를 넘어선 시점이었다. 이런 시점에서 이뤄진 교과서 검정기준의 변경은 그가 보기에 '군국주의를 지향하는 세력의 전후세대에 대한 치밀하고 조직적이고 장기적인 일대 세뇌정책'이었다. 그가 특히 교과서 문제를 중요하게 보았던 까닭은 '역사로서의 과거'에 대한 왜곡된 해석이 '현재'를 왜곡하고, 현재에 대한 왜곡이 '내일'의 일본이 가고자 하는 방향을 보여주기 때문이었다.[29] 이것은 바로 군사대국화의 길이었다.

나까소네가 과거의 재해석을 통해 바꾸고자 하는 일본의 미래의 모습을 그는 다음과 같이 전망했다.

"① 군대의 보유를 금지하며 전쟁권을 포기한 평화헌법의 수정 또는 폐기(이른바 '개헌').

② 일본 자위대의 외국 사태 개입 또는 해외 파견.

③ 비핵 3원칙을 폐기하여 미국의 핵무기를 일본 영토(영공·영해) 내에 공식적으로 배치할 수 있도록 할 것. (…)

④ 궁극적으로 일본의 독자적 핵무기 개발의 문을 열어놓을 것.

⑤ '비상사태법' 또는 비상입법의 권한을 정부에 부여할 것.

⑥ 무기 생산 및 무기 수출의 합법화.

⑦ 자위대가 국민에게 총기를 사용할 수 있는 경우의 입법.

⑧ 평화산업의 군수산업 전환보호조치.

⑨ 군사기밀보호법의 입법화.

⑩ 간첩(스파이) 방지법 입법. (…)

⑪ 군대차량의 우선적 통행권 부여. 자위대 이동에 장애가 되는 사유재산의 철거, 이동, 군대에 의한 교통정리권.

⑫ 자위대 사용을 위한 사유재산(토지, 시설, 건물 등)의 강제수용권.

⑬ 위험지구 설치, 민간인 통행금지, 강제퇴거를 명할 수 있는 권한.

⑭ 전 국민의 준군사적 조직화를 위한 '향토방위대' 조직법.

⑮ 그밖의 여러가지 기도에 대한 국민의 반대를 처벌할 수 있는 민주적 기본권과 인권에 대한 제한적 입법조치."[30]

리영희가 이런 불길한 예언을 한 후 30여년이 지난 사이 일본이 어떻게 변해왔는가 되돌아보면, 그의 걱정이 단순한 기우가 아니었음을 확인할 수 있다. 전범이었던 키시 노부스께의 외손자인 아베 신조오(安倍晋三)의 집권기간에 일본은 평화헌법을 수정할 마지막 관문까지 갔고, 자위대의 해외파견 역시 이루어진 지 오래다. 비핵 3원칙은 허울만 남왔고, 무기 수출은 물론, 다른 나라와 무기체계에 대한 공동연구까지 진행하고 있다. 또 각종 교과서에 군대위안부 문제 같은 역사적 사실을 왜곡하고 전쟁 책임을 부인하며 독도가 일본 땅이라는 주장까지 싣고 있다. 심지어 한국의 법원이 징용 한국인에 대한 일본기업의 배상 책임을 인정했다는 이유로, 전략물자 수출규제라는 경제적 보복 카드까지 꺼내들었다.

과거를 묻되, 자신에게 더 준엄하게

그렇다고 그가 일본의 행태만을 비판한 것은 아니다. 일본의 행태와 역사적 책임을 제대로 물으려면, 우리 자신의 역사에 대한 진지한 반성과 청산이 전제돼야 한다는 것이 그의 지론이었다. 그러나 해방 이후 우리는 친일파를 청산하지 못하고 오히려 그들에게 권력을 넘겼다. 그 친일파들이 같은 뿌리를 가진 일본 집권층에 제기하는 과거청산 요구는 공허한 메아리에 그칠 수밖에 없다는 것이 그의 생각이었다.

이런 생각은 일본 집권층이 한국 집권층에 대한 시각을 확인한 1960년대로 거슬러 올라간다. 1963년 오오노 반보꾸(大野伴睦) 자민당 부총재가 박정희 대통령 취임 축하사절을 이끌고 방한했다. 오오노는 1954년 자민당의 전신인 자유당이 자위대 창설을 통한 재군비를 추진할 때 "한국에 얕보여서야 될 말인가, 쓰시마(對馬) 도민은 모두 괭이·낫을 들고서라도 조선인과 싸울 결심을 하고 있다. 이것이 바로 야마또 정신이다"라고 목청을 높이면서 한국과의 대립을 재군비 이유로 내세웠던 인물이었다.[31] 대통령 취임식 후 연 기자회견에서 앞으로 한일관계의 전망을 묻는 질문에, 그는 "나와 박정희 대통령은 부자지간이나 다름없는 친한 사이"라는 말로 답했다. 합동통신 기자로 그 자리에서 취재 중이던 리영희는 즉각 "부자지간이라는 관계를 좀더 자세히 설명해줄 수 없을까요?"라고 질문을 날렸다. 오오노는 순간 흠칫하며 "아…… 나의 표현이 적절치 않았군. 부자지간이라기보다 '형제지간'이라 해야겠군"이라고 말을 바꾸었다.[32]

하지만 부자를 형제로 바꾸었다고 해서 달라질 것은 없다. 그의 발언은 일본 집권층이 박정희를 위시한 한국의 집권층을 그들의 한통속이자 아랫것으로 여기고 있음을 보여주는 증거에 다름 아니었다. 그러니 자신들과 같은 생각을 갖고 행동해온 아들이나 형제의 과거청산 요구를 얼마나 진지하게 고려하겠는가? 바로 여기에 리영희가, 일본에 과거사에 대한 반성을 요구하려면 우리 스스로에 대한 반성부터 해야 한다고 주장해온 이유가 있었다.

"식민제국에 의해 노예화됐던 민족이 독립된 존재로 자기를 회복하려면 우선 노비문서가 찢겨져야 해. 노비문서는 미국이 찢어줬지만 그 민족의 부정적 요소들을 스스로 다시 부정해야만, 즉 '부정의 부정'을 통해서만 '자기긍정'을 할 수 있는데, 일제가 자기를 부정한 모든 것을 마치 무슨 자산인 것처럼 군대와 경찰과 행정과 정치와 학계와 법률 모든 것을 그대로 운영하고 있으니 일본인들이 어떻게 우리를 존중할 수 있겠는가. 일본인으로 하여금 우리를 멸시하게 만드는 이 국가 내부의 '내적 근거'가 우리 속에 있지 않은가. 그런 내적 근거를 제공한 우리 자신이 우리에게 모욕적인 언사를 서슴지 않고 있는 일본만을 탓할 수 있는가. 그러니 우리는 늦었지만 이제라도 자기혁명을 해야 한다."[33]

자기혁명은 과거에 대한 직시로부터 시작해야 한다. 하지만 그 물음의 초점은 우리 자신이 돼야 한다고 그는 보았다. 내일을 위해 과거를 묻되 "상대방에게만 묻지 말고 자기 자신에게 더 준엄하게 물어야 한다. 그것이 우리가 일본과의 관계나 문제를 정확하게 그리고 거시적으로 처리해나가는 요체가 될 것"[34]이라며 "우리의 국가적 체질과 생리의 개선, 그리고 '진정한 의미'의 민족주의를 토대로 하는 국가관계의 재조정이 없이는 앞으로도 일본 교과서는 고쳐지기 어려울 것"[35]이라고 경고했다.

바로 이 지점에서 그는 '우리는 젊은 세대에게 진실하게 기록된 역사를 가르치고 있는 것일까'라고 의문을 제기한다. 일본 교과서의 개악이 일본 미래세대를 세뇌해 군국주의를 부활시키기 위한 것이듯이, 우리의 교과서는 반공주의의 안경을 덧씌워 기득계층의 이익을 지키려는 것은 아닌가 하는 질문이다. 만일 그렇다면 "일본 교과서 문제는 바로 우리나라 자신의 교과서 문제"[36]일 수밖에 없다.

우리 역사교육의 문제를 제기한 리영희의 질문에 대한 답을 찾는 노력은 김영삼 정권에 들어서야 현실화되었다. 김영삼 정권은 최초의 문민정부라는 자부심을 갖고 '역사 바로 세우기 운동'을 전개했다. 이에 부응해 서중석(徐仲錫)을 비롯한 젊은 역사학자들은 역사교과서 개정 운동을 펼쳤다. 정권 안팎의 노력에 힘입어, 국정교과서 체제가 검인정 교과서 체제로 바뀌고, 근현대사 교과서도 발간하게 되었다. 그 결과 학교에서 '진실하게 기록된 역사'를 가르칠 수 있는 환경이 조금씩 조성되기 시작했다.

하지만 오랫동안 한국사회의 주류를 점했던 친일·친미·반공세력에게 이런 변화는 참기 힘든 일이었다. 이명박(李明博)·박근혜(朴槿惠) 정권이 들어서자 그들은 역사의 시계를 되돌리려는 노력을 본격화했다.

뉴라이트를 자임한 그들은 역사교과서를 수정하는 것을 넘어 그것을 국정화하는 데 '올인'했다. 이는 일본 식민지배로 인해 근대화의 초석이 다져졌고, 이승만이 친일파와 협력해 남한만의 단독정부를 수립한 것은 반공을 위해 어쩔 수 없는 일이었으며, 이승만의 그런 선택이 있었기에 오늘의 번영된 대한민국의 기틀이 마련됐다는 자신들의 주장을 미래세대에게 강제 주입하려는 것이었다. 그들의 기도는 국민적 저항에 부딪혀 실패했지만, 그렇다고 그 싸움을 포기한 것은 아니다. 식민지근대화론의 대표적 주창자 가운데 한 사람인 이영훈(李榮薰) 전 서울대 교수는 『반일종족주의』라는 편저를 통해, 한국인의 정신문화는 나와 주변을 선과 악으로 구분하는 샤머니즘에 묶여 있으며, 일본에 대한 국내의 비판은 허구에 기반한 종족주의의 결과물이라는 주장까지 내놓으며 다시 도전에 나섰다. 30여년 전 리영희가 제기했던 '진실되게 기록된 역사' 교육이 아직도 온전히 이뤄지지 못하고 있다는 방증이다. 나라와 나라 사이, 그리고 나라 안에서도 역사인식을 둘러싼 싸움은 현재진행형이다.

"한반도 핵전쟁은 피해야 한다"

그가 일본의 군국주의화와 더불어, 한반도 주민 모두에게 절체절명의 위기를 가져올 것으로 우려한 것은 핵문제였다. 그는 레이건의 핵 선제사용 전략이나 2개 지역 동시전쟁 전략 등을 고려할 때, 한반도가 중동지역과 더불어 핵전쟁의 현장이 될 가능성이 있다고 보았다.

그의 우려는 터무니없는 것이 결코 아니었다. 나가사끼와 히로시마에 핵을 투하해 태평양전쟁을 끝낸 미국은 이후에도 여러차례 핵무기 사용을 검토했다. 한국전쟁 당시 더글러스 맥아더 총사령관이 30기 이상의 핵폭탄을 터뜨려 북한과 중국 사이에 방사능 띠를 만들 것을 촉구한 것을 시작으로, 1950년대 두차례 대만해협 위기와 1962년 꾸바 미사일 위기 그리고 베트남전쟁과 1991년의 걸프전에서도 미국은 핵무기 사용을 검토했었다.[37] 최근 기밀 해제된 미국정부 문서는 1968년 푸에블로호 사건이 났을 때도 미국 내부에선 북한에 대한 핵공격을 검토했음을 보여주고 있다.[38]

그가 한반도의 핵전장화를 우려하게 된 직접적 계기는 1983년 2월 15일 동아일보에 실린 외신보도였다. 미국의 1983 회계연도 국방보고서를 인용한 이 보도는 소련이 중동의 산유국에 개입할 경우 미국은 동북아의 동맹국과 함께 북한에 핵공격을 감행하는 전략을 짜놓았다는 내용이었다.[39] 이런 일이 실제로 일어난다면, 그것은 북한만 피해를 입는 것으로 끝날 수 없음은 자명했다. 당시 한반도에는 미군의 전술핵무기가 배치돼 있었으나, 시인도 부인도 하지 않는다는 이른바 NCND 정책 탓에 그 실상은 베일에 싸여 있었다. 북한이 보복공격에 나설 경우 한반도 전역이 핵으로 인해 초토화될 수밖에 없는 상황이었다.

한반도의 핵전장화에 대한 위험을 경고하기 위해 그는 먼저 핵무기의 치명적 위협을 경고한 글들을 번역 소개하기 시작했다. 미국의 군비관리 및 군축 전문가 두 사람이 공동 집필한 「핵무기 숭배사상의 배리」는 1960년대 이후 핵전략의 기본이 되어온 상호확증파괴(mutual assured destruction, MAD)나 핵사용 목표선정(nuclear utilization targets selection, NUTS) 등의 이론을 비판하고, 핵개발 전략이나 사용 전략은 한마디로 미친(mad) 짓이자 멍텅구리(nut) 전략이라고 질타하는 내용

이었다.[40]

　핵전략에 대한 이런 비판은 당시는 소수의견으로 치부됐지만, 이제는 군축 전문가를 넘어 미국의 외교안보정책을 이끌어온 핵심인사들까지 가세할 정도로 폭넓은 지지를 얻고 있다. 닉슨 시절 국무장관이었던 헨리 키신저(Henry Kissinger), 레이건 시절 국무장관 조지 슐츠(George P. Schultz), 클린턴(Bill Clinton) 시절 국방장관 윌리엄 페리(William Perry) 그리고 미국 상원 군사위원장을 역임한 샘 넌(Sam Nunn) 등 4명이 2007년 1월 「핵무기 없는 세상」이라는 기고문을 『월스트리트저널』에 발표한 것이 그 대표적인 예이다. 이들은 냉전시대에는 핵무기가 상대방의 공격을 억지하는 수단으로 인식됐지만, 냉전이 해체된 지금은 억지력으로 쓸모없어졌을 뿐만 아니라 오히려 위험해졌다고 주장했다. 또 하나의 핵 강국 소련을 이끌며 핵무기 감축을 주도했던 미하일 고르바초프(Mikhail Gorbachëv) 전 소련공산당 서기장 역시 "핵무기가 더이상 안보를 담보하는 수단이 아니다. 핵무기는 해가 지나갈수록 더 안보를 위협하고 있다"[41]며 이들의 기고문에 화답했다.

　하지만 리영희가 이 문제를 본격 제기한 1980년대 한국에서는 핵무기의 위험성에 대한 인식은커녕 핵무기 자체에 대한 언급조차 제대로 할 수 없는 분위기였다. 군사력을 권력의 근거로 삼아온 군부정권은 반핵이나 평화에 대한 요구를 반정부적 행위로 간주해 억압했다. 앞서 언급한 「한반도 주변정세의 질적 변화와 우리의 과제」는 바로 이런 엄혹한 상황에서 발표됐고, 일본의 진보적 잡지 『세까이』에 번역 소개돼 일본에서도 큰 반향을 일으켰다.

　그는 이 글에서 우리와 같이 미국 핵우산의 보호를 받는 북대서양조약기구(NATO) 회원국의 경우, 핵의 배치나 사용에 관해 회원국 중 5개국으로 구성된 핵자문위원회의 협의를 거치도록 하고 있지만 한반도에서는 미국이 한국과 협의 없이 독단으로 핵을 사용할 수 있다는 사실을 폭로했다. 그는 그 전거로 당시 미국 육군참모총장이던 에드워드 마이어(Edward Meyer)의 발언을 인용했다. 1981년 서울을 방문했던 마이어 참모총장은 미국은 통상적 전쟁에서도 전술핵무기 사용을 원칙으로 하고 있다고 밝히고, 특히 한반도에서는 한국 쪽과 협의 등의 절차를 거칠 필요가 없어 핵무기 사용이 훨씬 손쉽다고 확인했다. 한미연합사령관이 핵무기 사용 필요성을 판단해 미국 대통령에게 건의하고, 미국 대통령이 결정을 내리면 한국의 동의 없이도 핵무기 사용이 가능하다는 것이었다.[42] 핵무기 사용으로 피해를 입는 것은 한반도 남북의 주민이지만 우리에게는 아무런 결정권이 없다는 사실을 알게 된 이들은 경악했고, 대학가를 중심으로 핵무기 철수 주장이 나오기 시작했다. 한반도에서 핵전쟁이 발발할 경우, 자신들 역시 피해를 입을 수 있을 것이라고 여긴 일본 쪽에서도 반대여론이 생겨났다.

이후 그는 「핵은 확실히 '죽음'을 보장한다」(1986)나 「핵무기 신앙에서의 해방」(1988) 등 추가 연구 결과를 통해 한국사회에 만연한 핵에 관한 신화를 벗겨내고자 했다. 그는 「핵무기 신앙에서의 해방」에서 한국 국민들이 핵에 대해서 '4무3과(四無三過)'에 빠져 있다고 탄식했다. 핵에 대해서 "무지하고 무관심하고 무감각하고 무민족적"이며 "인간이성을 과신하고 기계의 정밀성을 과신하고 군사력을 과신한다"는 것이다.[43] 이는 반공을 최우선 가치로 삼아온 한국의 역대 군사정권과 군산복합체를 경제의 중심으로 삼아온 미국정부가 심어놓은 핵에 대한 환상을 무비판적으로 받아들인 탓이었다. 그리하여 당시 한국 국민들은 핵이 많이 배치되어 있을수록 안전하다는 환상 속에 사로잡혀 있었다.

핵에 대한 환상은 한국인만의 문제도 아니었다. 그동안 인류가 핵의 가공할 위험에 대해 얼마나 무심했는지는 1994년 북한 핵개발 의혹이 제기됐을 때 '페리 프로세스'를 통해 대화로 문제를 해결할 것을 제시했던 윌리엄 페리 전 미국 국방장관의 발언에서도 확인할 수 있다. 그는 핵무기와 관련한 1960년대의 전략적 사고는 '초현실적'이었다고까지 비판했다. "'마치 핵무기가 그저 핵 이전 무기의 유기적인 진화의 결과물인 양, 핵을 사용한 대포라든지 핵을 장전한 커다란 바주카포 (…) 핵을 사용한 지뢰 같은 무기'를 전장에 내보내는 걸 믿을 수가 없었다. 그러한 행동은 단지 '극도로 무모할' 뿐 아니라 '거의 원시적'이기까지 했다"[44]는 것이다. 1960년대 이후라고 핵이 더 안전하게 통제된 것은 아니었다. 1991년부터 2년간 미국의 전략공군사령부 사령관을 지낸 조지 버틀러(George L. Butler)는 핵 관련 정책 결정에 27년간 종사한 사람이었다. 그는 그 27년간 "'괴롭도록 줄지어 일어나는 전략적 무기·병력과 관련된 사건·사고'를 조사하는 일과 '한 무리의 전문가들이 얼이 빠지는 걸' 보는 일, '핵공격의 위협하에서 결정을 내려야 하는 정신이 멍해질 정도의 압박'을 감당하는 일, '어마어마한 비용' '기술발전에 대한 사정없는 압력' '괴기스러울 만큼 파괴적인 전쟁계획' 그리고 '핵전쟁이 생각해볼 만하다든가 얼토당토않게 과도한 병기들이 있을 법하다고 보게 만든, 냉전 시기에 합리적인 사고를 중단시킨, 공포로 유발된 무감증"[45] 등등 너무나 많은 충격적 일들을 겪었노라고 고백했다.

핵무기를 이성적으로 통제하고 있는 것처럼 주장해온 미국의 실체를 이만큼 적나라하게 드러내 보여주는 증언은 없다. 리영희는 이들의 증언이 나오기 10여 년 전부터 이미 이런 상황을 고발하고 경고함으로써 한반도에서 핵무기의 위험성에 대한 각성을 불러일으켰다.

다행히 한반도에 배치됐던 미국의 핵무기는 소련 해체 이후 미군의 태평양 전략 변경에 따라 남한에서 떠났다. 하지만 1990년대에 들어 북한이 핵무기 개발을 시작하면서 한반도는 여전히 핵의 위험에서 벗어나지 못하고 있다.

6. 새로운 대안, 사회민주주의

토오꾜오대 연구원으로

1980년 리영희의 「광복 32주년의 반성」이 와다 하루끼 토오꾜오대 교수의 번역으로 일본에 소개됐다. 와다 교수는 김대중 납치사건 이래 한일 연대운동 단체인 '일한연대연락회의'를 이끌며 한국 민주화운동을 지지하고 민주화운동 과정에서 탄압받는 인사들을 도와온 인물이었다. 그는 『월간 대화』 1977년 8월호에 실린 이 글을 읽고 리영희라는 사람에 주목했다. 리영희는 이 글에서 일본인이 망언을 되풀이하는 것의 "근원적인 책임과 잘못이 과연 일본인들에게만 있는 것일까?"라고 묻고, "그것을 허용하는 근거가 이 민족, 사회, 국가 내부에 존재해 있는 탓도 있다고 생각된다"라고 밝혔다. 와다는 이 글을 "일한관계를 논하는 방식을 근저에서 바꾸도록 주장한 획기적인 논문이었다"고 평가했다.[46] 그런데 바로 그 직후 리영희가 『우상과 이성』과 『8억인과의 대화』를 발간해 반공법 위반으로 구속됐다는 소식이 전해졌다. 와다는 즉 각 그의 석방운동에 동참했다. 그리고 1980년 『월간 대화』 선집을 일본 어로 출간할 때 이 글을 직접 번역해 포함시켰다. 한국에 대한 일본인의 망언이 되풀이되는 현실에 식민지 유제(遺制)를 청산하지 못한 한국도 일본만큼이나 책임이 있음을 인정한 이 글은 일본 지식인 사회에 큰 반 향을 불러일으켰다. 그러나 리영희는 필화사건의 형기를 마치고 석방 되자마자 또 감옥에 들어갔고 해직됐다. 와다를 비롯한 일한 연대운동 을 하는 이들 사이에서 잠시라도 그가 한국정부의 핍박에서 벗어날 수 있도록 일본에 초청해보자는 의견들이 나왔다.

사실 일본 지식인들이 그를 일본에 초청하려고 한 것은 이때가 처음 은 아니었다. 1974년 『세까이』 9월호에 번역 소개된 그의 「타나까 망언 을 생각한다」를 읽어본 일본 지식인들이 아시아경제연구소의 방문연 구원 자리를 마련하고, 그를 초청하려 했다. 1975년 일한연대연락회의 의 코바야시 후미오(小林文男) 홋까이도오(北海道)대학 교수가 직접 초 청장을 들고 한국까지 왔지만 유신정권의 여권 발급 거부로 이 기획은 성사되지 못했다.

이런 상황이 되풀이되지 않도록 와다 교수가 머리를 짜냈다. 우선 대 학 내에서 그를 초청할 수 있는 기관과 접촉해 초청장을 만든 후, 한국 정부에 여권을 내주도록 압력을 가해보기로 했다. "나는 러시아사 전공 이라 직접 리영희 교수를 초청할 방도가 없었어요. 그래서 친구인 사회 과학연구소 중국연구 주임인 콘도오 쿠니야스(近藤邦康) 교수에게 도 움을 요청했지요. 콘도오 교수가 흔쾌히 승낙하고, 총장 역시 기꺼이 동 의해준 덕에 리교수 초청 건을 성사시킬 수 있었지요."[47] 초청장 문제를 해결한 와다 교수는 주한 일본대사관을 접촉해 그의 여권 발급을 위해 노력해달라고 부탁했다. 대사관의 요청까지 거부하기는 어려웠던지, 마침내 여권이 나오고 출국허가가 떨어졌다. 1960년대 박정희를 수행해 미국을 다녀온 이래 20여년 만에 국외여행이 가능해진 것이었다.

박정희·전두환 치하에서 감옥 같았던 한국 땅을 벗어났을 때의 해방 감을 그는 이렇게 밝혔다. "나의 정신과 몸이 거대한 풍선처럼 부풀어오르는 느낌이었어요. 또 부러졌던 두 날개가 다시 돋아나서 마음대로 훨훨 날아다니는, 해방된 그런 느낌이었지요. 가고 싶은 곳에 가고, 내려앉고 싶은 곳에 내려앉는, 누구도 나를 방해하지 않는 그런 자유!"[48]

1985년 2월 초 토오꾜오에 도착하니 와다 교수가 숙소에서 기다리고 있었다. 와다로선 한국 민주화운동의 투사를 처음으로 실제 대면하는 일이기도 했다.

"리선생은 근엄한 얼굴을 하고 있는 것처럼 보였으나 한번 웃음이 터지자 부드럽고 개방적인 인품이 전해져왔다. 과연, 이런 분이니까 저토록 싸워낼 수 있었겠구나 하는 생각이 들었다. 선생은 여권을 발급받아 출국할 수 있었던 걸 정말 기뻐했다. 숙사(宿舍) 근처 술집으로 가서 선생과 함께 마셨다. 선생은 일본의 식민지 지배, 일본 정치가의 망언은 엄중하게 비판했으나 일본인에 대해서는 반감을 갖고 있지 않았다."[49]

이렇게 맺어진 두 사람의 우정은 리영희가 세상을 떠날 때까지 이어졌다. 군부정권의 기피인물로 한국 방문이 금지돼 있던 와다가 1990년 처음 한국을 방문했을 때 가장 먼저 그를 찾아가 서울을 안내한 이도 리영희였고, 한국 민주화운동의 중심인물들을 소개한 이도 리영희였다.

일본에 도착한 그는 억압적 상황에서 눌려왔던 심신을 달래는 것을 우선으로 하고 천천히 일본사회를 살펴보자고 작정했다. 하지만 일본 생활은 생각만큼 여유롭지 못했다. 대학에서 주는 체재비는 생활하기에도 빠듯해, 여행은 꿈도 꿀 수 없는 형편이었다. 유일한 즐거움은 서점을 순례하는 것이었다. 신간으로 가득 찬 서점이나, 잘 정리된 중고서점에서 이 책 저 책 들척이다보면 하루해가 다 가기도 했다. 일본 서점에는 북한 책들도 꽤 눈에 띄었다. 신기한 마음에 이것저것 살펴본 그는 크게 실망했다. 특히 30여권으로 된 『조선통사』를 보곤 실망을 넘어 불쾌감을 느꼈다.

"『조선통사』는 내가 보기엔 과학적·학문적 체계와 논증이 결여되어서 역사저술이라고 할 수가 없더군. 북한의 학문과 역사기술은 학문이 아니라 이데올로기 일변도적 선전문건 같더군. 참 문제가 많더라구. 가령 『조선통사』의 절반이 김일성 주석 개인의 가보(家譜)나 다름없는 서술이오. '김일성' 그러면 줄이 바뀌어요. 굵은 고딕 글자로 말이지. 그리고 만주에서 독립운동을 했건 중국에서 했건 국내에서 했건 김일성 이외에 독립운동을 한 사람의 이름이나 이야기가 없어요! (…) 그 책을 보면서 북한의 조작된 학문, 스스로 과학적 사회주의라지만 그 지적 생산물을 볼 때 나는 큰 실망과 불쾌감을 금할 수가 없었어요. (…) 북한의 김일성 숭배방식은 과거 일본 국민에게 강요됐던 '천황숭배'와 다를 바 없어요. 아무리 위대하다 해도 인간의 '신격화'는 인간소외의 한 형태야."[50]

그의 사후 10년이 된 지금까지도 일부 보수 우파들은 그를 종북주의자니 주사파의 원조니 하면서 붉은 딱지를 붙이고자 하지만, 북한을 보는 그의 시선은 80년대부터 이렇게 냉정했었다.

독일 사민주의의 재발견

일본 체류기간 중 '독일연방교회 사회과학연구소(Forschungsstätte der Evangelischen Studiengemeinschaft)'에서 초청장을 보내왔다. 6개월 간 '분단 코리아와 분단 독일의 비교연구'를 해달라는 것이었다. 주제도 흥미롭고 독일을 방문해보고도 싶은 욕심에 토오꾜오대에 양해를 구해 체류일정을 단축하고 1985년 초여름 독일(서독)로 향했다. 그가 머물 곳은 연구소가 있는 하이델베르크였다.

하이델베르크의 생활은 일본에서보다 훨씬 활력 있었다. 연구소 쪽이 제공하는 체재비가 일본의 그것보다 훨씬 넉넉했고 하이델베르크가 교통의 요지이다보니 사람들과의 교류도 편하고 여행도 손쉽게 할 수 있었다. 덕분에 독일에 체류하는 동안 그는 유럽 여러 지역을 여행하고 여러 사람들과 만나 많은 지적 자극을 받을 수 있었다. 독일에 유학 중인 학생들은 하이델베르크로 찾아오거나, 자신들의 대학에 그를 초청해 강연회를 열기도 했다. 동포들도 그를 집으로 초청하는 등 환대했다. 하지만 기자로서 동백림 사건을 생생하게 지켜보았던 그로선 교민들의 사적인 초청은 고사하지 않을 수 없었다. 자칫 잘못하다간 생각지도 못한 사건에 휘말릴 위험이 없지 않았기에 조심해야만 했다.

그렇다고 독일에 있는 동안 동백림 사건으로 고초를 겪은 윤이상마저 만나보지 않을 수는 없는 일이었다. 베를린 방문길에 윤이상을 찾았다. 시 외곽에 있는 그의 집은 꽤나 널찍하고 쾌적했다. 독일정부에서 제공한 것이란 설명에 저명한 예술인에 대한 특별대우로 생각했지만 윤이상의 설명은 달랐다. 예술인에 대한 존중이기도 하지만, 기본적으로는 독일식 복지제도의 일환이라는 것이었다. 윤이상은 학비 없는 대학교육을 비롯한 다양한 복지제도에 대해 열심히 설명했다. 그동안 만나본 유학생이나, 이곳에 정착해 사는 동포들도 그런 복지혜택 덕에 낯선 독일생활이 견딜 만하다고 입을 모았었다. 미국식 자본주의와 소련식 공산주의에 대한 대안을 모색해왔던 리영희는 이런 이야기를 들으며 점차 독일이나 북유럽의 사회민주주의(사민주의)가 그가 찾던 대안이될 수 있겠다는 생각을 하게 되었다.

두 사람의 이야기는 동백림 사건에 이르렀다. 이 사건으로 친북 인사라는 딱지가 붙은 윤이상에게 북한과 가까워진 계기를 물었다. 답은 예상 밖이었다. "한민족의 얼과 음악형식을 서양식 오케스트라 곡에 담거나 재현시켜보고 싶어, 서독 주재 한국대사관과 동독 주재 조선대사관에 이용할 만한 음악·예술 자료를 요청했어요. 그런데 조선대사관 쪽에서는 굉장히 많은 자료를 가져왔지만 한국대사관 쪽에서는 자료는커녕 답변도 보내지 않았어요. 그 사건 이후 자연스레 제 예술에 대한 이해를 해주는 북한에 호의적인 생각을 갖게 됐습니다."[51]

분단된 나라의 예술가가 겪었던 비극은 이렇게 엉뚱한 곳에서 시작됐다. 한민족의 정서를 서양음악 속에서 구현해내려는 자신의 예술적 충정을 이해해주는 곳과 그렇지 않은 곳 가운데 어느 쪽으로 예술가의 마음이 끌릴지는 자명한 일이다. 그러나 첨예한 냉전의 대결장에서는 이런 마음의 행로조차 허용되지 않았다.

독일 체류기간 가장 즐거웠던 일은 아내와 함께 영국·스페인·프랑스 등지를 여행한 것이었다. 유럽문명의 중심지를 살펴보는 것 자체도 좋았지만 평생 고생만 시킨 아내에게 조금이나마 보답한 것 같아 더욱 좋았다. 이 여행 중 가장 감명 깊었던 일은 빠리에서 뻬르 라셰즈(Père-

Lachaise) 공동묘지를 가본 일이었다. 빠리의 가장 큰 공동묘지인 이곳은 프랑스의 저명한 문인·예술가·정치인들의 영원한 안식처로 유명하다. 그러나 그가 이곳을 찾았던 이유는 다른 데 있었다. 바로 이곳이 1871년 빠리꼬뮌의 마지막 남은 전사들이 정부군의 진압에 맞서 끝까지 싸웠던 곳이었기 때문이다.

"인류사에서 처음으로 평등사회를 건설하기 위해, '자유로운 노동' '평등의 정의' '우애의 질서'라는 숭고한 이상을 위해서 궐기했던 수만 명의 노동자와 지식인의 공동투쟁은 이렇게 막이 내린 거지. 나는 빠리꼬뮌의 최후의 영웅들이 사살당하고 교수형에 처해진 그 돌담 앞에 기록된 설명문 앞에 서서, 깊은 명상에 잠겨 오랫동안 발을 돌릴 수가 없었어요."[52]

여행할 때조차 그의 머릿속에서는 민족과 나라가 떠나지 않았다. 빠리의 에펠탑이나 스페인의 알함브라 궁전을 보면서, 그리고 로마의 원형경기장을 보면서 그는 같은 시기 우리 민족은 무엇을 하고 있었고 지금은 또 무얼 하고 있는지 묻고 있었다. 유럽문명과의 조우를 통해 그는 우리 사회에 만연해 있는 자민족중심주의야말로 우리의 발전을 가로막는 걸림돌이라는 사실을 다시 한번 아프게 인식했다.

7. 다시 베트남전을 묻다

평가도 반성도 없는 한국사회

리영희가 일본에 체류하던 1985년은 베트남전쟁이 끝난 지 10년이 되는 해였다. 그는 그동안 베트남전쟁에 관련해 쓴 글들을 모아 『베트남전쟁: 30년 베트남전쟁의 전개와 종결』이란 단행본으로 출간했다. 전쟁 후 10년이 넘었지만 여전히 이 문제에 대한 제대로 된 성찰과 반성이 이뤄지고 있지 않은 현실에 경종을 울리려는 뜻에서였다.

그는 이 책에 수록된 글을 쓰기 위해서 미국 상원 비밀청문회의 2,000페이지에 달하는 기록을 입수해서 읽었고, 샤를 드골(Charles de Gaulle) 프랑스 대통령의 회고록, 국방장관을 필두로 한 미국정부 인사들의 회고록, 미국 국방부와 중앙정보국(CIA)의 관련문서 및 현지사령관들의 현장기록 등 희귀문서들을 찾아 읽었다. 이를 통해 그는 남베트남의 패망이 국민과 유리되어 국민의 신뢰를 잃은 정권 탓임을 확인했다. 베트남에서 쓰디쓴 패배를 맛본 프랑스의 드골 대통령도 1961년 프랑스를 방문한 케네디에게 자신들의 실패의 경험에서 얻은 교훈을 전하면서 베트남에 개입하지 말라고 고언했다.

"모든 민족이 눈을 뜨기 시작한 이때 어느 강대국이 어떠한 수단을 동원하더라도 승산할 여지가 희박하다는 것을 곧 알게 될 것입니다. (…) 귀하는 이데올로기를 문제 삼지만, 그것은 아무런 소용도 없을 것입니다. 대중들의 눈은 점차 귀하가 힘을 내세우려 한다는 것을 알게 될 것입니다. 이런 까닭에 미국이 베트남에서 공산주의에 대항하려 하면 할수록 그곳의 공산주의자들은 민족독립운동의 챔피언으로 보일 것입니다. (…) 우리 프랑스 사람들도 그와 같은 경험을 이미 했습니다. (…) 그런데 이제 우리가 이미 끝내버린 전쟁을 다시 불붙임으로써, 우리의 뒤를 따를 작정입니까? 귀하에게 미리 말해두지만 미국이 베트남에 아무리 막대한 물질적·인적 투입을 가한다 하더라도 끝없는 정치적·군사적인 진창 속으로 점점 빠져들어가게 될 것입니다."53

드골은 미국이나 프랑스가 이 불행한 아시아에서 해야 할 것은 아시아인들이 굴욕과 빈곤에서 벗어날 수 있도록 원조를 제공하는 것이라고 강조했지만, 케네디는 냉전적 시각을 벗어던지지 못했다. 베트남이 공산화되면 동남아지역이 차례로 공산화될 것이라는 도미노이론을 맹신해, 베트남전의 수렁 속으로 점점 더 깊숙이 빠져들어 허우적대다가 참담한 패배를 맛보았다. 베트남전 패배 직후엔 미국에서도 이 전쟁에 대한 언급이 금기였지만, 1980년대 들어 그 충격에서 서서히 벗어나면서 미국의 학계는 물론이고 정계에서도 냉정한 평가와 반성이 이뤄지기 시작했다. 언론인과 학자들의 분석적 글들은 물론이고 정치인과 군인들의 회고록도 나오기 시작했다.

하지만 한국에서는 10년이 지난 1985년에도 베트남전에 대한 평가는 어디에서도 제대로 이뤄지지 않았다. 아니, 1980년대뿐 아니라 2020년 현재에 이르기까지도 1970년대에 이뤄진 리영희의 베트남전 연구가 여전히 독보적인 위치를 점하고 있다는 평가가 학계에서 나오는 실정이다. 중국과 베트남에 대한 리영희의 연구를 분석해온 백승욱은 "한국사회에서 베트남전쟁을 비판적이고 자기반성적으로 되돌아보려 한다면 아직도 리영희에게 의존하지 않을 수 없다고 말할 수 있을 만큼 그가 남긴 영향은 크다"[54]고 평가한다. 한국의 베트남전 참전에 대한 평가를 본격적으로 시도한 박태균(朴泰均)의 『베트남전쟁: 잊혀진 전쟁, 반쪽의 기억』이 나온 것은 리영희의 『베트남전쟁』으로부터 30년이나 지난 2015년이었다. 박태균은 지금까지 한국사회의 베트남전쟁에 대한 평가는 "첫째로 미국의 베트남전쟁 개입은 공산주의 확산을 막기 위한 것이었으며, 한국정부는 우방의 입장에서 파병을 결정했다. 둘째로 한국군 파병은 경제성장이라고 하는 국익에 복무했기 때문에 정당하다. 셋째로 전쟁에서 승리하지 못한 것은 남베트남 자체의 분열 때문이었다"라는 세가지 전제에 기초하고 있으며, 이는 "리영희가 『베트남전쟁』을 출간했던 30년 전으로부터 한 발자국도 더 나아가지 못한 것"이라고 개탄했다.[55]

박태균은 참전에 대한 평가에 있어 두 측면을 살펴야 한다고 지적했다. 하나는 베트남전 파병 목적과 그 목적의 달성 여부이고, 다른 하나는 한국군이 베트남전쟁에서 한 일에 대한 평가다. 그가 보기에 박정희가 베트남에 파병한 일차적 목적은 한미동맹과 안보의 강화였다. 그러나 주한미군의 감축을 막아 북한의 오판을 막고 한반도의 안정을 유지하려던 계획은 뜻대로 되지 않았다. 실제로 비무장지대의 충돌은

1967년 이후 더욱 빈번해졌고 이른바 '무장공비' 침투사건도 베트남전과 궤를 같이해 늘어났다. 1968년 1월 21일에는 이른바 '공비'가 서울 한복판까지 침투했고, 이틀 뒤에는 푸에블로호 납치사건까지 발생했다. 유용태(柳鏞泰)는 이런 일들이 북베트남을 지원하려는 북한의 전략에 따른 것이었다며 북한이 1964년 2월 갑자기 3대 혁명역량 강화노선을 채택하고 1965년 중반부터 대남전략을 폭력투쟁으로 전환한 것은 베트남전의 확전과 밀접한 관련이 있다고 설명했다.[56]

한미관계 역시 악화되었다. 베트남전 종식을 공약으로 내걸고 당선한 닉슨 대통령은 아시아에 대한 개입 축소를 골자로 하는 닉슨 독트린을 발표하고, 주한미군 1개 사단도 감축했다. 미국을 믿기 어려워진 박정희 정권은 자신의 정권안보를 위해 유신체제 수립으로 내달렸고 이는 한미관계를 더욱 악화시키는 원인이 되었다.[57]

참전의 정치·경제적 성과에 대한 냉정한 평가에 더해 우리가 베트남전쟁을 기억해야 하는 이유는 또 있다. 베트남전에서 우리 군인들이 저지른 민간인 살상 문제가 그것이다. 한베평화재단에 따르면 베트남전쟁 당시 한국군 주둔지인 5개 성에서 살해된 민간인의 수는 9,000여 명에 이른다.[58] 우리는 일본에게 태평양전쟁 당시 우리 국민에게 저지른 비인도적 만행에 대한 책임을 묻기 위해서도, 우리가 베트남에서 저지른 잘못에 대해서 눈을 감아서는 안 된다. 리영희가 기회 있을 때마다 베트남전쟁이 우리 사회의 양심을 향해 던지는 질문을 회피해서는 안 된다는 점을 강조한 까닭이다. 그의 뜻은 1999년 『한겨레 21』이 한국군의 민간인 학살 문제를 본격 제기함으로써 공론화됐다. 하지만 고엽제전우회 등 베트남 참전 군인들은 자신들의 학살 책임을 묻는 기사에 격앙해, 한겨레신문사에 쳐들어와 방화를 하는 등 난동을 벌였다. 리영희는 이런 사태의 근본원인은 우리 정부의 책임 있는 대응 부재에 있다며 과거의 잘못에 대한 정부 차원의 진솔한 반성을 거듭 촉구했다. 하지만 『전환시대의 논리』에 실린 베트남전쟁에 대한 글에 감명받았다고 고백한 문재인 대통령이 집권하고 있는 2020년 현재도 한국정부는 무책임으로 일관하고 있다. 2019년 4월 103명의 베트남인들이 진상규명과 사과를 요구하는 청원을 제기했지만, 한국정부는 우리 국군의 기록에 없다는 이유로, 그리고 베트남정부와의 공동조사 여건이 성숙되지 않았다는 이유로 진상규명조차 할 수 없다는 답변을 내놓았다. 1960년대 이래 베트남전쟁과 관련해 리영희가 제기했던 우리 사회의 양식의 문제는 반세기가 지난 현재까지 여전히 해결을 기다리는 과제로 남아 있는 셈이다.

베트남 대사의 감사

그렇지만 베트남인들은 리영희가 베트남전쟁의 실상을 제대로 전하고자 노력해온 사실을 인지하고 높이 평가했다. 베트남과 우리가 수교한 지 얼마 안 된 1996년 어느날 응우옌 푸 빈(Nguyên Phu Binh) 주한 베트남 대사가 그에게 감사 전화를 해왔다. 대사로 임명된 뒤 한국에 관해 공부하면서 그가 한국군 파병의 문제점을 지적하고 베트남전쟁의 정확한 의미를 전달하기 위해 글을 쓴 유일한 인물임을 알게 되었다고 그 이유를 설명했다.[59]

"그리고 몇달 후인 9월 건국기념일 축하연에 초대장을 보내왔어요. 서울에 있는 외국 대사들 다 부르고, 가난한 나라니까 성대하진 못했지만 아주 귀하게 영접해주었어요. 나는 지난 30년 동안 해왔던 일에 대해 보람을 느꼈어요. 나는 그 대사에게, 베트남 인민이 미국을 상대로 전쟁할 때 한국 군대가 가서 많은 인명을 살상했으니, 그 전사자들 가운데 한 사람의 자제 중 대학생이 된 젊은이가 있으면, 내가 가난하기 때문에 많이 도울 수는 없지만, 한 학생이 대학을 졸업할 때까지 필요한 납부금과 비용을 부담하겠노라고, 그런 학생을 추천해달라고 했어요."[60]

베트남 쪽은 무슨 이유에서인지 그의 요청을 받아들이지 않았다. 하지만 리영희의 활동에 대한 베트남인들의 평가와 감사는 계속 이어졌다. 2000년대 주한 베트남 대사를 역임한 팜 띠엔 반(Pham Tien Van) 전 대사도 그의 사후 7년이 된 2017년 12월 그의 가족을 베트남에 초청했다. 리영희가 그 엄혹한 시절 베트남 인민들의 투쟁을 정확하게 알리기 위해 애쓴 노고에 감사하고, 그 사실을 베트남의 학생들에게 전하기 위해서였다.[61]

8. 전두환 정권의 종말과 세계사의 격변

6월항쟁

리영희가 일본과 독일에서 지내고 있던 1985년부터 나라 안팎은 격변의 소용돌이로 빠져들기 시작했다. 국내 변화의 전초는 1985년 2·12총선으로 나타났다. 여당의 2중대라고 비판받았던 민한당이 몰락하고, 김대중과 김영삼을 앞세운 신민당이 제1야당에 등극했다. 그해 5월에는 광주민주화운동 5주년을 맞아 광주사태 진상규명 및 책임자 처벌을 요구하는 대규모 학생시위가 벌어졌고, 서울지역 대학생 73명은 광주항쟁 당시 미국이 한 역할을 묻겠다며 서울에 있는 미국문화원을 점거해 농성을 벌이기도 했다.

점증하는 반대 움직임에 맞서 전두환 정권이 택한 것은 공안몰이였다. 구미유학생 간첩단 사건,[62] 서울대 민추위 사건[63] 등을 잇달아 발표했다(2007년 과거사위원회의 조사와 재심을 통해 이 사건들은 모두 고문에 의해 조작되었음이 밝혀졌다).

전두환의 위협은 그러나 통하지 않았다. 1986년으로 해가 바뀌면서 민주화운동 진영은 대통령 직선제 개헌을 주요한 요구로 내세우며 전선을 가다듬기 시작한 반면 전두환 정권은 말기적 증상을 드러내며 자멸의 길로 들어섰다. 그해 7월 경찰이 성추행을 고문의 도구로 사용한 '부천경찰서 성고문 사건'[64]이 폭로되었고, 두달 뒤인 9월에는 정권이 '보도지침'을 통해 언론을 관리해온 사실이 들통났다. 전두환 정권은 매일 모든 언론사에 보도의 방향과 형식 및 크기까지 구체적으로 지시하는 가이드라인을 내려보냈다. 1986년 어느날 한국일보 김주언(金周彦) 기자가 편집국에 철해놓은 보도지침을 발견해 이를 민주언론운동협의회(1998년 민주언론운동시민연합으로 개명함, 약칭 민언련)에 전달했다. 해직기자들이 중심이 돼 결성한 민언련은 이 내용을 그들이 발행해온 부정기간행물 『말』(1986년 9월 6일 발행 특집호)에 그대로 전재했다. 1985년 10월부터 1986년 6월까지 각 언론사에 보내진 584건의 보도지침을 통해 언론에 대한 권력의 통제 실상이 백일하에 드러났다. 예를 들어 '부천서 성고문 사건'과 관련한 보도지침은 '성고문'이란 표현을 쓰지 말고 "운동권이 성까지 혁명의 도구로 삼았다"는 검찰 발표 내용을 부각시키라고 주문했고, 언론은 모두 그 지침대로 움직였다. 보도지침의 폭로로 이 사실을 알게 된 국민들은 분노했고 정권에 대한 민심의 이반은 갈수록 심화됐다.

권력의 정당성이 뿌리째 흔들리는 상황이었지만, 전두환 정권에겐 다른 길을 생각할 여유도 능력도 없었다. 그동안 해왔던 대로, 아니 그보다 더 강경하게 반대세력을 밀어붙이는 것이 그들의 방법이었다.

하지만 한계를 무시한 강경몰이는 결국 큰 사달을 일으켰다. 박종철

(朴鍾哲) 고문치사 사건이 바로 그것이었다. 1987년 1월 14일 치안본부 대공분실 소속 수사관들이 서울대 민주화추진위원회 박종운(朴鍾雲) 위원장의 소재 파악을 위해 연행한 박종철 학생을 물고문하다 죽였다. 진료의사를 입단속한 수사당국은 '탁 하고 치니까 억 하고 숨졌다'는 어이없는 발표를 내놓았다. 누구도 믿기 어려운 이 발표는 천주교정의구현사제단이 그해 5월 검진의와 부검 참여 검사의 증언을 토대로 고문치사 사실과 사건 은폐 및 축소 조작 실태를 밝혀냄으로써 거짓으로 확인됐다.

이는 그러잖아도 4·13호헌 조치[65]로 분노한 민심에 기름을 부은 꼴이었다. 개헌을 통해 내 손으로 직접 대통령을 뽑기를 원했던 일반 시민들은 체육관 간접선거로 사실상 군사정권을 연장하겠다는 전두환의 발표에 속이 부글부글 끓고 있었다. 체육관 선거의 중단과 직선제를 요구하는 학생시위가 걷잡을 수 없이 확대됐다. 재야세력도 야당을 포함해 모든 민주세력을 망라한 '민주헌법쟁취 국민운동본부'를 결성하고 직선제 개헌 쟁취를 위한 전면적인 투쟁에 나섰다. 이와 별도로 '박종철군 고문살인 은폐조작 규탄 범국민대회 준비위원회'가 결성돼 6월 10일에 규탄대회를 열기로 결정했다. 그런데 대회를 하루 앞둔 6월 9일 연세대 시위에서 이한열(李韓烈) 학생이 경찰이 쏜 최루탄에 맞아 의식불명에 빠졌다는 소식이 전해지며 시민들의 분노는 더욱 커졌다.

하지만 민정당은 이에 아랑곳하지 않고 6월 10일 예정대로 노태우(盧泰愚)를 대통령 후보로 선출했다. 민정당의 오만은 그동안 시위에 거리를 두고 있던 일반 시민들까지 자극했다. 전국 각지에서 전례없이 많은 시민들이 고문살인 규명과 호헌 철폐를 외치며 거리로 나섰다. 6월항쟁이 본격적으로 막이 오른 것이었다. 직장인들마저 시위에 참가하면서 폭력을 상시적 통치수단으로 삼았던 전두환 정권도 더이상 버틸 수 없는 단계에 이르렀다. 6월 29일 민정당 대통령 후보 노태우는 '시국수습을 위한 특별선언'을 발표하고 직선제 개헌을 약속했다. 4·19 이후 처음으로 국민의 힘으로 불의한 정권을 굴복시키는 데 성공한 것이었다. 이후 언론의 자유를 옥죄던 언론기본법이 철폐되고, 직선제와 헌법재판소 설치 등을 담은 헌법개정안이 통과되는 등 일련의 민주화 조처가 이뤄졌다.

이 무렵 세계사적으로도 커다란 변화가 일어나고 있었다. 1985년 소련공산당 서기장에 오른 미하일 고르바초프는 뻬레스뜨로이까(개혁)와 글라스노스뜨(개방)를 내걸고 '철의 장막'을 열어젖혔다. 미국과 소련 사이에 핵무기 감축협정이 차례로 맺어지고, 소련과 동유럽에서도 민주적 변화의 바람이 불기 시작했다. 냉전으로 인해 왜곡됐던 세계질서가 엄청난 변화를 향해 나아가고 있었다.

리영희는 이런 국내외적 변화에 고무되었다. 해직교수협의회 출신 교수들이나 언론계 후배들과 모여 새 신문 창간 계획 등 새로운 세상에 대한 꿈을 나누고, 때론 함께 행동도 했다. 하지만 그는 6월항쟁에 본격적으로 참여할 형편이 못 되었다. 미국 버클리대학에서 요청한 강의 준비로 분주했기 때문이다. 버클리대학의 '평화와 갈등(Peace and Conflict) 학과'는 아시아지역학과(Asian-American Dept)와 공동으로 한반도 문제에 대한 강의를 개설하고, 그에게 한 학기 강의를 맡아달라고 초청했다. 바깥은 6월항쟁의 열기로 달아올랐지만, 그는 이 시기에 교재 마련 등 강의 준비를 하는 데 시간을 쓰지 않을 수 없었다.

새 신문 창간의 꿈

　그렇다고 그가 현실을 외면했던 것은 아니다. 무엇보다 시류에 따라 변하는 지식인과 언론의 행태는 그의 날카로운 눈을 피해갈 수 없었다. 군사정권과 결탁했던 대표적 언론사 조선일보는 그동안 언론탄압의 근거가 됐던 언론기본법이 폐지되자 사설을 통해 "언기법 같은 타율적 규제는 마땅히 폐지돼야 하고, 언론은 당연히 언론 자체의 손에 맡겨야 한다는 주장은 너무나 자명한 원칙을 재확인"하는 것이라며 언론의 자유에 대한 지지 입장을 표명했다.[66] 하지만 언론의 자유를 주창하고 실천하려던 기자들을 거리로 내쫓고, 보도지침에 따라 사실을 왜곡하며 군부정권에 협력해왔던 자신들의 과거에 대해서는 일말의 반성도 없이, 기회주의적 지식인들을 동원해 화해와 타협의 필요성만 외쳐댔다.

　리영희는 동아일보 1987년 7월 6일자에 쓴 「기회주의와 지식인」이라는 칼럼에서 언론의 이런 기회주의적 행태를 날카롭게 비판했다.

　"지난날, 멀리는 유신체제와 지난 7년 동안에 걸쳐서 언론기관과 언론인들이 놓였던 고달픈 처지를 이해 못하는 바는 아니다. 그러나 민주주의의 목탁을 자처하는 그들이 국민을 배신한 행위는 용서받을 수 없을 것이다. 각 언론기관에서 민주주의적 자유언론을 위해서 싸우다가 쫓겨난 수많은 언론인들을 복권해주는 일에서부터 언론기관이 그들의 민주적 변신(變身)을 전 국민 앞에 입증해야 한다. 지금은 관용과 타협, 화합과 망각에 못지않게 옳고 그름을 가리는 준엄한 민주주의적 정의(正義)가 확립돼야 할 때다. 페어플레이는 페어플레이를 이해하는 상대에게 적용될 때 비로소 공정한 게임을 기대할 수 있다."[67]

기회주의적 언론과 언론인의 발호를 막기 위해서는 시민의 뜻을 공정하게 대변하는 새로운 언론기관이 필요했다. 해직 언론인들은 모이기만 하면 국민의 뜻을 제대로 반영하는 공정하고 민주적인 신문에 대한 꿈을 이야기해왔다. 하지만 아무도 이 꿈을 현실로 실현시킬 엄두를 내지 못했다. 신문사 설립에 엄청난 돈이 들 뿐 아니라, 정부가 허가해줄 리도 없었기 때문이었다. 지금은 언론사 설립이 등록제지만, 당시는 허가제여서 정부의 허가 없이는 언론사 설립이 불가능했다.

　6·10항쟁의 결과 정기간행물등록법이 제정되면서 허가제가 등록제로 바뀌자 조선일보 해직기자 출신인 정태기(鄭泰基)가 논의에 불을 댕겼다. 1987년 7월 어느날 정태기와 리영희는 동아일보와 한국일보에서 각각 해직된 이병주(李炳注)·임재경과 한자리에 모였다. 이 자리에서 정태기가 진정으로 국민을 대변할 수 있는 자유롭고 민주적인 신문을 만들어보자는 제안을 했다. 이 제안을 받아 이병주가 국민주 모금 방식이란 기발한 아이디어를 냈다. 필요한 자금을 전 국민을 대상으로 모금해 모으면, 자본과 권력으로부터 자유로운 신문을 만들 수 있지 않겠느냐는 것이었다. 조그마한 컴퓨터 회사를 운영하고 있던 정태기는 활판인쇄 대신 컴퓨터 조판을 하면 비용도 줄이고, 그동안 신문들이 채택해온 일본식 세로쓰기 대신 가로쓰기를 할 수 있기 때문에 완전히 혁신적인 모양이 될 것이라고 설명했다. 정태기는 또 편집국장을 기자들이 직접 선거로 뽑는 등 신문사 운영에서도 혁명적인 새바람을 불러일으켜보자고 열정적으로 설명했다. 그 자리에 모인 사람들은 모두 의기투합했다.

　하지만 리영희는 곧 버클리로 떠나야 했다. 거의 4반세기 만의 미국 방문이었지만 발걸음이 가볍지만은 않았다. 수십년간 지속된 군부독재가 끝나가는 상황에서 벗들은 오랫동안 염원했던 자유롭고 독립적인 새 신문을 만들기 위해 뛸 터인데, 자신만 떠나 있게 되는 게 영 불편했다. 그는 오랜 벗인 임재경 앞으로 보낸 편지에서 그 착잡한 마음을 이렇게 전했다.

"시대가 요청하는 새로운 신문을 탄생시키기 위해서 애쓰는 해직기자 선후배들과 힘을 합칠 수도 없고, 빼앗긴 권리를 되찾는 복직 문제도 해결이 안 됐는데, 대학에는 학원민주화를 위한 교수협의회 구성 문제와 학생들의 새로운 운동이 전개될 터인데, 어찌 생각하면 도피를 하는 것도 같다."[68]

9. 버클리대학에서 한국 민중투쟁사 강의

1987년 8월 버클리에 도착했다. 1959년 풀브라이트 장학생으로 6개월간 미국을 살펴본 후 28년 만에, 그리고 박정희 수행 취재 중 중도 귀환했던 1961년으로부터는 26년 만에 처음 미국 땅을 밟는 것이었다. 그만큼 미국사회 이곳저곳을 둘러보고도 싶었지만, 우선은 강의에 집중할 일이었다. 한국학과 설립을 희망하는 동포 학생들이 모금까지 해 마련한 그의 강의 제목은 '한반도, 지역분쟁의 현장 연구'였다. 한국계를 포함한 여러 국적의 3, 4학년 학생 80여명이 수강했다.

8월 25일부터 매주 두번씩 진행된 강의에서 그는 구한말에서부터 박정희 시대에 이르는 한국의 근현대사 속에서 한국 민중들이 어떻게 외세와 독재권력에 맞서 투쟁했는지를 보여주고자 했다. 특히 미국 학생들을 대상으로 하는 강의라는 점을 감안해 한반도 역사의 중요한 국면에서 미국이 한 역할을 보여주는 데도 신경을 썼다.

그의 강의에 미국 언론도 관심을 보였다. 『데일리 캘리포니언』(*The*

Daily Californian)은 1987년 10월 21일 기사로 급변하는 한국 정치에 대한 최신의 분석과 한국에 대한 부족한 정보를 채워주고 있다고 평가했다. 학생들은 그의 강의가 미국의 관점에 길든 그들에게 미국과 세계를 바라보는 새로운 관점을 제시해주어 흥미롭다는 반응을 보였다. 학생들에게 한반도 문제에 관심을 갖게 한 보람 있는 시간이었다. 이 강의를 수강한 피터 벡(Peter M. Beck)은 이후 한반도에 대한 공부를 계속해 미국 내 굴지의 한반도 문제 전문가로 성장했다.

버클리에 체재하는 동안 그는 미국과 동포사회를 관찰해 일기형식으로 메모를 했다. 그는 이 메모를 바탕으로 미국사회를 분석하는 글을 『말』에 1987년 8월부터 이듬해 2월까지 기고했다. 기독교 근본주의자들이 세력을 넓혀가고 있는 현실, 애국주의란 미명 아래 제3세계 국가들을 대상으로 온갖 불법적 행위를 일삼아온 레이건 정부의 부도덕성과 그것을 끈질기게 추적·폭로하는 미국 언론의 힘, 고르바초프의 미국 방문과 그에 대한 미국사회의 평가 그리고 분열된 교포사회가 그의 레이더에 걸렸다.

이렇게 6개월 동안 관찰한 뒤 그가 내린 진단은 "미국(국가·사회·미국시민)은 심각한 질병에 걸려 있다"[69]는 것이었다. 미국이 걸린 질병은 다양하고, 얼핏 보면 서로 관계없는 듯 보이지만, 그것은 세개의 뿌리에서 나온 것이라고 그는 분석했다. 극단적 사유재산제도, 광신적 반공주의 그리고 군사국가화가 그것이다.

이토록 날카로운 비판은 한국전쟁을 겪으며 싹텄던 패권적이고 자국이익 중심인 미국에 대한 그의 비판의식이 베트남전쟁을 연구하고 광주민중항쟁을 겪으며 더 심화된 까닭이라고 볼 수도 있다. 하지만 그보다는 레이건 등장 이후 미국사회의 퇴행이 그만큼 심했다고 보는 게 더 적절할 것이다.

반공을 지상과제로 삼아온 레이건은 소련을 무너뜨리기 위해 무제한 군비경쟁을 펴는 한편, 제3세계의 좌익 정권을 전복하기 위해 이른바 저강도전쟁[70]을 전개했다. 이를 위해 그동안 국내총생산 대비 3~5퍼센트이던 국방비 지출을 6.8퍼센트까지 늘렸다. 그 결과 그가 권좌에서 물러난 1988년 미국 국방비는 베트남전쟁이 최고조에 달했을 때보다 43퍼센트나 늘어나 있었다. 이는 사회보장 비용의 축소로 이어져, 미국 서민들의 생활을 급전직하로 추락시켰다.

저강도전쟁을 위해 저지른 불법적 사례의 대표적인 예인 '이란-콘트라 사건'(1986)은 반공을 위해서라면 무엇이라도 할 수 있다는 태도가 레이건정권 내부에 만연해 있었음을 증언했다. 불법적으로 이란에 무기를 팔아 확보한 자금으로 니까라과 좌익 정권을 전복시킬 반군을 지원한 이 사건에는 백악관 안보보좌관 등 레이건 정부의 고위 공무원들이 연루됐고, 그들은 줄줄이 유죄를 선고받았다. 레이건 시대의 미국사회가 병들었다는 것은 리영희만이 아니라 미국 주류언론의 공통적인 진단이었다.

그가 메모한 일기 가운데 『말』에 보낸 기고문에는 포함돼 있지 않지만 1992년 로스앤젤레스 흑인폭동 당시 한국인이 공격 목표가 되었던 것을 예견이라도 한 것과 같은 흥미로운 내용도 있다. 「백인사회, Korean, 흑인」이란 제목의 1987년 9월 3일 일기는 이렇게 간단한 메모 형식으로 기술돼 있었다.

텔레비전 조크의 한 장면.
집에선 생전 공부라고는 하지 않는 아들이 어느날 A학점의 시험성적표를 아버지에게 보인다.

　아버지 "너는 생전 공부는 안 하면서 어떻게 A학점을 맞니? 신기하구나!" 아들 "문제없어요, 제 짝이 Korean인걸요."

　문제점: ① 백인들이 황인종을 추켜올리는 것은 흑인들에 대한 간접적 멸시의 표시. Korean의 두뇌에 대한 칭찬은 흑인의 지적 열등, 근면에 대해서는 나태를 대립시키는 등 흑인 고립화 적대의식 강조.

　② Korean의 준백인화 의식. 백인의 흑인 적대감정 표현술책에 놀아난 Korean이 마치 백인적 지위를 확보한 것처럼 착각하고 흑인을 적대시하거나 열등시하는 데서 일어나는 인종분쟁 심각.[71]

　사소한 코미디 에피소드 속에서 그가 꿰뚫어본 백인과 흑인 사이에 끼어 있는 황인종(한국인)의 문제는 5년 뒤인 1992년 로스앤젤레스 폭동으로 현실화됐다. 로스앤젤레스 폭동은 과속 질주한 흑인을 무차별 집단 구타한 백인 경찰관들을 법원이 방면함으로써 촉발됐다. 그러나 당시 미국 언론들은 이 사실보다 그 무렵 로스앤젤레스에서 한국계 상점주가 자신을 폭행한 흑인 여성을 살해한 장면을 더 많이 노출시킴으로써 흑인들이 백인 대신 한국인 동포들을 폭동의 목표로 삼게 만들었다. 당시 한국 동포들이 입은 피해는 로스앤젤레스시 전체 피해의 절반에 달할 정도였으니 그가 지적한 동포들의 준백인화 의식의 대가는 너무나 컸다.

10. 한겨레신문 창간

    그가 미국에서 막 강의를 시작했을 무렵인 1987년 9월, 한국에서는 세계 역사에 유례가 없는 실험이 본격 궤도에 오르기 시작했다. 정태기·이병주·임재경이 국민주 형식의 모금 방식을 확정하고, 본격적으로 새 신문 창간 작업에 돌입한 것이다. 1970년대와 80년대, 자유언론을 주창하다 거리로 밀려난 해직기자들은 새 매체를 만드는 작업에 밑돌이 되겠다고 자청했다. 그동안 권력에 굴종하거나 야합하는 언론에 실망하던 많은 시민들도 자발적으로 새 신문의 창간에 힘을 보태기 시작했다. 필요한 자금으로 생각했던 50억원을 모으는 작업은 생각보다 순탄하게 굴러갔다.

    그러나 곧 대통령 선거 국면이 시작됐다. 사람들의 관심은 새 신문을 만드는 일보다 선거로 쏠렸다. 1987년 대통령 선거는 박종철·이한열을 비롯한 수많은 학생과 시민들의 희생과 투쟁 덕에 쟁취한 직선제 개헌에 따라 16년 만에 처음으로 국민들이 직접 대통령을 뽑을 수 있게 된 선거였다. 민주화를 갈망해온 시민들은 이제야말로 30년 가까이 지속돼온 군부통치를 끝장낼 수 있으리란 기대를 품었다. 하지만 승리가 눈앞에 있다고 여긴 야당 지도자 김대중과 김영삼은 후보 단일화를 이루지 못한 채 각각 출마해, 쿠데타 주역이자 전두환의 후계자였던 노태우에게 승리를 헌납했다. 민주정권 수립을 열망했던 국민들의 실망은 이만저만이 아니었다. 민주화의 호기를 분열로 놓친 야당 지도자들과, 그들을 따라 분열되었던 민주화세력에 대한 실망과 분노의 목소리도 높아졌다.

새 신문 창간기금을 모으는 일도 중단되다시피 했다. 그런데 선거 결과가 나온 며칠 후 주요 신문에 실린 전면광고 하나가 독자들의 눈길을 사로잡았다. "민주화는 한판의 승부가 아닙니다!"라는 제목의 광고는 선거 결과에 좌절하지 말고 대통령 뽑는 일보다 더 중요한 새 신문 만드는 일에 동참해달라는 호소로 이어졌다. 새 신문이란 메시지로 선거 결과에 실망한 국민들을 위로하고 새로운 희망을 주자는 해직기자 출신 광고 전문가 강정문(姜正文)의 생각은 주효했다. 이 광고를 내보내자마자 창간 사무국으로 국민들의 성금이 쏟아져 들어왔다. 단 며칠 만에 애초 예정한 50억원의 창간기금이 다 모였다. 권력과 자본으로부터 독립된 민주언론을 표방한 새 신문은 이듬해 5월 '한겨레신문'이란 제호를 달고 세상에 모습을 드러냈다.

초대 사장으론 동아일보 편집국장에서 해직됐던 송건호가 선임됐다. 버클리에서 돌아온 리영희는 이사 겸 논설고문이 되어 사설과 더불어 1면에 배치된 한겨레 논단의 집필진이 되었다.

"한겨레신문이 1988년 5월 15일 창간되어 나올 때, 인쇄기에서 신문이 회전하면서 첫 장이 떨어질 때의 감격은 이루 말할 수가 없어요. 지난 20~30년 동안의 반독재투쟁이 이 순간에 이 종이 한장으로 결산된

한겨레신문 창간호(1988.5.15) 인쇄 현장에서.

다는 생각이 들더군. 정말 벅찬 감격이었어요. 다 눈물을 흘렸어요. 참 대단한 일이었지."⁷²

초대 한겨레 논단 필진으론 리영희·백낙청·최일남(崔一男)·조영래 (趙英來) 등 내로라하는 당대의 논객들이 포진했다. 그 가운데서도 리영 희 글의 인기는 선풍적이었다. 언제나 날카로운 현실 비판과 그를 뒷받 침하는 정보가 풍부하게 들어 있었기 때문이다. 2주에 한번씩 그런 글 을 쓰기 위해 그는 2주 내내 소화불량을 달고 지내야 했다.

"누구나 아는 이야기를 좀 강조하거나 조금 달리 쓰는 것이 아니라,

'새로운 정보와 시각'을 제공하면서 풀어가자니 그 새로운 자료·통계·정보를 수집하는 데만도 여간 고생하는 게 아니다. 원고지 9매짜리 논단 속에 넣을 몇줄의 자료를 찾기 위해서 때로는 두툼한 미국 국회의사록 책 몇권을 꼬박 읽는 따위의 일도 드물지 않다."[73]

자료를 구하기 위해 필요하면 그는 누구에게라도 손을 내밀었다. 정연주 전 한국방송 사장도 그가 자주 도움을 요청한 인물이었다. "한겨레신문 워싱턴 특파원 (…) 시절, 선생님으로부터 종종 연락이 왔습니다. 대부분 제가 보도한 기사의 바탕이 되는 자료들, 그러니까 미국 의회 청문회 자료, 국방부 등 미국정부의 주요 문건 등의 자료를 보내주면 좋겠다는 요청이었습니다. 선생님은 그렇게 철저하게 자료를 챙기고, 그 자료를 근거로 객관적인 분석과 비판을 하셨지요."[74]

그렇게 어렵사리 자료를 챙겨 쓴 글 가운데 초기에 큰 반향을 일으킨 것이 「200달러에 북녘 땅 내 고향 사진을」이라는 글이었다. 이 글은 민간 인공위성 회사에 북한에 있는 그의 고향 삭주군 대관의 모습을 찍어 달라고 부탁했다는 내용으로 시작했다. 인공위성 촬영에 대한 아이디어는 그가 버클리대학에 있을 때 『뉴욕타임즈』에서 본 독자투고에서 비롯됐다. 들판에서 결혼하기로 한 젊은 남녀가 인공위성 회사에 자신들의 결혼식 장면을 촬영해달라고 하고 싶은데 그 방법을 알고 싶다고 보낸 편지를 『뉴욕타임즈』가 독자투고란에 게재했다.

"나는 여기에서 두가지를 즉각 생각했어. 민간 인공위성이 지구상 어디나 누구의 요청이건 돈만 내면 정밀한 사진을 촬영해준다는 놀라운 사실이 그 하나고, 둘째는 이미 불란서, 네덜란드와 그밖의 몇몇 나라에 그런 위성사진을 촬영해주는 민간회사가 있는데 그 촬영 정밀도가 아주 높다는 사실이었어. (…) 군사용 간첩 인공위성은 민간 인공위성의 정밀도보다 훨씬 높아서, 이미 그 당시에 농구공만 한 물체라면 완전히 식별할 만큼 빠짐없이 잡아낸다는 것을 나는 이 글에서 우리 국민들에게 알려주고 싶었던 거예요. 우리 군대와 정보부가 밤낮 국민들을 겁주기 위해서 북한의 10만 공수부대가 하룻밤 사이에 포항지역까지 투하되어 남한의 영토를 삽시간에 점령한다는 따위의 거짓으로 국민을 속여왔는데, 미국과 소련의 군사스파이 위성이 각기 남북한의 군대 이동을 삼장법사가 손바닥에서 노는 손오공을 보듯이 빠짐없이 파악하고 있기 때문에 남한도 북한을 공격하지 못하고 북한도 남한을 침략할 수 없다는 군사적 현실을 일깨워주기 위해서 쓴 것이에요."[75]

이처럼 한겨레 논단에 실린 그의 글은 나올 때마다 큰 화제를 불러일으키며 한겨레신문의 지가를 올렸다. 한겨레신문은 젊은이들이 선호하는 직장 1위로 꼽혔고, 수습기자 모집에는 다른 언론사의 절반도 안 되는 임금을 받더라도 정론 직필할 수 있는 언론에서 일하겠다는 젊은이들이 몰려들었다.

'이영희'에서 '리영희'로

한편 순한글 신문을 지향하는 한겨레신문에 고정적인 칼럼을 기명으로 써야 하는 상황은 그에게 색다른 고민을 안겨줬다. 어린 시절 그의 고향 평안북도에선 두음법칙을 적용하지 않아, 그의 성 이(李)는 '리'로 발음했다. 해방 직후엔 이승만 대통령이 리승만으로 표기했던 것처럼 그도 리영희로 표기했지만, 이후 냉전이 극성을 부리던 시절 '북괴의 발음을 따르면 오해받을 수 있다'는 주변의 충고에 이영희로 표기하기 시작했다.[76] 하지만 그는 자신의 이름을 한글 이영희로 표기하는 것을 무척이나 싫어했다. 영희란 이름이 가장 흔한 여성 이름 가운데 하나인 데다 성조차 가장 흔한 이씨여서 이영희라고 표기할 경우 자신의 고유한 정체성이 드러나지 않는 것만 같았다. 그래서 그는 가능하면 한자 표기인 '李泳禧'를 쓰고자 했고 처음 그에게 글을 청탁하는 곳에는 반드시 한자로 이름을 표기해달라는 요청을 붙였다. 하지만 한글 전용 신문인 한겨레신문에서 한자로 이름을 표기할 순 없는 일이었다. 이때 그가 대안으로 다시 생각해낸 것이 '리영희'였다.[77] 후배 신홍범은 이름 표기와 관련한 그의 태도를 분단이데올로기를 뛰어넘으려는 의지로 보았고 보수 우익들은 이를 친북성향의 증거로 지적하기도 한다. 하지만 딸 미정은 그보다는 자신의 독자적 정체성을 드러내려는 뜻이 더 컸을 것이라고 본다. 실제로 그는 우리나라의 성이 너무 적다며 개인의 개성을 살릴 수 있도록 성을 창설하는 것도 허용해야 한다고 주장하기도 했다. 그가 개개인의 독자적 정체성을 얼마나 중요하게 여기는지를 보여주는 증거 가운데 하나가 그의 경기도 산본 아파트 현관 앞에 걸어놓은 '李泳禧'란 문패다. 동·호수로만 구별되는 획일적인 아파트에 군이 낯선 문패를 단 것은 "인간의 획일화·비인격화를 거부하는 마음의 표시"라고 했다. "군대에서는 군번이 나를 대신했고, 형무소에서는 죄수번호가 나를 대신했어. 나는 번호라는 것을 도저히 견딜 수 없어. 나는 번호가 아니라 리영희라는 사람이라는 표시야, 저게."[78]

11. 광주학살, 미국의 책임을 묻다

한겨레신문 창간 후 얼마 되지 않은 1988년 5월 27일 동아일보에 제임스 릴리(James R. Lilley) 주한 미국대사의 인터뷰가 실렸다. 당시 빈번하게 일어나고 있던 학생들의 반미운동에 대한 의견과 광주학살 당시 미국의 역할에 관한 해명이 중심이었다. 광주민주화운동이 신군부의 대량 학살로 마무리된 이후 학생운동 진영과 민주화운동 진영에선 미국의 역할에 의문을 제기해왔다. 여러 젊은이가 광주학살의 진실 규명을 요구하며 분신했고, 반미 의사를 표명하기 위해 미국문화원 등 미국 시설을 점거해 시위를 벌이는 일도 빈번하게 일어났다. 노태우 대통령의 취임식이 있던 1988년 2월 24일에도 대학생들은 서울 을지로에 있던 미국공보원 도서관을 점거해 반미 구호를 담은 현수막을 걸고 시위를 벌였다.

릴리 대사의 동아일보 인터뷰는 이런 배경 아래서 이뤄졌다. 그는 이 인터뷰에서 학생들의 반미시위의 근본원인을 들여다보는 대신, 학생들이 '히트 앤드 런' 작전으로 홍보 효과만 추구하고 있다며 행태 비판에 치중했다. 또 한미연합군사령부의 목적은 대북한 관계일 뿐이어서 한국 국내문제는 연합사의 권한 밖이라며 "미국이 광주사태를 배후 조종했다는 비난은 비현실적"[79]이라고 주장했다.

릴리의 인터뷰를 본 리영희는 평화신문 편집국장으로 있던 김정남에게 반박문을 쓰고 싶은데 지면을 내줄 수 있을지 물었다. "평화신문으로선 불감청이언정 고소원이었지요. 얼마든지 쓰시라고 했지요."[80] 김정남의 동의로 6월 12일자 평화신문에 릴리의 주장을 조목조목 반박하는 리영희의 공개편지가 실렸다. 그는 우선 미국의 책임을 요구하며 목숨까지 버리는 젊은 학생들의 행위를 단순히 홍보 효과를 노리는 것으로 본다면 이는 학생들의 진의를 전혀 이해하지 못하는 것이라고 비판했다. 그리고 "그들(학생)은 광복 이후 40여년간 사실상 한국을 지배하다시피 해온, 그렇기 때문에 비판이 일절 허용되지 않았던 한 외국인 미국에 대해서 이제 비로소 국민적·민족적 긍지와 자존심을 갖게 된 새로운 세대"로서 "'반미주의자'이기보다 '민족주의자'"라고 규정했다.[81] 또 학생들이 '히트 앤드 런' 한다는 비난에 대해서, 미국이라는 강자에 대해 약자가 할 수 있는 방법은 그것밖에 없는 거 아니냐고 반문하며, 치고 빠지는 약자의 전략을 비난하는 것은 강자의 오만이라고 지적했다.

그의 반박문의 하이라이트는 광주항쟁 당시 미국의 역할을 부인한 릴리 대사의 발언에 대한 비판이었다. 릴리는 한국군에 대한 미국의 통제권(또는 작전권) 구조에 비춰볼 때 미국은 '광주사태'에 일절 책임이 없다고 주장했다. 이에 대해 리영희는 학살에 책임이 있는 특전대(공수부대)가 속한 한국군 제2군사령부가 한미연합군사령관 권한 밖에 있다는 것은 편제상 사실이지만 한국군 병력 60만명을 연합사의 지휘 아래

두면서 "어째서 (…) 민중적 항쟁을 무력으로 탄압할, 탄압하기 위한, 탄압할 수 있는 그런 부대병력을 그 권한 밖에 남겨두었"[82]는지 물었다. 이것은 박정희 정권 이래 연합사의 지휘권 밖에 있던 부대가 민주화운동에 대한 탄압에 이용되었음을 잘 알고 있는 미국이 그런 지휘체계와 편성을 유지해온 데는 어떤 정치적 의도가 있었던 것은 아닌가 하는 질문이었다.

한국정부가 제20사단을 광주로 이동한 것에 대해서도 릴리는 한국의 합참의장이 연합사령관에게 통지하기만 하면 이동할 수 있기에 미국은 책임이 없다고 했다. 이에 대해 그는 첫째, 한국정부가 제20사단의 이동을 '통지'할 때, 북한의 군사공격이 있었는지, 그리고 제20사단의 이동지가 광주임을 미국은 몰랐는지 묻고, 만약 제20사단 이동과 관련된 작전명령서에 광주 투입(이동)으로 명기돼 있었다면 연합사령관은 '대북한' 목적을 위배한 이동을 승인한 것이 된다고 지적했다.

미국은 한국의 국내문제에 개입하지 않는다는 주장에 대해서는 대한민국 정부 수립 이래 일일이 열거하기 어려울 정도의 개입 사례가 있었음을 들면서, 왜 "하필 광주학살 행위에 대해서만은 제재 명령(또는 명령에 해당하는 압력)을 안 내렸는지 알고 싶다"[83]고 덧붙였다.

릴리는 6월 17일 리영희의 반박문에 나타난 오류를 바로잡고자 한다며 다시 동아일보를 통해 공개 답변을 시도했다. 하지만 그가 바로잡겠다고 한 오류는 광주항쟁 당시 미국의 역할에 대한 것이 아니라, 학생들이 진지한 문제해결보다는 자신들의 반미시위를 홍보하는 데 급급하다는 내용을 다시 한번 강조하는 것뿐이었다. 특히 그 무렵 미국대사관에 화염병을 투척한 학생들이 그 계획을 한겨레신문에 사전에 알린 것 같다는 이야기를 들었다며, 이를 경찰이나 대사관 쪽에 알리지 않아 폭력

행위가 벌어지도록 만든 것은 믿을 수 없는 일이라며, 그와 그가 논설고 문으로 있는 한겨레신문을 에둘러 비판했다. 그리고 작전지휘권과 광주학살에 대한 미국의 책임 등 민감한 문제에 대해서는 "한국 측의 공정한 조사에 맡겨두는 것이 가장 좋을 것"이라며 토론을 회피했다. 리영희는 다시 재반박을 통해 자신의 문제제기를 회피하는 것에 유감을 표하고 릴리 대사가 학생들을 다시 비판한 대목에 대해서 조목조목 재반박한 뒤 공개적 토론을 제안했지만, 그는 더이상 응하지 않았다. 미국 대사와 한국 지식인 사이에 벌어진 첫 공개논쟁은 사실상 리영희의 판정승으로 끝난 셈이다.

리영희의 승리는 미국이 광주항쟁의 방관자에 머물지 않고, 자신들의 필요에 의해 암묵적으로 군의 집권과 무고한 시민에 대한 무력행사를 승인했음이 미국의 저명한 탐사보도 전문기자 팀 셔록(Tim Shorrock)에 의해서 밝혀짐으로써 다시 한번 확인됐다. 셔록 기자는 1996년 미국 국무부와 중앙정보국 등의 기밀해제 문서를 조사해 카터 행정부가, 한국이 또 하나의 이란이 될까봐 두려워 새로운 군부정권의 등장을 암묵적으로 지지하고 광주항쟁 당시 연합사 휘하의 군대를 광주로 파견해 항쟁을 진압하는 것을 묵인했음을 밝혀냈다.[84]

12. 남북한 전쟁능력 비교

1988년 그는 또 하나의 의미 있는 논문을 발표했다. 『사회와 사상』
1988년 9월호에 실렸던 「남북한 전쟁능력 비교연구」가 그것이다. 그는
자신의 작업이 "어디까지나 한 시민의 개인적 작업이므로, 필자로서는
소론의 결론이나 부분적 기술이 전부 옳다고 고집할 생각은 없다"[85]는
전제를 깔았다. 하지만 그 논문은 미국·일본·영국 등에서 나온 자료와
한국에서 내놓은 남북한 군사력에 관한 자료를 비교 검토해 그 신빙성
을 꼼꼼히 따지고, 남북의 경제적 능력까지 비교함으로써 북한의 군사
력이 남한을 앞선다는 그동안의 한국정부 주장의 허구성을 파헤쳐낸
역작이었다. 탐사보도 전문매체 뉴스타파의 김용진 대표는 이 논문이
야말로 그들이 추구해온 '탐사보도의 전형'이라고 평가했다.

이 글은 큰 반향을 일으켰다. 통일운동을 해온 김창수는 이 글을 통해
"북한의 군사력 우위라는 허위의식에 사로잡혀서 불신과 증오와 대결
을 재생산하는 우리 사회의 실체를 분명히 인식할 수 있"었고, 이후 통

일운동과 평화군축운동을 하는 논리적 근거로 삼게 되었다고 밝혔다.[86]

그러나 가장 큰 충격을 받은 것은 군이었을 것으로 짐작된다. 그동안 군부정권 아래서 북한의 위협을 과장해왔다는 비판에 직면한 군은 이해 12월 서둘러 국방백서를 발표했다. 1968년 겨우 2회째를 끝으로 발간이 중단됐던 국방백서가 20년 만에 처음으로 다시 발간된 것이었다. 군은 창군 40주년을 기념한 것이라고 밝혔지만, 발간 시점이 창군 기념일인 10월이 아닌 12월이었다는 점, 그리고 백서가 발간된 무렵인 12월경 리영희의 글을 조목조목 비판한 2급 군사기밀문서가 그의 집 마당에 던져져 있었던 점에 비춰볼 때 백서 발간에 그의 글이 영향을 끼쳤을 개연성이 다분하다.

"성동구 화양동에 살던 그해 겨울 어느날, 마당에 눈이 내리고 있었는데, 아침에 일어나서 밖으로 나가보니까 담 너머로 어떤 봉투가 하나 눈 속에 떨어져 있더구만. 주워 보고 깜짝 놀랐어. 이 논문을 국방부와 각 군의 연구반과 안기부 등 군사정보 관계기관의 전문가들이 모여서 검토회의를 한 거예요. 내 논문을 반박하거나 비평하거나 종합적으로 세밀하고 정밀한 분석작업을 한 결과인 최종 보고서가 그 봉투 속에 들어 있었어. '2급비밀' 도장이 찍혀 있는 비밀취급 문서요. (…) 그 논문이 우리 정부에 엄청난 충격을 주었음을 반증하는 것이겠지요."[87]

리영희는 이 문서를 '나의 「남북한 전쟁능력 비교연구」 논문에 대한 모모 기관들(정체불명)의 비판연구'라는 겉표지를 붙여 보관했다. 이 비판 연구는 리영희의 주장을 하나씩 검토한 뒤, 그가 미소 간의 핵군축 및 중국과 소련의 개혁개방 추진, 서울올림픽의 성공적 개최 등을 이유 삼아 우리의 안보현실을 지나치게 낙관적으로 보는 경향이 있다고 비판했다. 그리고 "그의 논리는 현시점에서는 타당성이 결여된 판단으로

4의

「南·北韓 戰爭能力 比較研究」論文에 대한

某은 機關들(正体不明)의 批判研究
(□防部·中央情報部·各種軍事機관?)

受 발행 月·日 확인

- 比較研究 最初公開發表 : 1988『사회와 사상』 9월호
- 国会統一外交委 公開証言 : 1988년 8월 4일, 国会大会議場
- 이 正体不明機関들의 批評研究文의 入手 : 1988년 12月頃 (月·日 不詳이나), 東大門 華陽洞의 집 울타리(담) 넘어로 밖에서 누군가가 던져 넣음. 아침 일어나 뜰에 나가서 분속에서 發見.

「남북한 전쟁능력 비교연구」 논문에 대해 분석해 리영희의 집 마당에 던져놓은 2급 기밀문서를 그는 이렇게 표지를 붙여 보관했다.

서 북한의 능력과 기도를 올바로 이해하지 못한 데서 비롯된 것이거나, 아니면 다른 저의가 내포된 평가라고 분석된다"고 결론지었다. 역시 그들은 전가의 보도처럼 '다른 저의'를 들고 나왔다. '다른 저의'가 '북한을 이롭게 할 뜻'이라는 정도는 굳이 묻지 않아도 알 수 있는 일이었다.

하지만 2년 후 1990년 발간한 국방백서에서 군은 남한의 군사력이 북한의 그것을 넘어서고 있다는 사실을 인정했다. 그들이 '타당성이 결여된 판단'이라던 리영희의 문제제기가 상당한 정도의 타당성을 지니고 있었음을 그들 스스로 확인해준 셈이다.

그가 이런 글을 쓸 정도로 군사문제에 특별히 정통할 수 있었던 것은 한국전쟁 기간 중 미국 고문관들과 생활한 덕분이다. 그는 틈만 나면 미국 고문관들이 가지고 온 군사 교본을 읽었고, 그들이 참여하는 사단이나 연대급 전략전술 회의에 참여해 군사전략 등을 익힐 수 있었다. 그와 함께 지냈던 고문관 가운데는 미국 육군사관학교(웨스트포인트)를 나온 이도 있었는데, 그는 전선에서도 전략전술 서적들을 읽으며, 작전 지도를 펴놓고 전술과 전략을 연구했다. 리영희도 그 고문관 덕분에 "클라우제비츠·나뽈레옹·맥아더·브래들리·레닌·뜨로쯔끼를 비롯해서 제2차 세계대전 중의 독일군 전략가들, 그리고 중공의 모택동과 고대 중국 전술가인 손자 등에 대한 번역판 서적들, 미군의 주요 무기들과 무기체제 그리고 소련군과 중공군에 대한 같은 주제의 서적들을"[88] 읽을 수 있었다.

이런 기본지식에 더해 언론계에서 베트남전쟁과 남북문제를 다루게 되면서 확보한 자료도 많은 도움이 됐다. 그밖에 그가 많은 군사정보를 얻은 곳은 미국의 퇴역 해군장성 라로크(Gene La Rocque) 제독이 설립한 국방정보연구센터(Center for Defense Information)와 그 연구소에서 내는 『디펜스 모니터』(*The Defense Monitor*)였다. 국방정보연구센터는 국방문제를 다루는 미국 최초의 민간연구소로서 국방정책 및 무기체계 등에 대한 수준 높은 연구로 정평이 나 있다.[89] 그는 『대화』에서 라로크 제독과 관계를 맺게 된 것을 1959년 미국 연수 때로 기억하지만[90] 이는 착각인 듯하다. 라로크 제독이 퇴역해 국방정보연구센터를 만든 것이 1971년이기 때문이다. 라로크는 1968년 베트남전쟁에 대한 부정적 평가를 담은 보고서를 작성해 미국 국방부의 기피인물이 됐고, 그 역시 베트남전쟁에 환멸을 느껴 퇴역했다. 그렇다면 리영희가 그의 존재를 알게 된 것 역시 베트남전쟁 연구 과정에서였을 것으로 추정된다.

남들이 갖추지 못한 기본지식으로 무장한 리영희가, 남들에게는 없는 자료까지 동원해 치밀하게 분석해 쓴 글은 독보적일 수밖에 없었다. 그래서 항간에서는 그가 미국이나 한국의 정보기관들과 연계돼 있을 것이란 소문까지 나돌았다.

13. 다섯번째 구속: 한겨레 방북취재 사건

방북취재계획만으로도 국가보안법 위반

1989년 1월 초 한겨레신문에서 창간 1주년 특집 계획을 논의하기 위한 간부회의가 열렸다. 이 자리에서 정태기가 북한 방문 취재를 해보자는 의견을 냈다. 고르바초프의 뻬레스뜨로이까 덕분에 전 세계에 해빙 분위기가 물씬했고, 그에 발맞춰 남북관계도 풀리고 있었다. 남한의 언론기관이 특파원을 파견해 북한을 직접 취재한다면 그것은 역사적 의미를 지니는 일이 될 것이었다. 그러나 아직은 남북 민간교류가 엄격히 금지돼 있는 상황이었다. 당국이 다른 신문도 아닌 한겨레신문에 방북 허가를 내줄 리는 만무했다. 그렇다고 허가 없이 방북하면 국가보안법으로 처벌을 받는 위험을 감수해야 했다. 참석자들 사이에 격렬한 논전이 벌어졌다. 장윤환(張潤煥) 편집위원장과 정태기 전무는 평화와 통일을 지향하는 한겨레신문이 개척자적인 역할을 담당해야 한다며 처벌을 감수하고서라도 추진해보자고 주장했다. 반면 신홍범 논설주간 등은 이제 겨우 창간 1년도 안 됐는데, 신문사의 존폐를 건 위험을 감수하는 것은 너무 무모하다고 반대했다. 리영희도 처음에는 신중한 입장이었지만, 세계적 해빙무드를 고려해볼 때 도전해볼 가치가 있는 일이란 쪽으로 점차 생각이 바뀌었다. 결국 편집위원장의 의견이 중요하다는 쪽으로 의견이 모아져, 신문사에서는 방북 가능성을 타진해보기로 했다. 그 책임은 리영희에게 떨어졌다.

퇴근 후 아내에게 방북취재계획을 이야기하고 성사가 되면 자신이 방북할 수도 있다는 이야기를 전했다. 아내는 펄쩍 뛰었다. "이젠 좀 편안히 살고 싶어요. 당신은 할 만큼 했어요. 더이상 사건에 휘말리는 걸 보고 싶지 않네요."

아내의 반대가 마음에 걸렸지만, 역사적 특종을 하고 싶다는 기자정신이 불편한 마음을 압도했다. 그는 일본을 방문해 이와나미(岩波) 출판사 야스에 료오스께(安江良介) 상무에게 방북 주선을 요청해보기로 했다. 일본의 진보진영에 큰 영향력을 가지고 있던 야스에는 남한의 민주화운동의 적극적 지지자일 뿐만 아니라, 김일성의 초청으로 북한을 여러번 방문했을 정도로 북한과의 관계도 깊었다. 1989년 1월 중순 일본을 방문해 야스에에게 방북계획을 설명하니 북한에 전달할 정식 공문을 요구했다. 그는 동북아 질서가 평화지향적으로 개편되는 상황에서 남북대결체제를 청산하려면 남북한 사이의 이해 촉진이 필요하고, 그를 위해서 북한 지도자들의 생각을 정확하게 전달하고자 방북취재를 추진하니 그 성사를 도와달라는 내용의 공문을 작성해 야스에에게 전달하고 귀국했다. 2개월쯤 뒤인 3월 초 쓰다주꾸(津田塾)대학 타까사끼 소오지(高崎宗司) 교수가 김일성 인터뷰가 가능할 것 같다는 야스에의 답신을 가지고 리영희를 만나러 왔다.

리영희는 한겨레신문사에 이 사실을 보고하고, 북한의 반응이 나오면 구체적 계획을 수립하기로 했다. 그런데 이 무렵 캐나다 토론토대학의 아시아연구회가 6월에 '전환기의 한반도'라는 주제로 학술회의를 연다며, 그를 초청했다. 그가 참석 의사를 팩스로 전달하고 얼마 지나지 않은 3월 25일 문익환 목사가 일본을 거쳐 북한을 방문했다는 소식이 긴급뉴스로 타전됐다. 물론 당국의 승인을 받지 않은 방북이었다. 보안 당국이 발칵 뒤집혔다. 한겨레도 방북취재계획 추진을 일단 중단하고 추이를 지켜보기로 했다.

리영희의 집으로 수사관들이 들이닥친 것은 그로부터 20일 정도 지난 4월 14일이었다. 그들은 캐나다와의 교신을 감시하면서 리영희 역시 방북을 추진하는 것으로 의심하고 있었다. 가택 수색에서 야스에에게 보낸 편지의 사본을 발견한 그들은 쾌재를 부르며 그를 연행했다. 안기부는 그 서신 내용 가운데 "바람직한 것은 남북 간에 전개되는 상황 변화의 종합적이고 전반적인 방향과 정책의 이해 촉진을 위해서 존경하는 김일성 주석 각하와 잠시라도 직접 대화하는 귀중한 시간을 허락받는 것"[91]이라고 한 대목을 문제 삼았다. 인터뷰를 성사시키기 위해 사용한 '존경하는 김일성 주석'이란 표현이 국가보안법상 고무 찬양에 해당하며, 방북취재계획을 세운 것만으로 "정부를 참칭하고 국가를 변란할 목적으로 불법 조직된 반국가단체의 지배하에 있는 지역으로 탈출할 것을 예비한 것"이라는 게 그들의 주장이었다. 아내의 우려대로 북한 방문 계획은 실현도 못 시킨 채 다시 철창 속에 갇히는 신세가 되었다.

당국은 한겨레신문을 이참에 폐간이라도 시킬 태세였다. 장윤환 편

방북취재 사건으로 구속된 리영희의 석방과 언론탄압 중지를 요구하며 저항하는 한겨레신문사 임직원들.

집위원장과 정태기 전무를 연행하고, 대규모 경찰병력을 동원해 한겨레신문사 편집국을 압수 수색하겠다고 나섰다. 편집국 수색은 언론자유에 대한 중대한 침해이자 신생 언론사에 대한 겁박이라고 여긴 한겨레신문사의 직원들은 스크럼을 짜고 강력히 저항했다. 국내외 언론에서도 당국의 조처에 대한 비판이 쏟아졌다. 정권은 한걸음 물러서지 않을 수 없었다. 신문사 자체를 문제 삼는 대신 방북 가능성을 실제로 타진한 리영희만 구속하고 장윤환과 정태기는 불구속 수사하는 선에서 마무리했다.

그런데 정권의 공격은 오히려 한겨레신문의 중요성을 국민들에게 각인시키는 구실을 했다. 마침 한겨레신문사는 윤전기 증설과 사옥 마련을 위한 2차 모금운동을 펼치고 있었다. 지지부진하던 모금이 사건 발생 후 폭발적으로 늘어났다. 수많은 시민들이 자발적으로 2차 모금에 참여함으로써 언론의 자유를 지키려는 한겨레신문을 지지했다. 당시 모금액은 목표액 100억을 초과한 119억원에 이르렀다.

대한민국은 한반도의 유일 합법정부 아니다

하지만 60대의 나이에, 그리고 어느정도 민주화됐다고 여기던 나라에서 다시 갇힌 몸이 된 현실에 리영희는 착잡함을 느끼지 않을 수 없었다. 무엇보다 이제는 조용히 살자고 간곡하게 만류하던 아내에게 미안했다. 아내는 그가 구속된 현실을 받아들이길 거부했다.

그렇다고 쉽게 굽힐 리영희도 아니었다. 1977년 구속됐을 때, 「상고이유서」를 통해 반공법의 문제점을 파헤쳤던 것처럼 이번 재판에서는 자신에게 적용된 국가보안법의 문제점을 본격 제기해보기로 작정했다. 옥중에서 보안법의 전제인 "북한 공산집단은 정부를 참칭하고 국가를 변란할 목적으로 불법 조직된 반국가단체"라는 주장의 허구를 밝히기 위한 연구에 돌입했다. 그동안 우리 정부가 북한을 불법집단으로 주장해온 근거는 대한민국이 유엔이 승인한 한반도의 '유일한 합법정부'라는 것이었다. 우선 그 근거로 주장된 유엔총회 결의 195호 3장을 살펴본 그는 유엔이 합법적 정부로 승인한 대한민국의 관할권은 유엔임시위원회가 감시와 협의를 할 수 있었던, 그리고 1948년 5월 10일에 총선이 실시된 지역으로 국한됨을 확인했다. 실제로 '코리아의 독립문제'라는 제목의 유엔 결의 195호 3장을 보면 1948년 5월 10일 총선에 의해 적법한 정부(대한민국 정부)가 수립되었지만, 그 통제력과 관할권은 유엔 결의 112호에 의해 설립된 유엔한국(KOREA)임시위원단이 선거과정에 참관하고 협의할 수 있었던 코리아의 일부(남한)에 대해서만 유효함을 분명히 하고 있다. 그리고 대한민국 정부는 그런 의미의 정부로 코리아에서 유일하다고 밝혔다. 같은 조항의 프랑스어본 역시 마찬가지 의미로 기록돼 있다.

리영희는 재판과정에서 이런 사실을 조목조목 지적하며 북한을 불법적인 반국가단체라는 보안법의 규정은 문제가 있음을 주장했다. 또 북한을 반국가단체라고 할 경우 남북 정부가 합의한 7·4공동선언 역시 불법적인 것이 된다는 점도 지적했다.

판사는 그의 이런 주장에 어느정도 수긍하고, 언론자유 및 취재의 자유의 중요성을 인정하면서도 "이같은 자유는 실정법 내에서 보장되는 것"이라며 그에게 유죄를 선고했다. 징역 1년 6개월, 자격정지 1년, 집행유예 2년이었다. 그나마 집행을 유예해줌으로써 구속 160일 만인 1989년 9월 25일 석방될 수 있었다.

석방된 후 그는 재판과정에서 밝혔던 주장을 다듬어 「국가보안법 없는 90년대를 위하여」라는 글을 『사회와 사상』 1989년 12월호에 기고했다. 이 글은 이듬해 9월에 출간된 『自由人, 자유인』에 수록됐고, 1999년 9월에 출간된 『반세기의 신화』에서는 「대한민국은 한반도의 '유일 합법정부' 아니다」로 제목이 바뀌고 내용도 좀더 다듬어졌다. 이 글은 한겨레신문의 북한 방문 취재계획을 단죄한 국가보안법과 반공법의 기본 전제를 허무는 연구 결과였다. 이 연구에서 그는 한반도와 관련해 채택된 유엔 결의안을 상세하게 분석함으로써, 대한민국이 한반도의 유일 합법정부이고, 북한은 '정부를 참칭하고 국가를 변란할 목적으로 불법 조직된 반국가단체가 지배하는 지역'이라는 주장이 허구에 지나지 않음을 논증했다.

우선 그가 지적한 것은 남북이 분할된 이후에 수립된 대한민국 정부는 한번도 북한지역을 실질적으로 관할하거나 통치한 적이 없다는 점이었다. 그리고 그는 정부가 주장하듯이 유엔이 대한민국을 한반도의 유일한 합법정부로 인정한 것은 아니라는 점을 유엔 결의안을 통해 증명했다. 앞서 재판과정에서 자신의 논거로 내세웠던 유엔총회 결의안 195호 Ⅲ(1948년 12월 12일 채택)뿐만 아니라 한국전쟁 중에 한국정부가 한반도의 유일한 합법정부임을 주장하기 위해 취한 조처를 유엔이 부인한 사례까지 근거로 제시했다.

"6·25동란에서 1950년 말경 유엔군이 반격·북진하여 북위 38도선 이북지역의 태반을 장악하자, 이승만 대통령은 그 지역에 대한 '유일 합법정부로서의 행정권 행사'를 위하여 대한민국 정부의 '민정장관'을 평양에 임명·파견했다. 이 조치에 대해 유엔은 다음과 같이 결정했다.

'대한민국 정부는 유엔 KOREA 임시위원단이 협의 및 관찰할 수 있었던 선거가 실시된 KOREA의 그 부분에 대하여 효과적인 통치를 하는 합법정부로서 유엔이 인정하였고, 따라서 KOREA의 나머지 부분지역에 대해서는 합법적인 통치를 하도록 유엔이 인정한 다른 정부가 없음을 상기하고······' 유엔이 그 지역에 대한 행정을 직접 임시로 담당했던 것이다. 유엔의 이 '유엔에 관한 한 38도선 이북은 공백 지역' 결정으로 남한(대한민국) 정부가 파견했던 '민정장관'은 즉시 철수되었다."[92]

이어 '조선민주주의인민공화국'이 정전협정의 당사자로 서명한 점과 박정희 정권 당시 북한과 함께한 7·4공동성명, 전두환 전 대통령이 북한의 '김일성 주석'에게 대화를 촉구한 일, 그리고 남한이 북한과 유엔 동시가입을 추구하고 있는 것 등 남한정부가 북한을 하나의 국가로 인정한 여러 예를 자신의 주장을 뒷받침하는 전거로 제시했다.

사실 대한민국이 유엔이 인정한 한반도의 유일한 합법정부가 아니라는 사실은 국제사회에서는 이미 알려진 사실이었다. 북한을 인정하는 사회주의권 국가는 물론이고, 우방이라는 일본의 외상조차 이미 1974년 의회 증언에서 한국이 한반도의 유일한 합법정부가 아니라고 답한 바 있다.[93]

하지만 정부나 관변학자들은 그의 주장에 대해 전거를 찾아 학술적으로 비판하는 대신 그저 북한을 이롭게 하는 글이라고 매도하고 외면했다. 그만큼 이 글이 분단체제의 버팀목인 국가보안법의 근저를 흔들었기 때문이다. 그의 주장의 타당성을 공개적으로 인정하는 발언이 나온 것도 그리 오래되지 않았다. 정세현(丁世鉉) 전 통일부장관은 2015년 오마이뉴스가 주관한 통일 대담에서 "역대 우리 교과서는 유엔이 한국 정부를 '한반도의 유일한 합법정부'로 승인했다고 가르쳐왔지만, '유엔 한국임시위원단의 감시가 가능한 지역에서 수립된'이라는 앞부분은 빼버린 것"[94]이라고 확인했다.

제6장

성찰의 시대

1. 조광조의 길에서 퇴계의 길로

감옥에서 풀려나고 두달 반 지난 1989년 12월 2일 리영희는 회갑을 맞았다. 지인들은 진실을 밝혀내기 위한 투쟁과 그로 인한 고난으로 점철됐던 그의 삶을 위로하는 회갑연을 마련해 축하해주었다. 주한 외국인 기자들의 모임인 외신기자클럽은 언론자유공로상을 수여해 그의 치열한 투쟁의 삶을 평가했다. 그의 평생의 벗 무위당 장일순은 축하 글씨를 보내왔다. 혹독한 삶을 살아온 그에게도 봄날 같은 앞날이 있기를, 그리고 서릿발같이 곧게만 살아온 그가 이제는 좀더 여유로운 마음으로 살 수 있기를 기원하는 뜻을 담은 '한매춘심(寒梅春心)'이었다. 무위당처럼 다른 벗들 역시 앞으로의 그의 삶이 조금은 더 편해지기를 축원했다.

그 역시 회갑을 계기로 그동안의 앙가주망의 삶에서 조금 물러나고 싶은 생각이 간절했다. 감옥생활로 지친 몸과 마음을 다스릴 생각으로 이듬해 초 전남 영암군 구림마을로 요양을 떠났다. 그곳에서 최준기(崔準基)라는 한학자를 만났다. 리영희가 "현대학문(약학)과 전통적 한학을 완벽하게 겸비하고 있는 신사이자 선비"로 평가한 최준기는 그에게 조선시대의 저명한 유학자였던 조광조(趙光祖)와 이황(李滉)을 예로 들면서 이제는 퇴계(退溪)의 지혜를 배울 것을 간곡하게 권했다. 두 사람 모두 희대의 석학이었지만, 퇴계는 현세의 복을 다 누리고도 큰 족적을 남긴 반면, 조광조는 개혁가로서 파란만장한 생애를 살다가 서른여덟 살의 나이에 사약을 받았다며 최준기는 조광조가 "세상사를 지나치게 선악(善惡)으로 대치시켜 타협을 절대로 용납하지 않고, 현실적으로 불가능한 이상사회를 자신의 당대에 실현하려고 한 것이 화근"이었다고 진단했다. 이어 그는 "이(리)선생의 붓이 너무 곧습니다. 이선생의 글과 정신은 조광조의 긍정적인 면과 비할 수 있습니다. 많은 사화도 겪었으니 앞으로는 이퇴계의 긍정적인 면을 배우고 실천하는 지혜가 필요할까 합니다"라고 충고했다.[1]

최준기의 충고는 그의 폐부를 찔렀다. 조광조처럼 온갖 희생을 무릅쓰고 곧게만 살아왔던 삶의 한 장을 접고 이제는 퇴계와 같은 삶으로 방향을 틀어야 할 때란 생각이 들었다.

"한 40년 동안 한 지식인으로서 사회적 삶을 살아오면서 써온 글로 인해 겪어야 했던 고난의 길을 돌이켜보면 최준기 선생의 말씀이 가슴에 와닿았어요. 이제 나이로도 그렇고 경력으로도 그렇고 내가 겪어온 고난의 길에서 나는 뭔가 깨달음이 있어야 한다, 보다 더 원숙해질 인격적·지적 변화와 세계관의 변화가 마땅히 있어야 하겠다는 생각을 했어요."[2]

그런 생각은 그 무렵 쓴 「30년 집필생활의 회상」(1990)에 고스란히 담겨 있다. 젊은 시절 그에게는 "이 땅에 동시대적으로 태어난 젊은 지식인으로서, 운명적으로 함께 생존해야 할 사회 전체에 대한 관심이 나에게는 가장 중요해 보였다. 사회의 현실을 외면하고 '나' 개인, '가정'과

'가족'의 행복을 우선하는 것은 배신행위같이 여겨졌"다. 그는 이런 생각을 지닌 젊은 시절의 자신을 "가정보다 사회를 앞세운 '전체주의'적 성향이 강"한 "철저한 민족주의자"였다고 회고했다.[3]

가족들에게 안긴 고통

가정보다 사회를 앞세운 그의 삶의 자세와 성향은 가족, 그 가운데서도 특히 자녀들에게 많은 고통을 안겨주었다. 그는 이 글에서 광주교도소에 수감돼 있을 때 비로소 그런 자신의 잘못을 깨닫고 참회의 눈물을 흘렸다고 고백했지만, 1980년 석방된 뒤에도 다시금 구속과 해직을 반복하느라 자식들과의 관계를 회복하지 못한 상태였다.

그가 큰아들 건일과 처음으로 진솔한 대화를 나눈 것은 자서전을 집필하고 있던 1983년이었다. 재수 끝에 대학에 입학했던 건일은 당시 군복무 중이었다. 자신에 대한 자식들의 평가를 자서전에 반영하기 위해 군대의 아들에게 편지를 썼다. 우선 아버지로서 잘못한 부분에 대해 사과한 뒤 어린 마음에 비친 아버지의 모습을 기억나는 대로 상세히 적어달라고 부탁했다. 아들의 답신에 비판적인 내용이 포함될 것이란 예상을 안 한 것은 아니었다. 아이들이 어렸을 때 함께 시간을 보내지 못했을 뿐만 아니라, 큰아들 건일에겐 유난히 엄격하게 대했음을 그 역시 모르지 않았기 때문이었다.

그러나 한참 뒤 날아온 아들의 답신은 예상을 훨씬 뛰어넘는 수준이었다. "나는 편지를 끝까지 다 읽을 수가 없었다. 천진난만한 어린이의 마음의 눈에 비친 한 인간의 모습은, 편지가 아래로 내려감에 따라서 혈

육의 얼굴이 아니라 야차의 얼굴로 변해갔다. 편지를 다 읽고 난 뒤의 나는 거의 공포에 사로잡힌 상태가 되었다. 자신의 추악함에 대한 혐오감, 비인간적 냉혈에 대한 죄의식, 어린 영혼에게 아버지로서가 아니라 '적'으로 다가갔던 존재로서의 나…… 그것은 무서운 경험이었다."[4]

아들은 편지에서 어린 시절 아버지가 "항상 두려움의 대상"이었고 "감시하고 규제하는, (…) 어떤 쇠사슬" 같았다고 고백했다. "지나치게 어른다운 말씨와 행동을 요구한다든지, 또는 재미있는 텔레비전 방송을 보지 못하게 하기 때문에 옆집 상규네 집에 가 보면서 왜 우리 것을 놔두고 남의 집에서 봐야 하는지 이유를 모르는 상태로 생활하는 적이 많았"다고 밝힌 아들은 "거의 강제적이고 이해할 수 없는 아버님의 요구를 따르기에는 너무 벅차기만 했고" 그런 아버지가 "이방인처럼 느껴졌"다고도 했다.[5]

1970년대 초 그의 집에도 텔레비전이 있었다. 그러나 그 텔레비전의 정위치는 거실이 아니라 벽장 속이었다. 텔레비전을 비판의식을 마비시키는 바보상자라 여겼던 그는 「동물의 왕국」 시간에만 텔레비전을 꺼내 아이들에게 보여주곤 곧바로 벽장 속으로 집어넣어버렸다. 아이들을 바보상자로 오염시키지 않겠다는 생각에서 나온 그의 행동을 겨우 초등학생이었던 아이들이 어떻게 이해할 수 있었겠는가.

큰아들만 아버지를 그렇게 여긴 것은 아니었다. 딸 미정 역시 아이들을 아이들로 대하지 않고 성숙한 어른처럼 책임을 요구하는 아버지가 불편했다고 한다. "초등학교 4학년인가 처음 피아노를 샀다. 손님이 오거나 가족 모임이 있을 때 사람들은 곧잘 피아노를 쳐보라고 했다. 나는 그게 싫었다. 어느날 내가 끝내 안 치고 버티자, 아버지는 정색을 하고 '우리 가족의 생활비를 절약해 네게 피아노를 사줬으니, 너는 가족이 요구하면 피아노를 쳐야 할 의무가 있다'고 말했다. 아버지는 그런 사람이었다." 미정은 매사를 이처럼 논리적으로 따지고 분석하는 아버지와 대화하다가 자신도 모르게 '아버지' 대신 '선생님'이라고 부른 적도 있다고 했다. 그가 보기에 아버지는 "항상 스크린 하는 사람이었고, 자식도 그 스크린에서 예외가 아니었다."[6]

이 모든 일은 그가 싸르트르와 루쉰에게 배운 지식인의 책임을 사적인 삶에서조차 다하려 했고, 그런 삶을 가족에게도 그대로 요구하고 적용하려 했기에 벌어진 일이었다. 앙가주망의 삶에 철저하고자 했던 지식인으로서 살아온 30년은 젊은 세대에게 사상의 은사로 불리는 영광을 안겨주기도 했지만 그 개인에겐 투옥과 해직이라는 고난과 더불어 가족, 특히 자식들과의 관계에 이처럼 큰 어려움을 남겼다.

그러나 건일의 부대에서 연 장병 부모 노래자랑 대회에 참가한 일화를 보면 리영희가 냉정하기만 한 아버지는 아니었음을 알 수 있다. 그는 폭압적인 전두환 정권하의 군대에서 건일이 '리영희의 아들'이기 때문에 불이익을 받을까 걱정했다. 그러던 어느날 부대에서 부모를 초청한다는 연락이 왔다. 만사를 제치고 달려간 그는 아들을 위해 노래자랑 대회에까지 나갔다. "아버지는 무대에 올라 자신을 한국전쟁에 참전한 선배라고 소개한 뒤 장병들을 격려하곤 노래를 불러 1등상을 받았다. 덕분에 난 특별 보상휴가까지 받았다"[7]고 건일은 회고한다.

그러나 어린 시절 그가 준 상처로 인해 자식들과 그 사이에 만들어진 거리는 이런 노력에도 불구하고 그가 세상을 떠날 때까지 완전히 좁혀지지는 못했다. 30여년간 글을 통한 혁명에 투신해온 그로 인해 아내와 가족들이 겪었던 고통을 생각하면서, 그는 조광조의 길과 퇴계의 길에 대한 깊은 성찰 속으로 빠져들었다.

2. 사회주의권 붕괴의 충격

그가 한겨레신문 방북취재 사건으로 옥고를 치르던 1989년은 냉전 해체라는 세계사적인 격동이 본격화된 시기였다. 고르바초프가 뻬레스뜨로이까를 통해 소련 내부 개혁을 도모하면서 동유럽 사회주의권에 대한 통제를 이완하자, 동유럽 여러 나라에서는 1980년대 초부터 이어져온 민주화운동이 불붙기 시작했다. 이 여파는 중국에도 상륙해 1989년 6월 천안문광장 시위로 나타났다. 덩샤오핑의 중국은 공산당 통제 아래 경제개혁과 개방을 추진하는 이른바 중국 특색의 사회주의를 내걸고 10년간 달려왔다. 그 10년은 경제성장이란 과실과 함께 당정간부의 부패와 불평등 심화라는 부작용도 낳았다. 천안문광장의 젊은이들은 부패와 불평등 등 경제개혁의 부작용을 줄이고, 정치개혁을 통해 민주주의를 확대할 것을 요구했다. 그러나 덩샤오핑은 이들의 요구를 '반혁명'으로 간주하고, 인민해방군 탱크까지 동원해 진압해버렸다.

중국 민주화운동은 이렇게 좌절됐지만 오랫동안 소련의 지배에 저항해온 역사를 지닌 동유럽권은 다른 경로를 걸었다. 헝가리·체코·폴란드에서는 시민혁명으로 공산정권이 무너졌고, 그해 11월에는 동서냉전의 상징이던 베를린장벽마저 무너져 내렸다. 이듬해 동독이 서독에 흡수되는 형태로 독일 통일이 이뤄졌고 고르바초프의 개혁이 실패로 끝난 소련은 해체돼 16개의 나라로 분열됐다.

이렇게 동유럽 사회주의권이 붕괴되고 냉전체제가 해체의 길로 들어서면서 세계 각지에서는 냉전체제에 의해 왜곡됐던 질서도 정상화되기 시작했다. 필리핀의 독재자 마르코스(Ferdinand E. Marcos)가 민중혁명으로 쫓겨나고 남아프리카공화국에서는 넬슨 만델라(Nelson Mandela)가 27년 만에 감옥에서 풀려나면서 아파르트헤이트 정권도 물러날 수밖에 없는 상태가 되었다.

변화의 물결은 한반도도 비껴가지 않았다. 1987년 미국과 소련의 중거리핵전력조약과 뒤이은 전략무기감축협정에 따라 한반도에 배치돼 있던 600여기의 미국 핵무기가 1991년 철수했다. 그해 남북한은 유엔에 함께 가입한 데 이어 '한반도의 비핵화에 관한 공동선언'에도 합의했다. 평생을 민주주의와 평화·인권을 위해 싸워온 그는 이런 변화를 감격스럽게 지켜봤다.

그러나 사회주의권 붕괴라는 대격변은 한국사회에도 큰 논란을 불러일으켰다. 프랜시스 후쿠야마(Francis Fukuyama)가 '역사의 종언'이라고까지 단언했던 사회주의권 붕괴가 한국의 많은 젊은이들을 충격에 빠뜨렸기 때문이다. 1980년 광주항쟁 이후 일부 운동권 학생들은 미국과 미국식 자본주의에 환멸을 느끼고 사회주의를 대안으로 공부해왔다. 수많은 학생들이 노동자가 되기 위해 공장으로 들어갔던 것도 사회혁명을 위해 노동자들을 조직하겠다는 생각에서였다. 그런데 그들이 대안으로 여겼던 사회주의가 자본주의에 패퇴해 역사의 현장에서 퇴장하고 있는 것이었다. 그들로서는 이 상황을 이해할 방법과 논리를 찾아야만 했다. 아니, 그들뿐만이 아니었다. 주류학계 역시 자본주의의 최종 승리인지 확인하기 위해서도 사회주의 붕괴 원인을 밝혀야 했다. 1990년대 초 한국사회에서는 사회주의권 붕괴를 어떻게 볼 것인가를 둘러싸고 커다란 논쟁이 전개됐다.

리영희는 이 논쟁의 한가운데로 여러차례 소환됐다. 보수 우파들은 때를 만난 듯 그를 비판하고 나섰다. 스스로 자멸한 사회주의를 우리 사회의 대안으로 제시해 젊은이들을 미망에 빠뜨린 책임을 져야 한다는 것이었다. 한편 그의 글을 통해 냉전적 반공주의와 자본주의 체제에 대한 비판적 안목을 키워온 이들 역시 당혹감을 느끼며 그를 바라보고 있었다.

1991년 1월 26일 소장 정치학자들로 이뤄진 한국정치연구회가 그에게 '변혁시대 한국 지식인의 사상적 좌표'라는 주제로 강연을 요청한 것은 이런 시대상황을 배경으로 했다. 리영희는 당시의 상황을 '지적 카오스' 또는 지식인 집단의 '환경예측능력 상실의 시대'로 묘사하면서 그날의 강연을 시작했다. 지식인이 예측능력을 상실하게 된 것은 "냉전시대 지식인이 넓은 의미로 '구조결정론'에 빠졌던" 때문으로 생각한다고 밝혔다. 그는 여기서 구조결정론이란 흔히 알고 있는 '계급 또는 계급관계 및 구속성의 구조'가 아니라 "지식인이 온갖 기능과 능력 면에서 구조화되었던 현실"을 말한다고 설명했다.[8] 그렇다면 리영희가 말하는 구조결정론은 백승욱이 제대로 지적했듯이 이데올로기가 절대화한 냉전체제 아래서 인간의 상대적 인식능력이 부정됨으로써 '박제화한 사유능력' 또는 '냉전의 진영론적 사유체계'로 해석될 수 있을 것이다.[9]

냉전체제의 한 극단에 있던 남한에서 그 체제에 균열을 내기 위해 글을 써온 리영희의 목표는 독자들의 '박제화된 사유능력'을 활성화시켜 '진영론적 사유체계'에서 벗어나게 하는 것이었다. 하지만 그 역시 강고한 냉전체제 아래 포박돼 있던 지식인의 한 사람으로서 '구조결정론'에서 완전히 자유로울 수는 없었다는 이야기다. 자본주의 체제의 한계와 문제점을 지적하기 위해 사회주의, 특히 중국의 사회주의에 대해서는 좀더 긍정적으로 평가했다는 고백인 셈이다. 이런 그의 고백과 관련한 비판과 공격의 초점은 '사회주의도 제대로 모르면서 젊은이들에게 사회주의에 대한 환상을 심어줬다'는 것이다.

사회주의에 대한 인식의 한계

사회주의에 대한 그의 인식에 한계가 있었다는 비판은 좌우 공히 동의하는 부분이다. 예를 들어 김만수는 그가 국제관계를 움직이는 토대로서의 자본에 대한 이해가 부족했던 것 같다며 "리영희는 자본주의와 사회주의를 인간의 물질적 생산과 분배에 관한 경제체제라기보다 윤리로 보는 것 같다"[10]고 지적했다. 윤평중(尹平重)은 그가 냉전·반공주의라는 우상을 타격하는 과정에서 사회주의라는 새로운 우상을 세웠다고 비판하고, 그러나 "리영희의 사회주의적 정향은 직관적이며 그만큼 파편적이다. 사회주의에 대한 체계적이고 이론정합성을 갖춘 논의 자체가 부재"[11]하다고 주장했다. 그리고 이런 조야하고 도식적인 그의 인본적 사회주의가 "시장맹(市場盲)과 북한맹(北韓盲)을 배태하면서 우리 시대를 계몽함과 동시에 미몽에 빠뜨렸다"라고 비판을 이어갔다.[12]

리영희의 인본적 사회주의가 '시장맹' '북한맹'을 배태했다는 비판에는 동의하기 어렵지만 그가 사회주의를 정치경제학적 관점이 아니라 윤리적·휴머니즘적 관점에서 본다는 평가는 수긍할 만한 대목이 있다. 리영희 자신도 자신이 추구한 것은 휴머니즘이었지 맑스레닌주의가 아니었다고 말하고 있으니까. 실제로 그는 맑스레닌주의에 입각한 사회주의에 대해서는 일찍부터 환상을 접었다. 2005년 발간된 『대화』에서 그는 1960년대에 이미 사회주의의 위기 징후를 느꼈고, 1970년대 들어서는 사회주의가 자본주의에 대한 경쟁력을 상실한 것으로 인식했다고 밝혔다.

　　"가장 큰 '사회주의' 세계의 두 기둥이라고 할 수 있는 소련과 중공 사이는 어느 한시도 동맹국가이거나 우호국가인 적이 없고, 오히려 그들의 경쟁 상대 내지는 타도 대상으로 여기는 미국을 비롯한 자본주의 국가들과의 관계보다 더 긴장하고 때로는 파국적이었어. (⋯)

　　1960년대 말에 들어와서는 소련이 중공에 대한 핵공격을 준비하고, 그 사실을 오히려 이론상 비우호적이라고 할 수 있는 미국에게 알리고 사전협의를 하기까지에 이르러요. 이런 제반 정세와 그밖의 크고 작은 많은 적대분쟁 요소들로 말미암아서 사회주의가 자본주의에 대한 경쟁 능력을 상실하게 되지요. 이런 30~40년에 걸친 과정을 면밀히 관찰하고 있었기 때문에 사회주의의 위기를 처음으로 느낀 것은 1960년대 초반이고 70년대 말에서 80년대에 이르러서는 거의 결정적인 흐름으로 인식하게 됐지요."[13]

　　그러므로 그에게 사회주의라는 우상을 세웠다고 비판하는 것은 지나치다. 하지만 마오의 중국과 문혁에 관해서라면 이야기가 달라진다. 『전환시대의 논리』나 『우상과 이성』 그리고 『8억인과의 대화』에서 그는 문혁과 마오에 대해서 비교적 후하게 평가했다. 이에 관한 비판에 대해 그는 서구의 학자들에 비해 "한정된 범위의 정보밖에 없던 나에게는 그후 알려진 이른바 '홍위병'의 반문화적 파괴행위로 말미암은 여러가지 부정적 사실은 정확히 파악할 방법이 없었"[14]다고 변명했다. 중국과 적대관계에 있던 당시 한국에서 중국 연구를 하려면 서방 학자들의 글에 의존할 수밖에 없었다는 점을 고려하면 그의 이런 발언도 꼭 틀린 것은 아니다. 그가 참고한 서방의 학자들도 서방의 대중국 봉쇄정책으로 제한적으로만 중국에 접근할 수 있었던 터라 문혁의 부정적 현상을 포함한 중국의 현실을 온전히 파악하는 게 어려웠던 것이 사실이다.

하지만 그를 비판하는 이들에겐 이는 옹색한 변명으로 들릴 수밖에 없다. 홍위병의 파괴행위에 대한 소식은 그가 언론사에 있던 1968년 이미 쏟아져 나오기 시작했고, 문혁과 마오에 대한 비판적 시각의 연구서들도 상당히 존재했기 때문이다.

도덕주의적 인간과 사회에 대한 갈망

그렇다면 그가 마오와 문혁을 좀더 긍정적으로 평가하게 된 중요한 이유는 무엇이었을까? 우선 그의 개인적 체험이 하나의 이유가 될 수 있다. 그는 해방공간과 한국전쟁 과정에서 맞닥뜨렸던 자본주의 사회의 이기적 인간형에 극도의 혐오감을 갖고 있었다. 동시에 그에게는 식민지 시기 민족의식이 결여된 채 살아왔고 해방 후에도 민족문제 등 당대의 문제와 대결하지 못했다는 자책감이 있었다. 그가 『역정』에서 사회적 대의를 위해 피 끓는 헌신을 해보지 못했던 자신의 젊은 시절에 대한 회한을 토로한 것은 바로 이러한 자책감의 표현이었다. 김원은 이를 그의 '사적 체험 속에 남겨진 시대적 트라우마'라고 했다.[15]

이 때문에 리영희는 "그 당시(1930~40년대) 많은 젊은이들의 민중에 대한 사랑, 불평등에 대한 거부감, 한마디로 말하면 이기적인 인간형과는 대조적으로 자기를 전체의 선을 위해서 바쳐나가는 그 당시의 혁명가들, 20대 청년들의 혁명가적인 삶에 대해서 순수한 의미에서의 존경과 경탄을 갖곤 했"다.[16]

그런 그에게 문혁은 끊임없는 교육과 제도적 변혁을 통해 이타적인 사회주의적 인간을 만들어내고자 하는 '인간혁명'이자 '사상혁명'으로 여겨졌고, 그는 그것에 큰 희망을 걸었다. 그러나 그가 기대했던 인간혁명은 "인민대중의 자주적 각성을 가능케 함과 동시에 개인성과 자유를 억압할 가능성을 내포하고 있었고, 이타적 인간형을 생성함과 동시에 지식인과 청년들을 수동적 존재로 전락시킬 가능성을 내포하고 있었던 것이다."[17] 바로 이 지점이 중국의 비판적 지식인 첸리췬(錢理群)과 리영희가 갈리는 대목이다. 문혁 당시 고초를 겪은 첸리췬은 "'범인(凡人)'을 '성인(聖人)'으로 바꾸려는 인간 개조의 욕망"은 "인간의 비개인화" 및 "도구화"로 귀결되었고 "인간에 대한 통제와 압제"로 드러났다고 신랄하게 평가한다.[18]

반면 리영희는 자신이 일관되게 추구해왔던 것은 '인간의 자유로운 사고와 자율적 판단의 주체로서 인간상'이었다면서도, 이상주의적이고 자기희생적인 사회주의적 인간으로의 개조 가능성에 대한 갈망을 끝내 버리지 못했다. 특히 그는 마오를 자기희생적인 혁명가의 전형으로 여기고 "중국공산당이 지향하는 미래의 중국사회체제, 중국 인민의 새로운 가치관, 그것을 인민의 생활로 구현할 새로운 사회구조와 정치형태 등

에 관한 모택동의 사상과 철학 그리고 실천적 행동양식에 공감했"다.[19]

이런 공감 때문에 자본주의 체제나 소련의 공산주의 체제에 신랄한 비판을 가한 것과 달리 마오와 문혁에 대해서는 관대할 수밖에 없었다. 그는 마오가 문혁을 통해 그런 자기헌신적인 사회주의적 인간을 만들어낼 수 있을 것으로, 아니 어쩌면 만들어내주기를 기대한 것이다.

또 하나의 이유는 그가 글을 쓰는 가장 중요한 목적이 우리 사회의 문제를 바로잡기 위한 '계몽'이었다는 점이다. 문혁을 위시한 중국 연구의 핵심 목표가 한국사회에서 참조할 수 있는 부분을 제시하는 데 있었다는 것이다.[20] 바로 이 점에서 그를 일본의 저명한 중국학자 타께우찌 요시미(竹內好)와 비교할 수 있을 것이다. 일본이 중국을 침략할 때 중국 연구를 시작한 타께우찌에게도 "중국은 일본을 비추는 매개이자 방법이었다." 그러므로 "그에게 중국 연구란 지식을 집적하는 일이 아니라 자신의 역사적 감도를 시험하는 일이었다. 그리고 그것은 자기 사회를 향한 천착과 해부에 의해 매개되어야 했다. 내가 이웃나라를 지적 대상으로 취하려고 할 때, 그 대상은 과연 내게 얼마나 절실한가? 그 대상은 나를 비춰주고 있는가? 그리하여 그 대상은 내 안에 내재하는가?"[21] 그것이 그에게는 중요한 과제였다.

거울로서의 중국

타께우찌에게 중국이 일본을 비추는 거울이었듯이 리영희에게도 중국은 냉전의 주술에 사로잡힌 일그러진 한국을 비추는 거울이었다. 거울이 선명하면 할수록 우리의 모습을 좀더 명확하게 볼 수 있다. 그가 즐겨 사용한 탕산(唐山)과 뉴욕의 비교처럼. 그는 「당산(唐山) 시민을 위한 애도사」 등에서 1976년 탕산지진 당시 그곳 시민들이 보여준 이타적 행위와 이듬해 뉴욕 정전 당시 미국인들이 저지른 약탈 행위를 사회주의 도덕과 자본주의 도덕의 차이에서 비롯된 것으로 대비했다. 그러나 '부자나라 시민들은 남의 것을 빼앗고, 가난한 탕산 시민들은 자기 것을 버리면서 이웃을 도왔다'는 강렬한 대비는 백승욱의 지적처럼 두가지 붕괴 가능성을 내포하고 있었다. "하나는 그가 말하듯, '탕산이 자본주의를 만나면서 급격히 자기를 버릴 때'이고, 다른 하나는 '포장된 사회주의적 선전'의 꺼풀들이 벗겨질 때이다."[22]

그가 「당산 시민을 위한 애도사」에서 썼듯이, 탕산대지진 2년 후 자본주의의 길로 회전한 덩샤오핑의 중국에선 "자본원리와 물질주의의 신이 도덕주의와 평등사상'을 추방했다."[23] 그래서 그는 도덕주의와 평등사상 대신 물질주의를 신봉하게 된 탕산 시민들을 애도할 수밖에 없었던 것이다.

그렇다면 1976년 당시 탕산 시민은 그가 그린 것처럼 이타적이었을까? 지진 당시 중국 매체들은 탕산 시민들이 엄청난 재난상황 속에서도 영웅적으로 서로를 돌보며 '확장된 사회주의적 가족'을 이루었다며 신화화했다. 리영희가 인용한 것은 이런 중국 매체의 보도가 아니라 일본 대사의 현장 방문기였다. 외국인이 실제로 현장에 가서 보고 기록한 것이기에 신뢰할 수 있다고 여겼을 것이다. 그러나 중국정부의 주선으로 현장을 방문한 일본대사가 볼 수 있었던 것은 그들이 보여주고 싶은 것이었을 가능성도 배제할 수 없다. 탕산지진에 대한 사후 연구를 통해 중국정부가 늑장 대응한데다 외국의 지원조차 거부해 피해를 키웠음이 밝혀졌다. 또 사회주의 도덕으로 무장한 이타적 탕산 시민이란 이미지

역시 완전한 허구는 아닐지라도 상당 부분 과장된 것으로 밝혀지고 있다. 탕산과 뉴욕의 강렬한 대비는 이처럼 허약한 구조 위에 서 있었던 것이다.

사회주의 인간 개조는 실패

리영희도 이날 강연에서 자신이 탕산에서 보았던 것과 같은 사회주의적 인간을 만들려는 시도는 실패했다고 인정했다. 덩샤오핑 치하의 중국과 사회주의권 몰락 후 동유럽 사회에서 벌어진 사회주의적 인간윤리와 사회윤리의 타락을 보면서 인간성은 사회환경의 개조로 변화시킬 수 없는 것이란 생각에 이르렀다는 것이었다. 그가 실패의 원인으로 지목한 것은 인간의 이기심이었다. "나의 결론은, 인간의 이기심은 인간이라는 종(種)의 생물적 속성 그 자체이며, 그런 속성을 제도나 교양교육을 통해 일시적으로 억제할 수는 있지만 인간의 영구한 속성으로 바꿀 수는 없다는 것이었어. (⋯) 자본주의는 인간의 속성인 '이기심'에 호소하는 방법과 제도로 '물질적' 생산을 극대화시켰고 그것으로 승리했다고 본 거예요."[24]

그리고 도덕주의적 인간과 사회의 실현 가능성을 "어느정도 믿고자 하고 믿기도 했던 나는 비과학적 이상주의자(또는 심하게 말해서 몽상병 환자)였던가?"[25]라고 자책하면서 사회주의적 인간 개조의 가능성에 대한 믿음을 철회해버렸다.

이에 대해 운동권 내부에서는 그가 동유럽 사회주의 실패를 마치 우리 변혁운동의 실패처럼 이야기한다거나, 인간의 이기심을 변할 수 없는 속성으로 인정함으로써 인간에 대한 신뢰를 상실했다고 개탄하는 등의 반응이 쏟아졌다. 심지어 사회주의권 몰락에 대한 그의 반응은 그를 따른 이들에 대한 배신이라는 지적도 있었다.

이런 비판에 직면한 그는 1991년 6월 서중석과 가진 대담에서 "내가 의도하지 않은 결과를 가져오게 한 것에 대해 한 선배 지식인으로서 가슴 아픈 자책이라고 할 수도 있고, 반성이라고 할 수도 있고, 미안하다고 할까, 이런 것을 다 합친 감정에 사로잡혀 있"[26]다고 밝힘으로써 후학들이 겪고 있는 혼란에 대해 일정 부분 책임을 인정했다. 그러나 비슷한 시기 장명수(張明秀)와 가진 인터뷰에서는 자신이 책을 통해 말하고자 한 것은 휴머니즘이었지 맑스레닌주의가 아니었다며 "나의 영향에서 한걸음 더 나아가 레닌이나 맑스주의자가 된 것까지 내 책임이냐 하는 것은 다른 문제"[27]라고 선을 그었다.

그가 이렇듯 여러 비판에 직면하게 된 것은 덩샤오핑 체제의 중국의 변화를 통해 마오의 인간 개조의 한계를 확인했음에도 이 문제를 정리하지 않고, 더이상의 궁구를 포기한 데 따른 결과이기도 하다. 그는 자신이 기대하고 바라 마지않던 인간혁명의 가능성에 대한 기대를 접고 자본주의의 길을 걷는 중국은 자신의 관심사가 아니라며 1980년대 들어 중국 연구를 중단해버렸다. 이것이 그가 "중국 현실과 비판적 거리를 유지하지는 않"았고 "중국과 한국의 주체 간에 서로를 비추는 거울(곧 '공동주관성')의 관계가 작동하도록 적극 노력하는 데까지는 이르지 못했다"는 비판적 평가를 받게 된 까닭일 것이다.[28]

그러나 그가 문혁을 이상화했다는 비판을 받는다고 해서, 그의 문혁에 관한 글들이 당대의 현실을 반영하지 못한 것이라고 싸잡아 매도하는 것은 적절하지 않다. 실제로 최근 중국에서는 마오와 문혁을 비판하고 들어선 체제가 지배하고 있음에도, 문혁과 마오 시기에 대한 다양한 재평가들이 나온다. 일종의 "'문혁(연구)열'을 형성하고 있다고 해도 과언이 아닐 정도"[29]라는 평가가 나올 만큼. 재난인 동시에 대담한 정치실험이었다는 견해, 당시 노동자와 농민에게는 유일하게 자신이 주인이 돼 세상을 이끌었다고 느꼈을 때였다는 평가, 그리고 대자보를 포함한 다양한 형식의 공론의 장을 활용해 대중들이 무정부주의에 가까운 의사표현의 자유를 누리며 직접민주주의를 추구해본 과감한 대민주(大民主) 실험은 평가해야 한다는 의견 등이 나오고 있다. 특히 신좌파에 속하는 지식인들은 "마오쩌둥 시대와 문혁이 '대안적 근대'의 모색을 위한 실험이었다는 새로운 해석을 내놓고"[30] 첸리췬처럼 마오에 비판적인 학자도 문혁에 존재했던 소중한 유산인 민간사회 내부의 사회적 민주에 대한 자생적 모색마저 버려서는 안 된다는 점을 강조하고 있다.

리영희도 1980년대 중국 연구를 포기하지 않고 문혁이 추구했던 가치와 그 한계를 역사적 맥락에서 계속 궁구했더라면 사회주의권 붕괴 이후 자신이 몽상병 환자였던가 하고 개탄하는 일까지는 없었을 것이다.

그러나 그가 인간혁명에 대한 믿음을 철회했다고 해서 그것을 쉽사리 배신 또는 전향이라고 비판할 수는 없다. 오히려 "주관적 오류나 지적 한계가 객관적 검증으로 밝혀질 때, 부정된 부분을 사상적 일관성이라는 허위의식으로 고수"[31]하는 교조주의야말로 '오로지 진실만을 추구하겠다'고 한 그 자신에 대한 배신이 아닐까? 딸 미정도 당시 "아버지의 발언을 들으며 아버지가 앞으로 나아가고 있음을 알 수 있었다. 그리고 그런 자기성찰을 통해 새로운 것을 찾을 것으로 믿었다"[32]고 회고했다.

평등에 우선하는 자유

사회주의권의 격변을 보면서 그는 몇가지 중요한 인식에서 변화를 보인다. 우선 자유보다 평등을 앞세우던 기존의 입장에서 자유가 인간의 더 원초적 본능이라는 쪽으로 선회했다.『우상과 이성』에 실린「크리스천 박군에게」라는 글에서 그는 "초보적인 민주주의 이론이지만, 자유는 평등의 토대 위에서만 가능한 것"이라며 "민주주의는 정치·사회적 자유가 고루 주어진 상태를 말하는 것이 아"니라 "그 자유를 구체화할 수 있는 능력이 고루 주어지는 것"이라고 주장했다.[33] 그러나 동유럽 사회주의권의 몰락을 겪고 난 이후, 자유와 평등에 관한 그의 생각은 이렇게 다시 정리된다.

"우리가 경험했고, 또 경험하고 있는 온갖 성격과 형태의 사회에서, 오랜 체험과 그것으로 얻어진 예지로써 이제 내릴 수 있는 한가지 결론이 있다고 생각합니다. 즉 자유와 평등은 동등하고 동격의 가치를 지닌 요소이지만 집단적 인간의 행복 추구의 실천적 순서로서는 '자유'가 '평등' 앞에 있다는 사실입니다. (…) 자유는 '인간' 생명체의 원초적 본성이고 평등은 개개인의 집단적 생존이 형성된 뒤에 생명이 요구하는 '추후적·사회적 조건'이라고 생각해요. (…) 현실 공산주의가 자본주의에 패한 이유 중의 하나가 이것이라 생각합니다. 진정한 자유는 진정한 평등으로만 가능하지만, 현실적·사회적 생존차원에서는 개개인에게 가치 있는 것은 자유가 먼저이고 다음에 평등을 욕망하게 되니까요."[34]

이런 인식은 인간이란 존재에 대한 새로운 성찰의 결과였다. 소설가 한강(韓江)은『소년이 온다』(2014)에서 광주항쟁 당시 인간이 동시에 보여준 야수성과 존엄성에 착목했지만, 젊은 날의 리영희는 이성의 지배를 통해 동물적 요소를 길들일 수 있다고 믿는 편이었다. 하지만 그는 이제 "인간의 이성을 과대평가하지 말고 기본적으로 동물이란 점을 인정해야 할 것 같"[35]다고 물러선다.

"인간의 하반신적·동물적·물질적 조건과 상반신적·인간적·정신적 자율성은 통합적·균형적·동가치적(同價値的)이다. 그러면서 그 충족의 우선순위는 하반신적·물질적 요소가 앞선다. 모택동의 사회주의적 원리와 인간관은 상반신적 의지, 즉 정신적 지율성과 그 사회결정적 요소를 지나치게 과대평가하고 인간의 일면, 아주 기본적 일면인 동물적 생존을 지탱하는 물질적, 즉 경제적 소요를 과소평가했다. 그 구체적·행위적 표현이 문화대혁명에서 '홍위병'이었다. (…) 모택동 사회주의는 지나치게 도덕주의·정신주의에 의존하고 그 가능성을 거의 절대시하였다. 정신주의의 힘은 혁명 초기단계에서는 자기희생의 영웅적 위력을 입증했다. 하지만 그것은 '동물적' 즉 하반신적 충족이 이루어지지 않은 생명체에게 기약없이 요구될 수는 없는 '인간조건'이다."[36]

이런 점을 고려할 때, 현재 우리가 직면하고 있는 비인간적 억압요소를 제거하고 구체적 인간의 구체적 행복을 실현하려면 계급적 혁명방식보다는 "의식화된 시민집단의 역량과 그 횡적 연대의 확대·강화를 통한 더디지만 착실하고 성실한 개혁운동이 가장 효과적일 것"[37]이라고 전망했다. 그가 계급 대신 '의식화된 시민집단'을 개혁의 주체로서 보는 사고의 편린은 이미 1989년 사회주의권의 변화가 가시화되던 시점부터 드러나기 시작했다. "국가와 계급이 사고의 기준이었던 사회주의도 국가보다 시민과 사회의 가치를 추구하고 있다. 즉 추상적인 '국가'에 두었던 가치를 구체적 존재인 '인간'에게 옮기고 있다. 그 새로운 사고는 당연히 '국가주의적 세계관'에서 '전 인류적 세계관'으로의 전환을 수반한다. (…) 권위주의적 국가관과 국가지상주의 사상의 장송곡이 울리고 있다."[38]

한때 '철저한 민족주의자'이자 개인보다 전체를 중시하는 전체주의자라고 스스로 평가했던 그는 점차 협소한 민족주의를 넘어 개인과 전 인류적·보편적 가치를 중시하는 쪽으로 이동했다. 그리고 사회주의권의 격동과 그 이후 역사의 전개과정을 지켜본 이후 그가 내린 결론은 자본주의 체제를 기반으로 하되, 사회주의적 요소를 가미한 사민주의 체제가 현 단계에서는 가장 바람직한 체제라는 것이었다.

"인간은 물질적 요소로 존재하는 동물이니까 자본주의적 요소로 말미암은 필연적인 비인간화적 결과를 5할 정도의 선에서 인정하고, 그러나 그것으로 인해 일어날 수 있는 인간성 파괴의 측면을 보완하기 위해 게마인샤프트적·사회주의적 요소를 5할 정도 융합하는 방식으로 사회민주주의적 체제가 현실적으로는 결함과 약점이 없지 않지만, 그래도 인류사회의 현 발전단계에서는 가장 낫고 사회주의 없는 미국식 체제보다 우월하다고 확신해요."[39]

3. 북한 핵위기에 맞서

　현실사회주의권의 붕괴에 대한 자신의 입장을 공개적으로 밝히도록 소환됐던 그는 집필을 중단하고 좀더 깊은 성찰의 시간을 갖고자 했다. 2차대전 이후 인류사를 규정했던 냉전체제가 과거가 되어가는 현실 속에서 그 체제에 균열을 일으키고 이성의 시대를 열기 위해 분투해온 그로서는 당연한 결정이었다. 좌골신경통에 만성간염까지 악화된 몸도 그에게 자신의 삶을 되돌아보고 휴식을 취할 것을 요구했다. 그는 "지나온 삶의 한 장을 접고, 새 삶의 장을 열"[40]어야 할 건널목에서 자신을 성찰해야 할 필요를 느끼고, 잠시 글쓰기를 중단하겠다고 공개적으로 천명했다.

　하지만 세상은 그에게 그 정도의 여유를 베푸는 데도 인색했다. 잠깐 긍정적 방향으로 진전되는 듯이 보이던 남북관계가 곧바로 삐걱거리기 시작한 것이다. 노태우 정부가 경제력을 지렛대 삼아 1990년 소련과, 그리고 1992년 중국과 수교에 성공하면서 북한의 고립이 심화됐기 때문이다. 남한과 수교한 소련은 북한과의 '우호협력 및 상호원조에 관한 조약'을 일방적으로 폐기하기까지 했다. 북한은 남북관계 개선과 미국·일본과의 수교를 통해 이런 상황을 돌파하고자 했다. 남북 사이에는 '한반도의 비핵화에 관한 공동선언'과 '남북 사이의 화해와 불가침 및 교류·협력에 관한 합의서'(남북기본합의서) 채택이 이뤄졌지만 미국·일본과의 수교는 북한의 희망과 달리 이뤄지지 않았다. 김용순(金容淳) 당시 북한 노동당 비서가 앞으로 주한미군 철수를 요구하지 않겠다고 약속하면서까지 수교를 간청했지만, 미국은 끝내 이 요청을 거부했다. 북한 역시 다른 사회주의권 국가와 마찬가지로 붕괴할 것으로 믿었던 미국으로선 굳이 관계 개선에 나설 이유가 없었다.

사회주의권 붕괴 후 동구권과의 관계 단절로 경제사정이 악화되고 있는데 설상가상으로 외교적 고립마저 풀 길이 없어지자 김일성 정권의 위기감은 깊어졌다. 한중수교 이후, 북한이 중국과 러시아 등 주변국에 의존하지 않고 독자적 안보태세를 갖춰가겠다며 그를 위해 필요한 모든 무기를 보유하겠다고 천명한 것은 그런 위기감의 발로였다.

리영희는 북한이 말한 '필요한 모든 무기'가 핵무기를 의미하는 것으로 짐작하고 사태 전개를 우려했다. 하지만 핵과 관련한 북한의 초기 행보는 평화적 이용 쪽에 방점이 찍힌 듯이 보였다. 핵안전협정에 가입하고 영변 원자로에 대한 국제원자력기구(IAEA)의 사찰에도 응했다. 리영희는 자신의 우려가 기우이기를 바라면서도 상황에 대한 추적은 계속했다.

1993년 남한에서는 노태우 정권의 뒤를 이어 최초의 문민정부인 김영삼 정권이 등장했다. 김영삼은 대통령 취임사에서 "어느 동맹국도 민족보다 더 나을 수 없다"며 남북관계 개선을 대외정책의 우선순위로 삼을 것임을 천명했다. 해직교수 출신인 한완상을 통일부총리로 발탁한 김영삼은 보수세력의 반대를 무릅쓰고 비전향 장기수를 북쪽에 송환해 주는 등 초기의 방침을 뚝심 있게 밀고 나갔다. 문민정부의 이런 움직임에 고무된 리영희는 통일정책평가위원직을 수락했다. 비상임이지만 그가 정부의 위원회에 참여한 것은 이것이 유일한 경우였다.

하지만 얼마 지나지 않아 김영삼 정권의 대북정책은 흔들리기 시작했다. 사건의 발단은 1993년 초 영변의 원자로에서 플루토늄 추출 흔적을 탐지한 국제원자력기구의 특별사찰 요구였다. 북한은 이를 거부하며 핵확산금지조약(NPT)을 탈퇴하겠다고까지 위협했다. 상황은 이듬해까지 계속 악화돼, 미국이 영변 핵시설 공격을 검토하는 지경에 이르렀다. 핵위기가 심화되면서 김영삼 정권의 대북정책도 뒷걸음치며 강경책으로 치달았다. 그동안 잠시 주춤하고 있던 극우세력들은 전쟁 불사를 외치며 다시 준동했다.

북한 핵개발의 배경에 주목

한반도가 전쟁 위기로 치닫는 상황에서 리영희는 더이상 팔짱 끼고 있을 수 없었다. 언론들도 다투어 그의 견해를 물어왔다. 한반도 핵문제의 본질을 파헤치고, 이를 기화로 준동하는 극우세력의 본질을 밝히는 데 그만한 전문성을 갖춘 이가 드물었기 때문이었다.

1993년 9월 그는 「한반도의 비핵화·군축 그리고 통일」이란 글을 통해 북한의 핵개발 의혹에 대한 설명을 시도했다. 그는 '북한 핵' 문제는 북한 문제인 만큼 남한의 문제이고, 또 미국의 문제라며 "북한·남한·미국이 각기 3분의 1씩의 원인과 책임을 면할 수 없다"[41]며 북한을 핵개발로 몰고 간 과정을 다각도로 분석했다. 나아가 1999년 발표한 「북한-미국 핵과 미사일 위기의 군사정치학」에서는 남북이 핵무기를 개발하게 되는 배경에 주목했다. "한반도의 남북은 그 어느 쪽이건, 배후적 강대국에 버림받고, 국제사회에서 고립되고, 그런데다가 국내적 제반 생명력이 쇠퇴하면 상대방에 대해서 흡수통합의 위협을 느끼게 된다. 압도적 열세의 상태에 몰린 한쪽은 국가적 존립의 위기를 타개하거나 극복하기 위해서 최후의 '자위적' 선택을 하게 된다. 핵무기와 미사일이 그것이다."[42]

흡수통합당할 위협에 대응한 자위적 선택이 핵무기 개발로 나타난다는 것이다. 실제로 1970년대 미국이 이른바 닉슨 독트린을 통해 주한미군을 감축하자 박정희 정권은 비밀리에 핵무기 개발을 추진했다. 박정희는 1971년 11월 오원철(吳源哲) 제2경제수석에게 핵개발을 검토해보라고 지시했다. 주한미군이 철수할 경우 그 공백을 핵무기로 메워 북한에 대한 핵억지력을 독자적으로 확보하겠다는 생각이었다. 이에 오원철은 핵무기와 이를 운반하는 수단인 미사일 개발 계획을 수립해 비밀리에 추진했다.[43] 박정권의 계획은 미국에 발각돼 무산됐지만, 체제의 위협 앞에서 남한도 핵무기 개발에 눈을 돌렸던 것은 분명한 사실이다.

그는 박정권의 핵무기 개발 기도를 "남한이 죽지 않기 위해서 취할 수밖에 없었던 당연하고 정당하고 합법적인 선택이었다"라고 평가하고, 20여년 전에 남한이 놓였던 위기상황보다 몇배 내지 몇십배 더 심각한 위기상황에 놓여 있는 북한이 위기에 살아남기 위한 최후의 방안으로 핵과 미사일을 선택하려는 것 역시 "당연하고 정당하고 합법적인 선택"이라고 보았다.[44]

강대국의 핵위협에 맞선 약소국가가 자위를 위해 핵을 개발하는 것을 이해할 수 있다고 보는 것은 중국의 핵개발을 "미·소를 상대로 대국으로서의 위신을 가지고 국제사회에서 발언권을 높여야 한다는 정치적 이유와, 미·소의 핵공격에 대항하는 전쟁억지력을 확보하려는 군사적 동기가 결합된"[45] 산물로 보았던 1960년대 이래 일관된 그의 시각이었다.

그러나 약소국의 핵개발 추진을 이해할 수 있다고 하는 것이, 핵개발에 찬성한다는 얘기는 결코 아니다. 그는 북한의 핵개발에 대해 "그것은, 1970년대 남한의 박정희 대통령이 대북한용으로 핵무기 개발을 서둔 것처럼 거부되어야 할 일"[46]이라고 분명히 밝혔다.

한반도 비핵지대화 제안

그렇다면 어떻게 이 핵위기를 해소할 것인가? 그가 내놓은 답은 한반도 비핵지대화였다. "한반도의 민족이 남북 공동으로 모색해야 할 내일의 삶의 방식은 한반도의 '비핵화+비핵지대화' 구조다. '비핵화'는 직접 관계 당사자들이 각기 그리고 합의에 의해서, 그 해당 지역(영토·영해·영공)에(서) 핵무기의 제조·수락·보유·배치·통과를 금지하는 결정이며, 그 결정이 이행된 '핵무기 공백'의 상태다. '비핵지대화'는 그 결정과 구조를 한 단계 확대하여, 간접적(또는 외곽) 국가들까지 합쳐서 '비핵화' 조치의 내용에 '핵무기의 사용금지'를 추가한 구조다. 조선민주주의인민공화국·미합중국·대한민국의 3자로서 '비핵화'를 이루고, 소련·중국·일본을 합쳐서 남북한(한반도)을 '비핵지대화'하는 것이다."[47]

일찍이 1980년대 핵에 의한 공포의 균형정책이나, 일부 핵무기 숭배자들이 제창해온 핵사용목표선정(NUTS) 전략이 제한적인 핵전쟁이 가능하다는 환상을 조장할 위험이 있다고 경고해온 그가 한반도의 안보 딜레마를 해결하는 방안으로 제안한 길은, 핵으로부터 완전히 벗어나는 반핵 평화의 길이었다.

그런데 한반도의 비핵화, 나아가 비핵지대화라는 목표를 달성하기 위해서는 북한을 핵개발로 이끈 사태 전개의 정확한 원인을 알고, 그 원인을 해소하는 것에서부터 시작하지 않으면 안 된다. 그가 이 사태를 '북한 핵문제'로 명명하는 것을 비판한 까닭이다. 북한이 핵이라는 자위적 선택을 하도록 내몬 미국의 위협을 함께 보아야 이 문제의 본질에 접근할 수 있기에 북한의 핵개발은 북한의 문제이자 미국의 문제라는 것이다.

그러므로 미국과 한미관계에 대한 정확한 시각을 갖는 것이 한반도 문제를 제대로 보는 출발점이다. 이미 1970년대 초반부터 그는 우리 국민이 "냉전시대의 특성인 종적 관계란 약소국 국민이 생각하고 기대하는 것과 같은 강대국의 '애타심에 있는 것이기보다는 강대국의 독자적 이해판단에 있다'는 사실에 너무도 어두웠지 않았나 한다"[48]고 지적하면서 한미동맹이 미국의 시혜가 아니라 그들의 이익 추구를 위한 것이라고 일관되게 역설해왔다.

국제관계를 이런 현실주의적 관점으로만 보면 약소국 국민들은 무력감을 느낄 수밖에 없다. 그런데 리영희는 강대국의 힘의 논리에 휘둘린 조상들의 비극을 되풀이하지 않기 위해, "복잡하게 조성되는 주변정세에 대한 정확하고도 종합적인 인식이 필요하다. 그 인식을 안내역 삼아 강대국들의 이해관계와 농간에 말려들지 않고 이 민족의 생존을 유지할 지혜가 필요하다. 그리고 그 인식을 지혜로 바꾸고, 다시 그 예지를 무기 삼아 굳은 의지로 강대국 위주의 상황 조성에 대처해나가야 할 것"[49]이라고 강조한다.

이에 대해 김만수는 힘의 현격한 불균형 상태를 "지혜·예지와 '굳은 의지'만으로 극복하고 해결할 수 있을까?"라고 물으며, "리영희의 '의지'는 법칙을 무시한 '낭만'으로 보인다. 이 점에서 리영희는 낭만주의자(였)다"라고 단언한다.[50]

반면 구갑우(具甲祐)는 이렇게 한반도 문제가 왜, 어떻게 발생했는가를 묻고 그 현실의 역사적·사회적 의미를 부여하고자 했던 리영희의 '비판'은 비민주적이고 불평등한 국제질서를 변혁하기 위해 필요한 '실천'이었다고 보았다. 그리고 그 "비판적 실천은, 이론화하는 것이 삶의 방식, 삶의 형태일 때 즉 이론이 매일의 실천일 수 있다면, 국제정치이론의 존재론과 분리할 수 없는 구성요소가 된다. 이 맥락에서 리영희에게는 '비판적 실천'으로서 '국제정치이론'이 있(었)다"[51]고 평가했다.

압도적인 비대칭적 힘의 관계를 인정한다고 해서 약소국이나 그 국민이 아무것도 할 수 없는 것은 아니다. 국제적인 역학관계를 활용한다거나 국제적·시민적 연대를 통해 그 힘에 균열을 낸 예를 역사 속에서 확인할 수 있다. 그런 의미에서 시민들의 의지에 대한 강조를 단순히 낭만주의로 치부하는 김만수의 견해보다는 불평등한 국제질서를 변혁하기 위한 실천으로 본 구갑우의 견해가 더 설득력 있게 다가온다.

미국과 한미관계 그리고 북미관계의 실체를 규명하고 알리는 비판적 실천 활동이 한국의 보수적 기독교에 대한 비판으로 이어진 것은 어찌 보면 당연한 귀결이었다. 보수적 기독교는 그때나 지금이나 한미관계의 본질에 눈감고 대미추수주의를 조장하면서 반공적 극우세력의 버팀목 노릇을 하고 있다. 이들은 박근혜 탄핵 이후 태극기와 성조기를 함께 흔들며 한미동맹, 나아가 한미일동맹을 대한민국의 존재근거로 주장하는, 이른바 '태극기부대'의 중추가 되었다. 그는 「내가 아직 종교를 가지지 않는 이유 2」(『말』 1994년 5월호)를 통해 일찌감치 이런 한국 기독교의 문제점을 지적했다.

극우 또는 우익세력들이 이런 리영희의 활동을 달갑게 여길 리가 만무했다. 1994년 7월 중앙일보가 그의 이념적 성향을 문제 삼아 그와의 인터뷰 기사를 삭제한 일[52]이 단적인 예다. 그동안 쓴 글을 모아 펴낸 『새는 '좌·우'의 날개로 난다』 출간을 기념한 인터뷰 기사였다. 신성순 (申成淳) 편집국장이 이런 사람을 우리 신문에 실을 수 없다며 이미 출고돼 대장에까지 앉혀진 기사를 들어냈다고 한다. 진보와 보수, 두 날개를 가진 균형 잡힌 사회에 대한 그의 갈구는 1994년의 대한민국에선 여전히 이룰 수 없는 꿈이고, 극우·냉전세력과의 싸움은 앞으로도 오랫동안 지난한 과제로 남아 있을 것임을 보여주는 일화였다.

다행히 지미 카터 전 미국 대통령이 전쟁위기로 치닫는 한반도 상황을 중재하기 위해 평양을 방문하면서 핵위기는 이완되기 시작했다. 카터는 6월 17일 김일성 주석과의 담판을 통해 북미회담이 재개되면 원자력기구의 사찰을 다시 받고 핵동결을 유지하며 남북정상회담도 열겠다는 약속을 받아냈다. 첫 남북정상회담 날짜도 7월 25일로 정해졌다. 그러나 그후 한달도 안 된 7월 11일 김일성이 갑자기 숨지면서 상황은 또다시 극적인 반전을 맞이했다. 김일성에 대한 조문 논란이 벌어지면서 한국사회에선 매카시즘이 부활한 것 같은 상황이 전개됐다. 사회 각계에 포진한 주사파를 색출해내야 한다는 주장까지 나오자 김영삼 정권은 김일성을 '동족상잔의 전쟁을 일으킨 책임자'로 규정하고 조문 움직임에 유감을 표했다. 김영삼 정권의 이런 태도는 김일성 사망이 북한의 붕괴로 이어질 것이란 희망 섞인 판단에 따른 것이었다. 카터의 방북으로 모처럼 조성됐던 남북관계 개선의 기회는 이렇게 날아갔다.

하지만 이런 상황에서도 미국은 북한과 대화를 포기하지 않고 1994년 10월 21일 제네바기본합의를 이루어냈다. 이른바 '제1차 북핵 위기'가 제네바합의로 일단 해소된 것이다. 북한이 모든 핵활동을 중지하고 핵시설을 폐쇄하는 대가로 미국 등 주변국이 경수로 발전소를 지어주고, 발전소가 완공될 때까지 해마다 중유 50만톤을 제공하며, 북미관계를 정상화한다는 내용이었다. 경수로 건설비용은 한국이 70퍼센트 이상, 일본이 20퍼센트 그리고 미국이 10퍼센트 미만을 부담하는 것으로 낙찰됐다. 이 합의를 통해 미국은 핵확산금지체제를 유지하는 효과를, 북한은 경수로와 체제 보장이란 이득을, 일본은 한반도 문제에 개입할 근거를 얻는 효과를 얻었지만 남한은 북한과 미국의 대결 속에서 아무런 발언권 없이 부담만 지는 형국이 됐다.[53] 한반도 문제의 한국화를 주장했던 김영삼 정권이 대북정책의 일관성을 유지하지 못한 채 이리저리 흔들린 씁쓸한 결과였다.

4. '제2의 인생' 아닌 '제1.5의 인생'

북미 제네바기본합의로 북한 핵위기가 소강국면에 들어선 1995년 그는 대학에서 정년을 맞았다. 이미 회갑 무렵 최준기의 충고대로 퇴계의 삶을 살아보겠다고 결심했지만 안팎의 현실로 인해 뜻대로 되지 않았다. 이제야말로 "외부적 현상과 변화에 대응해온 '남의 삶'에서 조금은 명상적인 '나의 삶'을 살"[54]리라 마음먹었다. 40년간의 투쟁과 고난으로 점철된 삶은 그의 몸에도 많은 흔적을 남겼다. 척추디스크, 고혈압에 만성기관지염 그리고 C형간염까지 그를 괴롭혔다. 그는 지병도 치료하고 현실에 즉각 대응하는 삶에서도 거리를 두기 위해 서울의 단독주택 생활을 접고 경기도 산본의 아파트로 이사했다. 그는 수리산 자락의 아파트를 꽤나 마음에 들어했다. 친지나 벗들이 오면 창밖으로 보이는 수리산 풍경을 자랑하며 말년의 안온한 생활에 대한 기대를 드러냈다.

하지만 퇴직 후의 생활은 그가 기대했던 것만큼 안온하기 어려웠다. 무엇보다 경제 여건이 문제였다. 한양대에서 24년을 재직했지만, 중간에 해직기간이 8년이나 돼 연금을 받을 수 없게 된 탓이다. 평생을 고생만 시킨 아내에게 미안한 노릇이었다. 조심스럽게 연금을 받을 수 없게 됐다는 사정을 말하자, 아내는 궁핍을 느끼며 살지 않아도 될 정도의 돈은 모아두었다며 오히려 다독였다. 그러나 여유로운 제2의 인생이란 꿈을 실현하기엔 여전히 부족했다. 한양대 언론정보대학원에서 대우교수로 강의하는 한편 틈틈이 청탁 글을 쓰지 않을 수 없었다.

그렇더라도 정년퇴임이 전에 없던 여유를 가져다준 것은 사실이었다. 감옥에서 읽었던 프랑스어판 『레미제라블』 등 오랫동안 가까이하지 못했던 소설도 읽고, 국내외 이곳저곳을 여행할 수 있었다. 그의 말대로 '제1.5의 인생' 정도는 되었다.

1996년 봄 그는 결혼 40주년을 맞아 아내와 함께 그리스에서 이집트에 이르는 지중해 연안을 여행했다. 이 여행에 대한 감상을 「스핑크스의 코」란 산문으로 발표했는데, 그는 이 글에서 그토록 찬란한 이집트 문명이 단순히 노예노동의 산물일 수 없을 것 같다는 주장을 펼쳤다. 룩소르의 피라미드 속의 방대한 벽화들이 노예노동의 산물이라는 게 당시의 정설이었지만, 그는 "신의 권위에 자발적으로 합일한, 어떤 '호모루덴스적'(놀이하는 인간) 욕구 없이는 그 찬란한 예술이 만들어질 수 없을 성싶었다"[55]고 썼다.

그러자 즉각 반계급적인 잘못된 견해라는 비판이 제기됐다. 리영희는 이에 대해 "모든 인간적·사회적 현상을 '계급적인 관점'에서 이분법적으로 단정하려는 고정관념은 곤란하다"며 "계급주의 이론으로 모든 사회현상을 재단하려는 자세는 자칫 '지적 현실도피'가 아니면 '이념의 화석화' 또는 교조주의가 되"는 위험을 갖는다고 반박했다.[56] 최근 들어 룩소르의 피라미드가 노예노동의 산물이 아님을 보여주는 새로운 연구들이 속속 나오면서 리영희의 추정은 사실로 확인되고 있다. 베를린의 전 이집트박물관장 디터 빌둥(Dieter Wildung)은 피라미드가 노예노동으로 만들어졌다는 주장은 타블로이드나 할리우드의 주장일 뿐이며 "억압이나 강제노동이 아니라 파라오에 대한 충성심에서"[57] 만들어졌다는 게 진지한 이집트 학자들의 상식이라고 말한다. 실제로 이집트 고고학자가 기자의 피라미드 인근에서 오래된 고분군을 발견했는데, 그 고분군에는 피라미드를 건축한 노동자들의 주검과 건축에 쓰인 도구들이 남아 있었다. 학자들은 고분군에서 나온 부장품이나 매장된 노동자들의 모습으로 볼 때 양민이었음이 분명하다고 판단했다.

호모 루덴스적 표현은 룩소르의 피라미드뿐 아니라 세계 도처의 뛰어난 집단적·예술적 성취를 이룬 작품들 속에서도 확인할 수 있다. 예를 들어 인도 석굴 예술의 정수로 알려진 아잔타의 석굴에 가면 거대한 불상의 머리 위에 작은 부처를 살짝 얹어놓은 당시 석공들의 유희감각을 확인할 수 있다.

그가 자신의 글쓰기 방식, 즉 적이 분명한 시대에 그 적과 정면으로 대적해온 투쟁적 글쓰기 방식이 새로운 시대와 맞지 않는다고 느끼기 시작한 것은 바로 이 무렵부터였다. '나비처럼 날아서 벌처럼 쏜다'던 세기적 권투선수 무함마드 알리(Muhammad Ali)처럼 리영희는 경기병처럼 달려가 날카롭게 찌르고 그 상처에 소금까지 뿌린다는 평가를 받는 글을 써왔다. 이런 공격적 글쓰기는 문제를 명확하게 드러내는 장점이 있었지만 동시에 많은 적을 만들었다. 그가 한국 현대사에서 가장 많은 필화를 겪은 것도 이런 글쓰기와 무관하지 않다. 그런데 군부정권이 퇴장하고 냉전체제도 완화돼가던 1990년대 중반, 그에게는 이전처럼 가열하게 공격해야 할 선명한 적이 줄어들었다. 따라서 자신의 시대가 끝났다고 느꼈고, 가능한 한 말과 글을 줄이고자 했다.

　이렇게 그가 세상에서 한발 물러나고자 하고, 어느정도 물러나 있기도 했던 1997년 한국사회에는 새로운 광풍이 몰려오기 시작했다. 단기 외채를 갚지 못해 빚어진 외환위기로 인해 국제통화기금(IMF)으로부터 구제금융을 받아야 하는 처지로 몰린 것이다. 수많은 기업들이 도산해 실업자들이 거리로 쏟아져 나왔다. 외환위기는 1960년대 이래 성장주의에 매달려온 한국경제의 방향성뿐만 아니라 전체 한국사회가 추구해온 방향성에 근본적인 의문을 제기했다.

　외환위기의 격랑 속에서 그해 말 치러진 대통령 선거에선 사상 처음 민주적인 정권교체가 이뤄져 해방 이래 줄곧 권력을 장악해온 보수세력이 정권을 내놓았다. 1971년 대선에서 박정희에게 패배한 이래 온갖 고난을 감내하면서도 야당의 자리를 지켰던 김대중이 새로운 대통령에 당선된 것이다. 김대중 정권은 발 빠르게 외환위기 극복을 위한 조처에 나서는 한편 정치적 민주주의를 확대하고 남북관계 개선을 향해 움직이기 시작했다.

5. 첫 북한 방문과 북한에 대한 비판

북한 주체사상의 입안자 황장엽

김대중 정부의 대북정책의 기조는 포용정책이었다. 햇볕정책으로 불린 이 정책은 교류와 접촉을 통해 북한과 적극적인 관계를 맺음으로써 점진적인 통일의 기반을 마련하는 것을 목표로 삼았다. 이런 정책에 따라 민간 차원의 대북 교류도 이뤄지기 시작했다.

리영희에게도 1998년은 분단 이후 북한과 본격적으로 직접 대면한 첫해가 되었다. 물론 1991년 3월 버클리대학 등이 공동 주최한 '한(조선)반도 통일전망에 대한 남북 심포지엄'에 발표자로 참석해 북쪽 인사들과 토론한 적은 있었다. 하지만 북한의 주체사상을 만들어낸 최고 이데올로그 황장엽(黃長燁)을 만나고 북한을 직접 방문한 것은 심포지엄에서 북한 사람 한둘을 만난 것과는 질적으로 달랐다.

황장엽과의 만남은 1998년 5월 창간 10주년을 맞은 한겨레신문이 창간 특집으로 리영희-황장엽 대담을 기획함으로써 이뤄졌다. 황장엽은 1997년 1월 남한으로 망명했다. 노동당 비서와 최고인민회의 의장을 역임하는 등 최고의 영예를 누린 그의 망명에 보수세력은 북한의 종말이 다가왔다고 환호했다. 황장엽은 전쟁을 막기 위해 망명했다고 밝혔지만, 망명 후 1년이 넘도록 공식 석상에 모습을 드러내지 않았다. 이 대담은 그가 공식적으로 한국사회에 모습을 드러낸다는 의미를 갖는 것이기도 했다.

남과 북의 대표적 지식인 사이의 대화는 큰 기대를 모았지만, 결과는 실망스러웠다. 황장엽이 전쟁의 위협을 강조하는 것 외에는 제대로 된 대화를 할 준비가 되어 있지 않았던 탓이었다. 황장엽은 전쟁의 위협을 없애려면 북한을 빨리 망하게 만들어야 하고, 대규모 식량지원으로 북한이 식량을 남쪽에 의존하게 하는 게 그 지름길이라고 강조할 뿐이었다. 그의 발언에는 이데올로그다운 철학적 사유도 논리도 보이지 않았다. 리영희는 그가 "인간적으로 자아를 상실한 사람 같았"다면서 "권력 체제의 내부에 들어가 최고의 권위를 즐기다 굴러떨어진 지식인을 연출하는 '비극배우'를 대하는 심정이었"다고 회고했다.[58]

평양 방문, 그러나 누님은 저세상에

첫번째 북한 출신 인사와의 본격적 만남에 크게 실망했던 그는 1998년 11월, 1946년 남한에 내려온 이후 50여년 만에 처음으로 북한 땅을 밟았다. 북한이 북한 어린이 구호단체인 '남북어린이어깨동무' 대표단에게 사상 처음으로 구호물자를 직접 전달하도록 허락한 데 따른 것이었

1998년 11월 평양에서 북한 어린이와 함께한 남북어린이어깨동무 대표단.

다. 어깨동무 이사장이 권근술(權根述) 한겨레신문 사장이었던지라, 한
겨레신문의 리영희 이사와 신현만 비서부장 그리고 취재기자 한명을
대표단에 포함시킬 수 있었다. 10년 전에는 방북취재계획을 세웠다는
이유만으로 옥고를 치렀던 그로서는 여간 감격스러운 일이 아니었다.
남북 당국에 가족의 생사 확인이 방문 목적임을 분명히 한 뒤 통일원의
접촉 승인서를 받아 1998년 11월 9일 북한 방문길에 올랐다. 일행은 베
이징에서 하룻밤을 보내고 11월 10일 낮 북한의 고려항공기를 타고 평
양으로 향했다.

　비행기가 이륙하자 그는 눈을 감았다. "53년 전 헤어졌을 때 스물세
살이었던 순희 누님의 얼굴이 망막에 영상처럼 떠올랐다. 가름하고 깨
끗한 얼굴, 소학교의 같은 반을 세살 위의 언니와 함께 다니면서 공부를
더 잘했던 반짝반짝 빛나는 총명한 눈빛, (…) 일제 말기에 서울에 유학

중인 (…) 동생이 먹을 것이 없다고 미숫가루와 소금덩어리처럼 짜게 한 쇠고기 장조림을 소포로 보내주던 시집간 누님." 그런 누님을 만나리라 설레던 마음은 "누이의 나이가 일흔여섯살이라는 생각이 이는 순간 두려움으로 변했다. 궂은일 알지 못하고 산 누님이 6·25전쟁으로 폐허가 된 북한에서, 그것도 남편도 없이 홀몸으로 온갖 노동에 시달렸을 것을 생각하니 불안해지기 시작했다. 더구나 지난 몇해의 대홍수와 극심한 식량난의 첫 희생자가 어린이들과 노인들이라는 그 많은 음산한 소식들이 가슴을 무겁게 하였다."[59]

기대 반 불안 반의 마음으로 평양에 도착했다. 순안비행장에서 평양으로 가는 길에 애초 요청했던 고향 방문이 거절된 까닭을 짐작할 수 있었다. 평양시내로 들어가는 도로 사정도 편치 않은데 외진 시골까지 가는 길의 형편이야 더 말할 것이 없을 듯했다. 그래도 가족을 찾아주겠다고 한 북쪽의 말을 믿고 마음을 졸이며 기다렸건만, 이틀이 지나도록 누님을 찾았다는 이야기가 없었다. 북쪽 안내원이 가족을 찾았다고 연락해온 것은 도착 후 사흘이 지난 13일이었다. 누님이 아니라 가족이라는 안내원의 말에 내심 불안했지만, 차마 누님이 아니냐고 물을 수는 없었다. 만남의 장소인 고려호텔에 들어갔을 때 그를 기다리고 있는 것은 그토록 고대했던 누이가 아니라 낯선 사내였다. 그는 자신을 조카 최수장이라고 소개했다. 작은누이의 큰아들이었다. 제 나이보다 훨씬 늙어 보이는 조카는 어려움이 없는지 묻는 그에게 '수령님이 잘 챙겨주셔서 잘 살고 있다'고 판에 박은 대답을 했지만, 고난의 행군 시절을 보낸 여느 북한 사람들처럼 고생한 흔적이 역력했다. 조카로부터 형님은 1957년에 장질부사로, 작은누님은 1993년에 각각 돌아가셨다는 소식을 들었다. 형님의 사망 소식은 이미 1970년대 북한을 방문했던 일본 기자를 통해 들은 적이 있었지만 누님마저 돌아가셨으리라곤 생각지 못했다. 낯설기만 한 조카의 손을 부여잡고 하염없이 눈물을 흘렸다. 아쉽지만 가족상봉은 그것으로 끝이었다.

비전향 장기수에 대한 북한의 책임을 묻다

방북기간 중 안경호(安京浩, 안병수라고도 불림) 조국평화통일위원회(조평통) 부위원장과 면담을 했다. 함께 간 곽병찬(郭炳燦) 기자가 남북관계 개선을 위해서 남한정부에 가장 먼저 요구하고 싶은 게 무엇이냐고 묻자 안부위원장은 비전향 장기수의 무조건 송환이라면서 그들을 돌려보내지 않는 남쪽 정부를 맹렬히 비판했다. 리영희가 아무 말 없이 듣고만 있자, 안부위원장이 그의 의견을 거듭 물었다. 가족 방문을 목적으로 삼은 탓에 하고 싶은 말을 삼키고 있던 리영희는 못 이기는 척하며 북쪽에 쓴소리를 하기 시작했다.

"당신들이 비전향 장기수들을 수십년간 억류하고 고문한 남한정부를 맹렬히 비난했는데, 내가 보기에 절반의 책임은 북한 당국에도 있다. 남한정부가 그 사람들(남파간첩, 공작원) 문제로 국제무대에서 당신들(북한 당국)을 비난할 때마다, 그들을 사지에 보낸 북쪽 공화국 정부는 '우리는 모른다. 남쪽의 조작이다'라고 일관되게 주장하지 않았소? 그럼으로써 남한의 감옥에서 20~30년간 또는 40년 가까이 동물적 처우를 견딘 당신들의 영웅적인 혁명가들은 공화국 공민도, 남한 국민도 아닌 무국적의 인간이 되어버렸다. 남한 당국이 북송을 거부하고 가혹행위를 할 수 있는 근거를 준 셈이다. 오히려 남한 사람들 중 민주화운동가·인권

1998년 11월 김일성종합대학 학생들과 함께.

운동가들은 그들에게 집을 마련해주고 밥을 나누어 먹고, 명절이면 위로하고 함께 여행도 한다. 나도 많은 민주화운동가들과 함께 교도소 안에서 당신들이 보낸 간첩과 공작원들과 함께 수용된 까닭에 그들과 친하게 지내고, 남한의 민주 학생들과 함께 싸워서 그들에 대한 교도소 당국의 처사를 우리들과 같은 수준으로 개선시키는 데 힘썼다. 나와서도 변변치는 않지만 겨울이면 내의나 돈을 몇번 보냈다. 그런 정도의 일도 남한에선 쉬운 일이 아니다. 그런데 당신들은 당신들이 임무를 주어서 사지로 내려보낸 그들을 위해서 무엇을 했기에 남한 당국만 비난하고 자신은 책임이 없다고 할 수 있는가?"[60]

예상치 못한 신랄한 비판에 분위기가 얼어붙었다. 한참이 지난 후에야 입을 연 안부위원장은 비전향 장기수 문제에 대한 북쪽의 태도에 이처럼 심각한 비판을 제기한 것은 그가 처음이라면서 자신들 입장을 재검토해보겠다고 물러섰다.

윤평중 등 보수적인 인사들은 리영희가 북한의 잘못에 대해서는 눈을 감는 '북한맹'이라고 비판했지만, 북쪽을 방문해 이처럼 그들의 잘못을 정면에서 지적한 사람은 드물 것이다.

그가 북한을 비판한 예는 이뿐만이 아니다. 일찍이 1985년 일본에서 북한의 『조선통사』를 일별한 후 김일성 신격화에 대해서 '불쾌감, 천황숭배, 인간소외' 등의 용어까지 동원해 비판했던 그는 북한 방문 직전 발표한 「통일의 도덕성」(『당대비평』 1998년 봄호)에서는 북한은 현대문명사회가 아니라고까지 직격탄을 날렸다.

"북한사회는 오랫동안 개인숭배, 1당독재, 폐쇄적 사회통제, 개인적 사유의 억제 등 어느 모로나 우리가 수용할 수 없는 체제와 제도임이 틀림없다. 게다가 국민총생산의 단순 비교에서도 분명히 드러나듯이, 경제적·물질적 생활은 현대적 문명사회의 모습이 아니다."

「통일의 도덕성」은 이듬해에 『반세기의 신화』에 묶여 나오면서 내용이 추가되었는데, 그 가운데엔 "남한과 북한은 둘 다 '인간의 얼굴을 한 사회주의와 자본주의'가 아니다. 그리고 그 추악함에서 우열을 가리기 어려울 정도"[61]라는 표현까지 들어가 있다.

또 대학시절 북한에서 열린 청년학생축전에 허가 없이 참가해 국가보안법 위반으로 구속돼 있던 임수경(林秀卿)에게 보낸 편지(1992.4.7)에서는 북한의 획일주의를 정신적 미라 상태라고까지 표현했다.

"무슨 일에서건 한가지의 고정된 방식을 고집하거나 집착하는 것은 교조이기도 하지. '교조(敎條, dogma)'는 인간정신의 미라화(化)를 뜻하지. 소련 공산주의와 동유럽의 현실이 무엇을 말하는지! 북한의 획일주의의 일면 역시 정신적 미라화의 일면이지 않겠나?"[62]

북한에 대해서 리영희가 평가한 부분은 국제관계에서 자주성을 지키려는 자세와 여전히 남아 있는 주민들의 인간적 면모와 공동체적 가치였지 북한 지배집단의 획일적인 통치방식이나 교조주의는 결코 아니었다. 그는 북한의 권력집단이나 체제에 대해서는 일말의 환상도 가지고 있지 않은 것은 물론이고 어떤 면에서는 혐오하기까지 했다.

6. '북방한계선, 알고나 주장하자'

 1999년 6월 15일 살얼음 같은 한반도의 평화를 깨뜨리는 일이 발생했다. 꽃게철을 맞아 조업 중이던 어선을 보호한다는 명목으로 북한 경비정이 서해 북방한계선(NLL) 남쪽으로 여러차례 넘어왔다. 남한 경비정이 경고하고 철수를 요청했음에도 북방한계선을 남북의 경계선으로 인정하지 않는 북한은 오히려 더 많은 경비정을 내려보내는 것으로 응답했다. 결국 양측의 충돌이 발생했다. 남한 경비정 5척이 가벼운 손상을 입고 북한 어뢰정은 1척이 격침되고 5척은 크게 파손됐다. 북방한계선을 둘러싼 갈등이 서로 포화를 교환하는 사태(이른바 '제1차 연평해전')로까지 이어진 것이다. 국내 언론과 정치권에서는 북한군이 남북의 경계선인 북방한계선을 침범해 대한민국 주권을 유린했는데도 제대로 대응하지 못했다며 김대중 정부를 비난했다.
 북방한계선이 만들어진 이유를 알고 있던 리영희로서는 이런 잘못된 주장들이 그대로 통용되는 것을 보고 있을 수만은 없었다. 휴전협정을 체결할 당시 남과 북은 육상경계선에는 합의했지만 해상경계선은 확정하지 못했다. 서해안은 해안선이 복잡한데다 북한의 영해에 인접한 백령도 등 5개 섬을 남한이 점령하고 있었고 영해와 관련해서도 남한은 3해리를 주장한 반면 북한은 12해리를 주장해 타협이 이뤄지지 않았기 때문이다. 휴전에 반대했던 이승만 대통령은 이를 기화로 계속 북한 영토인 황해도 지역을 공격해 휴전을 깨고 전쟁을 지속시키려 했다. 이대통령의 이런 행동은 한국전쟁을 끝내겠다는 공약으로 당선한 아이젠하워 미국 대통령의 분노를 샀다.

"아이젠하워는 이승만을 체포해 대한민국 정부를 해체하고, 백선엽(白善燁) 육군참모총장으로 하여금 군정을 선포케 하고 이승만 정권을 완전히 붕괴시켜 휴전협정을 준수하는 새 정부를 내세우기 위한 쿠데타 준비까지 다 했거든요. 한국 해군이 다시는 황해도를 침공할 수 없게 유엔사령부가 남한의 군함이 북한의 황해도 해안까지 더이상 올라가지 못한다는 하나의 선을 그은 겁니다. 그것이 소위 '서해 북방한계선'이라는 거예요."[63]

즉 남한 해군이 휴전을 깨뜨릴 목적으로 북쪽으로 치고 올라가는 것을 막기 위해서 유엔군이 남한 해군의 출입한계를 정한 선이 북방한계선이라는 이야기다.

하지만 이 사실을 제대로 알고 있는 사람이 드물었고 아는 사람들도 필요에 따라 사실대로 이야기하지 않았다. 그는 한국전쟁에 관한 미국의 문서들을 뒤져서 「'북방한계선'은 합법적 군사분계선인가?」(『통일시론』 1999년 여름호)라는 논문을 발표했다. 애초 이 논문을 발표하기 전에 그는 이 사실을 밝히는 글을 한겨레신문에 쓰겠다고 제안했다. 물론 조건이 있었다. 1면 톱기사로 써야 한다는 것이었다. 그만큼 중요한 이야기라는 뜻이었을 터이나, 당시 한겨레 편집국장은 리영희의 요구를 편집권에 대한 침해로 받아들여 그의 제안은 성사되지 못했다. 두 사람의 소통방식 차이에서 비롯된 일이지만, 이 신문을 자신의 분신처럼 여겼던 리영희에게는 편치 않은 순간이었을 것이다.

다시 북방한계선 문제로 돌아가보면, 이 문제에 대해 남과 북은 확연히 다른 주장을 펼쳐왔다. 남한은 북한도 북방한계선을 해양경계선으로 사실상 인정해왔고 남북기본합의서에서도 양쪽의 관할지역을 인정한다는 데 동의했다며 이를 군사분계선이라고 주장했다. 반면 북한은 이를 전혀 인정하지 않고 서해 5도 지역의 북방한계선 이남지역도 자신의 영해라고 주장하고 있다.

그는 정전협정을 검토해 서해상에 쌍방이 합의해 그은 '경계선'은 한강과 예성강의 합류점에서 우도까지이고, 연평도 등 5도는 유엔연합군 총사령관의 군사통제하에 둔다고 규정했을 뿐 그밖의 해역에는 어떤 경계선도 그어지지 않았음을 확인했다. 그리고 당시 미국과 한국정부 사이에 오간 전문 등을 통해 미국정부가 이승만의 위험행동을 저지하기 위해 휴전협정 체결 한달 후 철폐된 이른바 '클라크라인(clarkline)'이란 해상봉쇄선을 남한 해군의 활동 경계선으로 삼은 것으로 추정했다.

한국정부의 기왕의 주장을 뒤엎은 리영희의 「'북방한계선'은 합법적 군사분계선인가?」는 또다시 큰 파장을 일으켰다. 군부는 물론 우익 신문들은 그를 비판하고 나섰지만, 정작 미국은 침묵했다. 북방한계선이 1953년 8월 30일 유엔군사령부가 일방적으로 선포했다고 알려졌을 뿐 그것이 남북의 해양경계선임을 주장할 근거가 없었기 때문이었다. 오히려 2000년 기밀 해제된 1974년도 미국 중앙정보국 문서는 북방한계선의 목적이 유엔사 휘하의 해군선박이 특별한 허가 없이 그 선 이북으로 가지 못하게 해 남북의 충돌을 피하기 위한 것이었고, 오로지 한미연합사의 지휘 아래 있는 군에게만 기속력을 갖는다고 밝혔다. 이 문서는 또 북방한계선이 "국제법적 근거가 없을 뿐만 아니라, 그 일부 구간은 영해를 가르는 최소한의 규정에조차 부합하지 않는다"[64]고 인정하고, 북한이 이 선을 경계선으로 인정했다는 증거는 어디에도 없다는 사실도 부연했다. 이런 사정을 잘 알고 있던 미국은 1973년 북한이 이 문제를 본격 제기하자 국가안보회의에서 "북방한계선에 대한 법적 옹호를 하지 말라"[65]는 주의를 내렸다.

1999년 9월 그는 90년대 후반에 쓴 글을 모아 『반세기의 신화』라는 책으로 출간했다. 여기서 말하는 '신화'는 그가 일생을 통해 타파하려고 해왔던 '우상'의 다른 이름이었다. 분단된 반세기 동안 대립된 체제 아래서 남북 양쪽이 허위의식을 통해 쌓은 신화를 벗어던져야만 진정한 화해와 평화에 이를 수 있다는 의미를 담고 있었다. 그는 이 책의 서문에서 "1960년대부터 나는 미력하나마 체제적 허위의식에 중독되지 않은 가슴과 머리로써 분단된 다른 반쪽의 사회의 진실을 알고자 노력해"온 결과, "북한에는 북한만큼의 '악'이 있고 북한만큼의 '선'이 있다는" 사실을 알게 되었고 "마찬가지로, 남한에는 남한만큼의 '선'이 있는 반면, 남한만큼의 '악'이 있다는" 것을 알게 되었다고 밝혔다. 나아가 "남북한의 어느 쪽도 절대악도 아니고 절대선도 아니라면, 민족적 화해와 평화와 통일의 목표 달성을 위해서는 각기 자기 사회의 '악'의 요소를 냉엄하게 인식하고, 살을 도려내는 아픔을 마다하지 않고 그것을 제거해야 한다"며 남북 모두의 자체 개혁을 촉구했다.[66]

7. 체제수렴 과정으로서의 통일

서해교전으로 악화일로를 걷던 남북관계는 2000년 들어 다시 전기를 맞이했다. 김대중 대통령이 김정일(金正日) 북한 국방위원장과 남북정상회담을 갖기로 합의한 것이다. 역사상 첫 남북정상회담을 앞두고 다양한 통일 방안들이 제시되기 시작했고, 전쟁의 공포에서 벗어난 평화로운 한반도에 대한 희망이 움트기 시작했다.

그동안 남북의 화해와 평화를 주창해온 리영희에게도 여기저기서 질문이 던져졌다. 한반도와 동북아의 평화 그리고 남북통일 문제는 그의 평생의 화두 가운데 하나였다. 1961년 셸리그 해리슨의 요청으로 미국의 『뉴리퍼블릭』에 중립화통일론에 관해 쓴 것이 그 처음이었지만, 본격적으로 통일문제나 남북문제에 관한 글을 쓰기 시작한 것은 1980년대 이후였다.

우선 그는 국제문제 전문가라는 장기를 살려 독일 통일문제와 우리의 통일문제와의 차이를 분석하는 글을 여러편 발표했다. 「독일 통일문제를 보는 눈」(1973), 「'독일식' 한반도 통일방안 비판」(1986), 「'독일 통일의 재상' 콜의 교훈」(1997) 등이 그것이다.

동·서독 통일문제에 관해 처음 발표한 「독일 통일문제를 보는 눈」은 동서독기본조약 체결을 계기로, 두 독일이 상호배제 정책을 버리고 상호 인정 및 교류 정책으로 전환해간 과정을 추적한 글이다. 그는 여기서도 베트남전을 다룰 때처럼, 독일 통일문제는 냉전적 편견을 배제하고 독일 민족의 시각에서 보아야 한다는 점을 강조했다.

이어 전두환 정부가 동서독기본조약을 모델로 한 '남북기본관계 잠정협정'을 북쪽에 제안한 것을 계기로 쓴 「'독일식' 한반도 통일방안 비판」에서는, 동서독기본조약과 잠정협정을 비교 분석한 뒤 한반도의 바람직한 통일 모델로 자주적 완충국가, 즉 중립화통일방안을 제안했다. 그는 독일의 기본조약은 2차대전 이후 형성된 유럽 질서를 인정하는 바탕 위에서 '독일 통일은 불가능하다'는 합의를 동·서독이 공개적으로 천명하고, 완전한 외국으로서의 두 나라 관계를 설정한 것이라고 보았다. 반면 남북 기본협정은 전문에서 통일을 전제로 함을 밝히고 있다는 점에서 차이가 있지만, 휴전체제를 유지하고 군사분계선을 경계로 인정한 점에서 우선 두 나라로 살자는 내용에 다름 아니라고 비판했다. 통일의 전제가 전쟁상태의 종식이어야 하고 그러자면 정전체제를 평화체제로 바꿔야 하는데 거기까지 나아가지 못했기 때문이다. 그는 남북한은 전범국인 독일과 달리 분단을 유지해야 할 이유가 없다면서, 열강의 완충국 역할을 해온 한반도의 역사적 경험에 비춰 자주적인 완충국인 중립국으로 통일하는 방안을 모색해야 한다고 주장했다.

그의 통일론의 가장 큰 특징은 평화주의에 있다. 한국전쟁의 참화를 일선에서 겪은 그는 무슨 일이 있어도 이 땅에서 전쟁이 다시 일어나는 일만은 막아야 한다고 생각해왔다. 따라서 통일 역시 평화적 방법으로 이뤄져야 한다는 것이 그의 지론이었다. 무력통일은 물론이고, 남북 어느 일방에 의한 흡수통일 역시 바람직하지 않다고 여겼다. 그런 전제 위에서 그가 전개한 통일방안은 다음 몇가지 주장으로 압축된다. 첫째, 통일에 앞서 군축과 군사적 긴장완화가 선행돼야 한다. 그러려면 정전체제를 평화체제로 전환해야 한다. 둘째, 남북한 사이의 체제의 차이를 줄여 동질화해가는 과정이 필요하다. 셋째, 이런 동질화 과정을 통해 남한의 자본주의와 북한의 사회주의 장점을 결합한 사민주의 모델을 만들어간다. 넷째, 통일된 한반도는 중립적 강소국가를 지향한다.

그렇기 때문에 그는 성급한 통일 논의를 경계했다. 그는 남북 사이의 적대감을 줄이려는 노력은 하지 않으면서 '우리의 소원'을 부르며 흘리는 눈물은 상대방을 잡아먹겠다는 음험한 속내를 감춘 '악어의 눈물'처럼 보인다고 말하곤 했다. 중요한 것은 통일로 가는 과정을 어떻게 가꾸어가느냐라고 그는 보았다.

통일의 시작은 남북의 자기개혁

물론 그도 언젠가 통일이 이뤄진다면 남한이 우월한 입장에서 재통합을 이끌 것이 분명하다는 점을 인정했다. 그리고 "통일된 단계에서는 북한의 정치적 통치이념이나 체제와 방식은 대부분 청소되어야 한다"는 사실은 그 자신을 포함한 "통일을 생각하는 모든 사람의 합의사항"이라고까지 확언했다.[67]

그럼에도 그는 "남한적 경험과 북한적 경험의 변증법적 융합으로써 물질적 충족과 도덕적인 인간-사회 가치가 어울리는 통일민족 공동체"에 대한 기대를 접지 않았다. 그가 말하는 남북한 경험의 변증법적 융합이란 "남한의 자본주의적·물질적 생산력의 우월성과 정치적 및 개인적 자유에 북한의 사회주의 인간학적 공동이익 우선주의 도덕과 민족문화 생활양식에 대한 강렬한 긍지와 '자존(自尊)'의 가치를 지혜롭게 배합하는 방식"이다. 이런 변증법적 융합은 물론 "북한의 제반 개혁과 버금가는 남한사회의 자기개혁을 전제로 해서 비로소 가능"할 것이라고 보았다.[68] 그런 자기개혁을 통해 남북 양쪽이 받아들일 수 있는 체제로 그는 중립적인 사회민주주의 국가를 상정했다.

그는 이렇게 자체 역량으로 통일의 과정을 가꾸어갈 때 우리의 커진 민족적 역량으로 "우리 주변의 강대국 열강들 사이에서 피동적인 존재가 아니라 상당히 능동적으로 강대국들의 이해관계와 행동양식, 세력구조를 우리가 조절"하고, "동북아시아 전체를 안정구조로 만들어주는 그런 닻의 역할을 할 수 있"을 것이라고 전망했다.[69]

이런 통일 과정을 만들어가기 위해서 무엇보다 필요한 일은 미국과의 관계를 조정하는 일이다. 그는 분단문제를 위시한 남북 사이의 문제를 해결하는 데 미국은 변수가 아니라 상수라는 점을 우리가 분명히 인식해야 한다고 누누이 강조했다. "나는 한반도 문제에서, 한반도 정세의 해법에 있어서 미국이 변수가 아니라 오히려 우리 한국이 변수고 미국이 오히려 고정된 상수"[70]라고 생각한다. 그런데 그 미국은 철저하게 국가이기주의이고 대외정책에서는 제국주의에 가까운 패권주의 국가다. 그렇기 때문에 한국의 이익을 위해서 미국의 국가이익의 희생은 고사하고 사소한 양보조차 할 나라가 아니라는 사실을 명심하고, 미국 일변도의 대외정책에서 벗어나 주변 강대국과의 관계를 강화해나가야만 우리 민족의 활로가 열릴 수 있다. 이것이 당시 리영희가 주장한 핵심 내용이다.

2000년 6월 김대중 대통령이 정상회담을 앞두고 남북문제 전문가들을 청와대로 초청해 의견을 듣는 자리를 마련했다. 그는 이 자리에서 우선 "예속적 '한미상호방위조약'을 친선우호관계 조약으로 대치하고, 그 거리만큼 중국과 러시아와의 관계를 개선·향상하는 국가관계를 추구하고 동북아지역 내 중심역할과 등거리외교를 채택하는 전략과 정책"[71] 을 세울 것을 고언했다. 그러기 위해서는 주한미군을 내보내야만 한다며, 주한미군 철수 15년 계획을 제안했다. 정상회담 이후 남북이 교류협력을 착실히 확대해가 평화로운 환경을 조성한 뒤 주한미군을 평화유지군으로 변경하고 그후 그 평화유지군마저 철수하는 것을 15년 목표로 설정하고 추진하라는 것이었다. 구갑우는 그의 이런 제언이 "식민성을 넘는 것은 물론 식민적 유산의 당대적 표현인 미국 패권을 넘어서려는, 리영희의 탈식민적·탈패권적 기획의 진수를 보여준다"[72]고 평가했다.

주한미군 철수에 관한 그의 주장은 김대중 정권은 물론 이후 정권에서도 받아들여지지 않았다. 하지만 중국과 러시아와의 관계를 개선하고 그만큼 미국과의 거리를 확보해 동북아지역 내에서 한국의 역할을 확대하라는 그의 제언은 이후 노무현 정부의 '동북아 균형자론'이나 문재인 정부의 '한반도 운전자론'으로 현실화되었다. 김호기(金皓起)는 노무현 정부의 "동북아시아 평화와 번영을 위한 '동북아 시대론'도 냉전분단체제론을 넘어서려 했던 리영희의 사상으로부터 영향을 받은 담론이자 정책 대안이라고 볼 수 있다"[73]고 평가했다.

2000년 6월 15일 첫 남북정상회담이 열리고 역사적인 '6·15 남북공동선언'이 발표됐다. 통일문제를 자주적으로 해결하고, 이산가족 상봉을 추진하며, 경제협력과 교류를 활성화하고, 당국 간 대화를 재개하기로 하는 등 5개항의 합의 소식을 들은 리영희는 다음 날 한겨레에 실은 「성숙한 민족, 위대한 미래」라는 칼럼으로 이를 환영했다.

　민주정부가 들어서고 남북관계가 풀려나가자 만해(萬海) 한용운(韓龍雲)의 사상을 기리는 만해사상실천선양회가 분단극복을 위해 전개해 온 노력을 평가해 그를 4회 만해상 수상자로 선정했다. 8월 열린 시상식에서 그는 서슬 퍼런 냉전체제 아래서 분단을 극복하고 평화와 민주주의를 지키기 위해 벌여온 자신의 싸움을 중국 고사에서 나오는 "수레의 앞길을 가로막으려고 앞다리를 들고 선 사마귀(螳螂)에 다름없는 우직에 지나지 않았"다고 자평하면서도 민중적 역량의 성장과, 민주정부 수립 그리고 분단 민족 사이의 화해의 길이 열리는 변화 속에서 "자신의 실천이 무의미하지 않았다는 보람과 기쁨을 느"낀다고 고백했다.[74]

8. 지팡이를 짚고 반전운동 전면에

뇌출혈로 쓰러지다

2000년 들어 국내외 상황이 호전되면서 마음은 한층 편해졌지만, 몸이 계속 말썽이었다. 무엇보다 감옥에서 얻은 병들로 인한 고통이 컸다. 겨울이면 기관지염이 재발해 고생했고, 치아도 시원치 않았다. 또 극도로 예민한 주제를 글로 써온 까닭에 집필의 고통 역시 적지 않았다. 그렇지만 김대중 정부 들어 남북관계에 변화가 일어나면서 그의 글이나 인터뷰를 요청하는 매체는 더 많아졌고, 그 역시 상황의 중요성을 생각해 가능하면 응했다.

2000년 11월 그날도 청탁받은 글을 쓰고 있었다. 아내는 외출하고, 그만 혼자 집에 있었다. 갑자기 머리가 핑 돌았다. 순간적으로 뇌출혈일 것 같다는 생각이 스쳤다. 힘들게 119를 눌러 구조요청을 하고는 쓰러져버렸다. 119가 달려온 덕에 간신히 목숨을 건졌지만, 오른쪽 몸은 마비되고 말았다. 재활훈련을 통해 외출이 가능해지기까지 오랜 시간이 필요했다. 집필은 더이상 할 수 없었다. 자신을 돌보지 않고 평생을 달려온 그에게 강제적으로 휴식 명령이 내려진 것이었다.

뇌출혈 이후 재활과정에도 그는 그다운 집요함을 보였다. 병원에서 퇴원한 후 거동이 가능해지자 아내와 함께 하루 4시간씩 집 뒤의 수리산 자락을 매일 걸었다. 겨울에는 타이 등 동남아지역을 찾아 요양했다. 의사가 마비된 부분의 감각을 키우려면 운전하는 게 도움이 된다는 이야기를 하자 즉시 짧은 거리는 스스로 운전해 다녔다. 집으로 문병 온 지인들을 자신의 차에 태우고 주변 식당으로 나가기도 했다. 마비된 몸을 이끌고 그가 한 것은 자동차 운전 정도에 그치지 않았다. 간경화로 병원에 다시 입원하기 전까지는 경비행기도 타곤 했다고 딸 미정은 전한다.

이런 말을 듣다보면 산행길에서 모험을 즐겼다는 그의 벗들의 이야기가 떠오른다. 1970년대 그와 여러차례 등산을 같이했던 염무웅이나 1980년대 이후 '거시기산우회' 산행에 함께했던 백낙청에 따르면 등산할 때 그는 남들이 피하고자 하는 가파른 길, 위험한 길을 굳이 택하곤 했다. 이렇게 모험과 도전을 즐기는 성격이 그의 지적 탐구심의 원천이자 그로 하여금 끝까지 밀어붙여 한계에 도전하는 글을 쓰게 한 힘이었는지도 모르겠다고 그들은 말한다.

강제 휴식기간 동안 몸의 감각을 되살리는 육체적 재활운동만 한 것은 아니었다. 또다른 보람은 그동안 읽고 싶어도 읽지 못했던 책들을 볼 수 있었던 것이다. 백낙청의 지적처럼 "싸움과 즐김을 모두 여읜 종교의 세계로 깊숙이 찾아들려는 갈망을 늘상 품고"[75] 있었던 그는 동서양의 고전들과 불교를 비롯한 여러 종교 관련 서적들 속으로 깊숙이 빠져

들었다. 그가 숨지기 직전까지 읽고 있던 책도 남회근(南懷瑾)이 쓴『여하수증불법(如何修證佛法)』이었다.

사실 그는 대학에서 은퇴한 이래 종교에 관한 글을 여러차례 발표했다. 대부분 예수나 부처의 가르침에서 멀어지고 있는 한국의 기성종교를 비판하는 내용이었지만, 그 속에서도 그의 종교관의 일단을 드러냈다. 그는 제도화된 종교인 불교나 기독교의 신자는 아니지만 '예수님, 부처님'교의 신자임을 자처했다. 현실을 부정하고 내세만을 내세우거나, 이웃을 외면하고 자신의 행복만을 구하는 현세구복적 종교가 아니라 예수의 사랑과 정의, 부처의 자비심 같은 가르침을 소중히 여기고 따른다는 것이다. 그의 '예수님, 부처님'교는 예수의 사랑과 부처의 자비를 실천함으로써 우리가 살아가는 오늘의 삶의 현장을 천당이나 극락으로 만들기 위해 노력하는 종교다. 종교학자 오강남(吳剛男)이 말하는 '심층종교'[76]에 더 가까운 종교관을 가지고 있었다고 볼 수 있다. 생애 마지막 순간까지 우리 삶의 현장을 외면하지 못한 것 역시 이런 종교관에서 비롯됐을 터다.

이라크 파병을 반대해야 하는 이유

와병 이후 그가 처음으로 공개석상에 모습을 드러낸 것은 2002년 가을이었다. 그사이 미국에서는 조지 워커 부시(George Walker Bush)의 공화당 정부가 등장했다. 부시 정권은 클린턴 정부의 모든 정책을 뒤집었다. 한반도 정책도 예외가 아니었다. 클린턴 정부의 협상노선을 철회하고, 북한과 일체의 대화를 거부했을 뿐만 아니라 김대중 정권의 포용

정책에도 반대했다.

이 상황에서 북한이 고농축 우라늄 기술을 이용한 핵개발을 추진한다는 사실이 미국 정보기관에 포착됐다. 클린턴 정부 말기 미국이 영변 핵동결의 대가로 약속한 중유 공급을 중단하자 북한이 비밀리에 새로운 핵개발 프로그램을 시작한 것이었다. 그해 10월 평양을 방문한 제임스 켈리(James A. Kelly) 미국 국무부 동아태 차관보의 추궁에 강석주(姜錫柱) 북한 외무성 제1부상은 "우리는 핵을 가질 권한이 있다. 그보다 더한 것도 갖게 되어 있다"[77]고 답했다. 미국의 강경파들은 이를 북한이 우라늄 농축계획을 시인한 것이라고 주장하며 클린턴 정부와 북한 사이에 체결됐던 제네바합의를 파기하는 명분으로 삼고자 했다.

다시 핵문제를 둘러싼 긴장이 고조되자 전국언론노동조합과 민언련이 2002년 10월 23일 '북한 핵개발 시인 사태 및 언론보도에 관한 긴급토론회'를 열었다. 바로 이 자리에 리영희가 2년간의 칩거를 풀고 나왔다.

그는 이 자리에서 "러시아·중국·일본 등의 대북정책과 남북화해 분위기 등 한반도를 둘러싼 국제정세가 미국의 이익과 부합하지 않는 방향으로 전개되자 미국은 이를 저지해야 할 다급한 처지에 놓이게 됐다"며 우리 언론이 이런 "미국의 의도와 전략은 분석하지 않고 북한을 구석으로 몰아 위기를 조장하는 것을 보고 암담함을 느꼈다"고 토로했다.[78]

자신의 시대가 끝났다며 현실문제에 거리를 두겠다고 여러차례 천명했던, 그리고 거동도 불편한 그가 이 토론장에 나왔던 까닭은 한반도가 다시 핵전쟁의 현장이 되는 것만은 막아야 한다는 절박감 때문이었다. 그의 절박함에는 근거가 있었다. 미국의 대외정책을 장악한 네오콘들은 핵과 미사일 위협에 대한 군사적 해결방안을 선호했다. 그리고 그들은 2002년 3월 발표한 '핵태세 검토 보고서'에서 북한을 러시아 다음의

핵위협 국가로 지목하고 핵무기 공격 대상국에 포함시켰다. 이에 북한
이 자위적 방어능력을 구축하겠다고 대응하면서 한반도의 평화는 다시
흔들리기 시작했다. 상황은 갈수록 악화돼 미국이 북한의 우라늄 농축
을 이유로 제네바합의를 폐기해버리는 상태까지 나아갔다.

한국전쟁 이래 평화를 최우선 가치로 삼아온 그로서는 한반도의 전
쟁 재발을 막는 것이 그 무엇보다 중요했다. 그날 이후 그는 전쟁의 위
험을 알리는 집회 현장에 차례로 모습을 드러냈다. 글을 쓸 수 없으니
몸으로라도 전쟁의 위험을 경고하기 위해서였다. 특히 2003년 3월 미국
이 이라크를 침략했을 때는 반전평화를 촉구하는 한시를 직접 짓고, 떨
리는 손으로 손수 써서 지인들에게 돌리기까지 했다.

> 否氏狂亂不知其終 (부시의 광란이 끝을 알 수 없으니)
> 人類自尊卽面危亂 (인류자존이 위란에 직면했도다)
> 錦繡疆土將變火海 (금수강토가 장차 불바다로 변할지니)
> 韓民當呼反戰平和 (한민족은 마땅히 반전평화 외쳐야)[79]

그는 북한과 미국이 핵문제로 갈등을 빚고 있는 상황에서 감행된 부
시의 이라크 침략의 불똥이 한반도로 튈지 모른다고 우려했다. 부시 정
권이 2개 지역 전쟁에서 동시 승리하는 전략을 세우면서, 이라크 외에
나머지 한 지역을 한반도로 상정했으니 그의 우려는 결코 기우가 아니
었다.

한반도가 새로운 전장이 되는 상황까지 가지는 않았지만, 역시나 이
라크전쟁의 불똥은 한반도로 날아들었다. 미국이 한국군의 이라크 파
병을 요청한 것이다. 노무현 정부는 고심 끝에 파병을 결정했다. 비전투

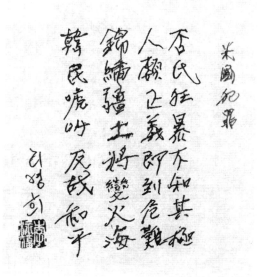

米國犯罪

否民狂暴不知其極
人類正義卽到危難
錦繡疆土將變火海
韓民嗷㕛反戰和平

리영희

미국의 이라크 침략을 비판한 한시(초고). 일부 지인들에게 보낸 엽서에는 몇 글자가 수정됐다.

부대원을 파병하기로 한 것이었지만, 노무현 정권을 지지해온 진보진영은 거세게 반발했다. 각지에서 이라크 파병반대 시위가 벌어졌다. 리영희 역시 노구를 이끌고 시위에 적극적으로 참여했다. 2003년 파병동의안 처리를 앞두고 국회 앞에서 벌어진 대규모 시위에선 불편한 몸을 이끌고, 파병을 거부해야 할 16가지 이유를 밝히는 연설을 했다.

우선 파병 찬성론자들이 파병해야 할 이유로 한미동맹 관계를 들먹이는 것에 대해, 한미상호방위조약과 베트남전 참전 사례를 들어 반박했다. 그는 방위조약은 조약 상대국이 외부의 군사적 공격에 직면할 경우에 한해 원조하고, 그 범위도 태평양지역으로 한정하고 있기 때문에, 우리가 조약 상대국인 미국이 침공한 중동지역의 전쟁을 지원할 의무는 없다고 설명했다. 한국군을 베트남에 파병할 때도 미국은 같은 이유로 상호방위조약에 의거하지 못하고 남베트남 정부로 하여금 한국에 파병을 요청하게 하는 편법을 쓸 수밖에 없었다는 것이었다. 그는 북핵 해결에 미국의 도움을 구하고 우리의 국가이익을 지키기 위해 파병하지 않을 수 없다는 노무현 정부의 주장은 미국에 대한 환상에서 비롯된 것이라고 질타했다.[80]

30분에 걸친 그의 열변에 시위에 참여한 시민들은 열광했다. 거동은 불편했지만, 그의 차가운 이성은 여전히 날카롭게 현실을 분석하고 있었다. 3일 후인 3월 31일에는 '반전평화를 위한 비상국민회의'를 제안하기 위한 기자회견에 참석해 10억 아랍인들을 적으로 돌리는 전쟁에 한국민이 동참할 이유가 없다고 주장했고, 이어 4월 3일 열린 반전평화를 위한 비상국민회의 기자회견에서는 정부와 국회에 파병결의 철회를 촉구했다.

그럼에도 노무현 정부는 소규모 공병·의료부대를 이라크에 파병했다. 북미 제네바합의 파기 이후 핵위기가 고조되는 가운데 집권한 노무현 대통령은 미국이 북한을 군사적으로 공격할 수도 있다고 보고, "북핵문제로 인해 한반도에서 전쟁이 발발할 가능성을 차단"[81]하는 것을 중요한 과제로 삼았다.

그러나 미국의 요구는 그것으로 끝나지 않았다. 그해 가을 미국은 3,000~5,000명 규모로 이뤄진 1개 보병 전투여단을 갖춘 이른바 '폴란드형 사단'을 추가 파병해줄 것을 요청했다. 노무현 대통령의 고민은 더 깊어졌다. 600명의 공병·의료부대 파병에도 국민들의 반대가 심했다. 더군다나 파병반대 진영은 그 자신의 핵심 지지층이었다. 하지만 파병을 거부하면 미국과의 관계가 틀어지고 '제2차 북핵 위기' 해결에 미국이 협조하지 않을 수도 있었다. 고민 끝에 3,000명 규모의 비전투병을 보내 특정 지역의 치안과 재건을 담당하는 안을 내놓았다. 결국 미국도 이에 동의해 3,000명 규모의 자이툰 부대가 아르빌에 파견됐다.[82]

리영희는 다시 한번 노무현 대통령에게 실망하지 않을 수 없었다. 병든 몸을 이끌고 참전을 막기 위해 동분서주했음에도, 미국의 불의한 전쟁에 우리 젊은이들이 참여하는 것을 막지 못한 것이 한스러웠다.

하지만 그는 이해 가을 자신이 평생 스승으로 사숙했던 루쉰의 흔적을 찾아 여행함으로써 아쉬움을 달랠 수 있었다. 그는 이 여행을 위해 산본의 중국어학원에 등록해 회화 공부를 시작했다. 그 학원의 최고령 학생이었다. 그 나름대로 준비를 마친 끝에 10월 루쉰이 태어난 사오싱(紹興)과 한때 거주했던 상하이의 유적들을 둘러보았다. 그의 작품에 등장하는 곳, 그리고 그의 애수가 깃든 곳을 따라 걸으며 느꼈던 감동을 리영희는 이렇게 표현했다. "나의 고향에 온 듯한 따스함과 정겨움을 느꼈어. (…) 그곳에서 그를 만나는 것 같은 착각이 들어. 그와 함께 우는 나를 발견하기도 했어."[83]

그곳에서 그는 루쉰과 무슨 말을 나누고, 왜 함께 울었을까? 각각 중국인과 한국인들의 '자기기만적 허위위식'을 폭로하고, 그들의 주체적 각성을 촉구하기 위해 온힘을 다해온 노고를 서로 위로하고 치하해주었을까? 그리고 각자 헤쳐왔던 그 험난한 삶의 여정과, 그 결과로 만들어낸 각자 사회의 변화를 평가하고 함께 기뻐하기도 했을까? 아마 그랬을 것이다.

9. 조선인 유골 송환운동에 힘 보태다

이후 리영희는 노자의 삶을 이야기하기 시작했다.

"나는 이제 공자의 삶에서 노자의 삶으로 돌아가고 있어요. 정치적 의미가 있는 행동이라든가, 그와 관련한 상황 조성이라든가, 그런 걸 군자의 미덕으로 삼았던 논어적 삶을 떠나려 하는 것이죠. 난 이제 환자니까, 내면을 바라보면서 우주의 원리를 찾고, 그 원리 속에 일체화하는 노력을 하면서 살려고 해요."[84]

그래도 여기저기서 그의 동참을 요청하는 일이 끊이지 않았다. 그의 첫 북한 방문 당시 '남북어린이어깨동무'를 대표해 실무준비를 맡았던 정병호(鄭炳浩) 한양대 교수가 일본 홋까이도오(北海道)에서 진행되는 '강제징용·강제연행 희생자 유골 발굴 및 추모행사'에 함께 가줄 것을 요청했다. 정교수는 1997년부터 일본 일승사(一乘寺) 주지인 토노히라 요시히꼬(殿平善彦)와 함께 이들의 유골을 발굴해 한국으로 봉환하는 작업을 진행해왔다. 정병호가 박사논문을 위한 현지 조사차 홋까이도

2006년 8월 20일 일본 홋까이도오 아사지노 육군비행장 일제강제노동 희생자 유골 발굴 현장 개토제에서.

오에 머물 때, 토노히라로부터 그곳 우류댐 건설에 동원됐다 희생된 조선인들에 관한 이야기를 들은 게 계기가 되었다. 방치된 조선인 유골을 반환하는 일을 하고 싶다는 토노히라에게 같이하겠다고 약속했던 정병호는 1997년 '강제징용·강제연행 희생자 유골 발굴을 위한 한일 대학생 공동워크숍'을 열고 사업에 본격 합류했다. 이후 삿뽀로(札幌)의 한 절에서 101구의 조선인·일본인 노동자 합장유골이 발견된 것을 계기로 2003년에는 '강제연행·강제노동 희생자를 생각하는 홋까이도오 포럼'(홋까이도오 포럼)도 결성됐다. 그후 이 사업은 한국과 일본의 젊은이, 재일본대한민국민단(민단)과 재일본조선인총연합회(총련) 소속 재일동포, 중국의 화교까지 참여하는 국제적인 연대운동으로 발전했다. 그 홋까이도오 포럼이 여는 희생자 추도제에 참석해달라는 요청을 받은 리영희는 차마 외면할 수가 없었다.

함께 추도제에 참석했던 가수 정태춘(鄭泰春)은 발굴 현장을 찾은 그를 이렇게 노래했다.

리영희가 왔다.
아이누의 땅에
천황의 식민지에, 원혼들의 무덤에
슬픈 역사 파헤치는
여기 산 자들, 선의의 산 자들
홋카이도 포럼에 그가 왔다
한 손에 갈색 지팡이를 짚고
한반도, 아니 동북아, 아니 인류의
추악한 현대사와 함께 늙어온
그의 고분한 아내와 함께

칠순 노구 그러나,
아직은 형형한 눈매로
"더욱 깊이 삽을 찔르라우
더욱 깊이 땅을 파라우
더욱 깊이 역사를 파내라우, 진실을 파내라우
아름다운 이들이여"[85]

이 모임에서 그가 가장 감동을 받은 것은 농민·어부·종교인 등 양심적 일본인들과, 중국인·아이누인·한국인 그리고 민단과 총련 출신 재일동포들이 모두 함께 희생자들의 유해를 발굴하고 그들의 넋을 위로하는 추도제를 마련한 것이었다. 이것이야말로 불행한 과거를 극복하려는 동북아의 민중들이 만들어낸 진정한 화해의 장이었다. 그래서 그는 울었다. 그리고 그 아름다운 화해를 이룬 이들에게 감사했다.

> "여러분,
> 민단, 조총련, 주고쿠징(中國人), 아이누, 와징(和人)
> 아름다운 벗들
> 홋카이도 포럼 멤버 여러분
> 고맙수다
> 저들의 신음과 통곡 소리
> 여태 들리누만
> 여태 들리누만……"[86]

이후 리영희는 홋까이도오 포럼의 정신적 지주 역할을 하며 유골 발굴작업에도 여러차례 참가했다. 한국 불교계와 함께 유해 환국 행사를 치르고 싶다는 토노히라에게 명진(明盡) 스님을 소개해 2008년 한일 스님들이 공동 환국 추도회를 치를 수 있도록 도운 것도 리영희였다.

홋까이도오 방문을 마친 후 정병호와 리영희는 함께 오오사까(大阪)를 방문했다. 정병호는 홋까이도오와 오오사까 여행이 인간 리영희의 진면목을 확인할 수 있는 기회였다며 두가지 일화를 전한다. 하나는 홋까이도오에서 총련 쪽 참가자의 주선으로 조선학교 방문계획이 마련됐을 때의 일이다. 호텔 로비에 모여 학교로 출발하기 직전 총련 쪽 인사가 리영희에게 학생들을 위한 격려말씀을 청했다. 그는 그렇다면 옷을 제대로 갖춰 입고 예의를 차려야 한다며 다시 방으로 올라갔다. "선생님의 옷차림에는 아무런 문제가 없었다. 콤비 스타일에 중절모까지 썼으니. 그런데도 굳이 방에 다시 올라가 넥타이를 매고 오셨다. 선생님은 그 까닭을 '억눌린 사람을 만날 땐 예의를 갖춰야 하기 때문'이라고 설명했다."

또 하나의 일화는 오오사까에서 일어났다. 그의 방문 소식을 듣고 그곳 총련의 고위간부와 총련계 신문인 조선신보 기자가 인사차 왔다. 오오사까로 그들을 초청한 리쯔메이깐(立命館)대학 서승(徐勝) 교수를 비롯한 일행이 차담을 나누는 자리에서 총련 간부는 그에게 "선생도 이 조선신보 기자에게 잘 보이면 우리 동포 사회에서 유명해질 수 있습니다"라고 농담인 양 말을 걸었다. 순간 그의 싸늘한 목소리가 방안의 공기를 갈랐다. "나는 평생 내 이름 내는 것을 생각하고 살아온 사람이 아니외다." 그 냉랭한 분위기에 모두 얼어붙어 한동안 아무도 입을 열지 못했다. 얼마간 시간이 지난 뒤, 상황을 수습해보려고 총련 간부가 몇마디 더 너스레를 떨자, 그는 "권력에 맞서 싸워보지도 못한 것들이……"라고 말하곤 아예 외면해버렸다.[87]

리영희는 그런 사람이었다. 억눌린 자에겐 반드시 예의를 차리지만 권력에 기대 거들먹거리는 사람을 그냥 보아 넘기지 못하는 사람. 그리고 그런 이들에 대한 혐오를 일흔이 훨씬 넘은 나이에도 감추지 못하는 사람이 그였다.

10. 마지막까지 분투한 지성인

구술 자서전 『대화』 출간

이듬해인 2005년 3월 그의 일생을 정리한 『대화』가 출간됐다. 1988년 『역정』을 출간해 자신의 반생을 정리했지만, 그 나머지 생에 대한 정리는 미완으로 남아 있었다. 『역정』을 출간한 창비 등 여러 출판사에서 그 후반부 작업을 해보자는 요청이 계속됐지만, 결국 못한 채로 2000년 뇌출혈로 쓰러지고 말았다. 오른 손발이 마비돼 더이상 글을 쓸 수 없게 됐으니, 스스로 나머지 반생을 정리한다는 것은 불가능한 일이 되었다. 하지만 한길사의 김언호(金彦鎬) 사장은 대담을 통해 정리해보자며 끈질기게 권유했다. 대담자로는 문학평론가 임헌영(任軒永)을 추천했다. 여러차례 고사하다가 결국 그 제안을 받아들였다. 2002년부터 임헌영이 묻고 그가 대답하는 형식의 대화가 진행됐다. 하지만 하루 2시간 정도의 대화가 가까스로 가능했던 상황이었기에 결코 쉬운 작업이 아니었다. 1년 만에 대화가 마무리되고 녹취록도 만들어졌지만, 그것이 책으로 완성돼 나오는 데는 또다시 2년이 필요했다. '젓가락을 잡기도 어려운' 상태에 있었던 그가 녹취자료를 "마치 새 저서를 집필하듯이 2년에 걸쳐 수정, 재수정"했기 때문이다.[88]

이렇게 고투한 결과로 나온 책인데도 그는 자신만의 구성·논리·문장을 구사하기 힘들었고 꼭 넣어야 할 부분을 넣지 못해 아쉬움이 많다고 밝혔다.[89]

그는 이 책의 서문에서 자신을 "단순 기능적 전문가로서의 '지식인'이 아니라 시대의 고민을 자신의 고민으로 일체화시키는 불란서어의 뉘앙스(함의)로서의 intellectuelle, 즉 '지성인'"으로 자임했다. 그리고 지성인으로 살아온 50여 년 동안 그의 "삶을 이끌어준 근본이념은 '자유(自由)'와 '책임(責任)'이었다"고 밝혔다. "인간은 누구나, 더욱이 진정한 '지식인'은 본질적으로 '자유인'인 까닭에 자기의 삶을 스스로 선택하고, 그 결정에 대해서 '책임'이 있을 뿐만 아니라 자신이 존재하는 '사회'에 대해서 책임이 있다는 믿음이었다. 이 이념에 따라 나는 언제나 내 앞에 던져진 현실상황을 묵인하거나 회피하거나 또는 상황과의 관계설정을 기권(棄權)으로 얼버무리는 태도를 '지식인'의 배신(背信)으로 경멸하고 경계했다. 사회에 대한 배신일 뿐 아니라 그에 앞서 자신에 대한 배신이라고 여겨왔다. 이런 신조로서의 삶은 어느 시대 어느 사회에서나 그렇듯이 바로 그것이 '형벌(刑罰)'이었다."[90]

"보살핌 노동이 면제된 남성 특권"

지식인의 책임을 다하기 위해 온갖 고난을 감수해온 그의 삶의 고백에 대해 많은 이들의 평가가 이어졌다. 그 여러 평가들 가운데 그의 눈길을 가장 오래 사로잡은 것은 여성학자 정희진(鄭喜鎭)의 평이었다. 정희진은 "개인이 역사를 바꿀 수 있는 시대는 불행하지만, 그는 한 개인이 특정한 시대에 어느 정도까지 많은 일을 할 수 있는지 그 최대치를 보여준다"며 그를 "개인과 역사의 관계에 대한 어떤 전형"이라고 평가했다.[91]

정희진은 특히 그가 "시대를 이끈 사상가가 될 수 있었던 것은 주류 학문 밖에서 스스로 훈련했기 때문"이라며 "'썩어 있는' 현재의 제도화된 학문 환경의 변화가 없다면, 당분간 리영희 같은 독창적이고 진정성 넘치는 탈식민주의 지식인은 탄생하기 어려울 것"이라고 전망했다.[92]

정희진의 지적처럼 그의 글은 제도로서의 학문 환경 속에서 생산된 것이 아니라 역사의 현장에서 맞닥뜨린 문제에 대해 스스로 온힘을 다해 답을 모색해온 결과물이었기에 수많은 이들에게 적실하게 다가갈 수 있었다.

그런데 정희진은 리영희의 삶에 이렇게 최대의 경의를 표하면서도 여성학자답게 "그의 위대함은 성별화된 공/사 영역 분리로 인해 보살핌 노동에서 면제된 남성 특권이 아니었다면 불가능했을 것"[93]이라는 점도 분명히 지적했다.

리영희는 마비된 손을 힘겹게 움직여 정희진의 서평에 답을 써 보냈다.

"방금 다섯번째로 다시 읽고 펜을 들었습니다. 당신의 짧은 글을 일주일 사이에 다섯번 읽은 까닭은 첫째 내가 스스로 인식하지 못했던 자신에 관한 사실(들)을 명확하게 적시했기 때문입니다. 그중 하나가 '성별 분리로 인해 보살핌 노동에서 면제된 남성 특권이 아니었다면'의 지적에 관한 자각입니다."⁹⁴

이런 자각의 표현은 그가 끊임없이 자신을 돌아보는 성찰적 인간임을 다시 한번 보여준다. 물론 그는 젊은 시절부터 인간해방의 일환으로서 여성해방을 지지하고, 그것을 가로막는 자본주의 사회의 문제점을 날카롭게 지적해왔다. 예를 들어 「키스 앤드 굿바이」란 글에서 "유행과 사치는 3중의 예속 관계를 조성한다. 첫째는 여성의 남성에 대한 예속, 둘째는 자본에 대한 인간의 예속, 셋째는 한 국가 또는 민족의 다른 국가에 대한 예속"⁹⁵을 가져온다고 지적하며 남성에 대한 여성의 예속에 거부 입장을 분명히 했다.

하지만 그가 실제 삶에서는 여전히 남성중심적 사고에서 벗어나지 못했던 것 역시 사실이다. 앞에서 언급한 아내와의 첫날밤에 관한 일화처럼 여성의 혼전 순결에 강한 의미를 부여하면서도 남성에게는 다른 잣대를 적용하거나, 1950년대 말 처음 미국 방문 때 유대인들을 만나본 뒤 "나는 남성과 여성의 가능성과 존재 이유는 다르고 그것을 보존하는 것이 필요하다고 믿는데, 그것을 유대인들의 삶 속에서 보았다"⁹⁶며 성별분리를 지지하는 글을 쓴 것 등이 그 예다. 언젠가는 아내가 지식인이 아니어서 자신이 글을 쓰는 데 도움이 못 돼 힘들다고 토로하기도 했다. 그의 의식 속에서 아내는 독립된 주체라기보다는 자신의 조력자 정도였음을 드러낸 것이다.

그러나 그의 여성관은 아내가 그의 투쟁을 이해하고 투쟁의 동반자로 성장해가는 것과 나란히 발전했다. 1980년대 감옥에서 출옥 후 아내의 지적·정치적 성장에 대한 경의를 표하고, 1989년 한겨레신문 방북

2007년 한겨레통일문화상 시상식에서.

추진 사건으로 옥중에 있을 땐, "앞으로의 삶에서 그 이루지 못했던 분량만큼 듬뿍 사랑하고 살아야겠지요"[97]라고 다짐하는 정도가 됐다. 그리고 드디어 2000년대 자신의 모든 지적 활동이 돌봄노동을 면제받은 남성이기에 가능했다는 사실을 인정하는 수준에까지 이르렀다.

『대화』로 자신의 인생을 정리한 그는 이듬해인 2006년 그동안 출간된 책들과 아직 묶이지 않은 글들을 모아 '리영희저작집'(전12권)이란 이름의 전집으로 출간했다. 그리고 이 전집에 마지막 12권으로 추가된 『21세기 아침의 사색』 서문을 통해 자신의 50년 집필생활을 끝맺는다고 공식적으로 선언하며, '글을 통한 혁명'의 여정에 마침표를 찍었다.

전집이 출간된 직후 그의 50년 집필생활 마감을 위로하는 자리가 마련됐다. 그는 이 자리를 마련한 출판사 쪽에 군사정권 아래서 자신을 핍박했던 이들을 초대해달라고 요청했다. 물론 그들은 그 초청에 응하지 않았다. 하지만 그는 이 자리에서 그들이 비판하고 고통을 주었기에 그들에게 조금이라도 흠을 잡히지 않게 끊임없이 자기비판과 자기성찰을 했고 그것이 자신의 학문에 깊이와 정확성을 갖게 만들었다며 그들에게 감사의 뜻을 전했다. 그리고 그는 더이상의 집필을 불가능하게 만든 뇌출혈도 그에게 과욕을 부리지 않고 겸손할 줄 알도록 가르쳐준 '하늘의 축복'으로 받아들이는 인간적인 여유를 보였다.[98]

이해부터 그에게 상복도 쏟아졌다. 평생에 걸쳐 지식인의 책무를 다하고자 노력해온 그의 삶에 대한 평가였다. 2006년 한국기자협회로부터 '기자의 혼 상'을 수상한 것을 시작으로, 2007년에는 한겨레가 제정한 '한겨레통일문화상'과 심산사상연구회의 '심산상'을, 그리고 2008년에는 전남대학교에서 제정한 '후광 김대중 학술상'을 받았다.

노무현 정부는 이라크 파병 등에 대한 그의 신랄한 비판에도 불구하고 여전히 그를 존중해, 2007년 남북철도 연결 시험운행 행사에도 초청했다. 어린 시절 북한의 끝자락인 삭주에서 경성까지 기차를 타고 왕래한 추억을 간직한 그에게 남북의 끊어진 허리를 잇는 첫 열차 시승은 남달리 감명스러운 일이었다. 그러나 언론들은 시승에 대한 그의 감상보다는 북쪽 대표로 시승한 권호웅(權浩雄) 내각 책임참사와 나눈 대화에 관심을 쏟았다. 그의 절필 선언을 언급하며 붓을 놓으면 안 된다는 권호웅에게 그는 "20~30년 길러낸 후배 제자들이 남측 사회를 쥐고 흔들고 있"[99]어 걱정할 것 없다고 답했다. 이는 1년 전 절필을 선언하며 그가 꿈꿨던 사회개혁과 국민의식의 발전이 절반 정도는 이뤄졌다고 자신했듯이, 노무현 정부의 끝자락인 2007년에도 한국사회의 변화 방향에 낙관하고 있었음을 드러낸 것이다. 하지만 수구세력들은 이 발언을 노무현 정부, 나아가 문재인 정부 인사들을 리영희 추종자이자 종북주의자로 비난하는 근거로 인용하곤 했다.

"이명박 정권은 파시즘 초기"

노무현 정부를 뒤이어 보수정권이 들어서면서 한국사회의 분위기는 그의 생각과 달리 급격히 악화됐다. 그동안 진전돼온 민주주의도, 남북 관계도 뒷걸음질을 거듭했다. 현실에 거리를 두고 있던 상황이었지만, 그는 이 사태에 대해 눈감고 있을 수가 없었다. 2009년 7월 그는 한 인터뷰에서 "지난 1년 반 동안 이명박 통치시대는 비인간적·물질주의적(이고), 인권이 존재하지 않는 파시즘 시대의 초기에 들어섰다"[100]고 경고하는 것을 시작으로 여러차례 이명박 정부의 비민주적 행태를 비판했다.

하지만 민주정부 10년의 업적을 지우려는 보수정권의 노력은 집요했다. 노무현 정권의 정책은 다 뒤집고, 노무현 정부에서 임명된 사람은 임기가 보장돼 있어도 다 몰아냈다. 사임을 거부하면 내쫓기 위해 수단 방법을 가리지 않았다. 한국방송 정연주 사장 해임이 그 본보기였다. 그를 해임하기 위해 검찰, 감사원, 국세청, 방송통신위원회, KBS 이사회 등이 총출동하는 모습을 지켜본 리영희는 또다시 떨리는 손으로 펜을 들어 정연주에게 "명예로운 죽음으로 역사에 기록되기를" 바란다며 격려편지를 보냈다.

정사장

전화들이 연결이 안 돼서 이리로 보내오.

상황의 진전을 주시하면서 정사장의 처지와 심정을 헤아리고 있소.

같은 전선에 섰던 전우와 동지들이 허약하게도 스스로 할 바를 다하지 않고, 백기를 들고 꼬리를 감고 물러나는 꼴들을 보면서 한탄밖에 없소.

정사장 한 사람이라도, 민주주의 제도의 책임 있는 '공인(公人)'이 자신의 권리와 직무와 직책을 정정당당하게 수행하는 자세를 끝까지 보여주면 좋겠소.

지금 나는 정사장의 모습에서 이순신 장군을 보고 있는 느낌이오.

반민주주의 집단의 폭력과 모략으로 꺾이는 일이 있더라도, 끝까지 명예롭게 소임을 다하시오.

그래서 민주주의에도 영웅이 있을 수 있다는 모범과 선례를 남기시오.

명예로운 죽음으로 역사에 기록되기를 바라오.[101]

정연주는 그의 기대를 저버리지 않고 명예로운 죽음을 선택했다.

분노가 병근

이렇게 자신을 비롯한 민주진영이 온몸을 바쳐 이룩해온 민주주의가 무너져가는 것을 보는 것은 그에게 크나큰 아픔이었다. 마음의 병은 육체의 아픔으로 이어졌다. 2010년 3월 그는 다시 쓰러졌다. 간경화가 상당히 진전됐다는 진단이 내려졌다. 한의학에서는 간은 분노라는 감정과 관련이 있다고 본다. 그의 말대로 평생 불의에 대한 분노를 참지 못

해왔던 탓이었을까?

　일찍이 그는 「30년 집필생활의 회상」에서 "이상하게도 석가모니가 '탐·진·치(貪嗔癡)'를 훈계한 말씀만이 마음 깊숙이 남아 있다. (…) 세 독의 어느 하나인들 내가 빠져 있지 않은 것이 없다. (…) 그런데 '진'만은 영락없이 나를 두고 하는 말 같았다. 어느 모로 따져보더라도 부처님의 손가락이 나의 가슴을 콕 찌르고 있는 것만 같았다. 이 독은 나의 몸과 심장과 오장육부에 스며 있다"[102]고 말한 바 있다. 그로부터 20년이 지난 뒤에도 그는 병문안을 온 지인들에게 분노(嗔)를 다스리지 못한 것이 자신의 병근(病根)이라며 여전히 분노를 극복하지 못했음을 고백했다. 불의에 대한 의분은 그의 삶을 이끌어온 힘인 동시에 그의 건강을 해치는 적이기도 했던 것이다.

입원과 퇴원을 반복하던 그는 결국 그해를 넘기지 못했다. 매섭게 찬 바람이 몰아치던 2010년 12월 5일 새벽 2시경, 막내아들 건석(建碩)이 근무하던 녹색병원에서 평생의 반려였던 아내와 가족들이 지켜보는 가운데 82세로 눈을 감았다. 언론의 보도가 나오기 전부터 그의 부음 소식은 사회관계망 서비스를 타고 전해졌다. 언론은 그를 '진실의 펜'으로 이성을 깨운 '사상의 은사'(경향신문), '전환시대의 지식인'(중앙일보), '실천 지성의 큰 별'(한겨레), '지성의 표상'(한국일보), '한국 현대 지성사의 큰 별'(서울신문), '실천하는 지성'(연합뉴스)으로 기렸다. 일반 시민들은 스스로 '시민추모의 밤'을 마련하고 '우리 시대의 스승'을 애도했다.

민주사회장으로 치러진 그의 장례식에는 그와 함께 민주화운동에 헌신했던 동지들은 물론이고, 그의 글을 통해 인식의 지평을 넓혀온 일반 시민들이 함께했다. 백낙청 장례위원장은 조사를 통해 "선생님의 시대는 의로운 인간과 불화할 수밖에 없는 시대였고, 시대와의 불화와 그에 따른 온갖 수난을 마다 않은 분이 당신이었"다고 기리고, 그러나 그 모질고 험난한 시대는 "동시에 당신이 외치신 진실에 열렬히 호응하는 수많은 독자들과 당신의 가르침을 온몸으로 실천하는 젊은이들이 잇따라 나오는 감격의 시대이기도 했"다며 그 시대의 "한가운데에 선생님이 계셨고, 선생님의 고난이 보람을 찾았"다고 평가했다.[103]

그의 동료와 그의 글로 깨우친 수많은 후학들의 애도 속에 그는 국립 5·18민주묘지에 안장되었다. 그를 아끼는 이들은 이제 그가 투쟁과 고통으로 점철됐던 이승의 삶을 여의고 영면하기를 축원했다.

아직 잠들 수 없는 리영희

2011년 1월 22일 봉은사에서 리영희의 49재가 열렸다. 이 자리에서 많은 이들은 그의 극락왕생을 기원했지만, 스님 명진은 그의 극락왕생을 바라지 않는다는 도발적인 추모사를 했다. 명진은 대신 "형형한 눈길로 바라보다가 혹 우리가 잘못된 길을 간다면 꿈속이라도 나타나서 꾸짖는 무서운 스승이 되어 인간이 인간답게 살아가는 세상을 만들어가는 사람들이 많아질 때까지 눈감지 마시기 바란다"고 덧붙였다. 명진의 이런 발언은 그가 눈을 감은 2010년이 오랫동안 쌓아올렸던 민주화의 성과가 하나둘씩 무너져가는 절박한 시기였기 때문일 것이다. 리영희가 이명박 시대의 퇴행 속에 파시즘의 부활 가능성을 보고 경고했음에도 역사의 역주행은 멈추지 않고 계속됐다. 이명박에 이어 집권한 박근혜의 목표는 민주적 체제를 점진적으로 폐지해 "수구세력의 영구집권체제를 복원"하는 것이었다. 이남주(李南周)식으로 말하면 "스멀스멀진행되는 일종의 저강도 쿠데타" 또는 '점진 쿠데타' 기도였다.[1]

하지만 박근혜의 '점진적 쿠데타'는 실패로 끝났다. 4·19혁명과 6월 항쟁을 통해 민주주의를 구출해냈던 시민들은 촛불혁명을 통해 '저강도 쿠데타'를 진압하고, 다시 한번 대한민국의 민주주의를 되살려냈다.

'점진적 쿠데타'가 진행되는 동안 많은 이들이 그의 부재를 아쉬워하고, 그의 말과 글에서 이명박·박근혜 시대의 역주행을 저지할 브레이크를 찾고자 그를 호명했다. 흔들리는 분단체제를 기어이 쓰러뜨려 평화통일의 길을 열고자 하는 이들 역시 그의 말과 글에서 새로운 영감을 얻고자 했다. 천안함 침몰의 진실이 제대로 석명(釋明)되지 않는 현실 속에서 그의 부재를 안타까워하는 목소리들도 들려왔다. 그라면 어떤 일이 있더라도 그 진실을 찾아내고야 말았으리란 믿음이 있었기 때문이다.

반면 분단체제 유지를 통해 그들의 기득권을 유지하고자 하는 세력 역시 그에 대한 매도를 멈추지 않았다. 극우파들은 물론이고 주류언론을 자처하는 조선일보에서도 리영희를 친북좌파의 원조로, 주사파의 배후로 매도하는 글을 찾는 것은 어렵지 않다. 무엇보다 그들을 견딜 수 없게 하는 것은 촛불혁명으로 문재인 정부가 들어선 후 권력의 중추에 리영희를 통해 의식화된 인사들이 다시 포진하게 된 현실이다. 그들은 노무현 대통령의 대외정책에 대한 인식이 탈식민·탈분단을 추구한 리영희의 실천적 국제정치이론에 뿌리를 두고 있었듯이, 문재인 정권도 현실 정치를 통해 리영희가 꿈꿨던 세상을 실현하고자 한다고 보기 때문이다.

문재인 정부가 평창동계올림픽 이후 남북대화와 북미대화를 적극적으로 추진하고 있을 때, 조선일보 주필 양상훈(楊相勳)은 문재인 정권에서 대북 협상을 이끌고 있는 "이들은 별 예외 없이 리영희의 제자들"이고 북한과 사랑에 빠져 "눈에 콩깍지가" 씌었다고 싸잡아 비판했다.

그리고 그 북한 사랑의 원조는 리영희라고 주장하면서, 성(姓)조차 북한식 `리`를 고집했다고 트집을 잡았다. 심지어 1992년 북한 핵문제가 본격 제기될 무렵, 이 문제를 야기한 북한과 미국 관계의 연원을 심층적으로 살핀「미국−북한 핵문제의 P.T.S.D적 특징」의 한 대목을 인용하며 그가 북한에 핵을 포기해선 안 된다고 충고했다는 억지주장을 펴기까지 했다.[2]

하지만 리영희가 그 글에서 주장한 것은 한국전쟁 이래 지속돼온 미국과 북한 간의 긴장관계는 두 나라가 서로 상대에게 입은 정서적 상흔을 해소하지 못함으로써 '외상후 스트레스장애' 환자처럼 비정상적인 상태에 있는 데서 비롯됐다는 것이었다. 따라서 이런 외상후 스트레스 장애를 치료하는 근본적인 노력 없이 북한이 핵개발을 포기하는 것만으로 미국의 대북정책이 바뀌긴 어렵다고 한 것이지 북한에 핵을 포기해선 안 된다고 조언(?)한 것은 결코 아니었다. 오히려 이 글에서 그는 "북한의 핵시설이 핵폭탄(무기용) 제조를 서두르는 것이라면 문제는 다르다. 그것은, 1970년대 남한의 박정희 대통령이 대북한용으로 핵무기 개발을 서둔 것처럼 거부되어야 할 일"[3]이라고 분명하게 반대 입장을 표명했다. 나아가 그 이듬해인 1993년에 작성된「한반도의 비핵화·군축 그리고 통일」이라는 글에서는 "북한의 핵무기 제조는 반드시 차단되어야 한다. 진정한 민족적 화해와 관계의 정상화를 위해서는 북한사회의 몇가지 왜곡된 제도와 현상도 점차 바로잡혀야 한다"[4]고 더욱 분명한 입장을 피력했다.

이렇듯 극우·보수세력이 사실을 왜곡하면서까지 진보진영을 비판하는 소재로 아직도 그를 들먹이는 까닭은 이나미(李娜美)의 지적처럼 리영희의 글이 '특종'적이며 '예언'적이었기 때문이다.[5] 일찍이 1980년대 초 일본의 교과서 문제가 불거졌을 때, 그는 전쟁할 수 있는 일본을 향한 자민당 정부의 장기적이고 원대한 목표를 규명함으로써 우리 사회에 경종을 울렸다. 그의 경종대로 아베 정권은 미국으로부터 집단안보권을 인정받음으로써 유사시 한반도에 자위대를 파견할 수 있는 합법적인 권한을 획득한 데 이어, 전쟁할 수 있는 일본의 마지막 관문인 헌법 개정을 위해 총력을 경주했다. 군사대국화로 가는 과정에서 늘 북한의 도발을 핑곗거리로 삼았던 일본은 2018년부터 남북관계가 개선되고 한반도의 긴장이 극적으로 완화될 기미가 보이자 일부러 혐한론을 자극하며 한국과의 갈등을 야기했을 뿐만 아니라 남북관계와 북미관계의 진전을 훼방놓기 위해 수단 방법을 가리지 않았다.

북한 핵문제 해결을 위해선 미국과 북한이 한국전쟁이란 외상 후 남겨진 심리적 장애를 극복하려는 노력을 함께 해나가야 한다는 그의 주장 역시 마찬가지로 예언적이다. 사회주의권의 몰락에 따른 고립감 속에서 자위를 위한 방편으로 시작됐던 북한의 핵개발은 제네바합의를 통해 해결의 길로 들어섰었다. 그러나 네오콘을 앞세운 조지 워커 부시 정권이 제네바합의를 파기하고 신냉전을 조성함에 따라 한반도의 핵위기는 오늘날까지 확대일로를 걸어왔다.

이런 악순환을 끊으려면 북한과 미국의 정상이 머리를 맞대는 것이 필요하다고 본 문재인 정권에서는 남북정상회담을 통해 두차례 북미정상회담을 주선하는 데까지 이르렀다. 하지만 리영희가 한반도 문제 해결의 변수가 아니라 상수라고 누누이 지적해온 미국이 진지한 태도로 임하지 않음으로써 지난 3년간의 노력이 물거품이 될 위기에 처해 있다. 그렇게 만든 중심인물은 도널드 트럼프(Donald Trump) 대통령과 그의 전 국가안보 보좌관 존 볼턴(John Bolton)이다. 최근 볼턴이 내놓은 회고록에 따르면 북미정상회담에 임한 트럼프의 주된 관심은 핵문제 해결이 아니라 세기적인 정상회담이란 홍보 효과였다. 그의 국가안보 보좌관인 볼턴의 목표는 수단 방법을 가리지 않고 북미회담을 결렬시키는 것이었다. 네오콘의 핵심인물인 볼턴은 부시 정권에서 제네바합의를 휴지조각으로 만들고, 호전적이고 위협적인 수사를 동원해 위협함으로써 북한으로 하여금 핵개발에 매진하게 만든 인물이었다. 때문에 북한의 핵 협상가들은 볼턴을 "북한 핵개발 프로그램의 아버지"[6]라고 부르기까지 했다. 볼턴의 폭로는 북한과 미국 사이의 오래된 불신, 리영희가 외상 후 스트레스장애라고 부른 것을 해소하지 않고는 핵문제의 해결은 여전히 어렵다는 것을 자복하고 있는 셈이다.

미국과 북한의 대립이 지속되는 냉전체제를 자신들의 기득권의 바탕으로 삼는 이 땅의 수구세력들은 문재인 정권의 3년간의 노력이 물거품이 될 상황이 전개되자, 기다렸다는 듯이 모든 책임을 문재인 정부에 돌리며 비난의 화살을 쏘아대고 있다. 그러나 한반도 주민 전체의 안전이 걸린 핵문제와 통일문제를 진지하게 고민한다면, 문제의 본질에 천착할 필요가 있다. 북한의 핵문제 해결에 볼턴식의 군사적 옵션은 가능하지도 않고, 가능해서도 안 된다. 1994년 제네바합의 이전 미국이 영변 핵시설에 대한 외과적 공격을 검토하다 수백만명이 희생될 수밖에 없다는 사실을 확인하고 포기했다. 지금은 그때와 상황이 엄청나게 달라졌다. 북한이 당시에는 가지고 있지 않던 핵탄두는 물론이고 그 운반장치인 미사일까지 보유하고 있는 상황이다. 결국 미국과 북한 그리고 남과 북 사이의 신뢰를 구축해, 북한이 핵에 의존하지 않고도 체제 불안을 느끼지 않고 정상국가로 변화해갈 수 있도록 이끌지 않는다면 한반도 주민은 핵의 공포를 머리에 이고 살아야 한다.

양차 세계대전에 이어 동서 양 진영이 이념대결로 치달은 '극단의 시대'인 20세기가 가고, 새로운 천년의 시작인 21세기가 도래했지만 리영희가 그토록 싸워온 냉전체제는 이 땅에서 아직도 명맥을 유지하고 있다. 그리고 세계로 눈을 돌려보면, 자본주의의 대안이 사라진 후 극단적인 이기주의와 경쟁지상주의가 세상의 중심가치가 되어 개개인의 삶을 피폐하게 만들고 있다. 세계 도처에서 이로 인한 분노를 자양분으로 삼은 포퓰리즘이 극성을 부리면서 민주주의도 후퇴하고 있다. 그가 일생을 통해 추구해온 자유롭고 평화로운 인간적 사회는 아직도 요원한 꿈으로 남아 있다. 그리고 바로 그런 현실이 그 요원한 꿈을 실현하기 위해 시대의 한계에 정면으로 맞서며 분투했던 그의 삶과 그런 삶에서 빚어진 그의 글에 현재적 의미를 부여하고 있다. 그가 소망했듯이 그의 책이 더이상 읽히지 않고 그마저 잊히는 세상을 만들기 위해서라도 지금 우리는 다시 리영희를 기억해야 한다. 이 책을 내는 연유이다.

주

프롤로그

1 리영희는『전환시대의 논리』서문(초판 및 개정판)에서 이 신학자의 이름을 '오리안더'라고 표기했지만, '오지안더'가 맞다.

2 리영희『전환시대의 논리』, 창비 2006(개정판), 7면.

3 같은 책 14면.

4 고병권「사유란 감옥에서 상고이유서를 쓰는 것: 리영희의 루쉰 읽기」, 고병권 외『리영희를 함께 읽다』, 창비 2017, 23면.

제1장 수업시대

1 임재경 인터뷰, 2019년 4월 22일, 서울 세종로공원. 이하 필자가 직접 진행한 인터뷰의 경우 날짜와 장소만 밝힘.

2 리영희『역정: 나의 청년시대』, 창비 2012(개정판), 58면. 이하『역정』으로 표기.

3 리영희『대화: 한 지식인의 삶과 사상』, 대담 임헌영, 한길사 2012, 25~26면. 이하『대화』로 표기.

4 윤영자(리영희 부인) 인터뷰, 2019년 11월 23일, 경기 군포시 산본 한양아파트 자택.

5 『대화』 30~31면.

6 같은 책 28면.

7 『역정』 41~42면.

8 같은 책 32~33면.

9 『대화』 41면.

10 『역정』 50면.

11 『대화』 57면.

12 『역정』 102면.

13 같은 책 109면.

14 『대화』 64면.

15 『역정』 126~27면.

16 같은 책 135면.

17 『대화』 79~80면.

18 정병준 「해방과 분단의 현대사 다시 읽기」, 박태균 외 『쟁점 한국사: 현대편』, 창비 2017, 56면.

19 『역정』 147면.

20 같은 책 155~56면.

21 같은 책 161면.

22 1948년 2월 유엔이 남한만의 단독정부 구성을 위한 총선거를 결정하자 삼일절을 기해 이에 반대하는 시위가 제주도에서 벌어졌다. 이때 경찰의 발포로 6명이 숨지는 일이 발생하자 이에 대한 항의로 3월 10일 총파업이 일어났다. 미군정은 육지 경찰과 서북청년단을 보내 이를 무참히 진압했고, 이에 맞서 제주도 남로당 지도부가 4월 3일부터 무력항쟁에 돌입했다. 이 과정에서 수십명이 살해되고 제주도에서는 선거도 치르지 못했다. 5월 선거에서 권력을 장악한 이승만

정부는 군을 파견해 제주도민들의 투쟁을 진압하고자 했다. 2003년 제주 4·3사건 진상규명 및 희생자 명예회복위원회의 진상보고서에 따르면 2만 5천명 내지 3만명에 이르는 희생자의 대부분은 이승만 정부가 들어선 이후인 1948년 11월에서 이듬해 2월 사이에 발생했다. 여순반란 사건은 1948년 10월 19일 제주도 주민을 진압하러 출동하라는 명령을 받은 여수 주둔 14연대 소속 지창수 상사 등이 이를 거부하며 반란을 일으킨 데서 시작됐다.

23 해방 후 임용된 경찰 중 경사급 이상 직책에서 친일 경력자의 비율은 80퍼센트가 넘었다. 서중석 『사진과 그림으로 보는 한국 현대사』, 웅진지식하우스 2013, 45면.

24 리영희 「그리운 김구 선생」, 『自由人, 자유인』(리영희저작집 7), 한길사 2006, 38면.

제2장 연마시대

1 리영희 『역정』, 창비 2012(개정판), 206면.

2 같은 책 219~20면.

3 같은 책 223면.

4 같은 책 227~28면.

5 동아일보사 엮음 『비화 제1공화국』 2권, 홍자출판사 1975, 322면.

6 「위령비를 다시 세워다오! 아직도 복권 안된 거창사건 희생자들」(『마당』 1982년 6월호), 『역정』 256면에서 재인용.

7 『역정』 258면.

8 같은 책 263~64면.

9 같은 책 296면.

10 리영희 「못다 이룬 귀향」, 『반세기의 신화』, 삼인 1999, 19면. 리영희는 1988년 발간된 『역정』에서는 이 이야기를 뺐다. 자신이 이북에 가족이 있다는 사실이 드러날 경우 불이익을 받을까봐 그동안 밝히지 않아왔다고 고백하고 이 내용을

실은 것은 김대중 정부가 들어선 이후인 1999년이었다.

11 『역정』303~304면.

12 윤영자는 2019년 4월 14일 인터뷰(경기도 군포시 자택)와 그 이후의 만남에서
   도 이 대목이 특히 그의 마음을 끈 인상적인 기억으로 강조했다.

13 『역정』323면.

14 Yeung-Hi Lee, "Woman runs the home in Korea but not her spouse," *Paterson
   Evening News* 1959.12.19, 4면(가족 소장본).

15 『역정』327면.

16 김동춘 「리영희와 전쟁」, 고병권 외 『리영희 프리즘』, 사계절 2010, 61면.

17 리영희 『대화』, 한길사 2005, 170면.

제3장 실천시대 I

1 리영희 『대화』, 한길사 2005, 193면.

2 리영희 『역정』, 창비 2012(개정판), 363~65면.

3 Yeung-hi Lee, "Korean newsman returning home with new appreciation of US
   friendship," *Paterson Evening News* 1960.1.4(가족 소장본).

4 Yeung-hi Lee, "Korean newsman wonders if Americans have the real spirit of
   Christmas," *Paterson Evening News* 1959.12.24(가족 소장본).

5 『역정』402면.

6 같은 책 389면.

7 리영희 「이상주의적 삶의 표본 '김산'」, 『새는 '좌·우'의 날개로 난다』(리영희저
   작집 8), 한길사 2006, 497면.

8 장숙경 「4월혁명 주권재민의 첫 승리」, 민주화운동기념사업회·한국민주주의연
   구소 엮음 『한국 민주주의, 100년의 혁명』, 한울 2019, 189면.

9 『역정』410~13면.

10 같은 책 430~31면.

11 같은 책 433면.

12 같은 책 437면.

13 와다 하루키 「와다 하루키 회고록: 4·19 자극받은 대행진 그러나…」, 한겨레 2006.7.20.

14 Yeung-Hi Lee, "Changes foreseen in Korean policy," *The Washington Post* 1960.10.23, E4면.

15 셀리그 해리슨은 리영희처럼 언론인 출신의 학자로서 명성을 떨쳤다. 1972년 해리슨 솔즈베리(Harrison E. Salisbury)와 함께 김일성 주석을 인터뷰하기 위해 북한을 방문했는데, 이로써 한국전쟁 이후 북한을 방문한 최초의 미국인이 되었다. 이후 2009년까지 여러차례 북한을 방문하면서 미국과 북한의 관계 개선을 촉구해왔다. 2003년 남북한 통일방안을 제시한 *Korean Endgame*을 출간했으며, 2016년 12월 89세를 일기로 세상을 떠났다.

16 1961년 4월 10일자 편지(가족 소장).

17 Yeung Hi Lee, "The Tragedy of Territorial Division," *The New Republic* 1961.3.6, 8~9면(가족 소장본).

18 리영희가 보관하고 있던 위스콘신대학교 대학원에서 역사 공부를 한다는 던(J. H. Dunn)이 보낸 편지에는 중립화통일을 미국정부가 받아들이기 어려울 것이라며, 그를 실현할 수 있는 구체적 방안 등을 묻는 내용이 있었다. 이 편지글의 봉투에 "진지한 요청에 회답 못해준 것 너무나 미안!"이라고 써놓은 것으로 보아 회신을 보내지 못한 것 같다(가족 소장본).

19 「미 원조 단 한푼도 낭비 않을 터, 박의장 미 전국기자구락부서 연설」, 경향신문 1961.11.17.

20 『역정』 494면.

21 같은 책 495면.

22 같은 책 498면.

23 같은 책 500면.

24 같은 책 498면.

25 염무웅 인터뷰, 2020년 1월 7일, 서울 서교동 창비서교빌딩.

26 『역정』 540~41면.

27 조갑제 「내 무덤에 침을 뱉어라」, 조선일보 1999.3.30.

28 『역정』 505면.

29 같은 책 509면.

30 당시 통신사의 보도는 텔레타이프나 인쇄본으로 각 언론사나 통신을 구독하는 기관에 전달되었다. 따라서 통신에 보도된 기사의 내용이 신문이나 방송에 전재되기까지는 기사를 고치거나 뺄 수 있는 시간이 있었다.

31 리영희 「25년 전 마음의 부채 갚고 싶었소」, 한겨레신문 1989.1.1.

32 김종필은 조선일보와의 인터뷰에서 한일 국교정상화에 나선 배경에 대해 "제1차 경제개발 시드머니를 마련하고, 일본열도를 거쳐 태평양과 대서양으로 나아가기 위한 전략적 판단에서였다"고 밝혔다. 「'대일(對日)청구권 담판' 비화(秘話) 털어놓은 김종필」, 조선일보 2010.8.28.

33 『대화』 319~20면.

34 같은 책 324면.

35 장세진 『숨겨진 미래』, 푸른역사 2018, 195면 참조.

36 1955년 서독의 외무장관 할슈타인(Walter Hallstein)이 천명한 서독 대외정책의 기본원칙. 서독이 전 독일을 대표하는 유일한 나라이므로 동독과 외교관계를 맺고 있는 나라와 서독은 외교관계를 맺지 않는다는 것이다.

37 이동원 『대통령을 그리며』, 고려원 1992, 280~82면.

38 한국기자협회 『기자협회 10년사』, 한국기자협회 1975, 278면.

39 이 사건의 1심은 나중에 대법원장을 역임하고 한나라당 대선후보까지 됐던 이회창(李會昌)이 맡아 징역 6월에 집행유예 1년을 선고했고, 2심에서 선고유예로 마무리됐다. 최영묵 「『전환시대의 논리』부터 『대화』까지」, 고병권 외 지음 『리영희를 함께 읽다』, 창비 2017, 340면.

40 『대화』 325면.

41 '민성(民聲)' 사건은 1964년 5월 출범한 정일권 내각에 민의를 전하기 위해 경향신문이 마련한 「정내각에 바라는 2백자 민성(民聲)」이란 기획기사로 인해 발생했다. 추영현 기자는 이형춘이란 노동자를 인터뷰했다. 이형춘은 이 인터뷰에서 "지금까지처럼 구호에만 그치는 구호대책밖에 없다면 북한에서 주겠다는 백미 2백만석이나 받아 배급해달라"고 말했고, 추기자는 이를 그대로 기사화했다. 당시 삼남지방의 극심한 가뭄으로 인해 굶어죽는 사람이 속출할 정도로 서민들의 생활이 견디기 힘든 상황이었고 북한에서는 쌀 2백만섬을 주겠다고 제안했었다. 당국은 이 기사의 내용이 북한 방송에서 선전한 내용과 일치한다며, 추기자는 물론 편집국장(민재정)과 특집부장(신동문) 그리고 교열기자까지 모두 7명을 구속했다. 이후 편집국장 등은 무혐의 처분하고 교열기자는 기소유예를 내렸지만, 추기자에게는 징역 1년, 자격정지 1년을 선고했다가 12월 24일 집행유예로 풀어줬다.

42 김정남 인터뷰, 2020년 1월 6일, 서울 인사동 선천집.

43 신홍범 인터뷰, 2019년 3월 6일, 서울 마포 이디야커피. 이하 135~36면의 신홍범의 말은 이 인터뷰 때의 발언이다.

44 남재희 인터뷰, 2020년 1월 23일, 프레스센터 내셔널 프레스클럽. 138~39면의 남재희의 말은 이 인터뷰 때의 발언이다.

45 임재경 「리영희 석방서명 거부한 '기자들'」, 한겨레 2008.6.18.

46 김효순 「리영희와 저널리즘」, 고병권 외 『리영희를 함께 읽다』, 337면.

47 리영희 「베트남 인민에게 먼저 사죄를 하자」, 『반세기의 신화』, 삼인 1999, 331~46면. 1997년 10월 20일 '베트남을 생각하는 젊은 문인들의 모임'이 주최한 '제2회 베트남 연대의 밤' 행사에서 한 강연 내용을 정리한 이 글에서 리영희는 케네디가 박정희에게 파병을 요구한 것으로 기억하고 있다. 하지만 미 국무부의 박-케네디 대화 메모에 따르면, 박정희가 먼저 한국은 "(미국의) 요청이 있을 경우, 한국군을 베트남에 파병할 태세가 되어 있다"고 제안했고, 케네디는 "남

한의 지원이 필요할 정도로 베트남 상황이 악화되지 않기를 바란다"며, 앞으로 상황 전개를 알려주겠다고 답했다. Department of State, "Memo for Conversation, Park and Kennedy," Nov. 14 & 15, 1961 Box 128, John F. Kennedy Presidential Library, Min Yong Lee, "Vietnam War, South Korea's Search for National Security," *Park Chung Hee Era, The Transformation of South Korea*, ed. by Kim Byung-Kook & Ezra F. Vogel, Harvard University Press 409면에서 재인용.

48 『대화』 357면.

49 김영희 인터뷰, 2019년 6월 27일, 서울 광화문 어부가.

50 채명신 「월남파병을 회상하며」(http://www.vietnamwar.co.kr/hall0-20(cms).htm).

51 신홍범 「언론인으로서의 리영희 선생: 베트남전쟁 보도를 중심으로」, 리영희재단 홈페이지.

52 김학준 「리영희의 반대편에 그가 있었다… '뚝심 기자' 이도형의 추억」, 『주간조선』 2020.4.23(http://weekly.chosun.com/client/news/viw.asp?nNewsNumb=002604100019&ctcd=C09).

53 신홍범 「분단과 냉전 이데올로기 시대의 '잠수함의 토끼'」, 리영희 『동굴 속의 독백』, 나남 1999, 525면.

54 백승욱 「'해석의 싸움'의 공간으로서 리영희의 베트남전쟁」, 『역사문제연구』 제18권 제2호(2014), 87~88면.

54 민두기 「곤학(困學)의 여로」, 『중국초기혁명운동의 연구』, 서울대학교출판부 1997, 407~408면.

56 문화대혁명 시기에 언론을 장악한 권력에 맞선 홍위병을 비롯한 시민들이 당시의 정세에 대한 자신들의 의견을 적은 글들을 벽에 내걸었다. 벽보의 일종인 대자보는 초기 공식 언론매체에 대한 대항언론으로서 민주적 의견의 발현장으로 기능했다.

57 정문상 「문화대혁명을 보는 한국사회의 한 시선: 리영희 사례」, 『역사비평』 2006년 11월호 222면.

58 장세진 『숨겨진 미래』 196면.

59 Joan Robinson, "Korean Miracle," *Monthly Review* vol.16, no.9, 1965, 54~58면.

60 이경분 「윤이상의 음악과 평화사상」, 서보혁·이진수 엮음 『한국인의 평화사상 2』, 인간사랑 2018, 256면.

61 『대화』 366면.

62 같은 책 370~71면.

63 사건 발생 후 11개월이 지난 1968년 12월 23일 미국은 선원들을 구출하기 위해 푸에블로호가 스파이 행위를 했음을 인정하고 재발 방지를 약속하는 사과문 서에 서명했다. 그리고 사건 당시 사망한 미군 1명의 주검과 생존자 82명이 남 북 군사분계선을 넘어 남한 땅으로 넘어온 직후 위 사과문서 내용을 전면 부인 하는 편법을 취했다. "North Korea releases crew of USS Pueblo, Dec. 23, 1968," *Politico* 2017. 12. 23(https://www.politico.com/story/2017/12/23/this-day-in-politics-dec-23-1968-303253, 2020년 5월 30일 검색).

64 『대화』 372면.

65 같은 곳.

66 리베카 솔닛 『이것은 이름들의 전쟁이다』, 김명남 옮김, 창비 2018, 8면.

67 윤영자 인터뷰, 2019년 11월 23일, 경기도 군포 자택.

68 『대화』 360면.

69 강준만 『리영희: 한국 현대사의 길잡이』, 개마고원 2004, 83면.

70 김해식 『한국 언론의 사회학』, 나남 1994, 119~20면.

71 안영춘 「방용훈 동서 김영수 "방씨 집안 사람들, 용산서를 자기네 마당으로 생 각했다"」, 한겨레 2019.5.22.

72 『대화』 409면.

73 리영희 「30년 집필생활의 회상」, 『自由人, 자유인』(리영희저작집 7), 한길사 2006, 358면.

74 Jean-Paul Sartre, "La République du silence," http://classes.bnf.fr/laicite/anthologie/

46.htm, 2020년 5월 27일 검색. 이 부분은 「30년 집필생활의 회상」에 나오는 리영희의 번역문(358~59면)을 그대로 싣지 않고 원문을 확인해 필자가 직접 번역해 실었다. 앞부분은 크게 다르지 않지만, 리영희가 "저항만이 진정한 민주주의였다. 시민 한 사람 한 사람이 모두 다른 사람에게 의무가 있다는 것, 그러면서도 자기 자신밖에 기댈 것이 없다는 것을 알고 있었다"라고 한 대목에서 '저항'을 '레지스땅스'로 바꾸었다. 원문이 'resistance'가 아니라 'Resistance'였고 이는 문맥상 단순한 저항이 아니라 나치 독일에 맞선 프랑스의 저항운동을 지칭하는 레지스땅스로 해석하는 게 더 적절해 보이기 때문이다.

75 리영희 「30년 집필생활의 회상」 359면.

76 리영희 『우상과 이성』(리영희저작집 2) 머리말, 한길사 2006, 19면.

77 리영희 『自由人, 자유인』 머리말 18면.

78 리영희 「노신과 나」, 『동굴 속의 독백』 99~100면.

79 『대화』 383면.

80 염무웅 인터뷰, 2020년 1월 7일, 서울 서교동 창비서교빌딩.

81 이건일 인터뷰, 2019년 6월 10일, 서울 연희동 이건일 자택.

82 김정남 인터뷰, 2020년 1월 6일, 서울 인사동 선천집.

83 리영희 「『창작과비평』과 나」, 『창작과비평』 1991년 봄호 22면.

84 『대화』 396면.

85 이호철 『산 울리는 소리』, 정우사 1994, 226면.

86 최진호 『상상된 루쉰과 현대중국』, 소명출판 2019, 180면.

87 『대화』 202면.

88 1968년 3월 프랑스 빠리에서 베트남전 반대를 외치며 아메리칸 익스프레스 사무실을 습격한 8명의 학생이 체포되자 그해 5월 그들의 석방을 요구하는 학생들의 대규모 시위가 발생했다. 여기에 노동자들이 가세하며 시위가 전국적으로 확산됐다. 이들은 베트남전 반대뿐만 아니라 남녀평등, 성의 해방 등 기존의 모든 권위를 부정하는 급진적인 사회변화를 요구했다. 68혁명의 물결은 프랑스뿐

만 아니라 미국·일본·독일 등 세계 곳곳으로 번져나갔고, 동유럽에서는 소련의 지배에 저항하는 '프라하의 봄' 같은 민주화운동으로 나타났다.

89 『대화』 419면.

90 같은 책 422면.

91 리영희 「강요된 권위와 언론자유」, 『전환시대의 논리』, 창비 2006(개정판), 21면.

92 장현철 「진실에 충성: 용기 있는 표현이 기자정신」, 『미디어오늘』 1999.2.10.

93 리영희 「미래와의 대결」, 『전환시대의 논리』 469~70면.

94 최영묵 『비판과 정명: 리영희의 언론사상』, 한울 2015, 359면.

95 리영희 「기자 풍토 종횡기」, 『전환시대의 논리』 485면.

96 리영희 「강요된 권위와 언론자유」, 같은 책 20면.

97 『대화』 321면.

98 리영희 「끝내 변할 줄 모르는 언론인들의 기회주의」, 『새는 '좌·우'의 날개로 난다』 427~28면.

99 민경욱(閔庚旭) 전 미래통합당 국회의원은 공영방송인 한국방송의 메인 뉴스 앵커를 하다 박근혜 정부의 대변인으로 자리를 옮겼다. 이런 경향은 전 언론계로 확산돼 국민주 신문으로 정치권력과 경제권력으로부터의 독립을 내세운 한겨레도 예외가 아닌 상황이 됐다.

100 김영희 인터뷰, 2019년 6월 27일, 서울 광화문 어부가.

제4장 실천시대 II

1 리영희 『대화』, 한길사 2005, 435~36면.

2 박정희 정권은 굴욕적 한일회담에 대한 학생들의 반대투쟁이 거세지자 1964년 8월 '인혁당 사건'을 발표하여 학생시위의 배후에 '북괴'의 지령을 받고 국가변란을 기도한 대규모 지하조직 '인혁당'이 있다고 발표했다. 정권의 필요에 따른 무리한 사건 조작으로, 기소를 거부한 검사가 사표를 던지는 등 파문이 있었으

나 대법원은 기소된 26명 가운데 11명에게 실형을 선고했다. 박정희 정권은 유신체제에 대한 국민적 저항이 거세지자 1974년 4월 3일 민청학련 사건의 배후에 인혁당 재건위가 있다며 또다시 조작 사건을 만들어냈다. 비상보통군법회의는 1974년 7월 서도원(徐道源)·도예종(都禮鍾)·송상진(宋相振)·우홍선(禹洪善)·하재완(河在完)·이수병(李銖秉)·김용원(金鏞元)·여정남(呂正男) 등 8인에 대해 사형을 선고했다. 대법원이 1975년 4월 8일 사형판결을 확정하자 다음 날 바로 형을 집행했다. 2002년 9월 의문사진상규명위원회가 '인혁당 사건'은 중앙정보부의 조작 사건이라고 발표하였고, '국가정보원 과거사건 진실규명을 통한 발전위원회'도 이를 재확인했다.

3 리영희 「30년 집필생활의 회상」, 『自由人, 자유인』(리영희저작집 7), 한길사 2006, 357면.

4 권영빈 「리영희 인터뷰: 『전환시대의 논리』의 저자 리영희 교수」(중앙일보 1993. 2.20), 리영희 『새는 '좌·우'의 날개로 난다』(리영희저작집 8) 한길사 2006, 586면.

5 백낙청 인터뷰, 2020년 2월 7일, 서울 서교동 창비서교빌딩.

6 이호철 『산 울리는 소리』, 정우사 1994, 233면.

7 『대화』 461면.

8 박자영 「동아시아에서 사회주의 인민의 표상 정치: 1970년대 한국에서의 중국 인민 논의, 리영희의 경우」, 『중국어문학논집』 제47호(2007), 340~41면.

9 문재인 『문재인의 운명』, 가교 2011, 131면.

10 서광덕 『루쉰과 동아시아 근대』, 산지니 2019, 151면.

11 리영희 「상고이유서」, 『역설의 변증』(리영희저작집 5), 한길사 2006, 457면.

12 박자영 「동아시아에서 사회주의 인민의 표상 정치」 347면.

13 리영희 편역 『8억인과의 대화』 머리말, 창작과비평사 1977, 4면.

14 같은 책 5면.

15 백승욱 「리영희 사유의 돌파구로서 중국 문화대혁명」, 고병권 외 『리영희를 함께 읽다』, 창비 2017, 205면.

16 『대화』 438면.

17 정문상 「리영희와 냉전기 중국혁명운동사의 탄생」, 박경석 엮음 『연동하는 동아시아를 보는 눈』 창비 2018년, 381면.

18 리영희·백영서 「대담: 비판적 중국학의 뿌리를 찾아서」, 『중국의 창』 2003년 창간호 139면.

19 리영희 「베트남전쟁 III」, 『베트남전쟁』, 두레 1994, 87면.

20 Kevin Boylan, "Why Vietnam Was Unwinnable," *The New York Times* 2017.8.12.

21 리영희 「베트남전쟁 II」, 『전환시대의 논리』, 창비 2006(개정판), 424면.

22 박대통령은 이날 기자회견을 통해 국가안보와 시국에 관한 특별담화를 발표하면서 월남처럼 패망하지 않으려면 일치단결해야 한다고 강조했다. 그는 특히 이 담화를 통해 김일성이 중국을 방문해 남조선혁명을 위해 전쟁도 불사할 것이라고 호언장담했다며, 이를 저지하기 위해 총력안보 태세를 구축하자고 호소했다. 「박정희 대통령 월남패망 관련 특별담화」 1975.4.29, https://www.youtube.com/watch?v=j5xqsL8plJM.

23 민주화 이후 2002년 의문사진상규명위원회에서 장준하의 사망 경위를 조사했으나, 이미 사건기록이 폐기되고 관련자들이 사망해 추가 증거를 수집하지 못해, 2004년 그의 사망이 공권력에 의한 타살인지 확인할 수 없다고 결론 내렸다. 그러나 2012년 8월 묘지를 이장하는 과정에서 두개골 함몰 흔적이 발견되어 다시 재조사가 이뤄졌고, 당시 유골을 감식한 법의학자 이정빈 교수가 타살로 확인했지만, 다른 법의학자들의 불참으로 인해 논란을 종식시키는 데까지는 이르지 못했다. 「고 장준하 선생, 머리에 둔기 맞아 숨진 뒤 추락했다」, 동아일보 2013.3.27.

24 『대화』 311~12면.

25 유홍준 「선생님의 주례사」, 리영희 『동굴 속의 독백』, 나남 1999, 536면.

26 염무웅 인터뷰, 2020년 1월 7일, 서울 서교동 창비서교빌딩.

27 황춘화·이정연 「"떠드린 목도리 몇년 더 하시지" 눈물」, 한겨레 2010.12.7.

28 이호철『산 울리는 소리』223면.

29 염무웅 인터뷰, 앞의 날짜와 같음.

30 정용준「386세대의 리영희 감상문」,『리영희 선생 10주기 세미나: 진실 상실시
대의 진실 찾기 자료집』, 2020, 17~18면.

31 전표열「리영희 선생님 인터뷰」,『무위당을 기리는 사람들』제2호(2001.11.1) 7면.

32 같은 글 7면.

33 조성환『한국 근대의 탄생』, 모시는사람들 2018, 75~78면.

34 김영주 전화 인터뷰, 2019년 5월 14일.

35 이미정 인터뷰, 2018년 12월 12일, 서울 연희동 하노이의아침.

36 김정남『진실, 광장에 서다』, 창비 2005, 272~74면.

37「"그 뒷모습에서 리영희의 자존심을 느꼈다"」, 오마이뉴스 2011.12.1. 유홍준은
이 일화의 시점을 1980년으로 전했지만, 1차 해직 때인 1976년이 맞다. 1980년
해직 때는 중앙정보부 지하감옥에서 한양대 교수직 사표를 쓰고 석방됐기에,
따로 김연준이 사표를 받기 위해 그와 대좌할 이유가 없었다.

38 리영희 1심 공판기록「사상재판」,『역설의 변증』(리영희저작집 5), 한길사 2006,
449면.

39 하종대「발굴취재: 박종철 고문경관 12년 만의 회한 토로 "두번 자살 시도했죠
이름도 바꿨습니다"」,『신동아』2000년 1월호.

40『대화』486~88면. 리영희는 1984년 기독교사회문제연구원 사건으로 다시 치안
본부에서 조사를 받을 때 박처원으로부터 직접 이 이야기를 들었다고 한다.

41『대화』476면.

42 알랭 뻬르피뜨「피의 대가(代價)」, 리영희 편역『8억인과의 대화』, 창작과비평사
1977, 32면; 존 케네스 갈브레이스「내가 본 중국경제」, 같은 책 134면.

43 리영희「D검사와 이교수의 하루」,『역설의 변증』397, 399면.

44 김언호「나는 진실을 밝히기 위해 글을 쓴다 #2」, 한길사 블로그 2017.11.28.

45 김정남 인터뷰, 2020년 1월 6일, 서울 인사동 선천집.

46 박정희·전두환 군사독재 시절인 1972년부터 1988년까지 『세까이(世界)』에는 한국의 민주화운동 상황을 전하는 「한국으로부터의 통신」이란 글이 'T. K. 생(生)'이란 필명의 작가에 의해 정기적으로 게재됐다. 군사정권이 혈안이 되어 T. K. 생을 찾고자 했지만, 민주화진영 내부에서도 그가 누구인지 아는 사람은 손에 꼽을 정도였다. 그의 실체는 2003년 일본에서 『세까이』 편집장과 T. K. 생이 친북인사라는 허위사실이 유포되자 『사상계』 편집장을 지내고 후에 한국방송 이사장을 역임한 지명관(池明觀)이 자신이 T. K. 생이었음을 밝힘으로써 세상에 드러났다. 리영희는 당시 자신의 공판 내용을 전한 「한국으로부터의 통신」 내용을 『역설의 변증』에 실으면서 자신의 기억과 완전히 일치한다고 밝혔다. T. K. 생의 「한국으로부터의 통신」이 그토록 정확하게 민주화운동의 내용을 파악해 일본사회에 전달할 수 있었던 데는 김정남을 위시한 국내외 민주화운동가들의 위험을 무릅쓴 헌신적인 지원이 있었다. 흥미로운 점은 군사정권과 가까웠던 선우휘가 일찍부터 지명관이 T. K. 생임을 알고 있었음에도 끝까지 함구했다는 사실이다.

47 리영희 「『창작과비평』과 나」, 『창작과비평』 1991년 봄호 24면.

48 리영희 1심 공판기록 「사상재판」, 『역설의 변증』 434면.

49 같은 글 436면.

50 같은 글 450면.

51 한승헌 『재판으로 본 한국현대사』, 창비 2016, 260면.

52 Steven Strasser & Dane Camper, "South Korea: Bad Review," *Newsweek* 1978.7.31.

53 민주화운동기념회 아카이브에 보관된 친필 「상고이유서」 원문은 모두 112장이다.

54 『대화』 491면.

55 박우정 「다시 읽는 리영희의 상고이유서」, 한겨레신문 1993.1.29.

56 백낙청 「촛불항쟁의 역사적 의미와 남겨진 과제」, 2018년 5월 24일 촛불항쟁 기념 국제토론회 기조 발제.

57 리영희 1심 공판기록 「사상재판」 472, 474면.

58 같은 글 483면.

59 같은 글 507면.

60 고병권 「사유란 감옥에서 상고이유서를 쓰는 것: 리영희의 루쉰 읽기」, 고병권 외 『리영희를 함께 읽다』 51면.

61 리영희와 백낙청의 상고에 대해 대법원 1부는 1979년 1월 16일 "어떤 문장에 있어서 반국가단체의 활동을 찬양·고무·동조하는 내용의 구절 또는 글귀가 있다면 비록 그 문장의 결론 부분이 상이하고 반국가단체의 실제를 그대로 표현한 것이라 하더라도 위와 같은 표현 구절 또는 글귀를 독자가 이를 읽고 그 부분에 대하여 감명을 가질지도 모른다는 인식하에 사용한 행위는 반공법 소정의 위의 구성 요건에 해당한다"며 상고기각 결정을 내렸다. 창비 50년사 편찬위원회 엮음 『한결같되 날로 새롭게: 창비 50년사』, 창비 2016, 682면.

62 리영희 「서대문형무소의 기억」, 『우상과 이성』(리영희저작집 2), 한길사 2006, 63면.

63 같은 글 61면.

64 리영희 「내가 아직 종교를 가지지 않는 이유 1」, 『스핑크스의 코』, 까치 1998, 16면.

65 1970년대 후반 인천의 동일방직 여성노동자들이 노동조합을 결성하려 하자 이를 저지하기 위해 정부와 노총 그리고 회사가 결속하여 비인도적인 탄압을 가한 사건. 1978년 회사 쪽은 구사대를 동원해 여성 노조원들에게 똥물을 뒤집어씌우는 등 참혹한 탄압을 했다. 이 사실을 알린 김병곤을 정권은 향린교회 대학생회 회지 『만남』에 미군철수의 필요성 등에 관해 쓴 글을 문제 삼아 1978년 4월 구속했다. 현무환 편저 『김병곤 약전』, 푸른나무 2010, 85~86면.

66 김병곤기념사업 준비위원회 엮음 『영광입니다: 고 김병곤 회고문집』, 거름 1992, 213~18면.

67 서중석 『사진과 그림으로 보는 한국 현대사』, 웅진지식하우스 2013, 350면.

68 『대화』 496면.

69 리영희 「아내 윤영자와 나」, 『역설의 변증』 380면.

70 1974년 말 투옥됐던 김상현(金相賢) 전 의원의 석방을 환영하는 자리에서 만들어진 친목모임. 한승헌·장을병(張乙炳)·윤형두(尹炯斗)·이상두(李相斗)·윤현(尹玄)·임헌영(任軒永) 등과 리영희가 그 구성원이었다. 나중에 한완상(韓完相)이 합류했다. "'으악새'들은 모두 고단한 처지였지만 신명떨이 술판을 정기적으로 벌이곤 했는데, 어쩌다 가무음주가 가능한 곳으로 가면 리선생님은 '부르주아적인 퇴폐'라며 가무보다는 음주에 전념하시곤 했다"고 전했다. 임헌영 「선생 병중 자서전 도우미 '인연'… 기억력과 정신력 감탄스러웠다」, 한겨레 2010.12.6.

제5장 실천시대 III

1 박정희 대통령 피살사건 후 정승화 계엄사령관이 군 내부 개혁을 진행하자 전두환을 중심으로 한 신군부가 그를 강제 연행하여 군권을 장악한 사건. 신군부는 1979년 12월 12일 군본부·국방부·중앙청 등 핵심 거점을 점령하고, 언론을 통제한 상태에서 최규하를 협박해 국가의 실질적 권력을 장악했다.

2 리영희 『대화』, 한길사 2005, 525면.

3 탐사보도 전문기자인 팀 셔록(Tim Shorrock)은 광주사태에 관한 미국의 역할을 규명하기 위해 1996년 정보자유법에 의거해 4,000여건의 한미관계와 관련된 기밀 해제된 문서를 확보했다. 이 문서 가운데 리처드 홀브룩 국무부 동아태 차관보가 윌리엄 글라이스틴 주한 미국대사에게 보낸 1979년 12월 3일 전문과 1980년 3월 글라이스틴이 국무부에 당시 한국 내 상황 전개를 보고한 내용이 들어 있다. '아무도 또다른 이란을 원하지 않는다'는 제목의 홀브룩의 전문은 http://timshorrock.com/wp-content/uploads/NODIS-Holbrooke-Nobody-wants-another-Iran-Dec.-3-1979.pdf에서, 글라이스틴의 전문은 http://timshorrock.com/wp-content/uploads/korea-foia-_5-gleysteen-march-1980.pdf에서 확인할 수 있다.

4 『대화』 533면.

5 열악한 노동환경과 어용노조에 대한 노동자들의 누적된 불만이 분출한 사건으로 1980년대 노동운동의 출발점이 되었다. 사건은 동원탄좌 사북영업소 노조지부장이 광산노동조합연맹 전국지부장회의에서 결정된 42.7퍼센트의 임금인상안을 무시하고, 회사와 비밀리에 20퍼센트 인상에 합의한 데서 시작됐다. 그러잖아도 어용노조에 대한 불만이 누적돼 있던 광부들이 4월 21일 '위원장 사퇴' '임금인상' 등을 요구하며 농성에 들어갔는데 이 과정을 채증하던 사복경찰의 차가 광부들을 치는 사건이 발생했다. 이에 흥분한 광부와 그 가족들은 곡괭이와 몽둥이를 들고 사북읍으로 진출해, 경찰과 격렬한 싸움을 벌인 끝에 4월 22일 사북읍을 완전히 장악했다. 광부들은 4월 24일 대책위원회와 2차 협상을 갖고 11개항에 합의한 후 파업을 풀었다. 그러나 조선일보를 비롯한 당시 언론은 광부들의 폭력만 부각시켰고, 군부는 5·17비상계엄을 전국으로 확대하면서 파업 광부와 그 가족 200여명을 체포해 가혹행위를 했고 그 가운데 80여명을 군법회의에 회부했다. 2008년 4월 진실·화해를 위한 과거사 정리위원회는 당시 연행·구금된 관련자와 가족들에게 행해진 인권침해와 가혹행위에 대해 국가의 사과를 권고했다. 서명균 「사북사태의 진실, 동원탄좌 시위 조사보고서」 참조(https://archives.kdemo.or.kr/contents/view/67).

6 백승종 「평전, 사람으로 세상 읽기: 실천적 지식인 리영희」, 한국일보 2016.1.3 31면. 그러나 1980년대 시판되던 『우상과 이성』은 금서가 된 초판이 아니라 개정판이었다. 한길사는 '서울의 봄'으로 조금은 느슨해진 분위기를 틈타 판금상태에 있던 『우상과 이성』 『민족경제론』 『해방전후사의 인식』을 일부 수정해 계엄당국의 검열을 받고 합법적으로 출간했다. 『우상과 이성』 개정판에는 재판과정에서 검사가 문제 삼았던 「농사꾼 임군에게 띄우는 편지」가 빠지고, 「타나까 망언을 생각한다」와 「모택동의 교육사상」의 일부 구절이 수정됐다. 당시의 엄혹한 사정을 생각하면 그렇게 수정해서라도 책을 살린 것은 분명 의미가 있었지만, 이후 전집을 출간할 때 초판본의 원형을 되살리지 못한 것은 아쉬움이 남는 대목이다.

7 유시민 『청춘의 독서』, 웅진지식하우스 2009, 35면.

8 조희연 「내가 읽어본 『전환시대의 논리』」(중앙일보 1993.2.20), 리영희 『새는 '좌·우'의 날개로 난다』(리영희저작집 8), 한길사 2006, 590면.

9 김창수 「논평: 리영희 '휴머니즘으로서 이데올로기 비판'에 대하여」, 『시대와 철학』 13호(1996년 가을), 39면.

10 1982년 3월 부산의 고신대 학생들인 문부식·김은숙 등이 미국이 신군부의 쿠데타를 방조하고 광주학살을 용인한 것을 비판하고 '미국은 이 땅에서 물러가라'고 요구하며 부산 미국문화원에 불을 질렀다. 이 과정에서 문화원 안에서 책을 보던 동아대생 장덕술(張德述)이 사망하면서 큰 충격을 주었다. 문부식과 김은숙은 방화 후 가톨릭 원주교육원으로 피신했고, 원장 최기식(崔基植) 신부와 함세웅(咸世雄) 신부의 설득으로 사건 발생 14일 만인 4월 1일 자수했다. 그러나 당국은 최기식 신부를 비롯한 원주지역 인사들 15명까지 국가보안법 위반 및 범인은닉 혐의로 구속했다. 이런 정부의 폭거에 대해 김수환(金壽煥) 추기경이 부활절 강론을 통해 강력히 항의하는 등 가톨릭계의 큰 반발을 불러왔다. 문부식·김현장은 1심에서 사형, 김은숙 등은 무기형을 선고받았으나 그뒤 감형됐다.

11 『대화』 545~46면.

12 이미정 인터뷰, 2018년 12월 12일, 서울 연희동 하노이의아침.

13 로이드 E. 이스트만 『장개석은 왜 패하였는가』, 민두기 옮김, 지식산업사 1986, 3면.

14 『대화』 663면.

15 리영희 『역정』, 창비 2012(개정판), 6~7면.

16 리영희는 『대화』에서 문제의 교사를 유상덕으로 기억하고 있지만 당시 정황을 잘 알고 있는 김민곤 교사는 유상덕이 아니라 김한조였다고 기록하고 있다. 김민곤 「'상록회' 교과서 분석 사건」, 『교육희망』 2007.4.15.

17 『대화』 572면.

18 같은 책 486면.

19 같은 책 574면.

20 윤창빈·오세훈 인터뷰, 2020년 1월 14일, 서울 광화문 디타워.

21 고은 「리영희론: 진실의 대명사」, 『自由人, 자유인』(리영희저작집 7), 한길사 2006, 379면.

22 전두환-로널드 레이건 1981년 2월 2일 정상회담 비망록(https://nsarchive2.gwu. edu/NSAEBB/NSAEBB306/doc05.pdf).

23 리영희 「한반도는 강대국의 핵볼모가 되려는가」, 『분단을 넘어서』(리영희저작집 4), 한길사 2006, 142면.

24 리영희 「한반도 주변정세의 질적 변화」, 『80년대 국제정세와 한반도』(리영희저작집 3), 한길사 2006, 265~66면.

25 김동춘 「리영희와 전쟁」, 고병권 외 『리영희 프리즘』, 사계절 2010, 71~72면.

26 리영희 「한반도는 강대국의 핵볼모가 되려는가」 136~37면.

27 리영희 「해방 40년의 반성과 민족의 내일」, 『분단을 넘어서』 61면.

28 리영희 「다시 일본의 '교과서 문제'를 생각한다」, 같은 책 92면.

29 같은 글 82면.

30 같은 글 100~101면.

31 와다 하루키 「첫 조선인 친구와 '아리랑' 부르며」, 한겨레 2006.6.22.

32 리영희 「해방 40년의 반성과 민족의 내일」 42면. 리영희는 오오노의 방한이 자신이 조선일보 기자로 근무하던 1964년 무렵으로 기억하고 있지만 이는 착각으로 보인다. 오오노가 한국을 방문한 것은 1962년과 1963년 두차례였고, 1964년 사망했다. 1963년 대통령 취임식에 참석한 뒤 조선호텔에서 연 기자회견에 합동통신 기자로 참여한 것이 맞는 것으로 보인다.

33 『대화』 579~80면.

34 리영희 「해방 40년의 반성과 민족의 내일」 55면.

35 리영희 「다시 일본의 '교과서 문제'를 생각한다」 113면.

36 같은 글 114면.

37 존 다우어 『폭력적인 미국의 세기』, 정소영 옮김, 창비 2018, 71면.

38 John Prados and Jack Cheevers, "USS Pueblo: LBJ Considered Nuclear Weapons, Naval Blockade, Ground Attacks in Response to 1968 North Korean Seizure of Navy Vessel, Documents Show," 2014.1.23, https://nsarchive2.gwu.edu/NSAEBB/ NSAEBB453/ 2020년 1월 20일 검색.

39 동아일보 1983.2.15, 1면.

40 스퍼전 키니, 볼프강 파노프스키 (리영희 옮김) 「핵무기 숭배사상의 배리」, 『80년대 국제정세와 한반도』 298~99면; Spurgeon M. Keeny & Wolfgang K.H. Panofsky, *Foreign Affairs* 1981년 겨울호.

41 George P. Shultz, William J. Perry, Henry A. Kissinger and Sam Nunn, "A World Free of Nuclear Weapons," *The Wall Street Journal* 2007.1.4; George P. Shultz, William J. Perry, Henry A. Kissinger and Sam Nunn, "Toward Nuclear-Free World," *The Wall Street Journal* 2008.1.15. 이들은 이 두편 외에도 2013년까지 3건의 공동 기고문을 통해 핵무기 없는 세상을 향한 방안들을 제시하고 각국 지도자들에게 이의 이행을 촉구했다.

42 *The Korea Herald* 1983.1.23, 1면; *The U.S.-South Korean Alliance: Time for a Change* (edited by Doug Bandow, Ted Galen Carpenter, Transaction publishers, New Brunswick, London 1992, 127면)에도 마이어의 같은 발언 내용이 인용돼 있다.

43 리영희 「핵무기 신앙에서의 해방」, 리영희·임재경 엮음 『반핵』, 창작과비평사 1988, 271면; 『21세기 아침의 사색』(리영희저작집 12), 한길사 2006, 416면.

44 존 다우어 『폭력적인 미국의 세기』 67면.

45 같은 책 65~66면.

46 와다 하루키 「백낙청씨는 알면 알수록 큰사람이었다」, 한겨레 2006.9.28.

47 와다 하루키 인터뷰, 2019년 11월 11일, 경기도 성남시 코이카 연수센터.

48 『대화』 581면.

49 와다 하루키 「직접 만난 첫 민주운동가 '싸우는 지식인' 리영희씨」, 한겨레 2006.

11.16.

50 『대화』 583~84면.

51 같은 책 613면. 원문에는 리영희가 윤이상의 말을 소개하는 형식이지만, 이 책에서는 인용자가 원문을 조금 다듬어 윤이상이 직접 말하는 식으로 소개했다.

52 같은 책 618~19면.

53 샤를 드골 『드골, 희망의 기억』, 심상필 옮김, 은행나무 2013, 392~93면.

54 백승욱 「해석의 싸움 공간으로서 리영희의 베트남전쟁」, 『역사문제연구』 제32호(2015), 47면.

55 박태균 「『베트남전쟁』 이후 30년, 베트남전쟁을 어떻게 기억할 것인가?」, 고병권 외 『리영희를 함께 읽다』, 창비 2017, 165면.

56 유용태 「동아시아의 베트남전쟁, 남북 3각 동맹의 대응」, 『환호 속의 경종』, 휴머니스트 2006, 334~35면.

57 박태균 「『베트남전쟁』 이후 30년, 베트남전쟁을 어떻게 기억할 것인가?」 180~81면.

58 「민간인 학살 피해자만 약 9천여명… 베트남전쟁을 돌아보다」, 스브스뉴스 2017. 4.30(https://m.post.naver.com/viewer/postView.nhn?volumeNo=7428759&memberNo=11036773&vType=VERTICAL).

59 지영선 「한겨레가 만난 사람: 리영희 한양대 명예교수」, 한겨레 1997.1.10.

60 『대화』 705~706면.

61 신민정 「베트남전 진실 알린 '리영희 선생' 널리 알릴 겁니다」, 한겨레 2017. 12.1.

62 1985년 국가안전기획부는 미국과 서독 등에서 유학하던 황대권(黃大權)·김성만(金聖萬)·양동화(梁東華) 등이 북한 공작원에게 포섭돼 국내에 들어와 간첩활동을 했다고 발표했다. 당시 안기부는 이들이 국내 운동권 학생들을 포섭해 반정부투쟁 및 제2의 광주사태를 유발하라는 지시를 내렸다"고 주장했지만, 사건 관계자들은 고문에 의한 조작이라고 이를 부인했다. 「'야생초 편지' 황대권

간첩 누명 벗나」, 한겨레 2018.7.25 참조.

63 1985년 10월 29일 검찰이 서울대 학생운동의 비공개 조직인 민주화추진위원회
(민추위)를 이적단체로 규정해 관련자 26명을 구속한 사건. 민추위는 산하에 노
동문제투쟁위원회, 민주화투쟁위원회, 홍보위원회, 대학 간 연락책 등 4개 기구
를 두고 1985년 3월 삼민투쟁위원회(삼민투)를 결성해 5월의 서울 미국문화원
점거농성 사건 등을 주도했다.

64 1986년 5월 3일 인천에서 일어난 대규모 시위 이후 부천의 한 공장에 가명으로
취업해 있던 서울대 제적생 권인숙(權仁淑)이 부천에서 체포됐다. 부천경찰서
수사 담당 형사였던 문귀동(文貴童)은 그에게 5·3운동의 배후를 캔다는 명분으
로 성고문을 자행했다. 권인숙이 이 사실을 동료 재소자들과 외부에 알리면서
싸움이 시작되었다.

65 전두환은 1987년 4월 13일 그동안 추진해왔던 내각제 개헌을 포기하고 당시 헌
법에 따라 통일주체국민회의에서 차기 대통령을 선출하도록 하겠다는 담화를
발표했다.

66 「새 언론질서의 창출에: 언기법 폐지 후의 상황」, 조선일보 1987.7.16.

67 리영희 「기회주의와 지식인」, 동아일보 1978.7.6; 「지식인의 기회주의」, 『自由人,
자유인』(리영희저작집 7), 한길사 2006, 26~27면.

68 리영희 「4반세기 만의 미국 나들이 통신」, 같은 책 237면.

69 리영희 「극단적 사유재산제, 광신적 반공주의, 군사국가」, 같은 책 316면.

70 저강도전쟁은 군사력을 동원한 본격적인 재래식 전쟁이 아니라 게릴라전을 포
함한 다양한 비정규전 방식이나 비군사적 방법을 동원해서 적을 교란해 목적을
달성하려는 것으로, 레이건 정권에서 남미 등 제3세계 사회주의 국가를 전복하
기 위해 사용했다.

71 이 내용은 가족이 보관하고 있던 버클리 시절의 일기 가운데 실려 있다.

72 『대화』 643면.

73 리영희 「30년 집필생활의 회상」, 『自由人, 자유인』 362면.

74 정연주 「"요즘 KBS 왜 저래?" 리영희 선생의 격려 편지: 선생님과의 인연을 기억하며」, 오마이뉴스 2010.12.14.

75 『대화』 645면.

76 신홍범 「분단과 냉전이데올로기 시대의 '잠수함의 토끼'」, 리영희 『동굴 속의 독백』, 나남 1999, 522면.

77 「리영희 연보」, 같은 책 537면.

78 안수찬·임지선 「권력의 독주시대, 다시 리영희 선생에게 듣는다…」, 『한겨레 21』 제788호(2009.12.2).

79 「릴리 주한 미국대사 『동아일보』 인터뷰」, 리영희 『自由人, 자유인』 117면.

80 김정남 인터뷰, 2020년 1월 6일, 서울 인사동 선천집.

81 리영희 「릴리 주한 미국대사에게 묻는다」, 리영희 『自由人, 자유인』 125~26면.

82 같은 글 127면.

83 같은 글 131면.

84 Tim Shorrock, "Ex-leaders go on trial in Seoul," *Journal of Commerce* 1996.2.27.

85 리영희 「남북한 전쟁능력 비교연구」, 『반세기의 신화』, 삼인 1999, 183면.

86 김창수 「'리영희: 휴머니즘으로서 이데올로기 비판'에 대하여」, 『시대와 철학』 제13호(1996년 가을) 39면.

87 『대화』 658~59면.

88 같은 책 660면.

89 Matt Schudel, "Gene R. La Rocque, Navy admiral who became Pentagon critic, dies at 98," *The Washington Post* 2016.11.5.

90 『대화』 660~61면.

91 한겨레 30년사 편찬위원회 『한겨레, 진실의 창, 평화의 벗』, 한겨레신문사 2018, 110면.

92 리영희 「대한민국은 한반도의 '유일 합법정부'가 아니다」, 『반세기의 신화』, 삼인 1999, 172면.

93 1974년 8월 육영수 저격사건 이후 열린 일본 의회에서 당시 외상이던 키무라 토시오(木村俊夫)는 야당 의원의 질문에 대해 "한국정부가 한반도 전체에서 유일한 합법적인 정부라는 인식을 가지고 있지 않다"고 분명히 말했다. 야스에 료스케『칼럼으로 본 일본사회』, 지명관 옮김, 소화 2000, 55면.

94 「"한국은 국제법상 한반도 유일 합법정부 아니다"」, 오마이뉴스 2015.11.10.

제6장 성찰의 시대

1 리영희「30년 집필생활의 회상」,『自由人, 자유인』(리영희저작집 7), 한길사 2006, 374~75면.

2 리영희『대화』, 한길사 2005, 706~707면.

3 리영희「30년 집필생활의 회상」364면.

4 같은 글 365면.

5 같은 글 366~67면.

6 이미정 인터뷰, 2018년 12월 12일, 서울 연희동 하노이의아침.

7 이건일 인터뷰, 2019년 6월 10일, 서울 연희동 자택.

8 리영희「사회주의의 실패를 보는 한 지식인의 고민과 갈등」,『새는 '좌·우'의 날개로 난다』(리영희저작집 8), 한길사 2006, 215면.

9 백승욱「리영희 사유의 돌파구로서 중국 문화대혁명」, 고병권 외『리영희를 함께 읽다』, 창비 2017, 222~23면.

10 김만수『리영희 살아 있는 신화』, 나남 2003, 451면.

11 윤평중「이성과 우상: 한국 현대사와 리영희」,『비평』2006년 겨울호 236면.

12 같은 글 252면.

13 『대화』636~37면.

14 같은 책 447면.

15 김원「리영희의 공화국」,『역사문제연구』제27호(2012), 102면.

16 백영서·정민「리영희 인터뷰: 전환시대의 이성, 리영희 선생의 삶과 사상」, 리

영희선생 화갑기념문집편집위원회 편 『리영희선생 화갑기념문집』, 두레 1989, 585~86면.

17 이현정 「루쉰을 통해 다시 본 리영희의 문화대혁명」, 『중국현대문학』 제79호 (2016), 131~32면.

18 첸리췬 『내 정신의 자서전』, 김영문 옮김, 글항아리 2012, 66~67면.

19 『대화』 438면.

20 이현정 「루쉰을 통해 다시 본 리영희의 문화대혁명」 115면.

21 윤여일 「내재하는 중국: 타께우찌 요시미에게 중국 연구란 무엇이었나」, 『사상의 원점』, 창비 2014, 148~49면.

22 백승욱 「리영희 사유의 돌파구로서 문화대혁명」 224면.

23 리영희 「당산 시민을 위한 애도사」, 한겨레신문 1988.11.6.

24 『대화』 683~84면.

25 리영희 「사회주의 실패를 보는 한 지식인의 고민과 갈등」 226면.

26 리영희·서중석 「대담: 버리지 못하는 이기주의와 버릴 수 없는 사회주의적 휴머니즘」(『사회평론』 1991년 6월호), 『새는 '좌·우'의 날개로 난다』 305면.

27 장명수 「인터뷰: 리영희 교수가 말하는 '사회주의 몰락과 우리 사회'」, 한국일보 1991.6.25; 「사회주의는 끝난 것인가? 자본주의는 이긴 것인가?」, 『새는 '좌·우'의 날개로 난다』 233면.

28 백영서 「한국 중국학의 궤적과 비판적 중국 연구」, 『사회인문학의 길』, 창비 2014, 230~31면.

29 손승회 『문화대혁명과 극좌파』, 한울아카데미 2019, 337면.

30 같은 책 338면.

31 장명수 「인터뷰: 리영희 교수가 말하는 '사회주의 몰락과 우리 사회'」, 한국일보 1991.6.25.

32 이미정 인터뷰, 2018년 12월 12일, 서울 연희동 하노이의아침.

33 리영희 「크리스천 박군에게」, 『우상과 이성』, 한길사 1977, 325면. 인용된 부분

은 초판본에만 들어 있고 1980년 개정판에서는 삭제됐다.

34 『대화』 523면.

35 리영희 「휴전선 남·북에는 천사도 악마도 없다」, 『반세기의 신화』, 삼인 1999, 364면.

36 『대화』 569면.

37 리영희 「휴전선 남·북에는 천사도 악마도 없다」 365면.

38 리영희 「국가보안법이 없는 90년대를 위하여」, 『自由人, 자유인』 86면.

39 『대화』 687면.

40 리영희 「30년 집필생활의 회상」 375면.

41 리영희 「한반도의 비핵화·군축 그리고 통일」, 『새는 '좌·우'의 날개로 난다』 82면.

42 리영희 「북한-미국 핵과 미사일 위기의 군사정치학」, 『반세기의 신화』, 삼인 1999, 149면.

43 Sung Gul Hong, "The Search for Deterrance," *The Park Chung Hee Era, The transformation of South Korea*, ed. Byung-kook Kim & Ezra Vogel, Harvard University Press: Cambridge, Mass 2011, 483면.

44 리영희 「북한-미국 핵과 미사일 위기의 군사정치학」 149면.

45 리영희 「중국 외교의 이론과 실제」, 『전환시대의 논리』, 창비 2006(개정판), 82면.

46 리영희 「미국-북한 핵문제의 P.T.S.D적 특성」, 『새는 '좌·우'의 날개로 난다』 70면.

47 리영희 「한반도 핵 위험의 구조」, 『새는 '좌·우'의 날개로 난다』 54~55면.

48 리영희 「미군 감축과 한·일 안보관계의 전망」, 『전환시대의 논리』 247면.

49 리영희 「한반도 주변정세의 질적 변화」, 『80년대 국제정세와 한반도』(리영희저작집 3), 한길사 2006, 267면.

50 김만수 『리영희: 살아 있는 신화』 147~48면.

51 구갑우 「리영희의 국제정치비평 읽기: 핵의 국제정치를 중심으로」, 고병권 외 『리영희를 함께 읽다』 113면.

52 『언론노보』 1994.7.30.

53 송민순 『빙하는 움직인다』, 창비 2016, 44면.

54 리영희 「이 책을 펼치는 독자를 위하여」, 『스핑크스의 코』, 까치 1998, 6면.

55 리영희 「스핑크스의 코」, 같은 책 92면. 이 글의 발표 당시 제목은 「지중해 주마간산기」(『창비문화』 1996년 7-8월호)이다.

56 『대화』 245면.

57 "Great Pyramid tombs unearth 'proof' workers were not slaves," *The Guardian* 2010.1.11.

58 『대화』 708면.

59 리영희 「못다 이룬 귀향」, 『반세기의 신화』 24면.

60 리영희 「남파간첩 보내고 북파간첩 받자」(『말』 1999년 5월호, 신준영 기자와의 인터뷰), 같은 책 67면.

61 리영희 「통일의 도덕성」, 같은 책 270면.

62 리영희 「젊은이들과 나눈 편지」, 『21세기 아침의 사색』(리영희저작집 12), 한길사 2006, 55면.

63 『대화』 718면.

64 "The West Coast Korean Islands," 미국 중앙정보국, 정보부, 1974.1.4. https://digitalarchive.wilsoncenter.org/document/114023

65 Terence Roehrig, "The Origins of the Northern Limit Line Dispute," 2012.5.9. (https://www.wilsoncenter.org/publication/the-origins-the-northern-limit-line-dispute).

66 리영희 『반세기의 신화』 머리말 7~9면.

67 리영희 「통일의 도덕성」, 같은 책 253면.

68 같은 글 271면.

69 리영희·유재현 「대담: 통일은 어느만큼 와 있는가?」(『경제정의』 1994년 봄호), 『새는 '좌·우'의 날개로 난다』 162면.

70 「KBS 세상읽기」 29회(1999.1.31).

71 리영희 「6자회담 공동선언 이후 동북아 정세」, 『21세기 아침의 사색』 375면.

72 구갑우 「리영희의 국제정치비평 읽기: 핵의 국제정치를 중심으로」 116면.

73 김호기 「리영희, 냉철한 이성으로 반공주의 맞서 '탈냉전 대전환' 치열한 사유」, 한국일보 2018.6.25.

74 리영희 「제4회 만해상 수상의 말」, 『21세기 아침의 사색』 75~76면.

75 백낙청 「고 리영희 선생 영전에」, 『리영희 선생 추모자료집』 2010, 34면.

76 오강남·성혜영 『종교, 이제는 깨달음이다』, 허원미디어 2015, 2면. 오강남은 심층종교를 단순한 믿음보다는 깨달음을 중시해, 지금의 내가 아닌 참 나를 발견하고, 그 참 나가 내 속에 있는 신적 요소라는 사실을 깨닫도록 가르치는 종교라고 설명한다.

77 길윤형 외 「세번의 비핵화 기회 놓친 북미, 증오 걷어내고 화해할까」, 한겨레 2018.6.11.

78 조일준 「북핵관련 언론보도 긴급토론회: 일부 언론 '위기의식 부추기기' 골몰」, 한겨레 2002.10.24.

79 유시춘 외 「암흑시대 지성인 눈·귀 연 '촌철살인': 실록 민주화운동/리영희의 『전환시대의 논리』」, 경향신문 2003.9.14.

80 김지은·남소연 「동맹국 전쟁엔 무조건 참전해야 하나, '국익' 중요하나 도덕적으로 획득해야: 리영희 선생의 '이라크전에 파병해선 안 되는 16가지 이유'」, 오마이뉴스 2003.3.28.

81 이종석 『칼날 위의 평화』, 개마고원 2014, 183면.

82 이제훈 「더민주 '영입 3호' 이수혁, 참여정부 이라크 파병 설계자」, 한겨레 2016.1.5.

83 『대화』 730면.

84 한홍구 「원로 인터뷰: 리영희 "남이 북보다 더 변해야"」, 경향신문 2004.1.26.

85 정태춘 「그들이 온다」, 『노독일처』, 실천문학사 2004, 177면.

86 같은 글 178~79면.

87 정병호 인터뷰, 2020년 1월 29일, 경기도 산본 한양아파트 자택.

88 임헌영 「선생 병중 자서전 도우미 '인연'… 기억력과 정신력 감탄스러웠다」, 한겨레 2010.12.7.

89 한윤정 「리영희 선생 자서전 '대화' 출판기념회」, 경향신문 2005.4.1.

90 『대화』 6~7면.

91 정희진 「정박하지 않는 사상가의 삶과 언어」, 『창작과비평』 2005년 가을호 368면.

92 같은 글 369면.

93 같은 글 370면.

94 리영희는 자신이 보낸 편지의 친필 사본을 보관하곤 했다. 이 편지 역시 그가 보관하고 있던 것으로 가족들의 배려로 직접 확인할 수 있었다.

95 리영희 「키스 앤드 굿바이」, 『분단을 넘어서』(리영희저작집 4), 한길사 2006, 264면. 이 글은 1999년 고희기념 선집 『동굴 속의 독백』(나남)에서 제목이 「아버지와 딸의 대담」으로 바뀌었다.

96 Yeung-Hi Lee, "My first contact with Judaism"(유대주의와의 첫 만남), *The Temple News* vol.28, no.5, 1960년 1월, 3면(가족 소장본).

97 리영희 「옥중으로부터의 편지」, 『21세기 아침의 사색』 35면.

98 김준억 「리영희 "뇌출혈은 글 그만 쓰라고 하늘이 내린 축복"」, 연합뉴스 2006.9.19.

99 이지윤 「북측 단장 "리영희 선생, 붓 놓으면 안됩니다"」, 프레시안 2007.5.17.

100 김삼웅 「중풍 딛고 일어나 다시 우상 비판」 리영희재단 페이스북.

101 정연주 「"요즘 KBS 왜 저래?" 리영희 선생의 격려편지」, 오마이뉴스 2010.12.14.

102 리영희 「30년 집필생활의 회상」 370면.

103 백낙청 「고 리영희 선생 영전에」, 『리영희 선생 추모자료집』 34면.

에필로그

1 이남주 「역사 쿠데타가 아니라 신종 쿠데타 국면이다」, 『창작과비평』 2015년 겨울호, 4면.

2 양상훈 「북을 사랑해 눈에 콩깍지가 씐 사람들」, 조선일보 2018.10.18.

3 리영희 「미국-북한 핵문제의 P.T.S.D적 특징」, 『새는 '좌·우'의 날개로 난다』(리영희저작집 8), 한길사 2006, 70면.

4 리영희 「한반도의 비핵화·군축 그리고 통일」, 같은 책 98면.

5 이나미 「리영희·박현채·문익환·장일순: 1980년대의 급진사상」, 강정인 외 『인물로 읽는 현대 한국 정치사상의 흐름』, 아카넷 2019, 486면.

6 Daniel R. Depetris, "John Bolton's Awful Legacy on North Korea," 2019.10.17. https://www.38north.org/2019/10/depetris101719/, 2020년 6월 20일 검색.

리영희 연보

1929년 12월 2일 평안북도 운산군 북진면에서 아버지 이근국(李根國)과 어머니
  최희저(崔晞姐) 사이에서 3남 2녀 중 넷째로 출생.
1933년(5세) 평안북도 삭주군 외남면 대관리로 이주해 성장.
1936년(8세) 대관공립보통학교 입학.
1942년(14세) 경성(京城)공립공업학교 입학.
1945년(17세) 근로동원을 피해 귀향한 고향에서 해방을 맞음.
1946년(18세) 국립한국해양대학 항해과 입학.
1947년(19세) 부모와 동생 명희가 38선 이남으로 내려와 충청북도 단양에 정착.
1950년(22세) 해양대학 졸업. 안동공립중학교 영어교사. 6·25전쟁 발발 후 입대.
  '유엔군 연락장교단 후보생'을 거쳐 중위로 임관해 통역장교로 활동.
1953년(25세) 휴전 이후 전후방 교류에 따라 마산 육군군의학교로 전속.
1954년(26세) 육군 관구사령부 민사부(民事部) 관재과(管財課)에 배속돼 부산에서
  미군 등이 사용하던 시설 접수 업무를 맡음.
1956년(28세) 윤영자(尹英子)와 전라북도 군산에서 결혼.

448

1957년(29세) 합동통신 입사시험에 합격해 7년 만에 육군 소령(보병)으로 예편. 합
　　　　　　　동통신 외신부에서 기자생활 시작.

1959년(31세) 첫아들 희주를 잃고, 이어 부친마저 타계.

1959~60년 풀브라이트 계획으로 미국 노스웨스턴대학 연수.

1959~62년 미국 『워싱턴포스트』 통신원으로 활동. 처음에는 '한국통신원'이라
　　　　　　는 익명으로 시작했으나, 4·19혁명 이후 기명으로 활동.

1960년(32세) 4·19혁명에 참여, 민간인 희생을 막기 위해 노력.

1961년(33세) 아들 건일(健一) 출생. 5·16쿠데타 이후 박정희 국가재건최고회의
　　　　　　　의장의 첫 미국방문에 수행기자로 동행. 박정희-케네디 회담 합의
　　　　　　　내용의 진실을 알리는 특종보도로 박정희와 악연을 쌓음.

1962년(34세) 정치부로 옮겨 중앙청과 외무부 담당. 딸 미정(美晶) 출생.

1964년(36세) 아들 건석(健碩) 출생. 10월 조선일보 정치부로 옮김. 11월 '남북한
　　　　　　　유엔 동시가입 제안 준비' 기사로 반공법 위반 혐의를 받고 구속됨.
　　　　　　　같은 해 12월 불구속 기소돼 석방된 후 1심에서 징역 1년 집행유예,
　　　　　　　2심에서 선고유예 판결 받음(1차 구속).

1965년(37세) 조선일보 외신부장.

1965~68년 부산 국제신보 비상임 논설위원.

1968년(40세) 조선일보 조사부장. 『정경연구』 등의 잡지에 국제문제 관련 글 기고
　　　　　　　시작.

1969년(41세) 베트남전쟁에 대한 비판적 입장 등을 이유로 조선일보에서 사직을
　　　　　　　강요받고 퇴사(1차 언론사 강제해직).

1970년(42세) 합동통신 외신부장으로 재입사.

1971년(43세) 민주수호국민협의회 2기 이사. 학원탄압에 반대하는 '64인 지식인
　　　　　　　선언'에 참여해 합동통신에서 강제 해직됨(2차 언론사 강제 해직).

1972년(44세) 한양대학교 신문학과 조교수로 임용. '국제사면위원회(Amnesty
　　　　　　　International) 한국지부 창설 발기인.

1974년(46세) 한양대학교 부설 '중국문제연구소' 설립 주도. 첫 저서『전환시대의
논리』(창작과비평사) 출간. '민주회복국민회의' 이사.

1976년(48세) 개정된 교육공무원법의 교수재임용제에 따라 한양대에서 강제 해임
(1차 교수직 해임).

1977년(49세) 『8억인과의 대화』(편역서, 창작과비평사),『우상과 이성』(한길사) 출
간. 두 책의 내용과 관련해 반공법 위반 혐의로 구속 기소돼 1심과
2심에서 각각 3년형, 2년형을 선고받고 복역함(2차 구속). 기소일인
12월 27일 모친 별세.

1978년(50세) 옥중에서 민주주의를 유린하는 반공법의 문제점을 지적하는「상고
이유서」작성.

1980년(52세) 광주교도소에서 만기출소. 10·26 이후 '서울의 봄' 상황에서 사면 복
권돼 한양대 교수로 복직되었으나 5월 17일 계엄사령부에 의해 '광
주소요 배후 조종자'의 한 사람으로 날조되어 다시 구속되었다가
(3차 구속) 2개월 후 대학 교수직과 국제사면위원회 이사직을 물러
나는 조건으로 석방돼 한양대에서 해직(2차 교수직 해직).

1982년(54세) 『중국백서』(편역서, 전예원) 출간.

1983년(55세) 『10억인의 나라』(편저, 두레) 출간.

1984년(56세) 기독교사회문제연구원의 '교과서의 통일 관련 내용 분석' 모임에서
특강한 내용이 반공법 위반 혐의를 받아 구속됐으나(4차 구속), 2개
월 후 기소보류로 석방됨. 전두환 정권의 학원자율화 조처로 7월 한
양대에 복직. 9월『80년대 국제정세와 한반도』(동광출판사) 출간.
10월『분단을 넘어서』(한길사) 출간.

1985년(57세) 일본 토오꾜오(東京)대학교 사회과학연구소 초빙교수. 일본어판 선
집『分斷民族の苦惱』(東京: 御茶の水書房) 출간. 독일연방교회 사회
과학연구소(FEST) 초청 초빙교수.『베트남전쟁』(두레) 출간.

1987년(59세) 『역설의 변증』(두레) 출간. 미국 버클리대학 아시아지역학과에서 한

학기 동안 '한반도, 지역분쟁의 현장 연구' 강의.

1988년(60세) 『역정: 나의 청년시대』(창작과비평사) 출간. 한겨레신문이 창간돼 이사 및 논설고문으로 취임.「남북한 전쟁능력 비교연구」발표. 공편 저『반핵』(창작과비평사) 출간.

1989년(61세) 한겨레신문 방북취재 기획을 국가보안법 위반 혐의로 몬 당국에 의해 구속 기소됨(5차 구속). 1심에서 징역 1년 6월에 집행유예를 선고받고 160일 만에 석방. 주한 외국언론인협회가 수여하는 '언론자유상'(Press Freedom Award) 수상.

1990년(62세) 『自由人, 자유인』(범우사) 출간.

1991년(63세) 『인간만사 새옹지마』(범우사) 출간.

1993년(64세) 통일원 통일정책평가위원.

1994년(65세) 『새는 '좌·우'의 날개로 난다』(두레) 출간.

1995년(66세) 한양대학에서 정년퇴임. 같은 대학 언론정보대학원 대우교수가 됨. 한길사에서 제정한 '단재상' 수상.

1998년(70세) 『스핑크스의 코』(까치) 출간. '어린이어깨동무' 대표단의 일원으로 53년 만에 처음으로 북한을 방문해 평양에서 조카를 만남.

1999년(71세) 늦봄문익환목사기념사업회가 수여하는 '늦봄통일상' 수상.『반세기의 신화』(삼인) 출간. 고희 기념 산문집『동굴 속의 독백』(나남) 출간.

2000년(72세) 만해사상실천선양회가 수여하는 '만해상' 수상.『반세기의 신화』의 일본어판『朝鮮半島の新ミレニアム』(東京: 社會評論社) 출간. 11월 집필 중 뇌출혈로 쓰러져 외부 활동 중단.

2003년(75세) 이라크파병 반대 집회에 참석하며 반전운동에 나섬.

2005년(77세) 자전적 대담『대화: 한 지식인의 삶과 사상』(한길사) 출간.

2006년(78세) 한국기자협회가 수여하는 '기자의 혼 상'과 심산사상연구회 제정 '심산상' 수상. 그동안의 저작에『21세기 아침의 사색』을 새로 출간해 포함시킨 '리영희저작집'(한길사, 전12권) 출간.

2007년(79세) 한겨레통일문화재단에서 수여하는 '한겨레통일문화상' 수상.

2008년(80세) 전남대학교에서 수여하는 '후광 김대중 학술상' 수상.

2010년(82세) 간경화로 투병 중 12월 5일 별세.

참고문헌

리영희 저작

『대화: 한 지식인의 삶과 사상』, 대담 임헌영, 한길사 2005.

『동굴 속의 독백』, 나남 1999.

『반세기의 신화』, 삼인 1999.

『베트남전쟁』, 두레 1985.

『분단을 넘어서』, 한길사 1984; 리영희저작집 4, 한길사 2006.

『새는 '좌·우'의 날개로 난다』, 두레 1994; 리영희저작집 8, 한길사 2006.

『스핑크스의 코』, 까치 1998.

『역설의 변증』, 두레 1987; 리영희저작집 5, 한길사 2006.

『역정: 나의 청년시대』, 창작과비평사 1988; 창비 2012.

『우상과 이성』, 한길사 1977; 리영희저작집 2, 한길사 2006.

『21세기 아침의 사색』, 리영희저작집 12, 한길사 2006.

『인간만사 새옹지마』, 범우사 1991.

『自由人, 자유인』, 범우사 1990; 리영희저작집 7, 한길사 2006.

『전환시대의 논리』, 창작과비평사 1974; 창비 2006.

『80년대 국제정세와 한반도』, 동광출판사 1984; 리영희저작집 3, 한길사 2006.

『희망: 리영희 산문선』, 임헌영 엮음, 한길사 2011.

「당산 시민을 위한 애도사」, 한겨레신문 1988.11.6.

「25년 전 마음의 부채 갚고 싶었소」, 한겨레신문 1989.1.1.

「『창작과비평』과 나」, 『창작과비평』 1991년 봄호.

"Changes foreseen in Korean policy," *The Washington Post* 1960.10.23.

"Korean newsman returning home with new appreciation of US friendship," *Paterson Evening News* 1960.1.4.

"Korean newsman wonders if Americans have the real spirit of Christmas," *Paterson Evening News* 1959.12.24.

"My first contact with Judaism," *The Temple News* vol.28, no.5, Jan., 1960.

"The Tragedy of Territorial Division," *The New Republic* 1961.3.6.

"Woman runs the home in Korea but not her spouse," *Paterson Evening News* 1959.12.19.

『반핵』, 리영희·임재경 엮음, 창작과비평사 1988.

『10억인의 나라』, 리영희 편저, 두레 1983.

『중국백서』, 리영희 편역, 전예원 1982.

『8억인과의 대화』, 리영희 편역, 창작과비평사 1977.

주요 기관 문서

"North Korea releases crew of USS Pueblo, Dec. 23, 1968," *Politico* 2017.12.23.

"The West Coast Korean Islands," 미국 중앙정보국, 정보부, 1974.1.4.

Department of State, "Memo for Conversation, Park and Kennedy," Nov. 14 & 15, 1961.

Gleysteen, William., "Yet another assessment of ROK stability and political development," Mar., 1980. (http://timshorrock.com/wp-content/uploads/korea-foia-_5-gleysteen-march-1980.pdf)

Holbrookes, Richard., "Nobody wants another Iran," Dec. 3, 1979. (http://timshorrock. com/wp-content/uploads/NODIS-Holbrooke-Nobody-wants-another-Iran-Dec.-3-1979.pdf)

Prados, John. & Cheevers, Jack., "USS Pueblo: LBJ Considered Nuclear Weapons, Naval Blockade, Ground Attacks in Response to 1968 North Korean Seizure of Navy Vessel, Documents Show," 2014.1.23.

자료집 및 단행본

『리영희 선생 추모자료집』, 2010.

『'리영희 선생 10주기 세미나: 진실 상실시대의 진실 찾기' 자료집』, 2020.

강정인 외『인물로 읽는 현대 한국 정치사상의 흐름』, 아카넷 2019.

강준만『리영희: 한국 현대사의 길잡이』, 개마고원 2004.

고병권 외『리영희 프리즘』, 사계절 2010.

고병권 외『리영희를 함께 읽다』, 창비 2017.

김구『백범일지』, 도진순 주해, 돌베개 2005.

김만수『리영희: 살아 있는 신화』, 나남 2003.

김병곤기념사업 준비위원회 엮음『영광입니다: 고 김병곤 회고문집』, 거름 1992.

김산·웨일스 님(Nym Wales)『아리랑: 조선인 혁명가 김산의 불꽃같은 삶』, 송영인 옮김. 동녘 2005.

김삼웅『리영희 평전』, 책으로보는세상 2010.

김정남『진실, 광장에 서다』, 창비 2005.

김해식『한국 언론의 사회학』, 나남 1994.

동아일보사 엮음『비화 제1공화국』(전6권), 홍자출판사 1975.

로이드 E. 이스트만『장개석은 왜 패하였는가』, 민두기 옮김, 지식산업사 1986.

루쉰『루쉰 독본』, 이욱연 옮김, 휴머니스트 2020.

리베카 솔닛『이것은 이름들의 전쟁이다』, 김명남 옮김, 창비 2018.

리영희선생 화갑기념문집편집위원회 엮음『리영희선생 화갑기념문집』, 두레 1989.

문재인『문재인의 운명』, 가교 2011.

민두기『중국초기혁명운동의 연구』, 서울대학교출판부 1997.

민주화운동기념사업회·한국민주주의연구소 엮음『한국 민주주의, 100년의 혁명』, 한울 2019.

박경석 엮음『연동하는 동아시아를 보는 눈』 창비 2018.

박태균 외『쟁점 한국사: 현대편』, 창비 2017.

백영서『사회인문학의 길』, 창비 2014.

샤를 드골『드골, 희망의 기억』, 심상필 옮김, 은행나무 2013.

서광덕『루쉰과 동아시아 근대』, 산지니 2019.

서보혁·이진수 엮음『한국인의 평화사상 2』, 인간사랑 2018.

서중석『사진과 그림으로 보는 한국 현대사』, 웅진지식하우스 2013.

손승회『문화대혁명과 극좌파』, 한울아카데미 2019.

송민순『빙하는 움직인다』, 창비 2016.

야스에 료스케『칼럼으로 본 일본사회』, 지명관 옮김, 소화 2000.

오강남·성혜영『종교, 이제는 깨달음이다』, 허원미디어 2015.

유시민『청춘의 독서』, 웅진지식하우스 2009.

유용태『환호 속의 경종』, 휴머니스트 2006.

윤여일『사상의 원점』, 창비 2014.

이동원『대통령을 그리며』, 고려원 1992.

이종석『칼날 위의 평화』. 개마고원 2014.

이욱연『루쉰 읽는 밤, 나를 읽는 시간』, 휴머니스트 2020.

이호철『산 울리는 소리』, 정우사 1994.

장일순『나락 한 알 속의 우주』, 녹색평론사 1997.

장일순『나는 미처 몰랐네 그대가 나였다는 것을』, 시골생활 2010.

장세진『숨겨진 미래』, 푸른역사 2018.

정태춘『노독일처』, 실천문학사 2004.

조성환『한국 근대의 탄생』, 모시는사람들 2018.

조정로『민주 수업』, 연광석 옮김, 나름북스 2015.

존 다우어『폭력적인 미국의 세기』, 정소영 옮김, 창비 2018.

창비 50년사 편찬위원회 엮음『한결같되 날로 새롭게: 창비 50년사』, 창비 2016.

첸리췬『내 정신의 자서전』, 김영문 옮김, 글항아리 2012.

최영묵『비판과 정명: 리영희의 언론사상』, 한울 2015.

최진호『상상된 루쉰과 현대중국』, 소명출판 2019.

퇴니에스 페르디난드『공동사회와 이익사회』, 황성모 옮김, 삼성출판사 1982.

한겨레 30년사 편찬위원회『한겨레: 진실의 창, 평화의 벗』, 한겨레신문사 2018.

한국기자협회『기자협회 10년사』, 한국기자협회 1975.

한사오궁『혁명후기』, 백지운 옮김, 글항아리 2016.

한승헌『재판으로 본 한국현대사』, 창비 2016.

합동통신사『합동연감』, 1961.

현무환 편저『김병곤 약전』, 푸른나무 2010.

Bandow, Doug. & Carpenter, Ted Galen. eds., *The U.S.-South Korean Alliance: Time for a Change*, New Brunswick, London: Transaction publishers 1992.

Kim, Byung-kook. & Vogel, Ezra. eds., *The Park Chung Hee Era, The transformation of South Korea*, Cambridge, Mass: Harvard University Press 2011.

정기간행물 기사 및 논문, 대담, 인터뷰 등

「'대일(對日)청구권 담판' 비화(秘話) 털어놓은 김종필」, 조선일보 2010.8.28.

「'야생초 편지' 황대권 간첩 누명 벗나」, 한겨레 2018.7.25.

「"한국은 국제법상 한반도 유일 합법정부 아니다"」, 오마이뉴스 2015.11.10.

「고 장준하 선생, 머리에 둔기 맞아 숨진 뒤 추락했다」, 동아일보 2013.3.27.

「미 원조 단 한푼도 낭비 않을 터, 박의장 미 전국기자구락부서 연설」, 경향신문

1961.11.17.

「민간인 학살 피해자만 약 9천여명… 베트남전쟁을 돌아보다」, 스브스뉴스 2017.4.30.

「새 언론질서의 창출에: 언기법 폐지 후의 상황」, 조선일보 1987.7.16.

권영빈 「인터뷰: 『전환시대의 논리』의 저자 리영희 교수」, 중앙일보 1993.2.20.

길윤형 외 「세번의 비핵화 기회 놓친 북미, 증오 걷어내고 화해할까」, 한겨레 2018. 6.11.

김민곤 「'상록회'교과서 분석 사건」, 『교육희망』 2007.4.15.

김원 「리영희의 공화국」, 『역사문제연구』 제27호(2012).

김춘역 「리영희 "뇌출혈은 글 그만 쓰라고 하늘이 내린 축복"」, 연합뉴스 2006.9.19.

김지은·남소연 「동맹국 전쟁엔 무조건 참전해야 하나, '국익' 중요하나 도덕적으로 획득해야: 리영희 선생의 '이라크전에 파병해선 안 되는 16가지 이유'」, 오마이 뉴스 2003.3.28.

김창수 「논평: 리영희 '휴머니즘으로서 이데올로기 비판'에 대하여」, 『시대와 철학』 1996년 가을호.

김학준 「리영희의 반대편에 그가 있었다… '뚝심 기자' 이도형의 추억」, 『주간 조선』 2020.4.23.

김호기 「리영희, 냉철한 이성으로 반공주의 맞서 '탈냉전 대전환' 치열한 사유」, 한 국일보 2018.6.25.

리영희·백영서 「대담: 비판적 중국학의 뿌리를 찾아서」, 『중국의 창』 창간호(2003).

리영희·서중석 「대담: 버리지 못하는 이기주의와 버릴 수 없는 사회주의적 휴머니 즘」, 『사회평론』 1991년 6월호.

박우정 「다시 읽는 리영희의 상고이유서」, 한겨레 1993.1.29.

박자영 「동아시아에서 사회주의 인민의 표상 정치: 1970년대 한국에서의 중국 인민 논의, 리영희의 경우」, 『중국어문학논집』 제47호(2007).

백승욱 「'해석의 싸움'의 공간으로서 리영희의 베트남전쟁」, 『역사문제연구』 제

18권 제2호(2014).

백승종 「평전, 사람으로 세상 읽기: 실천적 지식인 리영희」, 한국일보 2016.1.3.

신민정 「베트남전 진실 알린 '리영희 선생' 널리 알릴 겁니다」, 한겨레 2017.12.1.

안수찬·임지선 「권력의 독주시대, 다시 리영희 선생에게 듣는다…」, 『한겨레21』 제
    788호(2009.12.2.).

안영춘 「방용훈 동서 김영수 "방씨 집안 사람들, 용산서를 자기네 마당으로 생각했
    다"」, 한겨레 2019.5.22.

양상훈 「북을 사랑해 눈에 콩깍지가 씐 사람들」, 조선일보 2018.10.18.

와다 하루키 「백낙청씨는 알면 알수록 큰사람이었다」, 한겨레 2006.9.28.

와다 하루키 「와다 하루키 회고록: 4·19 자극받은 대행진 그러나…」, 한겨레 2006.
    7.20.

와다 하루키 「직접 만난 첫 민주운동가 '싸우는 지식인' 리영희씨」, 한겨레 2006.
    11.16.

와다 하루키 「첫 조선인 친구와 '아리랑' 부르며」, 한겨레 2006.6.22.

유시춘 외 「암흑시대 지성인 눈·귀 연 '촌철살인': 실록 민주화운동/리영희의 『전
    환시대의 논리』」, 경향신문 2003.9.14.

유홍준 「"그 뒷모습에서 리영희의 자존심을 느꼈다"」, 오마이뉴스 2011.12.1.

윤평중 「이성과 우상: 한국 현대사와 리영희」, 『비평』 2006년 겨울호.

이남주 「역사 쿠데타가 아니라 신종 쿠데타 국면이다」, 『창작과비평』 2015년 겨울호.

이제훈 「더민주 '영입 3호' 이수혁, 참여정부 이라크 파병 설계자」, 한겨레 2016.1.5.

이지윤 「북측 단장 "리영희 선생, 붓 놓으면 안됩니다"」, 프레시안 2007.5.17.

이현정 「루쉰을 통해 다시 본 리영희의 문화대혁명」, 『중국현대문학』 제79호(2016).

임재경 「리영희 석방서명 거부한 '기자들'」, 한겨레 2008.6.18.

임헌영 「선생 병중 자서전 도우미 '인연'… 기억력과 정신력 감탄스러웠다」, 한겨
    레 2010.12.7.

장명수 「인터뷰: 리영희 교수가 말하는 '사회주의 몰락과 우리 사회'」, 한국일보

1991.6.25.

장현철 「진실에 충성: 용기 있는 표현이 기자정신」, 『미디어오늘』 1999.2.10.

전표열 「리영희 선생님 인터뷰」, 『무위당을 기리는 사람들』 제2호(2001.11.1).

정문상 「문화대혁명을 보는 한국사회의 한 시선: 리영희 사례」, 『역사비평』 2006년 11월호.

정연주 「"요즘 KBS 왜 저래?" 리영희 선생의 격려 편지: 선생님과의 인연을 기억하며」, 오마이뉴스 2010.12.14.

정희진 「정박하지 않는 사상가의 삶과 언어」, 『창작과비평』 2005년 가을호.

조갑제 「내 무덤에 침을 뱉어라」, 조선일보 1999.3.30.

조일준 「북핵관련 언론보도 긴급토론회: 일부 언론 '위기의식 부추기기' 골몰」, 한겨레 2002.10.24.

조희연 「내가 읽어본 『전환시대의 논리』」, 중앙일보 1993.2.20.

지영선 「한겨레가 만난 사람: 리영희 한양대 명예교수」, 한겨레 1997.1.10.

하종대 「발굴취재: 박종철 고문경관 12년 만의 회한 토로 "두번 자살시도했죠 이름도 바꿨습니다"」, 『신동아』 2000년 1월호.

한윤정 「리영희 선생 자서전 '대화' 출판기념회」, 경향신문 2005.4.1.

한홍구 「원로 인터뷰: 리영희 "남이 북보다 더 변해야"」, 경향신문 2004.1.26.

황춘화·이정연 「"떠드린 목도리 몇년 더 하시지" 눈물」, 한겨레 2010.12.7.

Boylan, Kevin., "Why Vietnam Was Unwinnable," *The New York Times* 2017.8.12.

Depetris, Daniel R., "John Bolton's Awful Legacy on North Korea," *38 North*, 2019.10.17.

Robinson, Joan., "Korean Miracle," *Monthly Review* vol.16, no.9, 1965.

Roehrig, Terence., "The Origins of the Northern Limit Line Dispute," 2012.5.9.

Sartre, Jean-Paul., "La République du silence."

Schudel, Matt., "Gene R. La Rocque, Navy admiral who became Pentagon critic, dies at 98," *The Washington Post* 2016.11.5.

Shorrock, Tim., "Ex-leaders go on trial in Seoul," *Journal of Commerce* 1996.2.27.

Shultz, George P., Perry, William J., Kissinger, Henry A. & Nunn, Sam., "A World Free of Nuclear Weapons," *Wall Street Journal* 2007.1.4.

Shultz, George P., Perry, William J., Kissinger, Henry A. & Nunn, Sam., "Toward Nuclear-Free World," *Wall Street Journal* 2008.1.15.

Steven Strasser & Dane Camper, "South Korea: Bad Review," *Newsweek* 1978.7.31.

"Rotten Victory," *The Washington Post* 1960.3.17.

기타

고은 「리영희론: 진실의 대명사」, 『自由人, 자유인』(리영희저작집 7), 한길사 2006.

김언호 「나는 진실을 밝히기 위해 글을 쓴다 #2」, 한길사 블로그 2017.11.28.

백낙청 「고 리영희 선생 영전에」, 『리영희 선생 추모자료집』, 2010.

백낙청 「촛불항쟁의 역사적 의미와 남겨진 과제」, 촛불항쟁 국제토론회 기조 발제, 2018.5.24.

서명균 「사북사태의 진실, 동원탄좌 시위 조사보고서」, 민주화운동기념사업회 오픈아카이브 (https://archives.kdemo.or.kr/contents/view/67).

신홍범 「분단과 냉전이데올로기 시대의 '잠수함의 토끼'」, 리영희 『동굴 속의 독백』, 나남 1999.

신홍범 「언론인으로서의 리영희 선생: 베트남전쟁 보도를 중심으로」, 리영희재단 홈페이지.

유홍준 「선생님의 주례사」, 리영희 『동굴 속의 독백』, 나남 1999.

정용준 「386세대의 리영희 감상문」, 『리영희 선생 10주기 세미나: 진실 상실시대의 진실 찾기 자료집』, 2020.

채명신 「월남파병을 회상하며」 (http://www.vietnamwar.co.kr/hall0-20(cms).htm).

증언자 인터뷰(인터뷰어 권태선)

김영주 전화 인터뷰, 2019년 5월 14일.

김영희 인터뷰, 2019년 6월 27일, 서울 광화문 어부가.

김정남 인터뷰, 2020년 1월 6일, 서울 인사동 선천집.

남재희 인터뷰, 2020년 1월 23일, 프레스센터 내셔널 프레스클럽.

백낙청 인터뷰, 2020년 2월 7일, 서울 서교동 창비서교빌딩.

신홍범 인터뷰, 2019년 3월 6일, 서울 마포 이디야커피.

염무웅 인터뷰, 2020년 1월 7일, 서울 서교동 창비서교빌딩.

오세훈 인터뷰, 2020년 1월 14일, 서울 광화문 디타워.

와다 하루키 인터뷰, 2019년 11월 11일, 경기도 성남시 코이카 연수센터.

윤영자 인터뷰, 2019년 4월 14일, 11월 23일, 경기 군포시 산본 한양아파트 자택.

윤창빈 인터뷰, 2020년 1월 14일, 서울 광화문 디타워.

이건일 인터뷰, 2019년 6월 10일, 서울 연희동 자택.

이미정 인터뷰, 2018년 12월 12일, 서울 연희동 하노이의아침.

임재경 인터뷰, 2019년 4월 22일, 서울 세종로공원.

정병호 인터뷰, 2020년 1월 29일, 경기도 산본 한양아파트 자택.

찾아보기